沟通的艺术

看入人里，看出人外

插图修订第14版·简明版

[美] 罗纳德·B·阿德勒 | 拉塞尔·F·普罗科特 著

黄素菲 | 李恩 译

北京联合出版公司
Beijing United Publishing Co.,Ltd.

译者序*

本书初版至今已经超过30年了。现今，美国出版的书籍可谓不计其数，而本书能连续出到第12版，在美国拥有超过200万的读者，可见必有其过人之处。之前的版本是由罗纳德·阿德勒（Ronald Adler）和奈尔·道恩（Neil Towne）两人合著。本版改由罗纳德·阿德勒和拉塞尔·普罗科特（Russell Proctor）两人合著。罗纳德·阿德勒除了本书之外还有其他六本跟沟通有关的著作，主题包括肯定训练、社交技巧、商务沟通、公共演说技巧、小团体沟通等。在本书初版时，他的大女儿才刚出生，如今他已经是两个小孩的爸爸了。拉塞尔·普罗科特目前是北肯塔基大学的教授，他和罗纳德·阿德勒在1990年的一个沟通研讨会上相识，这些年来两人在沟通主题有许多共事的机会，一起撰写了一些教科书和相关文章。

作者为此倾注了多年的专业经验，试图把本书定位为大学生接触人际关系课程的最佳读本，每一版本的修订几乎都会添加最新的人际关系研究结果及时代变迁的新议题，使得全书内容与时俱进。本人有幸于四年前率同10位研究生一起翻译了本书第10版，当时就觉得此书兼具深度、广度与完整性，是一本难能可贵的理论与实用并重的教科书。而今年最新的第12版，其内容更加充实而具有价值。综观新版本，其主要特色有：

1. 继续强调人际关系的交流本质。沟通并不是对某人使用技巧而已，沟通是我们与人共同经历的过程。比起一味强调技巧，尊重而主动

---

*此为第12版中文版序。

的态度更有利于建立信任的关系。
2. 本版仍延续了过去的行文特色，将性别与文化融入各个沟通主题中；同时又增加新的研究资料，使得其论述更加深入。
3. 本书参考最新研究结果，修正原来的论述，将新的资讯纳入篇幅中。如关于第八章马克·克奈普（Mark Knapp）所提出的关系发展模式的观点的部分，根据A·约翰逊（A. Johnson）等人的研究结果发现：并不是所有的关系发展历程都是循着开始、进展、消退、结束这种线性发展形态。
4. 新版将原书第八章分成了两章，第九章增加亲密关系的沟通特性。
5. 更加强调电子媒体对沟通与人际关系所造成的冲击。例如第四章在描述沟通渠道时提到："沟通者有必要分析什么时候选择使用电子邮件、即时通信软件、手机、博客等，这是过去不必面对的问题。"

这些增加的特色使得本书更具有阅读价值，同时，本书原本就具备许多编写概念上的统合性优势，重要沟通概念或沟通技巧均有实例说明，更添增本书的可读性。全书最大特色是区分成"看入人里"、"看出人外"和"看人之间"三部分，涵盖了人际关系的全貌。"看入人里"包括第一至第四章，着重于探讨与自我有关的沟通因素，简介人际关系的本质，强调自我在沟通中的角色，并分析知觉与情绪在沟通中的重要性。"看出人外"包括第五至第七章，着重于探讨与沟通对象有关的因素，重点是分析语言和非语言的特性，强调倾听的重要性。"看人之间"包括第八至十一章，着重于讨论关系的演变，重点是强调沟通关系的重要性，关系中的亲密与距离，如何增进沟通气氛及人际冲突的形态与因应之道。另外，本书特别针对性别与文化观点进行了探讨，相关阐述贯穿全书。中国已经是一个多元化的社会，大学通识教育有必要加强大学生的多元文化的视野与观点，才能建立和谐的沟通关系。

我认为本书可以符合各类不同需求的读者群，包括大学教师、在校学生、经营主管、沟通训练者、家庭成员及一般社会大众，试分述如下：

1. "人际关系与沟通"的授课教师：目前各大学几乎都开设了"人际关系与沟通"课程，开课教师可以直接选用木书作为教科书，或将本书列为指定参考书。我发现多年来我在台湾阳明大学教授人际关系课程的主题与内容，本书中各个章节几乎都包括在内。翻译这本书可以说是我想为自己的学生找到可信赖又实用的教科书这个私心的具体成果。

2. 学生自修：许多大学生到了大学才开始认识到人际关系的奥妙与重要性并开始学习这方面的内容。如果你想在社团领导、班级干部角色或者与同学、室友的相处上进一步将日常生活的体验与人际互动理论相印证，选读这本书将会使你提纲挈领地抓住要点，整理出人际关系与沟通的原理。你可经由阅读第二章的沟通、认同和展现自我，第三章的知觉历程、知觉检核，第四章的影响情绪表达的因素、情绪表达的原则以及第五、六章的语言及非语言信息等找到线索。

3. 经营主管：领导与沟通是所有公司或机构主管最重要也最费神的任务，如何了解部属工作上的困境而及时给予其帮助？如何有效传达工作指令？如何建立正向的工作关系？如何减少人际冲突达到双赢？参考第七章的倾听态度与技巧，第八、九、十章的察觉关系演变与调节关系气氛及第十一章的人际冲突本质与建设性处理冲突的技巧等，你将会得到许多不错的答案。

4. 沟通训练者：各企管顾问公司或人力资源专家经常提供"增进组织沟通"、"有效的领导者"等课程或培训，本书可列为重要参考书之一，有助于训练者设计训练教材与方案。

5. 父母或夫妻：家人沟通也需要技巧，本书提供了宽广的视野以使你增加对对方的了解。本书第三章谈到的同理心与沟通、第四章的情绪表达的原则、第七章的倾听技巧等都有许多宝贵观点可供参考，尤其是第九章沟通关系中的亲密与距离，是本版书增列的章节，特别适合运用到家庭沟通中。

6. 一般社会大众：每一个人都需要沟通，本书也适合一般人际关系与沟通的情境，其中第四章的管理困扰情绪、第五章的性别与语言、第六章的非语言沟通类型、第九章的自我坦露等，都将有助于增进你的人际关系与沟通能力。

　　作为身在大学的教师，总是到暑假时才能有完整的时间从事书写或编译工作。我总是在艳阳溽暑下沉浸在文字与思考中，或许文字间都还有着夏日的汗水味。再次审译本书，我感到自己的译笔更加顺畅自如。书中部分具有国情落差的措辞与举例，我都稍加调整并增加符合本土国情之沟通实例；另外针对大学通识教育所需，也略做了内容的增删与重编，自觉本书的可读性应该胜过前书。书中讹误难免，欢迎读者不吝批评指正。

黄素菲
2007年秋天于台湾阳明大学

目 录

译者序 1

第一章 人际沟通入门 1
1.1 我们为什么要沟通 3
  生理需求 3
  认同需求 5
  社交需求 5
  实际目标 6
1.2 沟通的历程 7
  线性观 7
  交流观 9
  人际沟通与非人际沟通 12
1.3 沟通的原则与迷思 14
  沟通的原则 15
  沟通的迷思 17
1.4 社交媒介与人际沟通 18
  社交媒介的益处 19
  社交媒介的挑战 20
1.5 如何成为沟通高手 22
  沟通能力的定义 22
  沟通高手的特质 24
  跨文化的沟通能力 28

  运用社交媒介的能力 30
  小 结 32
  电影与电视 33

第一部分 看入人里

第二章 沟通和认同：自我的塑造与展现 37
2.1 沟通和自我 38
  自我概念与自尊 39
  自我的生物性和社会性根源 40
  自我概念的特征 44
  文化、性别和认同 48
  自我应验预言和沟通 50
2.2 自我的展现：沟通作为认同管理 53
  公开自我和隐私自我 53
  认同管理的特征 54
  为什么要管理认同 57
  在现实和虚拟世界里管理认同 58
  认同管理和诚实 61
2.3 在关系中的自我坦露 62

自我坦露的模式　63
　　自我坦露的好处和
　　风险　65
　　自我坦露的原则　69
2.4　自我坦露的替代选择　71
　　沉　默　72
　　说　谎　72
　　模棱两可　73
　　暗　示　75
　　回避的伦理议题　75
小　结　76
电影与电视　77

第三章　知觉：看到什么就是什么　79

3.1　知觉历程　81
　　选　择　81
　　组　织　82
　　诠　释　87
　　协　商　89
3.2　影响知觉的因素　90
　　获取信息　90
　　生理因素　91
　　文化差异　93
　　社会角色　94
3.3　知觉的倾向　97
　　对人严厉，对己仁慈　97
　　先入为主　98
　　以己之心，度人之腹　99

　　我们被期待所影响　99
　　最明显的最有力　100
3.4　知觉检核　101
　　知觉检核的要素　101
　　知觉检核的考量　102
3.5　同理心与沟通　104
　　同理心　104
　　认知复杂度　106
小　结　110
电影与电视　111

第四章　情绪：感觉、思考和沟通　115

4.1　什么是情绪　117
　　生理的因素　117
　　非语言反应　117
　　认知的诠释　118
　　语言的表达　119
4.2　影响情绪表达的因素　120
　　性　格　120
　　文　化　121
　　性　别　122
　　社会习俗　123
　　自我坦露的不安　124
　　情绪感染力　124
4.3　情绪表达的原则　125
　　辨认感觉　126
　　辨识感觉、说话和行动之
　　间的不同　127

扩充你的情绪词汇 127
分享多样的感觉 129
评估何时何地表达
感觉 130
对自己的感觉负责 131
关照沟通渠道 131
4.4 管理困扰的情绪 132
有助益与无助益的
情绪 132
无助益情绪的来源 133
非理性思考和无助益的情
绪 136
减少无助益的情绪 141
小 结 145
电影与电视 146

第二部分 看出人外

第五章 语言：障碍与桥梁 149

5.1 语言是符号 151
5.2 理解和误解 152
理解词：语义规则 152
理解结构：句法规则 156
理解情境：语用规则 157
5.3 语言的影响 159
命名与认同 159
联盟关系 160
权 力 161
让人混淆的语言 163
语言的责任性 166

5.4 性别与语言 170
内 容 170
沟通的理由 171
对话的形式 171
非性别因素 172
5.5 文化与语言 174
语言沟通的形式 174
语言与世界观 176
小 结 179
电影与电视 179

第六章 非语言沟通：超越字词之外的信息 183

6.1 非语言沟通的特征 185
非语言技巧的重要性 185
所有行为都具有沟通的
价值 185
非语言沟通主导着关系 186
非语言沟通提供许多的
功能 187
非语言沟通泄露了欺骗的
线索 190
非语言沟通是模糊
不清的 192
6.2 影响非语言沟通的元素 193
性 别 193
文 化 194
6.3 非语言沟通的类型 196
身体动作 196

7

声　音　200
　　触　碰　202
　　外　貌　203
　　物理空间　206
　　物理环境　207
　　时　间　208
　小　结　209
　电影与电视　209

第七章　倾听：不只是听见　213

　7.1　倾听的定义　215
　　听与倾听　215
　　心不在焉地倾听　216
　　心无旁骛地倾听　216
　7.2　倾听过程的元素　217
　　听　到　217
　　专　注　218
　　理　解　218
　　回　应　219
　　记　忆　219
　7.3　倾听的挑战　219
　　无效倾听的类型　220
　　为什么无法有效地倾听　222
　　应对有效倾听的挑战　225
　7.4　倾听反应的类型　226
　　借力使力　226
　　问　话　227
　　释　义　229
　　支　持　233

　　分　析　236
　　忠　告　237
　　评　断　238
　　选择最佳的倾听反应　239
　小　结　240
　电影与电视　241

第三部分　看人之间

第八章　沟通和关系的演变　243

　8.1　我们为什么要建立关系　244
　　外　貌　245
　　相似性　245
　　互补性　246
　　相互吸引力　247
　　能　力　247
　　坦　露　248
　　接　近　248
　　报　酬　248
　8.2　人际关系的演变模式　250
　　发展的观点　250
　　辩证的观点　257
　8.3　关系的特性　262
　　关系是经常变动的　262
　　文化会影响关系　263
　8.4　对关系做沟通　263
　　内容的与关系的信息　264
　　关系性信息的类型　265
　　后设沟通　267
　小　结　268

电影与电视 269

第九章　人际沟通中的亲密关系 271

9.1　关系中的亲密 272
　　亲密的向度 273
　　男性和女性的亲密形态 274
　　文化对亲密的影响 276
　　媒介沟通中的亲密感 277
　　亲密感的限制 278

9.2　家人间的沟通 279
　　家庭沟通的特性 279
　　家庭作为系统 282
　　与家人沟通的模式 283

9.3　友人间的沟通 285
　　友谊的类型 286
　　性、性别和友谊 288
　　友谊和社交媒介 290

9.4　爱人间的沟通 291
　　感情的转折点 292
　　伴侣的冲突类型 293
　　爱的语言 294

9.5　改善亲密关系 295
　　关系需要承诺 296
　　关系需要维系与支持 296
　　修复损坏的关系 299

小　结 303

电影与电视 303

第十章　增进沟通气氛 307

10.1　沟通气氛和肯定信息 308
　　信息的肯定程度 309
　　不肯定信息 310
　　异议信息 311
　　肯定信息 313
　　沟通气氛如何发展 314

10.2　防卫：原因与对策 316
　　威胁面子的行为 317
　　避免对他人防卫 318

10.3　保留面子 323
　　使用清晰信息处方 323
　　对批评以不防卫回应 329

小　结 338

电影与电视 339

第十一章　处理人际冲突 341

11.1　冲突的本质 342
　　冲突的定义 343
　　冲突是自然的 344
　　冲突可以是有益的 345

11.2　冲突的处理方式 346
　　逃避（双输） 347
　　调适（一输一赢） 348
　　竞争（一输一赢，有时会转成双输） 349
　　妥协（部分双输） 350
　　合作（双赢） 351
　　哪一种方式最好 352

11.3 关系系统中的冲突 354
　　互补、对称和平行的形态 354
　　破坏性的冲突模式：四骑士 356
　　冲突惯例 357
11.4 冲突类型的变项 358
　　性　别 358
　　文　化 360
11.5 建设性处理冲突的技巧 362
　　合作解决问题 362
　　建设性处理冲突的技巧：提问与释疑 366
小　结 368
电影与电视 369
出版后记 371

第一章
人际沟通入门

阅读完本章后，你应该能够：

* 评估能让沟通者在特定的情境或者关系中获得满足的需求，包括生理的、认同的、社交的和实际的需求。
* 把交流模式运用到某个特定的情境中。
* 描述本章的沟通原则和迷思在特定的情境中是如何显而易见的。
* 描述沟通（在某个特定例子或者关系中）在何种程度上被定性为非人际沟通或者人际沟通，以及这种互动标准的影响。
* 甄别在某个特定情境中不同沟通渠道的有效性。
* 确定在某个特定例子或者关系中沟通能力的水平。

或许你在小时候曾经玩过这种游戏：孩子们会先选出一个受害者——也许是因为他犯了一个实际的或想象中的错误，也许纯粹是为了好玩。不久之后，惩罚就以沉默的形式开始了。没有人要跟他或她说话，也没有人会回应这个倒霉鬼所说的话或做的事。

如果你曾经被如此教训过，你可能会体验到一连串的情绪。刚开始你会觉得（至少会表现出）无所谓，但过了一阵子，这种被当成透明人的压力开始萌生。如果这个游戏持续得够久，你会发现自己要么已经退缩到某种令人沮丧的状态中，要么已经出现敌意。敌意一方面是为了表达自己的愤怒，一方面是想要得到别人的回应。

在历史上，事实上在每一个社会中，成年人也和孩子们一样，把沉默相待当作一个权力的工具，用来表达他的不愉快，并且为了控制社会。我们都能直觉地感受到沟通——他人的陪伴——是人类最基本的需求之一，缺少与他人的接触是一个人所能承受的最残酷的惩罚。

除了带来情感上的痛苦，若一个人被剥夺陪伴甚至会影响到生命本身。腓特烈二世（Frederick Ⅱ，亦称弗里德里希二世），公元1196到1250年的德国皇帝，可能是第一个以系统化方法证实这个论点的人。一位中世纪的历史学家描述了他独特的、也许带点残忍的实验：

> 他命令保姆和护士喂养婴孩，帮他们洗澡，但是不准对他们说话，因为他想要知道，在没有人跟婴儿接触之前，婴儿开口会先

说出哪一种语言。是最古老的希伯来语，还是希腊语或者拉丁语？又或者是他们亲生父母说的语言？最后，他徒劳无功，因为所有的婴儿都死了。缺乏养育者的拥抱、慈爱的脸孔、深情的言语，他们根本无法存活。

幸运的是，现代的研究者已经发现了相对不具伤害性的研究方法，来证明沟通的重要性。在一份研究"孤独"的报告中，参与者接受付费，独处于一间上锁的房间中。五名参与者里只有一名待了八天，三名待了两天，其中一名抱怨道："别再有第二次了。"而第五个人仅仅待了两个小时。

现实生活中与人接近和相处的需求就和实验室中一样强烈，那些自己选择或者不得不成为独居者的事例不断地证实着这一点。W·卡尔·杰克逊（W. Carl Jackson），一位独自航行55天、横越大西洋的探险家，概述了大多数独居者的普遍心情：

> 我发现第二个月的孤独使我深感痛苦。我一直以为自己是个自给自足的人，但是此刻我终于明白，没有旁人做伴的生活是没有意义的。我开始有了强烈的、想要跟别人——一个真实的、鲜活的、有气息的人说话的需求。

1.1 我们为什么要沟通

你可能不同意上述的故事，并且认为在令人厌烦的日常生活中，独处是受欢迎的调剂品。的确，我们每个人都需要独处，对于独处的需求程度也远超过我们实际的独处时间。可是，从另一方面来说，每个人也都有自己独处的临界点，超过这个临界点，愉快就变成了痛苦。换句话来说，我们都需要人际关系，我们都需要去沟通。

生理需求

沟通非常重要，沟通的存在与否会对生理健康产生很大影响。有极端的例子显示，沟通甚至可以成为生死攸关之事。美国参议员约翰·麦凯恩（John McCain）曾经是一名海军舵手，他在越南北部被俘虏后，被单独监禁了六年。他描述战俘们如何借由轻轻敲击墙壁、费力拼出单词的方式创造出一套秘密代码，以便能传送信息。麦凯恩描写了囚犯之间冒着风险仍保持和其他人沟通的情形：

> 暗地里沟通的处罚是很严重的，有一些战俘因为在这一过程中被发现而遭到严厉的拷打，身体和心灵都遭受了极大的创伤。虽然每个人都很害怕再次遭受酷刑，但在单人囚室中听见隔墙传来的轻敲墙壁的声响时，他们仍会对典狱人员说谎。极少有人能够长时间地不与人沟通。残酷的拷打或刑罚都不如孤独那般令人难以忍受。一旦断绝与其他美国人的联系，退守到沉默中……对我们而言，这等同于死亡。

也有其他囚犯描述了由社会隔离带来的惩罚效应。前新闻记者特里·安德森（Terry Anderson）回顾了他在黎巴嫩七年的人质经历后，断然说道："我宁愿与最糟糕的人相处，也好过没人陪伴。"

对于囚犯来说，沟通与生理健康之间的联结是毋庸置疑的。医学研究人员列举了一大串因缺乏亲密关系而导致的威胁健康事件，比如说：

- 一份包含了近150项研究、超过30万人参与的综合分析显示，那些与家人、朋友有着密切联系的社会联结者，其寿命要比社会孤立者平均长3.7年。
- 贫乏的人际关系会危害冠状动脉的健康，其程度与抽烟、高血压、血脂肪过高、过度肥胖和缺乏运动等一样严重。
- 相比拥有活跃社交网络的人，社交孤立者罹患感冒的概率要高四倍。
- 离异、分居和丧偶的人对心理治疗的需求是有配偶者的五到十倍。而婚姻幸福的人要比单身的人，在肺炎、外科手术和癌症上的发生率低。（需要注意的是，在这些研究当中，关系的品质——即关系亲密与否——比婚姻本身重要得多。）

相比之下，在沟通中创造出积极关系的生活更健康。一个人一天仅需短短十分钟的交往就能改善记忆力，增强智力功能。与他人交谈还可以减少孤独感和与之而来的疾病。能经常从爱人那里听到甜言蜜语的人，他们的应激激素水平往往更低。

这样的研究结果证明了拥有令人满意的人际关系的重要性。当然，每个人需要与人亲近的次数并不相等,沟通的质与量应该是同等重要的。关键的是,对于我们的健康而言,人际沟通不可或缺。

认同需求

沟通的重要性绝不止于维持生存而已,它也是我们认识自己的方法——事实上,是唯一的方法。第二章将会提到,我们对自我的认同源自我们和他人的互动。究竟我们是聪明的还是迟钝的,动人的还是丑陋的,精明的还是笨拙的,这些问题的答案并不会从镜子中照出来,而是由他人对我们的回应决定的。

如果被剥夺了与人沟通的权利,我们将无从得知自己是谁。一个非常戏剧性的例子就是"阿韦龙的野孩子"——一个在童年时期从未和人类接触过的男孩的真实故事。1800年1月,这个小男孩在法国一个村落的菜园中偷挖蔬菜时被人发现。他的行为举止完全不像人类,也不会说话,只会发出一些奇特的哭叫声。虽然他缺乏社交技能,但更值得注意的是,他缺乏身为人类的自我认同。作家罗格·沙图克(Roger Shattuck)如此写道:"这个男孩没有任何身为人类的自觉,他完全意识不到,自己是个和别人有联结的人。"直到给予他慈爱的"母爱"后,小男孩才开始转变,正如我们所料想的,意识到自己身为一个人了。

就如这个阿韦龙的野孩子,每个人出生在这个世界上时只有微量的、甚至没有自我认同感,我们是在别人诠释我们的过程中才逐渐明了自己是谁。第二章也将提到,我们在童年时期所接收到的信息最为牢固,他人的影响会贯穿我们一生。

社交需求

沟通除了可以帮助我们诠释自我之外,也提供我们和他人之间重要的联结。专家们已经证实沟通可以满足我们的社交需求,这些社交需求包含娱乐、感情、友谊、解闷、休闲和控制等。

研究显示有效的人际沟通与快乐之间具有很紧密的联系。在一份参与者超过200名大学生的研究中,研究人员发现最快乐的那10%的人都认为自己拥有丰富的社交生活。同时,这些非常快乐的人,跟其他同学在睡眠时数、运动量、看电视时数、宗教活动、喝酒量等可观测项上并没有差别。另一份研究显示,女性认为"社交性"对于生活满意度的贡献大于其他任何活动,包括放松、购

在电影《在云端》(*Up in the Air*)里,男主角瑞恩·布林厄姆(乔治·克鲁尼饰)吃了不少苦头才认识到没有朋友、家庭和爱情的生活是毫无意义的。

物、吃东西、运动、看电视或玩电子游戏等。此外还有报告说,拥有有效沟通技巧的已婚夫妇要比新婚夫妇更幸福,而且这项发现在不同的文化中都得到了证实。

尽管人们已经知道沟通对于社会满意度非常重要,但大量的证据显示许多人并不擅长管理他们的人际关系。例如,一项研究揭示,在接受调查的4,000多名成年人中,相比了解他们的邻居,有四分之一的人更了解自己的狗。研究同样显示,我们友人的数量正在下降:在1985年,美国人人均拥有2.94个密友,20年之后,这一数值降到了2.08。值得注意的是,受教育程度更高的美国人拥有更大、更多元的社交网络。换句话来说,高等教育可以像提高智力一样增加你生活中的各类关系。

正是因为与他人的联结如此重要,一些理论学家主张,积极的关系也许是每一种文化中生活满足感和情绪幸福感唯一的,也是最重要的来源。如果你现在停下来,并为自己的人际关系列一张表,你很有可能会发现无论你与家人或朋友,在学校或公司的互动有多成功,你的日常交际仍有很大的提升空间。接下来的章节内容将帮助你改进与最重要的人之间的沟通方式。

实际目标

沟通除了能满足我们的社交需求,塑造我们的自我认同,还是达成沟通学者所谓的工具性目标最好用的方法。**工具性目标**是指让他人按照我们的方式去表现。有些工具性目标非常基本:跟发型设计师说你只需要稍微修剪发尾、与家人协商家事的责任义务、说服水管工人现在就到你家来修理破掉的水管——沟通就是用来达成这些目标的工具。

另一些工具性目标则更加重要,比如取得职业生涯的成功。实际上,沟通技巧在每一份职业中都是必要的,它们甚至可以决定生死。洛杉矶警察局解释警官在枪击事件中发生的过失时,最常提及的原因就是"沟通不良"。有效沟通的能力对医生、护士和其他医疗工作者来说同样重要。研究发现,

"糟糕的沟通"是造成超过60%的医疗事故——包括死亡、严重的身体伤害，以及心理创伤的根本原因。《美国医学协会杂志》(*Journal of the American Medical Association*)就刊载了一篇文章，揭示了面临医疗事故索赔的医生与善于沟通的没有上述指控的医生之间的重要区别。

心理学家亚伯拉罕·马斯洛（Abraham Maslow）提出，在关注高层次的需求之前，应该先满足基本层次的需求。而最基本的就是**生理需求**：充足的空气、水、食物、休息及繁衍种族的能力。在马斯洛的需求论中，第二类需求是**安全需求**，即保护我们的生存免于威胁。在生理和安全之上的便是社交需求。再往上，马斯洛说，我们每个人都有**自尊需求**：希望自己是有价值的、有用的。至于最上层的需求，马斯洛称之为**自我实现需求**：指的是希望自己的潜能发挥至最大，使自己成为最棒的人。当你读下去，你会发现沟通对于实现各个层次的需求通常都是必要的。

1.2 沟通的历程

我们一直在谈论沟通，就好像这个词的意义已经非常明确了。事实上，沟通学者关于沟通的定义一直存在着争论。尽管众说纷纭，大多数人对沟通的实质都达成了共识，即沟通是有关使用信息生成意义的过程。我们可以发现这个基本定义适用于绝大部分语境：公开演讲场合、小规模团体和大众媒体，等等。在深入讨论之前，我们首先需要系统地解释，当人们在人际沟通中与他人交换信息和创造意义时，究竟发生了什么事？这样做是为了帮助你熟悉沟通过程中常用的词汇，同时，也让你预先浏览其后会出现的一些主题。

线性观

早期的研究者将沟通视为一门社会科学，研究者建立了各种模式来说明沟通的历程。最早出现的是线性沟通模式，在此模式中，沟通被描述为传送者对接收者所做的事，根据图1-1的线性模式：

传送者：制造信息的人
编码：把思想注入符号和手势中
信息：被传递的信息

渠道：信息传递的媒介
接收者：接收信息的人
解码：为信息赋予意义
噪音：干扰传递的阻碍因素

注意图1-1的图示与文字，表现出了与收音机或电视机类似的运作方式。这并非巧合，建立这个模式的科学家对早期的电子媒介很有兴趣。这个模式的广为推行影响了我们对于沟通的想法与看法，那些我们耳熟能详的句子，比如"我们的沟通中断了""我觉得他没有收到我的意见"等都是受到这种机械式线性观影响的例证。然而，这些熟悉的句子（和句子中传达的意思）忽视了机械沟通与人类沟通之间的重大差异。人际沟通真的"中断"了吗？或者说当两个人不交谈时，他们还在交换信息吗？有没有可能，虽然你从某人那儿清楚明确地"获得了信息"，却仍然得不到你想要的回应呢？我们还可以通过其他问题来思考线性模式的缺点：

- 当你跟一个朋友面对面交谈时，只有一个传送者和接收者吗？还是两人同时是传送者和接收者？
- 你真的会对传送的每一个信息都据实编码吗？还是有一些不自觉的行为会在沟通时传送给对方？
- 当你发送一份电子信息（比如通过短信或邮件）时，沟通仅发生在虚拟状态吗？还是信息的意义会受到更广泛因素的影响，例如文化、情境，或者两人过去的关系之类？

这些思考使得学者开始建立其他更能说明人际沟通的模式。下面要介绍

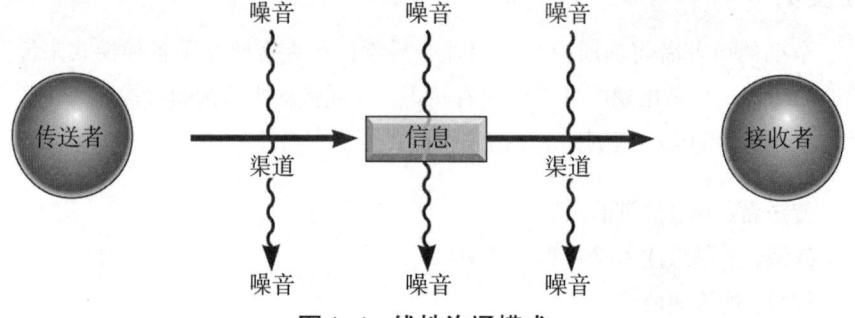

图1-1　线性沟通模式

其中之一。

交流观

图 1-2 的交流沟通模式更新且扩充了线性模式，它更准确地把握了人类沟通的独特性。线性模式中的有些概念与用词仍然保留到了交流模式中，有些则加以修饰、删除或增加。

交流模式以"沟通者"取代"传送者"和"接收者"，沟通者这个词代表着我们同时传送和接收信息这个事实。我们通常会同时进行信息的编码、传送、接收、解码等动作，而不是线性模式认为的单一方向或直线进行的状态。想想看，举例来说，你正在和室友讨论如何着手家中清洁，当你听到（接收到）室友说"我要跟你讨论有关厨房清洁……"时，你皱起眉头、咬紧牙关，也就是说当你接收到语言信息时传送出了自己的非语言信息。你这个反应使得室友略带防卫地中断了原本的话题，转而传送一个新的信息："我想我们先等一下……"这是因为沟通者几乎是同时在传送与接收信息的。

交流模式也说明了，沟通者通常有着不同的背景。背景来自沟通者自身的经验，这会影响我们理解别人行为的方式。在沟通学术语中，背景这个词除了指称环境外，也可以用来指称参与沟通者的个人经验以及文化语境。

让我们试着思考一下，有哪些因素可能会导致沟通背景不一致：

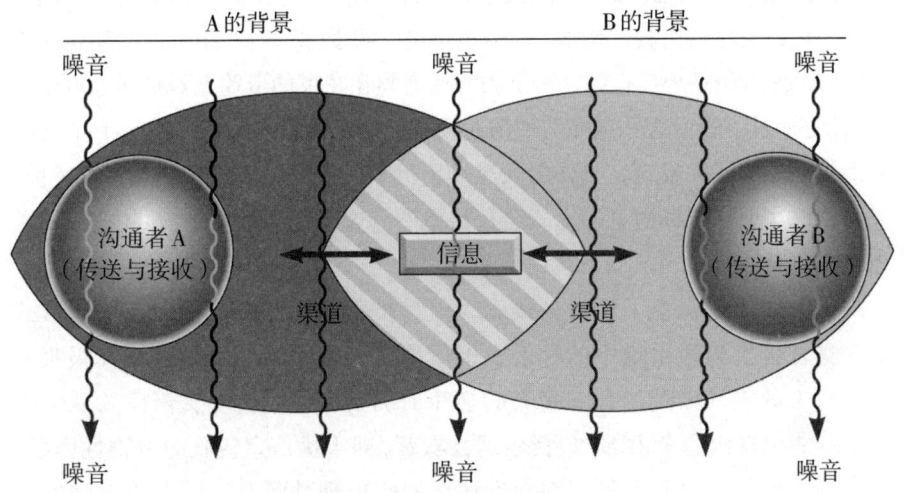

图1-2　交流沟通模式

- A遵循某种伦理道德，而B却背道而驰。
- A家境十分富有，B则家境贫穷。
- A可能急得火烧屁股，但B却闲得发慌。
- A是个见多识广、经历过大风大浪的老江湖，而B只是个初出社会的年轻小伙子。
- A可能对某些事物情有独钟，B却对它们无动于衷。

请注意图1–2的模式中A与B两人背景的重叠部分，这块区域显示的是不同沟通者之间共通的背景。两人的背景重叠越小，沟通起来也就越困难。下列这些例子便是由于沟通者观点不同，而造成彼此理解困难的：

- 如果上司无法理解下属的想法，将会是个没有效率的管理者；如果职员无法领会上司所要面临的挑战，在工作上极有可能不配合，也不适合委以重任。
- 那些很少回忆自己年少时期的父母，在和孩子的相处上更容易产生冲突，因为以他们从未真正理解，甚至也不愿去承担教养的责任。
- 那些从未经历过被边缘化感觉的主流文化成员，可能无法认同次文化成员的想法，因为他们的视角很难看见主流文化的盲点。

沟通渠道在交流模式中扮演着和在线性模式中一样重要的角色，它们不仅仅是传递信息的工具。例如：你会亲口说"我爱你"吗？用电话，还是用手机短信？或者租一块广告牌，秀上去？或者写在花束的卡片上？是通过电子邮件，还是通过语音留言？选择何种沟通渠道正如发送后续信息。一项针对1,000名手机用户的研究发现，45%的人通过手机（通常是短信）来结束一段感情。很明显，这种传递坏消息的方式会让被甩的一方受伤和发怒（"她甚至都不敢当着我的面告诉我"）。

交流模式也保留了噪音的概念，但是扩大了原有的范围。在线性模式中，噪音特指沟通渠道中的噪音，即所谓的**外在噪音**。例如，让你很难专心于对方的震耳欲聋的音响和充满烟味的拥挤房间之类。交流模式认为噪音也可能出自沟通者内部，包括**生理性噪音**，即干扰信息接收的生物性因素，如生病、疲倦、失聪等等。沟通者还会面临**心理性噪音**，即造成无法准确

理解信息的内在干扰力量。例如，一个学生可能因为考试成绩太差、心情太沮丧而无法（也许用"不愿"更准确）弄清楚她出错的地方。心理性噪音是一个非常重要的沟通问题，我们将在第十章花更大的篇幅去探讨它的形式及防卫功能。

即便模式给我们提供了理解沟通历程的基础，但它们仍然无法掌握人际沟通的一些重要特性。如果说一个模式只是一帧"影像"，那沟通更接近于一部"影片"。在真实的生活中，我们很难将一段独立的沟通"行为"从正在进行的连续事件中分离出来。看看本页 Zits 的漫画，如果你只看最后一格，你会认为杰里米是他妈妈不停唠叨的受害者。但如果你读了前三格，也许你会得出不一样的结论：若杰里米能对他妈妈的话有所回应，她就不需要没完没了地啰嗦下去了。假设你在漫画记录的事件前观察过他们两人之间长久的交流，你的脑海中一定会浮现出一幅更长的（仍然不够完整）、关于他们关系的历史画卷，当然这还是根据漫画中的事件推演出来的。换句话来说，杰里米和他妈妈的沟通模式，是由他们俩共同创造的。

从这儿引导出另一个重要的观点：交流式的沟通并不是我们"对"别人做了什么，而是我们"跟"别人做了什么。在这个意义上，人际沟通更像是跳舞——当然

电视剧《老爸老妈的浪漫史》（*How I Met Your Mother*）中的角色关系显示了人际沟通的本质。（参见本章末尾的电视小结）

是需要同伴的那种舞蹈。沟通就像跳舞，是否成功取决于同伴的参与。而且成功的沟通，就像好的舞蹈，绝不仅仅取决于主导（领舞）的那个人。一个舞者再成功，如果他不能考虑或者配合他同伴的技术，看起来也会很糟糕。在沟通和舞蹈中，即便有两个天才也不能确保一次成功。当两位熟练的舞者在台上表演时，如果他们不能配合彼此的动作，不仅他们自己感觉糟糕，观众也觉得愚蠢。总之，人际沟通——就像跳舞——是一个经由同伴间的互动而创造出的独特活动。同样，你的沟通方式必然会因为同伴的不同而发生改变。

现在我们就可以通过上述讨论总结人际沟通的定义了。沟通是一个交流的过程，其参与者处于不同但又有所重叠的背景下，经由交换信息而建立关系，关系的品质会受到外在的、生理性的和心理性的噪音干扰。你是否选择记住这个定义，这是你和你的讲师决定的事情。但无论如何，记住我们是如何反映沟通这一更为复杂的（相对你阅读本书以前）观点的过程。有了这个定义，我们就可以思考人际沟通和非人际沟通的区别了。

人际沟通与非人际沟通

学者们常用不同的方法描绘人际沟通的特征，最常见的定义就是根据参与者的多寡进行限定。人际沟通的这种**量化定义**包含了两个人之间的一切交流，通常指的是面对面的情况。社会科学家称呼两个正在交流的人为"二元群体"，他们经常用形容词"二元的"描述这种沟通类型。因此，在量化的意义上，"二元沟通"与"人际沟通"这两种说法可以互换。依据这种定义，一个店员与一个顾客、一个交通警察与一个超速驾驶者的对话都属于人际沟通活动，而一位教师与他授课班级的学生们、一名表演者与观众们则不适用于此。

你可能已经发现了以数量定义人际沟通所带来的问题。例如，店员与顾客那种例行公事的对话，或是我们向旁人问路时的短暂交谈，这种形式的沟通似乎怎么都称不上"人际沟通"。事实上，这样的对话只会让人感觉"仿佛在和机器交谈"。

两人交流有时表现出私人化的性质，有时又具有非私人化的性质，这引发了部分学者的讨论。他们认为是沟通的品质而不是人数决定了人际沟通的定义。因此，**质化定义**主张人际沟通只有在一方将另一方视为独一无二的个体，且无视沟通发生的场合与参与者的人数时才能成立。当我们使用质化定义作为标准，人际沟通的反面便是非人际沟通，而不是团体沟通、公开沟通或者大众传播。

五个特征可以帮助我们区分质化人际沟通与非人际（低私人化）沟通。第一个特征是**独特性**。非人际沟通是由**社会规则**和**社会角色**决定的：前者如在他人说笑时适度地回应对方、不试图主宰谈话等；后者如顾客永远是对的、要尊敬长辈等。而质化人际沟通讲求的是**特定规则**和**特定角色**的发展。比如，我们在某段关系中可能会和同伴互开一些无伤大雅的玩笑，而在另一段关系中则会尽量避免触怒对方。再如，在家人或者朋友的面前，你可能会毫无保留地表达你的异议，但在另一些不成文的规则面前，你会选择先忍气吞声，直到积怨爆发，你们才讲清误会，尽释前嫌。然后，一切又从头开始。有位沟通学学者将人们在亲密关系中所创造的独特沟通方式，称为关系文化。

第二个特征是**不可替代性**。人际沟通的独特性使每一段关系都变得无可取代。这就解释了为什么一段亲密关系或者感情由浓转淡时，我们会如此难过。因为我们已经知道不管身边有再多的朋友、亲人，都无法给予我们相同的感受。

第三个特征是**相互依存性**。简单来说，就是在一段质化人际关系中，你和对方的命运是相连的。对于那些与你没有任何交集的人，他们的愤怒、情感、兴奋或沮丧，你都可以置之不理，但在一段人际关系中，另一方的生活则确实地影响着你。有时候，相互依存是一桩好事；另一些时候，它会成为一种负担。无论哪种情况，都是质化人际关系中不争的事实。不仅如此，相互依存的关系还要超越命运相连的水平，因为在人际关系中，我们对自身的认同是通过我们与他人互动的实质来决定的。正如心理学家肯尼斯·葛根（Kenneth Gergen）所说："我们说某人具有吸引力，是因为有人被他吸引；某人是领导者，是因为有人愿意被他领导；同样，某人可爱，也是因为有人欣赏她。"

第四个特征是人际沟通通常（但并不总是）意味着**公布**一部分私人信息。在非人际关系中，我们通常不会过度地表现自己，但在人际交往的过程中，我们更倾向于分享彼此的感情和想法。当然这并不意味着所有的人际关系都是温暖的、互相关怀的，或者说所有的自我坦露都是正面的。我们还是可以表达负面、隐私的感受，比如"我真的对你很生气"之类。重点是我们是为了关系更亲密、更私人化才选择公开这些（积极的和消极的）信息的。

第五个特征是**内在的回报**。在非人际沟通中，我们追求的是和参与者几乎无关的回报：我们坐在教室里听课、与想要购买二手车的买主交谈，都是为了达到某种目的，而这种目的通常并不是为了发展私下的关系。与此相反，在质化人际关系中，我们花费时间和朋友、爱人等其他人相处，因为我们知道这段时间是值得的。对我们来说，说了什么并不重要，重要的是这段关系本身。

因为独特的、不可替代的、相互依存的、公开的以及从自身获得回报的关系很少，所以质化人际沟通相对来说要少得多。我们与店主或同行的旅客愉快地聊着公共汽车和飞机，我们与同学或邻居讨论天气状况和时事要闻，我们还享受着与在社交网站上认识的人轻松地开着玩笑，等等。虽然类似的例子也不少，但是考虑到我们一生所要沟通的人数，私人化的关系远在少数。

一些观察家认为，那些在Facebook和Twitter等社交网站上力求"朋友"的沟通者，获得的都是肤浅的和非人际的关系。正如一位评论者指出的那样：

> 这种观念……就是尽可能多地去获得算不上真正朋友的"朋友"……就好像廉价的红酒，"朋友"也提供了一种快感，这种快感只能通过更多的"朋友"来满足和维持。数量战胜了质量。

大多数人际关系并非"不是私人化沟通就是非私人化沟通"的极端二元模式。更确切地说，在这极端的二元之间，有一段连续性的距离，而我们就在其中的某个点上。你自身的经历很有可能告诉你：即使是在最公开的场合，通常也存在着私人成分。你可能会欣赏某个杂货店店员的独特幽默感，或是与正在为你理发的设计师聊些隐私。即便是最专制、最苛刻、最古板的老板，偶尔也会露出仁慈的一面。

正如非私人化场合免不了私人成分的存在，我们与最在意的人之间也具有非私人化成分。特别是当我们感到心烦意乱、疲倦、忙碌或者只是单纯地不感兴趣时，都不希望被人刨根问底。有时候，我们想知道的，仅仅只是朋友在网上发布了什么。事实上，人际沟通就像膏粱厚味，适度品尝才是好事，吃得太多就会让你不舒服了。

1.3 沟通的原则与迷思

既然我们已经思考了沟通的定义与模式，接下来重要的就是确定人际互动的一些原则，即什么可以帮我们达成沟通，什么又不行。

沟通的原则

我们可以先将在本章中学到的部分内容总结成以下这些结论：

沟通可以是有目的或无目的的行为　有些沟通行为具有明显的目的，如在向老板要求加薪，或者提出一些建议前，你肯定会很谨慎地斟酌词句。有些学者主张，只有像这种有目的性的信息，才可以称作沟通；另一些学者认为，即便是没有任何意图的信息，仍然是沟通。比如说，假设某个朋友无意中听到你喃喃自语、发着牢骚，即使你不是有意让她听到的，你的言词还是传递出了一些信息。除了这种无意间泄漏的言谈，我们在无意中传达的非语言信息就更多了。你可能察觉不到自己酸溜溜的语气、不耐烦的抖动，或者无聊时发出的叹息声，但别人却都观察到了。究竟无目的的言行是否该视为沟通，专家们至今没有形成共识，而且这个争论可能永远也没有结束的一天。在本书中，我们将会同时探讨有目的和无目的的行为的沟通价值。

人不可能不沟通　无论是有目的的行为还是无目的的行为，都会传送出信息，因此理论学家们同意，人不可能不沟通。无论你选择做什么：是说出口还是保持沉默，是面对还是逃避，是情绪化地应对还是摆出一张扑克脸，你都将自己的想法和感觉传送给了对方。在这个意义上，我们就像不曾关闭的传送机。

当然，信息的接收者可能不会将我们发送出去的信息完全准确无误地解码。例如：他们可能把你说的玩笑话当真了，或是低估了你的感受。你想表达的意思和他们实际从你言行中推断出的信息，有可能差得很远。然而，当我们说"沟通中断"或是"传达出错"时，并不是说沟通已经终止了，而是说沟通不够精准、不够有效、不能满足我们的需求等。

因此，增进了解的最好方法就是一起讨论对彼此行为的解读和想法，直到你们能够协商出一个双方都能接受的含义。第三章的知觉检核技巧，第五章让交际语言变明确的窍门，以及第七章介绍的学会倾听的能力都会帮助你和你的同伴，让你们更加理解彼此发送和接收的信息。

沟通是不可复制的　沟通是一段进行中的过程，因此不可能复制出完全相同的事件。上个星期，一个友善的微笑拉近了你和陌生人之间的距离，但这不代表明天在另一个人的身上会同样奏效。对你来说，再次使用微笑攻势也许会让你感到老套或做作；或者你新遇到的那个人也许根本就不吃这一套；或者那不是一个适合微笑的场合。即使是面对同一个人，我们也不太可能再创造出

"斯图,我们可以暂停,甚至可以试着快进,但是我们永远也不能倒带。"

一模一样的事件。为什么?因为我们每天都在改变,每一天的自己都是不一样的,你对他人的感觉也在随时改变。虽然你用不着每次都发明新的方法对待熟人,但是你也应该知道,就算我们说了同样的话、做了同样的事,当处于不同的时空时,它们就不一样了。

沟通是不可逆转的 有时候我们希望可以适时地回到过去,消除某些不当的行为或者言词,然后替换成更妥当的选择。然而,正如本页的漫画所示,类似的逆转是不可能的。确实在某些时候,进一步的解释可以消除对方的疑虑,道歉也可以平复对方的创伤。但是也有些时候,你说得再多,都无法消除你在他人心中留下的印象。已经挤出来的牙膏不可能再塞回去,已经说出去的话也不可能再收回来。俗话说得好,说出去的话就像泼出去的水,都是无可挽回的。

沟通同时具有内容和关系两个向度 实际上所有信息的互换都发生在两个层面上。内容向度是指双方明确讨论的信息。诸如"下一个转角左转""在网上买东西比较便宜""你踩到我的脚了"之类。除了这些明显的内容,所有的信息也都带有关系向度,用来表达你对对方的感觉。比如你喜不喜欢对方,位居主导或屈于从属,感到自在还是焦虑等。试想一下,用不同的方式说"今晚很忙,改天吧"这句简单的话,你能传达出多少种不同关系的信息。

有时候你可能只着重某个信息中的内容向度。例如,你可以不在乎客服代表对你的想法和感觉,而只关心她是否安排了技术人员维修你的汽车。可是,在另一个情境下,信息的关系向度就要比你们讨论的内容更加重要。如果那个客服代表用一种听起来轻蔑且粗鲁的语气跟你说话,情况就不同了。这就可以解释为什么我们会经常为一些琐事而争吵不休,如今天轮到谁洗碗、如何度过这个周末等。在这些例子中,真正面临考验的是关系的实质:谁是一段关系的主控者?我们对彼此究竟有多重要?第八章将会更仔细地探讨这些重要的关系议题。

沟通的迷思

澄清人们对沟通的迷思,与说明沟通的原则同等重要。为了避免陷入人际沟通的困境,请注意以下几点:

沟通得越多不见得沟通得越好 我们知道沟通不足容易产生问题,然而,沟通过头也会制造问题。有时候过度沟通只是平白浪费时间。当两个人已经对一个问题沟通得十分透彻了,继续讨论只会在原地打转,不会有任何进展。正如一本关于沟通的书所写:"消极的沟通越多,带来的消极结果也只会更多。"即便你本身并不爱斤斤计较,过多的沟通也会适得其反。如果你在一次面试之后,缠着你未来的雇主问东问西,不停地发送写着"回复我"的短信,那么这种沟通可能只会产生反作用。

意思不在字眼里 我们常犯的最大错误,估计就是把沟通等同于把话说出来。第三章将会说明,对你来说恰到好处的表述,到了其他人耳中可能会被解读出完全不同的意思。第五章则会告诉你,言语误解最常见的类型,以及减少这些误解发生的方法。而第七章会介绍一些倾听的技巧,它们可以帮助你确认自己听到的就是别人想说的。老话说得好:"词不达意。"

成功的沟通并不表示彼此理解 萧伯纳(George Bernard Shaw)曾经说过:"沟通的问题……就是自以为达成了沟通,这是幻觉。"萧伯纳的评论可能听着刺耳,但是研究(可能就是你的亲身经历)证明,人与人的误解是普遍的。事实上,有证据显示,熟人之间发生误解的概率比陌生人更高。

互相理解是成功沟通的指标,但也有时候沟通很成功,可两个人仍然不能完全理解对方。比如说,我们经常刻意地模糊回应,以免伤害对方的感情。想象一下,如果你的朋友问你觉得他的新刺青怎样,你会如何回应?你可能会隐晦地说:"哇!真的还蛮特别的!"而不是诚实清楚地回答:"我认为有点怪

"我老婆太了解我了。"

异。"我们担心像这种诚实的回答不够厚道,也可能破坏关系。

有项研究显示,令人满意的关系在一定程度上取决于理解上的瑕疵。那些"认为"配偶了解自己的人要比那些"实际"了解配偶所做所为的人对婚姻关系更满意。换句话说,令人满意的关系有时反而来自不彻底的了解。第二章我们会仔细讨论为何偶尔避开追根究底反而有助于关系的维持。

沟通不会解决所有的问题　有时候,即使集齐天时地利人和,一切也都计算得很完美,但问题仍然没有得到解决。请试着想象一下,你去找老师要求他解释一下为什么给了你很低的分数,而你自认为可以得到最高分。老师在听完你的抗议后,简明扼要地告诉你拿不到高分的原因,并且依然坚持原来的立场。你觉得沟通解决问题了吗?恐怕没有。

有时候,清楚明白的沟通反而还会成为引发问题的原因。举例来说,倘若朋友要求你对她新买的价值200美元的套装诚实地给予意见,而你真的照实说了出来,"我觉得它让你看起来很胖。"这句话造成的伤害要远远大于它带来的好处。确定坦露心声的时机与方式不是一件容易的事,第二章将会提供一些建议。

1.4　社交媒介与人际沟通

读到这里,不难发现面对面的交流不是人们创造和维系个人关系的唯一途径。社交媒介这一术语大致上涵盖了让远距离人际沟通成为可能的所有渠道。当你和朋友、同事发短信、发微博，互通邮件与即时消息，使用像Facebook那样专业的社交网络时，你都是在使用社交媒介。严格意义上来说，这些渠道并不是亲自交流的替代品。实际上，研究已经发现面对面交流与虚拟沟通之间的差异正在被削弱。

社交媒介的益处

越来越多的研究表明社交媒介并不像评论家们一度恐惧的那样，会对人际关系造成威胁。比如说：

- 根据一份网络专家的调查，社会纽带在人们的生活中有着重要的影响，社交媒介作为一种工具在为人们创造、加强以及重新发现社会纽带时，降低了发生摩擦的概率。由此，社交媒介的益处要明显大于其代价。
- 社交媒介的大部分用户说，他们访问社交网站的主要原因是为了保持与现有朋友及家人的联系。同时有一半用户承认，他们是为了与失去联系的老朋友取得联系才依靠这些技术的。
- 大多数线上信息采取了纯文本的格式，这样就可以缩小人们在性别、社会阶级、种族和年龄等方面的认知差异，从而使人们更加亲密。使用不同的社交媒介是为了拥有一个更为多元的社交网络。
- 超过80%的社交媒介用户参与到了某类自发的群体或者组织中，这一数据明显地高于非社交媒介用户。
- Facebook的用户要比不申请任何社交网站的人更令人感到信任、拥有更多的朋友，并且能从朋友中得到更多的支持。

电子通信不是面对面交流的替代品。虽然大学生之间常用以文本为主的信息进行交流，然而一项针对他们的研究指出："在满足个体的交流、个人的信息和社会的需求方面，没有任何方式能与面对面沟通相比。"此外，文本消息、电话联系也与面对面沟通存在着某种相互关系，也就是说，如果你定期与朋友或家人在网上进行交流，那你可能也会更频繁地给他们打电话，并去看望他们。

有几个原因可以解释，为什么社交媒介可以提升人际交往的数量和质量。一方面，通过社交媒介来沟通更容易维持关系，因为日渐繁忙的日程和遥远的距离已经使面对面地深入交谈变得更困难、更不可能。特别是对于那些相距很远,甚至相隔几个时区的人来说,要找一个双方都合适的时间是相当艰难的挑战。而电子邮件的异步通信可以为这些人提供一种其他渠道难以做到的共享信息的方式:沟通的双方不需要实时连接就可以编写并且发送自己的信息。

即使是在面对面沟通非常方便的时刻,有些人还是认为通过媒介渠道沟通的两个人更容易共享私人信息。社会语言学家黛博拉·坦纳(Deborah Tannen)描述了电子邮件如何改善了两段关系:

> 电子邮件加深了我与拉尔夫的友谊。虽然他的办公室就在我旁边,但是因为他生性害羞,我们很少能够深入交谈:在面对面交谈的过程中,他的喃喃自语让我几乎不能确定他是否在说话。但是,当我们俩都用上电子邮件后,我开始收到他篇幅很长,同样也坦露心声的信息。我们很快就成为了推心置腹的朋友。一位朋友在发现我们互通的电子邮件之后,也决定换种方式与她的父亲沟通。以前,他从不在电话中多说什么(尽管她的母亲会),但是自从他们都上网以后,关系变得亲密多了。

借助于类似的经验,我们似乎可以理解苹果电脑的创始人之一史蒂夫·乔布斯(Steve Jobs)建议将个人电脑重新命名为"人际电脑"的原因。

社交媒介的挑战

除了这些优点,通过社交媒介来沟通也面临一些挑战:

更精简的信息 社会科学家用**丰富度**这一术语形容丰富多样的非语言线索,它们增加了言词的清晰度。与此相反,**精简度**描述的是缺乏非语言线索的信息。面对面沟通的内涵是丰富的,因为充足的非语言线索不仅可以帮助我们明晰对方话语的意义,而且还暗示了对方的感受。相比之下,社交媒介传递的信息就要精简得多了。

信息的丰富度会随着媒介发生变化,为了说明这一点,我们举一个具体的例子。假设你已经有好几个星期没有收到朋友的消息了,于是你决定问她,"发生什么事了吗?"而你的朋友回复:"没什么,我很好。"这个回答够不够形象,取决于你是通过短信、电话,还是亲自听到它的。你必然会从面对面的回应中读出更多的信息,因为它包含着更丰富的线索,如面部表情、语气声调等;一个文本消息包含的就只有词汇;而电话介于两者之间,传递了声音,却没有视觉上的线索。

因为通过媒介传递的信息更精简，所以我们很难自信地去解码，特别是言谈中的讽刺与幽默很容易引起对方的误解。因此，我们在接收到一条信息后，不要轻易下结论，而要反复确认自己的解释。在发送一条信息前，多想想自己的信息够不够明确，会不会引起歧义。只有这样，误解才不会发生。

媒介消息的精简性还会带来另一个挑战：没有了非语言的暗示，网上的沟通者对彼此的印象往往是理想化的，有时甚至是不切实际的。因为缺乏非语言的线索，这些虚拟沟通者就可以谨慎地管理自己的身份。毕竟这是一个没有口臭、难看的斑点，或者口吃的世界，而两个陌生人在这种情况的刺激下更容易坦露心声或者提出疑问，从而形成更大的人际吸引力。沟通行为学家约瑟夫·沃尔瑟（Joseph Walther）将此形容为"超人际"的沟通。相对于面对面的互动，超人际沟通会加速双方对个人话题的讨论以及二者关系的发展。这或许就可以解释为什么有些网友很难转换成面对面的关系了。

去抑制　我们中的大多数迟早会遇到这样的时刻：在没有细想的情况下脱口而出，发表一些让自己难堪或者冒犯别人的言论。这种不计后果就发布信息的倾向在网络交流的过程中更为常见。有时我们并没有亲眼看见，或者亲耳听到，甚至是在不了解评论对象的情况下就发布了某些信息。这种情形就被称为（网络）抑制解除（效应）。它有两种形式：

网上沟通者有时会自愿提供一些个人信息，因为他们希望至少对部分接收者而言能获得他们的信任。以Facebook这样的社交网站为例，只要在主页快速浏览一下，就可以发现有很多用户发布关于他们自己的文本和图片，有时甚至是一些很尴尬的场景，"我刚刚因为酒后驾车被逮捕了""我正在坎昆（墨西哥的疗养观光胜地）休春假"等。显然，大多数人并不渴望潜在的雇主或者特定的家庭成员看到这些信息。在第二章，我们会讨论社交媒介在认同管理和"声誉管理"上

在电影《社交网络》（The Social Network）中，Facebook的创始人马克·扎克伯格（杰西·艾森伯格饰）就是因为他的去抑制表现与社交媒介的持久性，而面临危机。（参见本章末尾的电影小结）

的作用。

此外，通过社交媒介交流，沟通者的表达能力会更强。越来越多的研究表明，比起进行面对面的交流，使用媒介渠道会让沟通者变得更直接，而且通常站在批判的角度。如果沟通者把去抑制发挥到极致，就会发送一些充满愤怒，甚至是恶意的电子邮件、短信或者帖子。

持久性 把沟通中应有的礼貌放在一边，恶意的媒介信息的风险是它们的持久性。无论是脱口而出一个私人的想法，还是当面抨击对方，虽然情况会很糟糕，但是所幸，你的轻率之举没有被持久地记录下来。相比之下，一条令人后悔的短信、一封电子邮件或一篇帖子事实上可以被永久保存。而且更糟的是，它还会以你想象不到的方式被任意地检索和转发。因此，建议你在处理社交媒介的信息时采取和当面沟通一样的方式，与其后悔，不如三思而后言。

1.5 如何成为沟通高手

要辨认沟通高手很简单，比辨识差劲的沟通者更容易。只是，要怎么从次好的沟通者中分辨出成功的沟通高手呢？有什么特征可以帮助我们区辨他们？

沟通能力的定义

定义沟通能力并不像表面上看到的这么简单。尽管学者对于精确的定义尚有争论，但大多数人同意，有效的沟通必须包含：能在大多数情况下维持或增进关系，并借此实现自己的目标。换句话来说，能力既要求有效性，又要求适当性。你很有可能会想到那些以损害他人利益为代价、实现自己目标的人，如经常引发众怒的高收益商人，或者那种从不为自己争取利益的善良且亲切的人。沟通能力是一种既要留心他人又要考虑自己的获取平衡的行为，这有时是一场艰巨的挑战。

电视剧《实习医生格蕾》(*Grey's Anatomy*) 刻画了一群沟通必须有效且适当的专业医护人员。思考一下，这些角色或你现实中认识的医生是如何胜任职责、处理好他们的人际关系的？

沟通能力一般包含以下这些特征：

没有理想的沟通之道　你自己的经验也许就能告诉你，有效沟通的方法绝不只有一种。那些成功的沟通者有的看上去很严肃，有的则很幽默；有的人外向、活泼，有的则沉默、文静；有的喜欢坦率直言，有的则拐弯抹角。就像这世界上的好音乐或好艺术有着各种不同的门类，沟通能力也分成许多种。通过观察榜样学习新的、有效的沟通方式必然是可行的，但是倘若一味地抄袭、模仿，完全没有自己的价值观与风格就不好了。

沟通能力依情境而定　即使在同一种文化或关系中，适用于某种情境的沟通技巧放在另一种情境下也许会铸成大错。你日常和朋友相处时无礼而戏谑的态度，如果用在一个情绪敏感的家人身上，很可能会冒犯对方。同样，你在周六晚上营造的浪漫举动，也不适合在周一或者工作日的早晨表现出来。

由于沟通能力是随着情境及沟通者而改变的，因此将沟通能力视为一种一个人要么具备要么不具备的特质是错误的想法。更确切地说，沟通能力应该以程度或范围来划分。你也许很善于处理与自己相对等的那些人的关系，但是在和比自己年长或年轻，富有或贫穷，更具吸引力或更缺乏吸引力的人交往时，就很笨拙。事实上，即使和同一人相处，你的沟通能力也会因为情境的不同而表现得不同。因此，因为一时的苦恼就下结论说"我是一个失败的沟通者"未免太以偏概全了，而应该说："尽管我不能很好地应对这个状况，但我在其他场合能处理得更好。"

沟通能力可以后天学习　从某种程度上来说，生物因素对于沟通风格的影响是注定的。针对同卵和异卵双胞胎的研究显示，包括社交能力、愤怒、放松在内的人类特质似乎是我们基因组成的功能的一部分。一些研究发现，特定的人格特质使人易于遵循某些独特的能力技巧。比如说，那些生性喜欢迁就或者尽心尽责的人，更容易掌握适当性原则，而难以做到坚定与有效。第二章将会更多地谈到神经生物学在沟通中扮演的角色。

不过，幸运的是生物性并非塑造我们沟通形态的唯一因素，影响沟通能力更多的是人人在后天可习得的技巧。技巧训练已经被证实能在各种不同的专业领域帮助沟通者。研究同样显示，在校园中研究生的沟通能力优于本科生。换句话说，你的沟通能力可以通过教育和训练获得提升。这也就意味着，阅读本书或选修这门课可以帮助你成为一个更优秀的沟通者。

沟通高手的特质

尽管沟通能力随情境而定，学者仍然辨识出了几种在大多数情境下通用的成功沟通者的特质：

拥有多样的行为反应　沟通高手懂得从各式各样的沟通行为中适时地选择。为了使你了解拥有一个庞大的沟通行为资料库的重要性，请试着想象一下：某个熟人在你面前一直重复说着同一个笑话，可能是有关地域歧视或者性暗示的笑话，而这让你觉得被冒犯了。为了回应这个笑话，你可以采取下列几种方式：

- 你可以保持沉默，因为你知道一旦开口了，引发冲突的风险要高于它带来的好处。
- 你可以要求第三方提醒说笑话的那个人，让他注意言谈间的攻击意味。
- 你可以暗示说笑话的人，让他感受到你的不舒服。
- 你也可以针对朋友感觉上的迟钝开个玩笑，期望能借着幽默缓和你言语上的攻击性。
- 你可以坦白说出你的不适，并且要求朋友停止谈论这个笑话，至少不要在你身边说。
- 你也可以直接叫他不要再说了。

你可以从上述的回应中挑选一个对你最有利、对你的朋友最有效的方式去运用（或者你也可以再想出别的）。但是，假如你在面对棘手的情况时只能运用其中的一二种方法，例如只懂得保持沉默，或永远只会暗示，那么你成功的机会将会减少很多。许多差劲的沟通者的确很容易被人察觉，因为他们回应的方式十分有限：有一些只会说笑，有一些总是带着攻击性，还有一些无论在什么场合都沉默不语。就像只会弹奏一种旋律的钢琴师或是只会做特定几道菜的厨师一样，他们被迫使用那少得可怜的方式进行回应，不管最后成不成功，都一再重复，不知变通。

挑选恰当行为的能力　仅仅知道许多不同的沟通技巧并不能保证成功，懂得在不同的情境中运用最有效的行为也是十分必要的。挑选传递信息的方式就好像挑选礼物一样，适合某甲的礼物不见得适合某乙，同样地，在某种情境下看来很适当的回应换一种场合也许就会彻底失败。

虽然我们不可能详细地教你在不同的场合应该如何表现及反应，但是当你无法决定要做什么反应时,也许你可以试着从下面三个要素进行判断。首先是沟通的**情境**。时间和地点常常会影响我们的表现:如果在对的时间向老板提出加薪或向情人索吻,你可能会得到很好的结果,但是如果提出的时机不对,这种贸然的请求很可能导致事与愿违。同样,适合在单身派对中说的笑话如果拿到葬礼上,结果将会无比尴尬。

你的**目的**也会决定你的选择。如果你想要增进与新来邻居的感情,那么邀请他过来喝杯咖啡或共进晚餐是不错的选择;但是假如你相比之下更想保有自己的隐私,那么冷静和礼貌是更明智的选择。另外,目的也会决定你帮助他人的方式。第七章将会向你说明提供建议有时候也要适度。如果你的目的是为了培养他人解决问题的能力,那么克制你的意见与见解,仅仅把自己当成一块共鸣板,而让对方思考选项、做出决定,才是一个比较好的做法。

最后,**对他人的认知**也会影响你的决定。如果你和一个非常敏感或局促不安的人相处,你做决定时最好要非常谨慎,并且能得到对方的支持;如果你与一个值得信任的老朋友相处,那么你可以直率地说出心里话。沟通对象的社会地位也会影响你的交流方式:对待80岁的长者与对待青少年的说话方式可不一样。同样,即便是在这个性别平等的时代,我们对待男人与对待女人的方式有时候仍需要有所区别。一项研究表明,如果你在发给教授的电子邮件中随意使用语言,如用"4"代替"for",那么绝对不会取得像在朋友那儿的成功。

表现行为的技巧 在你已经挑选出最适合的沟通方式之后,能够有效地表现所需的沟通技巧也是很必要的。"说"和"做"之间有着很大的差异,你我都知道,光说不练没有多大用处。

阅读本书后面有关沟通技巧的文章并不能保证你一开始就能够使用得完美无瑕,就像从事乐器演奏或运动训练一样,到达成功的道路没有捷径。当你依照下列的篇幅开始学习和练习沟通技巧后,你将会经历一些阶段,如图1-3所示。

认知复杂度 社会科学家将人们看待事物时,能够组织其架构的技巧,称为认知复杂度。你不妨通过下面的例子来了解认知复杂度是如何增强沟通能力的:假设有个老朋友最近对你有点不满,你觉得原因可能是你做的某件事冒犯到他了;或是因为他最近的生活不是很顺利导致他有点心烦;当然也有可能是你想太多了,其实什么事都没有发生。像这样从不同的角度来思考一个问题,可以让你避免反应过度或者产生误解,而是增加了建设性地解决这个问题的概

技巧构建　学习沟通技巧的不同阶段

学习任何新技巧都需要经过能力的几个阶段：

1. **意识觉醒期**　这是你第一次意识到新技巧可以带来一种全新且更好的行为方式。举例来说，如果你在打网球时，意识到新学到的发球方法可以提升自己的发球力量和准确度，那么觉醒也就开始了。在沟通的领域中，阅读本书也会带给你类似的觉醒。

2. **笨拙期**　正如你第一次学骑自行车或者开车时一定有过很笨拙的经验，初次使用新技巧与人沟通的时候同样也会有些尴尬。正所谓"人前光鲜，人后辛苦"。

3. **熟练期**　如果你继续保持练习，克服了初期尝试的尴尬，虽然你仍然需要思考自己正在干的事，但是你已经能够熟练地把握自己了。身为沟通者，你可以将这个阶段看成是由大量的前期思考与计划以及好的结果组成的。

4. **整合期**　当你没有特意思考一件事情，却能表现得很好时，这一阶段就是整合期了。在此过程中，你的行为举止是自然而然的，成为了你行为资料库的一部分。

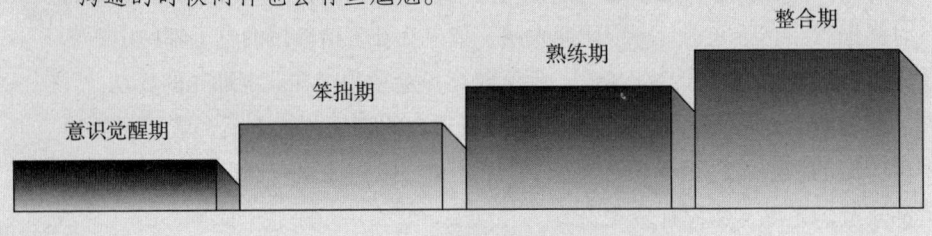

图1-3　沟通技巧的学习阶段

率。第三章会对认知复杂度和提升它的方式进行更为详细的探讨。

同理心　从多元角度看待一个情境固然非常重要，但在理解不同的观点之上还有一个步骤。同理心是指如同对方那样去感受与经验对方的处境。这个能力实在是太重要了，以至于有些学者认为同理心是最重要的沟通能力。第三章和第七章会为你介绍迅速提升同理心的一套技巧，至于现在，你只需要知道他人如何看待这个世界以及你对此的感受，对于你成为一个沟通高手来说是十分有用且重要的。

自我监控　认知复杂度和同理心能够帮助你更好地了解别人，而自我监控能使你更好地了解自己。心理学家们将观察自身的行为并借此调整自身行动的过程称为自我监控。自我监控者能将自己的意识部分地抽离出来，并以一种超然的眼光看待自己的所作所为，总结出这样的观察结论：

"我看起来就像一个白痴，根本不像我自己！"
"我最好赶快说些话。"
"这个方法还不错，我会继续使用它。"

　　虽然过度的自我监控也会产生问题（请看第二章），但是大致上来说，能够意识到自我的行为并且深知其影响的人要比没有（或不善）自我监控的人沟通更为高明。因为他们能更准确地判定他人的情绪状态，更牢固地记忆与他人相关的信息，个性上比较不害羞，并且做事更果决。与此相反，不善自我监控者甚至意识不到自己的沟通能力低下。一项研究揭示出：差的沟通者往往比好的沟通者更容易忽视自身的缺点，同时高估自己的技能，并以此自满沉醉在虚假的幸福中。例如，在说笑话技能中得分最差的实验对象，相对他们得分更高的同伴，更容易高估自己的幽默感。

　　不善自我监控者在生活中常显得笨拙、迟钝，无论是成功了还是失败了，他们都不能理解原因。相较之下，善于自我监控者就有建设性多了，他们不断地质问自己"我做得怎么样"，如果发觉答案不是积极的，就会及时调整自己的行为。这种能力无论在私人场合还是正式场合都很适用。白宫经济顾问委员会认为更好的"自我意识""自我监控"和"自我控制"能力将会帮助学生在进入职场时更易于取得成功。

　　承　诺　承诺是有效的沟通，至少是一段质化人际关系的区辨特征之一。换句话说，关心人际关系的人要比不关心的人更善于沟通。这种关心至少表现在两个方面。第一个是向他人做出承诺。这有很多例子：愿意花时间陪伴对方而不是敷衍应付；乐意倾听对方说话而不是只顾自己说；使用对方能够理解的语言；在倾听对方的意见后能够以开放的心胸去调整自己的看法。有效的沟通者第二个关心的是沟通信息。他们总是真诚地倾听，似乎理解对方谈论的内容，同时还通过行为和言语证明对方的意见是重要的。

　　你又是如何界定沟通高手的呢？如前所述，沟通能力并非是一种要么具备要么缺失的特质，更正确地说，它是一种程度高低的状态。因而，沟通的现实目标不是成为一个完美无瑕的沟通高手，而是更常使用本章所描述的沟通技巧。

跨文化的沟通能力

在过去，大部分人从生到死都难以迈出出生地方圆几里的范围，他们很少有机会跟不同背景的人相处。现在的时代就不一样了，用众所周知的隐喻来说，"我们住在地球村"。我们的生活与拥有截然不同的个人历史和沟通风格的人交织在了一起。

当我们的世界变得越来越多元化的时候，我们与来自世界各地的人交流的可能性也比以往任何时代都大。鉴于这一事实，我们必须知道在一种文化中行之有效的技能，到了另一种文化可能完全不适宜，有时甚至带有冒犯之意。一个很明显的例子是，一些国家认为饭后打嗝或在公共场合赤裸身体都是无关紧要的，但对另一些国家的人而言就太离谱了。在沟通中，这种文化上的差异更多，也更细微。比如，美国人很看重自我坦露、说话有主见等能力，但是这些特质在多数亚洲文化看来则过于咄咄逼人，而且不顾及对方的感受。对后者来说，不露声色、含蓄婉转才是重要的。

即使是在同一个社会，各种次文化的成员也会对行为的适当性有着自己的见解。一项研究显示不同族群对于好朋友之间应该如何沟通的想法也不同：作为一个群体，拉美裔美国人把相互支持看得最重；非洲裔美国人重视的是尊重和接纳；亚洲裔美国人珍视关心和想法的积极共享；而盎格鲁（英裔）美国人重视那些承认个体需求的朋友。类似的研究意味着世上并不存在这样一张列表：不仅万无一失地记录着沟通的规则与技巧，还能保证你成为一个成功的沟通者。它们意味着沟通高手要能调整自身的行为风格与方式，以适应其他个人的或者文化的偏好。

国家和民族并不是划分文化差异的唯一元素，在同一个社会中，不同次文化也会带来不同的沟通实践方式：

年龄：例如青少年、老年人
职业：例如时装模特、长途卡车司机
性倾向：例如女同性恋、男同性恋
身体残疾：例如行动障碍、听力障碍

宗　教：例如福音派基督徒、穆斯林

活　动：例如骑自行车的人、玩游戏的人

一些学者甚至把男人、女人划归为不同的次文化领域，声称性别对于沟通风格或方式的影响是显而易见的。

跟来自不同文化背景的人成功地沟通所需具备的能力，与前文沟通高手的特质大致相同。除此之外，沟通学家还总结了一些对于跨文化沟通特别重要的元素。我们除了要了解一个文化的特定规范（即文化特性或差异性），"文化共性"的看法与技巧也可以帮助不同文化背景的人建立关系。

为了说明"文化共性"对于沟通能力的重要性，请你试着想象这样的情况。你刚刚应聘到一家设在美国的日商公司，其工厂设在墨西哥，顾客则遍及世界各地。你身边的同事、督导和客户跟你的文化背景基本上都不同，因工作之需你偶尔还必须出国。你要如何处理这个职位对于沟通的要求？你最好具备下列能力。

动　机　愿意和陌生人达成沟通是一个重要的起步。研究显示那些愿意跟来自不同文化者沟通的人要比那些不愿意跨出去的人拥有更多不同背景的朋友。拥有适当的动机在各种沟通活动中都很重要，特别是在跨文化的人际互动中，因为挑战更大。

容忍模糊性　跟来自不同背景的人沟通可能会使你困惑。因为他们的信息在你看来，要么是模棱两可的，要么完全不能理解。这时你必须要有容忍模糊的能力，才有可能接收甚至接受他们的想法。

假如你的同事碰巧是在美国原住民的文化传统中长大的，你会发现他们比一般人更为安静也比较低调。对于这种沉默寡言，你的第一反应可能将之归因于缺乏善意。然而，这或许只是他们文化特性的反映：他们认为内向低调比外向张扬更具价值，沉默优于健谈。在类似跨文化的情境中，模糊性既是一个不争的事实，也是一个需要面对的挑战。

开放心胸　忍受模糊性是一回事，愿意对不同文化开放心胸是另一回事。当别人不符合我们的文化教养时，我们几乎本能地倾向于认为别人的沟通习惯是"错误"的。你会发现，在世界的某些地区，男女平等的观念不像西方国家那样普遍。同样，面对某些文化，你会惊异于民众对贫穷的忍受甚至到了家徒四壁的程度，而大行其道的贪污行贿甚至完全不把本土的道德理念与底线放在眼中。在类似这样的情境中，原则性强的沟通者对于既已认定的"正确"信念丝毫不会妥协；沟通高手则倾向于认为那些人之所以与我们行事不同，只是因为他们遵循的规则已经支配了他们一辈子。第三章会提供更多信息，指导我们如何应对从其他角度观察世界的挑战。

知识和技巧 一个团体的工作规则和习惯可能完全不适用于另一个团体。例如，如果你的行程被安排在了拉丁美洲，你就会发现开会这件事通常不会按照计划的时间开始与结束。与会者往往要花费更多的时间才能把事情搞定，但这并不意味着接待你的人不负责任或缺乏效率，你要了解时间在不同文化中有不同的意义。同样，他人做出的手势、他们与你相隔的距离、他们与你视线接触的时间都可能蕴含着"另一层"意义，你需要进一步学习与了解。

成为跨文化沟通高手，需要你有专注力，因为你必须同时留心自己和对方的行为。如果缺乏这种特质，沟通者会在跨文化交流中因为缺乏注意力和知识准备而犯下大错：他们既不知道自己的言行已经造成了他人的困惑，甚至冒犯了对方，也不知道自己大惊小怪的事情仅仅只是文化上的差异。即使你已经全神贯注，你仍然可以使用三个策略进一步加强自己跨文化沟通的能力：

1. **被动观察**是指留意不同文化中的成员的行为举止，并在实际的沟通中有效运用你洞察到的见解。

2. **积极策略**是指通过阅读相关书籍、看电影、询问专家或隶属该文化的成员、选修有关跨文化沟通的课程等方式掌握相应的知识和技能。

3. **自我坦露**是指自愿将自己的信息透露给想要进行沟通的跨文化对象。

自我坦露的一种方式是承认自己对该文化认识的不足，"这对我来说是很新奇的经验，在这种情境下我该怎么做才对？"这种方法在上述三种策略中是风险最大的，因为有些文化并不像西方国家那样推崇坦率或自我坦露。尽管如此，当陌生人愿意试着学习和认识自己的文化时，大多数人通常都很乐意提供信息和协助。

运用社交媒介的能力

到目前为止，我们讨论的人际交往准则都可以运用到网络沟通中，但还要补充一些媒介交流专门需要的技巧。

先思考后发布 由于互联网不会遗忘，你在今天发布的信息会一直跟着你。正如一位学者所言，互联网记录了整个社会，"把我们过去所有的言行都捆绑在我们身上，（事实上）永远也无法逃离"。

（网上的）个人信息对你事业的损害更大。一些调查显示，美国70%的雇主都曾因为应征者在网上发布的信息而拒绝聘用他们。这些信息包括应征者的照片，他们的或者关于他们的评论，在某些群体中的会员资格，等等。

社交网络时代的标志

作为警告，请看这个关于史黛西·斯奈德的故事，她会告诉你在网络世界里言行失范会如何折磨你。这位25岁的高中教师在实习期间发布了一张照片，照片中的她穿着戏服、戴着海盗的帽子参加一个聚会，而且正从一个塑料杯子里喝着酒。她还为这张照片取了一个标题，"醉酒的海盗"。斯奈德所任教的高中主管认为她的表现是"不专业的"；不仅如此她所就读的大学的领导认为她的行为在未成年学生的眼中是鼓励喝酒的意思。斯奈德本来还差几天就能参加毕业典礼了，然而因为这件事，学校拒绝授予她教育学学位。

这样的故事还有很多：一个16岁的英国女孩因为在Facebook上抱怨说："我觉得太无聊了！"结果失去了她的工作。一个66岁的加拿大心理治疗师被永久禁止入境美国，就是因为边检人员在网上发现了一篇他在30年前写的发表在哲学期刊上的有关迷幻药物（LSD，俗称摇头丸）实验的文章。也许你能找出充分的理由证明这样的处理不公平，但问题的关键是谨慎一点就可以免去很多麻烦。

要考虑周全 "规矩"这个词在今天听起来似乎有些过时了，但是无论你换成哪种说法，都不得不承认时至今日仍然有许多不能明说的行为准则维持着社会的正常运作。社交网络的特质在于它有一套属于自己的行为规范，有时也被称为"网络规矩"。我们在下面列举了一些：

1. 尊重他人对于全神贯注的需求 如果你的打字速度很快，可能认识不到一些人因为你一边面对面聊天，一边网聊而感受到了侮辱。正如一位观察者指出，"对于用户来说，快速的下线又上线只是一个无关紧要的休息，但是聊天室里的其他人会把这当作一种无言的打发，表示'我不感兴趣'。"

2. 注意言论的文明　　如果你曾在博客上发布过恶毒的评论，对某条微博或者状态作出过不文明的回复，或者是转发过一封令人尴尬的电子邮件，你就更能知道当消息的接收者不在你面前的时候，你更容易做出这些恶劣的行为。在收到一封针对自己新书的充满谩骂和羞辱的邮件后，一位作家描述了网络沟通会招致更多谩骂的详细情形：

> 这个家伙不会在电话里跟我这么说，因为我可以挂断电话，而且电话再响我也可以不接。同样，他也不会当着我的面这么说，因为我根本就不会让他说完；要是让我在大街上遇到这种情况，我绝对会用我的大块头去警告他。可是，这一切都发生在网上，我的身板起不到任何作用。假设这个家伙给我写的是一封信，我想也不至于这么下流，至少他不会使用"屁眼"这个词。而且他很有可能不会寄出这封信，因为当他在信封上写地址的时候，还可以再思考一下。然而发电子邮件你就不会再三思考了：你只要写完就可以点击发送。

在这种异步（沟通）的背景下，要想让自己表现得更好，你只要在发邮件、发微博，或者发状态之前问自己这样一个问题：如果信息的接收者就在你的面前，你还发吗？如果你的回答是不会，那你最好在敲下"回车"键之前再仔细考虑一下。

3. 不要影响局外人　　每个人都经历过技术滥用的烦恼：爱看电影的人将枪版资源发布到网上，影响了其他想要观看的人；饭店的老主顾肆无忌惮地打着电话，影响了你正在进行的交谈；行人将更多的注意力花在他们手中的移动设备上，而不是注意避让路上的其他行人；在收银台排队等待付款的人，同时还在大声地讲着电话。如果你没有经历过这些烦恼，你就很难与那些真正经历过的人感同身受。但是，在这种情况下仍然有一个"白金法则"可以帮助你，那就是"己所不欲，勿施于人"。

小　结

沟通在很多方面都是很重要的。除了满足个人的需求外，有效的沟通还能增进生理及心理健康，建立自我认同，满足社会需求等。沟通的过程并非一方对另一方的单向模式,而是双向交流的过程;沟通双方自发地发送和接收信息,但有时会被各种类型的噪音干扰。

　　人际沟通可以依据参与者的人数提出量化的定义,或者依据双方互动的品质提出质化的定义。从品质的角度来说,每一段人际关系都是独一无二、不可替代的,也是相互依存的,从内在收获回报的。人际的和非人际沟通都很必要,大多数的关系同时具有这两个部分。质化人际沟通不仅发生在传统方式的交流中,也发生在媒介交往的情境里。社交媒介为沟通带来益处的同时也带来了挑战。

　　几个原则主导了沟通展开的过程:信息可以是有目的也可以是无目的的;人绝对不可能不沟通,沟通也无可取代、无法复制;信息具备内容和关系两个向度。此外,关于沟通的迷思也应该引起我们的注意:意义是被人主动建构出来的,而不是被动地隐藏在字里行间;沟通越多不见得越好;沟通不能解决所有的问题;最后,沟通并非天生的特质。

　　沟通能力是一种人人都可以拥有的技巧,它能帮助你在维持现有关系的前提下从他人身上获得你所寻求的信息。沟通的情境不是一成不变的,因而沟通的能力也需要随之做出改变。沟通高手不仅拥有各式各样的行为反应方式以供选择,还懂得在适当的场合表现出最合宜、最纯熟的行为;他们不仅能够准确理解对方的观点,还能带着同理心做出回应;他们还会在沟通的过程中随时监控自己的行为,增加成功的可能性。在跨文化沟通时,需要具备合适的动机、忍受信息的模糊性、开放心胸、掌握一定的知识技巧,这样你才能沟通无碍。通过社交媒介进行交流也需要一套独特的技巧,可以帮助你线上和线下的人际关系都平稳发展。

电影与电视

你可以在以下电影和电视节目中印证我们在本章总结的沟通准则:

我们为什么要沟通

《荒野生存》(*Into the Wild*,2007)R级

　　带着几本关于求生技巧的书和一颗渴求独立的心,20岁的大学生克里斯托弗·麦坎德利斯(埃米尔·赫斯基饰)坚定地逃离了文明世界,选择在阿拉斯加的荒山野岭中独自生活。他无视了智者和更多有经验者的建议,确信他不需要任何人就可以生存下去,而且可以过得很好。正如电影评论家罗杰·艾伯特说

的那样,"他不觉得自己是个无家可归的人,而是一个脱离了家庭禁锢的人。"

影片的最后再现了(电影根据真实故事改编——编者)麦坎德利斯在生命最后几周的悲惨生活。这个故事要讲述的不是一段荒野冒险的经历,而是透过一个极端的例子说明人需要交往,需要支持。一个自我满足的孤独者只能是空想的,在现实生活中,不管是在肉体上还是在情感上,我们都不可能脱离别人生存下来。

《在云端》(*Up in the Air*, 2009) R级

瑞恩·布林厄姆(乔治·克鲁尼饰)是一名公司裁员顾问。他被各种公司聘请,然后飞到各地去解雇他们的员工。布林厄姆很擅长他的工作,而且顺利地完成了很多。他带着他的行李箱从一个城市飞到另一个城市,过着居无定所的生活。尽管布林厄姆在奥马哈市拥有一套公寓,但那不是真正的家:没有家人,也没有朋友。

讽刺的是,布林厄姆的新同事娜塔莉·基纳(安娜·肯德里克饰)提出利用网络、远程裁员的方式可以让工作更高效。这个建议威胁到了布林厄姆的工作。于是,为了证明娜塔莉的观点是错误的,布林厄姆要求她陪他一起亲自去解雇员工,这样她就可以了解用电脑裁员有多残酷。然而,在这个过程中,他却渐渐发现了自己的生活有多无情。此后,他慢慢地和娜塔莉建立起了友情,和另一个同行建立起了爱情,和忽视多年的妹妹也恢复了感情。

到电影的结尾,布林厄姆清楚地发现缺少有意义的人际交往的生活是不值得去过的,那些天天在世界各地飞来飞去的人也是一样。

交流式沟通

《老爸老妈的浪漫史》(*How I Met Your Mother*, 2005—2014) TV-14级

这部电视剧主要说的是泰德(乔什·拉德诺饰)在未来(2030年)向他的孩子们诉说他和他们的妈妈相遇的过程。每一集都按照时间的顺序讲述了他在寻求另一半的过程中如何经营、维持或者结束自己的一段段感情。泰德的核心朋友圈包括:马修(杰森·席格尔饰)和莉莉(艾莉森·汉尼根饰),他们是一对代表着关系稳定的夫妇;罗宾(柯比·史莫德斯饰)和巴尼(尼尔·帕特里克·哈里斯饰),他们都是单身(在大多数剧集里),而且没有明显想要稳定下来的愿望。

这个朋友圈的发展动态都源于过去种种事件的影响。比如说,罗宾与泰德和巴尼都交往过,这不仅影响了罗宾的新恋情,也会引发巴尼和泰德这对密友之间的争执。从剧情来看,主演之间的

每一次互动都会对他们今后关系的发展产生影响。这些都阐明了人际沟通不可逆转、不可重复以及相互作用的特质。

社交媒介与沟通

《社交网络》(*The Social Network*, 2010)
PG-13级

在这部电影里,Facebook的创始人马克·扎克伯格(杰西·艾森伯格饰)被刻画成一个善于电脑编程并且迎合市场需求的天才。但与此同时,他在人际关系领域却是个彻头彻尾的失败者。

电影评论家罗杰·艾伯特认为影片中的扎克伯格就是"一枚只知道追寻自己目标的热追踪导弹",他不仅嘲弄和羞辱了自己的女朋友艾瑞卡(鲁尼·玛拉饰),还背叛了最好的朋友爱德华多·萨维林(安德鲁·加菲尔德饰)。扎克伯格建造了整个帝国,却只生活在自己孤立的小世界里,对周围发生的一切漠不关心。

扎克伯格的成功与失败仿佛是一则讽刺我们这个时代的寓言:掌握(最新的)沟通技术不能确保拥有(最基本的)交际能力。成功的人际关系遵循的还是古老的方式,它们的意义不会因为比特、字节和美元而减少。

沟通能力

《豪斯医生》(*House M.D.*, 2004—2012)
TV-14级

在普林斯顿大学教学医院(编剧虚构),没有人会否认格雷戈·豪斯(休·劳瑞饰)是一名杰出的内科医生。敏捷的思维和锐利的分析经常帮助他作出准确的诊断,拯救了不少生命。豪斯的同事们对他解决医学难题的能力十分惊奇,他们一直追随并且听从他的建议。

然而在另一面,豪斯的人际技巧却不像他的专业技术那样吸引人。他那出了名的坏脾气、直言不讳、粗鲁和优越感,使他经常疏远自己的主管、学生,甚至是正在救治的病人。就豪斯的沟通能力来说:有效性有余,而适当性不足。如果豪斯能更注重自我监控,表达出更多的同理心,那么他会成为一个更好的沟通者,拥有更多的朋友。不过话说回来,这部电视剧是不会这样讨好观众的。

Fox–TV/The Kobal Collection

第二章

沟通和认同：自我的塑造与展现

阅读完本章后，你应该能够：

* 描述自我概念、自尊和沟通之间的关系。
* 解释自我应验预言是如何塑造自我概念、影响沟通的。
* 涉及认同管理时，比较和对照觉知的自我与展现的自我之间的异同。
* 描述认同管理在面对面关系和媒介关系中分别起到的作用。
* 能够运用社会渗透模式和乔哈里视窗理论，分析自我坦露式沟通在你的某一段关系中的性质。
* 概述自我坦露在一个特定的情境中所潜在的好处和风险。
* 评估在一个特定的情境中，坦率和模棱两可如何混合使用最有效。

你是谁？花一分钟回答一下这个问题吧。在你读这章以前，先看看下面的清单，现在就完成它，试着描述你所有的特质：

你现在的情绪或感觉，例如快乐、悲伤
你的外貌，例如吸引人、矮胖
你的社交特质，例如友善的、害羞的
你具备或不具备的天分，例如音乐天分、绘画天分、音盲
你的智力，例如聪明的、愚笨的
你的坚定信念，例如宗教信仰、环保支持者
你的社会角色，例如父母、配偶
你的身体情况，例如健康的、超重的

现在看一看你写的东西。你是如何界定自己的呢？作为一个学生？身为男人或者女人？用你的年纪、你的信仰、你的职业？当然还有很多可以定义你自己的方式，尽可能列出来。然后，你会发现你所选择的字眼代表了在你看来自己最重要的特质。换句话说，如果你要描述"真正的你"，这张清单应该是个不错的总结。

2.1 沟通和自我

你也许会说像这样分析自我和人际沟通有什么关系呢？我可以先告诉你，"你是谁"不仅会反映，也会影响你与他人的沟通。详细的解释则要涉及生物、社会、文化和性别等领域的方方面面。让我们先从自我和沟通关系中两个最基本的术语出发。

自我概念与自尊

你所列的那张清单至少部分地回答了"你认为自己是谁"这个问题。当你选用"快乐""悲伤""自信"或者"紧张"这类词的时候，它们很可能会引起你情绪上的反应。也就是说，你对自己的**认识**很大一部分是由你对自己的**感觉**组成的。我们对自身的认识与感觉都是**自我**的重要组成部分。

自我概念 上面的清单中列出的特征可以描述出你的自我概念。所谓自我概念，就是指你对自己所持有的相对稳定的知觉，就好像一面特别的镜子，不仅可以反映出你的身体特征，还可以反映出你的其他部分，如情绪的状态、天分、喜好、厌恶、价值观、角色，等等。你可能已经发现前面罗列的自我概念清单有些遗漏，为了补充完整，你不得不持续增加直到上面有了好几百个词。

对多数人而言，这张清单只展现了自我这个概念中最根本的一部分。即使是一个会让人产生不快的词（或者说你的特质），人们也往往很难放弃。而当被要求放弃最核心的感觉或认识时，大部分的人会觉得害怕。他们坚持说："如果没有这些，我就不再是我了。"这也证明一个观点：自我概念或许是我们最根本的财产。认识自己是必要的，因为如果没有自我概念，我们就不可能和世界有所联系。

自　尊 如果自我概念是指你认为自己是谁，自尊则是你对自我价值的评估。假设某个沟通者的自我概念包括安静的、好辩的或自律的，他的自尊高低就取决于他如何看待这些自我概念。仔细想想这些不同：

安静	"我简直是个懦夫，所以才会说不出话来。"
	"我享受倾听甚于讲话。"
好辩	"我太强势了，一定很惹人厌。"
	"我在自己的信念上坚定不移。"
自律	"我太小心翼翼了。"
	"在我开口说或动手做之前，我总会深思熟虑。"

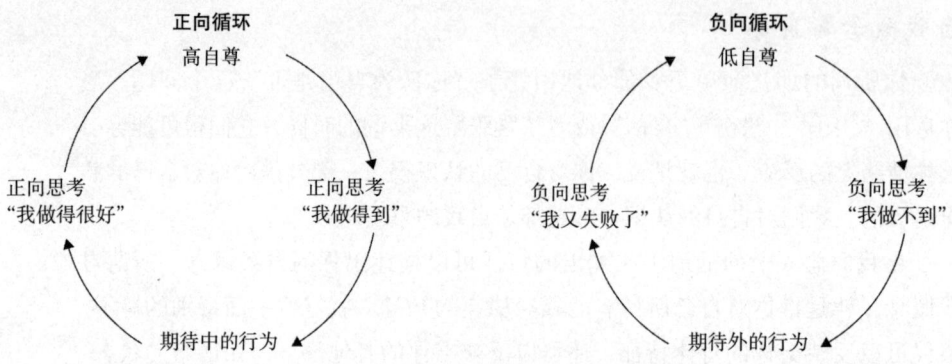

图2-1　自尊与沟通行为的关系

拥有高自尊的人（后者）倾向于认为别人是好的，并且期望被他们接受；而那些不喜欢自己的人很可能认为别人也不喜欢他们（前者）。低自尊的人认为所有人都一直用批判的眼光看待他们，根本不管这种想象是否符合现实。不仅如此，他们还会把这些想象的或真实的批评当作进一步的证据，来证明自己确实是不讨人喜欢的人。低自尊的人有时候还会敌视别人，因为这些沟通者唯一能抬高自己的方法，就是贬低别人。

高自尊有明显的好处，但它并不能保证人际关系的成功。一旦人们拥有过分的自尊，他们就会认为自己给别人留下了更好的印象，拥有更好的友谊和爱情等。然而，既不存在公正的见证者，也没有客观的测试可以验证这些信念。那些自我价值感膨胀的人看上去总是一副仿佛知道一切以及高人一等的样子，尤其是当这种自我价值不受欢迎的时候，很容易激怒别人。

先不管这些警告，自尊可以成为行为与沟通的起点。图2-1分别显示了以正面和负面的自我评估为起点引发的循环，它们形成了我们之后所要讨论的"自我应验预言"。

自我的生物性和社会性根源

你是怎样变成现在这种沟通者的？生下来就如此吗？还是环境的产物？现在你大概发现了，上述问题的正确答案都是"是"。

生物性与自我　再看看你在本章开头所列的"我是谁"清单，你必然会发现其中有些是形容**人格**的词汇。也就是说，你在不同的情境中也会具有某些稳定的思考与行为的特性。你的人格在你的一生中会趋向于稳定，而且随着时

间的推移会越来越明显。

研究发现人格在很大程度上是由基因决定的。例如,在儿童时期被定性为害羞的人长大成人后,面对新的情境时,大脑还是会像幼时一样出现明显的神经反应。有研究显示,与沟通相关的人格特质至少有一半与生物性因素有关,包括:外向、害羞、果断、言语攻击和沟通意愿,等等。换句话说,我们使用的沟通方式某个意义上是被人格"设计"出来的。

即使你的人格特质具有害羞或者攻击倾向,你仍然可以在实际沟通的过程中进行调整或控制。越来越多的研究显示人格不仅是变化的、动态的,而且是可以被经验塑造的。即使是害羞的人也可以学习如何主动与人接触,同样,有攻击倾向的人也可以学习礼节。在这本书中你将学到许多沟通技巧,通过亲身实践,你将打造出属于自己的风格。

社会化与自我概念　别人在塑造我们的自我概念中扮演着什么样的角色?假设你在一个荒凉的小岛上长大,没有人跟你讲话也没有人跟你玩,你如何才能知道自己有多聪明或多愚笨?你怎么评估自己有多吸引人?你怎么知道自己是高是矮?善良还是卑鄙?瘦还是胖?即使你可以照着镜子看到自己,在没有别人的评价也没有人可以参照的情况下,你仍然不知道如何界定自己的外貌。事实上,从与我们相关的人那里得到的信息在塑造我们的自我概念时扮演了最重要的角色。

社会科学家用镜像这个隐喻来对**反映评价**下定义:事实上,我们每个人得出的自我概念反映的是我们认为别人看待我们的方式。换句话说,如果我

Patrik Giardino/Solus/Corbis

们觉得自己没有价值、不可爱和没能力，很可能是因为他人释放了破坏自我的信号。同样，如果我们自我感觉良好，很可能是因为他人承认了我们的价值。

为了进一步说明这个观点，让我们从头说起。新生儿并非一出生就有了认同的能力，他们是借由观察别人对待他们的方式来评断自己的。当孩子学会说话、了解语言之后，语言信息就开始对他们自我概念的发展产生影响。每个孩子每天都会被关于自己表现的各种信息炮轰，这里面有些是正面的："你好可爱！""我爱你！""多么懂事的女孩啊！"也有一些是负面的："你到底是怎么回事！""你不能做一点有用的事吗？""你这个坏男孩。""让我静一下，你快让我疯了！"这些评价就像镜子一样，透过它们，我们更了解自己。而孩子天生就容易相信人，而且他们也没有其他的方式可以了解自己，所以就只能全盘接受这些来自似乎无所不知又无所不能的成人们的正向与负向的表面评价。

这些形成自我概念的原则在我们未来的生活中会持续进行，特别是来自社会科学家所说的**重要他人**的信息。我们特别重视这些重要他人的观点。家人就是重要他人最典型的例子，由他们释放的破坏自我的信号也格外伤人。其他的重要他人还包括某个特别的朋友、某个老师、你约会过的对象，或者一个你很看重他对你评价的熟人，他们都会改变你看待自己的方式——有时候更好，有时候更糟。为了说明重要他人的影响力，问问你自己关于如何尽到做学生的本分，如何当个吸引别人的人，如何当个有能力的工作者这些问题的见解。然后，你会发现你的自我评价或者说评价标准很有可能因为他人对待你的方式而受到影响。

重要他人对青春期孩子的影响也很强烈。是否被同龄团体接纳（或者排挤）对于青少年自我概念的发展有决定性的影响。幸运的是如果父母了解子女的自我概念，尤其在青春期阶段注意保持良好的亲子沟通，将有助于子女建立正面的自我概念。随着个人年龄的增长，重要他人的影响会慢慢减轻。大多数人

到30岁时其自我概念已经不会再发生颠覆性的改变了，除非经由诸如心理治疗之类刻意的努力。

到目前为止，我们已经探究了他人的信息如何塑造了我们的自我概念。除此之外，我们每个人还通过**社会比较**形成我们的自我形象，即依据与他人对照的方式评估自身。

社会比较有两种形式值得我们注意。首先，我们借着和别人比较来判断我们是**优于**别人还是**劣于**别人，是万人迷还是丑八怪，成功者还是失败者，聪明还是愚笨……答案都取决于我们拿来与自己做比较的那些人。例如，研究发现，年轻女性经常拿媒体上超瘦的名模来跟自己比较，进而对自己的身材产生负面评价。在一项研究中，年轻女性只要看上30分钟电视里的"理想"女性，就会对自己的外形产生比平时更糟的评价。男人也一样，他们拿自己和那些被媒体理想化的运动员进行比较，而后消极地评估自己的身形。人们还会和别人的网络资料做比较，然后感觉自己更没有魅力。

你可能没有办法像好莱坞明星那么漂亮、像专业运动员那么敏捷，或像百万富翁那么有钱，但是如果你能理性看待，这些事实并不意味着你没有价值。尽管如此，还是有很多人拿不合理的标准要求自己，并为此遭受痛苦。特别是对于那些有完美主义倾向的人来说，就更是如此，因为他们的自我概念是在重要他人的苛求下被塑造起来的。这些被歪曲的自我形象可能导致很严重的行为失常，如抑郁症、神经性厌食症和暴食症等。在第四章，你可以进一步读到我们应该如何避免自己力求完美。

44 沟通的艺术

当普通小伙柯克（杰伊·巴鲁切尔饰）追求出众女孩莫莉（爱丽丝·伊芙饰）时，他担心配不上她。《我配不上她》（She's Out of My League）这部电影展现了反映评价与社会比较如何影响了自我概念与沟通。（参见本章末尾的电影小结）

除了带来优等和劣等的感觉，社会比较也决定了我们要和别人**相同或不同**。对一个喜欢芭蕾的孩子来说，若是周围的人都认为跳芭蕾舞是怪异的行为，且没有人支持他，那他也会慢慢接受"怪异"这个标签；若是身处舞蹈夏令营，这个孩子很有可能越变越强。同样，对那些想要提升关系品质的成人来说，若是发现他们的家人和朋友意识不到或者不承认改善关系的必要性，那他们也会觉得自己是怪胎。从这里，我们很容易看出，我们拿来比较的**参照群体**对我们如何塑造关于自己的观点起到了很重要的作用。

你也许会说，一个人的自我概念不可能每一个部分都是由他人塑造的，一定也有通过自我观察认识到的某些特定的客观事实。毕竟，一个人不需要别人来告诉他，他比其他人高，说话带有口音，长粉刺，等等。这些事实是显而易见的。虽然自我的某些特征确实非常明显，但是我们赋予它们多少**重要性**——我们排列以及解读清单上那些特征的顺序——很大程度上取决于别人的意见。也就是说你的许多特征确实很容易观察到，但是如果没有人看重它们的话，你根本就意识不到它们的重要性。

现在也许你会这样想："我的胆怯和缺乏安全感并不是我的错，因为我都是依据别人对待我的方式，才发展成现在这样的形象。而我对自己变成什么样子无能为力。"在一定程度上你是所处环境的产物，这一点确实不假，但是如果你认为自己注定要永远忍受一个悲惨的自我概念，这就大错特错了。过去已经有了一个糟糕的自我形象，没有理由在将来继续这样。你能够改变自己的态度和行为，正如接下来你将读到的。

自我概念的特征

既然你对自我概念的发展已经有了比较正确的理解，现在我们可以进一步来看看它的特征。

自我概念是主观的 虽然我们倾向于相信我们的自我概念是准确的，但事实上它很有可能被歪曲了。例如，研究者发现，大学生对于自己身为人际沟通者、公开演说者或倾听者的能力评价和他们实际的表现并没有什么关系。在所有案例中，学生对自己沟通能力的认知都要好于他们的实际表现。而在另一项研究中，研究者随机选取男人，要求他们对自己与人相处的能力做出评估。研究结果似乎要藐视数学定律，因为所有的参与者——注意是每一个人——都认为自己可以排在前50%，六成的参与者认为自己能排入所有男人的前10%，更令人惊奇的是有四分之一的人认为自己能排入前1%。网络约会也存在这种"雾里看花"的情况，也就是说，他们看自己比别人看自己更加正面。这种自我膨胀的现象，使得自我概念与客观的第三方所见产生明显的落差。

但是并非所有歪曲自我概念的情况都是正面的。有许多人看待自己要比事实所呈现的更为严厉。我们都有过短暂的"我很丑"经历，认为自己实际看起来要比别人告诉我们的丑得多。研究证实了我们这一常识：当我们经历负面情绪的时候要比我们心情好时对自己更挑剔。我们所有人都会偶尔经历一阵自我怀疑，这影响了我们的人际沟通；但是对一些长期或永久经历自我怀疑和批判状态的人来说，这种持久的负面自我状态在接触或回应他人时将造成多么负面的影响，这一点不难理解。

类似这些扭曲的自我评价可能源自许多理由：

- **过时的信息**：过去在学校或社交场合的失败经历并不意味着在未来还会发生，也不代表将来碰到类似的事情你还会失败，但我们仍然会深受其影响。同样地，过去的成功也不能保证未来的成功。
- **歪曲的回馈**：歪曲的信息会创造出比实际更好或更糟的自我形象。负面自我形象的一般成因是父母的过度批评、朋友们的刻薄评论、老师的心不在焉、雇主的过度要求，甚至令人莫名其妙的陌生人的言论，这些都会对我们持续地产生影响。另一种歪曲信息造成的是不切实际的正面自我形象。例如，一个自我意识膨胀的孩子很可能有一对过度溺爱的父母，且沉浸在他们的赞美里。某个自认为完美的管理者，很可能是因为他的助理为了保住饭碗或得到晋升而给了他大量不真实的赞美。
- **完美主义**：大多数人从学习语言开始就受到一些看上去完美无缺的人的影响。有一种暗示的信息是"一个适应性良好、成功的人是不会犯错的"。对孩子来说，他天真地相信每个人都是完美的，只有自己并非如此，这会让孩子的自我概念受到什么样的影响很容易就可以想象。

- **社会期待**：说也奇怪，我们所羡慕的完美者圈子对我们所渴求的优势条件（他们拥有或假装拥有的优势条件）往往表现出轻描淡写的态度。如此，我们会说这些人是谦虚的，并且认为他们的行为令人赞赏。同时，我们认为那些诚实欣赏自己优点的人是自我吹嘘者或自高自大者，而把他们和那些金玉其表败絮其中的人混淆在一起。这种习惯让我们中的大多数人面对别人的恭维时也表现出愧不敢当的样子，继而大谈自己的缺点。

渐渐地，我们开始相信我们不断重复的那类叙述：蔑视自我的言论被视为谦虚的，于是成为我们自我概念的一部分；而优点和成就却不会被提及，尔后便遭到遗忘。到最后，我们对自己的看法将会比真实的自己糟很多。避免陷入过分批判自我这个陷阱的方法就是认清自己的优势所在。下面的练习会给你一个改变的机会，收起平日里谦虚表现的常规，在公开的场合欣赏你自己。

自我概念抗拒改变　尽管事实上我们都会改变，我们仍倾向于坚持一个现存的自我概念，即使有证据显示它是过时的。这种探索和注意符合现存自我概念的信息的倾向，被称为**认知保守主义**。

认知保守主义会引导我们去寻找那些支持我们自我概念的人。例如，无论是在大学生或者已婚夫妻中，拥有高自尊者都会优先寻找讨他们喜欢的人做伴，而低自尊者会屈就自己，选择跟不喜欢的人做伴。这意味着我们很少能学着去认识"真实"的自己，反而会强化熟悉的自我概念。

我们设法维持曾经讨人喜欢的自我概念，这是可以理解的。一个前几年表现不错但目前在学习上遭遇失败的学生可能不甘心失去"好学生"的标签；同样，一个过去很勤奋的工人现在也可能埋怨管理者口中有关自己增加的缺席率和降低的生产率的批评。尽管事实是相反的，但当他们坚持自己的表现仍然很好的时候，并不是在**说谎**。因为他们的自我概念抗拒改变，所以他们只是相信过去的事实仍然存在。

不过令人奇怪的是，即便新的自我知觉比过去的更讨人喜欢了，人们还是倾向于坚持那过时的自我知觉。我以前有一个学生，几乎每个人都觉得她很漂亮，外表很吸引人，足以成为任何魅力杂志的封面人物，然而她却在一次课堂练习中将自己描述成"普通的""无吸引力的"。当同学问她时，她说她的牙齿在小时候非常不整齐，一直戴了好几年的牙套才矫正好。而在那段时间她总是被她的朋友们取笑，她们从来也没让她忘记过自己的"金属嘴巴"。现在，这个女生的牙套已经拆掉两年了，可她仍然觉得自己是丑的。据一个学生说，她总是漠视我们的赞美，因为她坚持认为这些赞美只是我们出于好心而说的安慰，她知道自己**真正**的样子。

沟通者在面对反驳他们自我知觉的信息时一般有两种选择：其一是接受新信息，据此改变自身的认知；其二是维持原来的认知，并用某种方法驳斥新的信息。大多数沟通者不愿贬低他们原先讨人喜欢的形象，所以他们倾向于选择反驳——要么将接收到的信息打个折扣，并使其合理化，要么就是反击传达信息的那个人。关于防卫的问题十分重要，我们会在第十章详细讨论。

改变扭曲的或过时的自我概念有时是一件好事。比如，在能力、满意度和技巧等方面，你看待自己可以比事实稍微差一些，这样等事实实现的时候，你就能获得一种积极的回馈。这里有几点关于接受一个更正面的自我形象的建议。

1. 对自己有真实的认知。 有些人的自我认知错误地膨胀，而有些人则是自己最糟糕的评论者。定期确认自己的长处，是一个正确看待自身优点和缺点的好方法。另外，多与你身边会支持的你的人交往，也是明智的做法。你不仅需要而且应该得到他们的积极反馈。

2. 有切合实际的期望。 如果你要求自己完美地掌控沟通的每一个细节，那你一定会失望。如果你一直与有天赋的人

在电影《当幸福来敲门》(*The Persuit of Happyness*)里，克里斯托弗·加德纳（威尔·史密斯饰）用决心和有说服力的沟通战胜了贫穷，为自己和儿子创造了一个更好的生活。加德纳的行动证明了意愿和技巧都可以改变他的自我概念，用他自己的话来说，"如果你想要什么东西，就去得到它。"

比较，你只会显得弱小。与其为你不具备专家那样的天赋感到痛苦，不如认识到你也许已经比过去的自己更好、更聪明、更有技巧了，这才是满足感的合理来源。

3. 要有改变的意愿。我们经常把想改变挂在口头上，事实上却根本没有改变的愿望（我们将在第四章讨论无助的谬论和让自己摆脱说"不能"等内容）。只要你有动机，你就能通过许多方式来改变。

4. 有改变的技巧。只有努力是不够的。在某些情况下，你必须知道如何去做，才会改变。你可以在书中（比如本书）寻求建议，或者向讲师、辅导员和其他一些专家请教意见。观察生活中的榜样同样可以为掌握沟通的新方法提供一个有力的来源。观察你所敬佩的人物的言行，不是让你去复制他们，而是让你活学活用，使之适应你自己的个人风格。

文化、性别和认同

我们已经了解了家庭经历，特别是童年时期的经历，对于塑造"我是谁"的认知有着重要的影响。除了我们在家获得的信息，其他塑造我们的认同以及沟通的因素包括：年龄、身体素质、性倾向以及社会经济地位等。与这些因素一道，文化和性别也会塑造我们看待自己和他人的方法，是影响我们如何沟通的强大力量。我们将马上检核这些力量。

文　化　也许我们很少承认，事实上，孕育我们长大的文化以不着痕迹的方式塑造着我们对自我的理解。大部分西方文化都是高度个人主义的；反之，那些传统的文化，譬如大部分的亚洲人是倾向于集体主义的。当被要求证明自己的身份时，美国、加拿大、澳大利亚和欧洲的个人主义者很可能会回答他们的名字、姓氏、街道、城镇和国家，而亚洲人则会倒过来回答。如果你问印度人的身份，他们会告诉你他们的社会阶级（种姓）、村庄，然后是名字。在梵文的传统里，表明身份是从宗族开始，接着是部族、单个的家庭，最后才是个人的名字。当不同文化的成员被要求创建类似于我们之前列举的"我是谁"的清单时，来自集体主义文化的成员显然要比来自个体主义文化的成员更关注群体关系。

在这里提出命名的惯例，不只是出于对文化的好奇心，重点是这些惯例以其特定的角度影响了个人看待自我的方式以及看重的人际关系的种类。在集体主义文化中，一个人借着隶属于一个群体来得到认同，这就意味着社会成员和小群体之间互相依存度是非常高的。他对于自豪和自我价值的感觉不只来源于个人的作为，也是团体内其他成员的行为共同塑造的结果。这种与他人联结的特质解释了为什么传统的亚洲文化要否认自我的重要性，如在中国的汉字中，代词"我"看起来和自私的"私"非常类似。与此形成强烈对比的是在个人主义西方文化中自我推销是一种十分普遍的现象。

个人主义和集体主义的差异，在每天的互动中都会显示出来。沟通理论学者史特拉·汀−托米（Stella Ting-Toomey）已经发展出一套理论，揭示了一些重要的规范习俗——譬如正直或直接——所显示的文化差异。他认为在个人主义的西方文化中，有一个很强烈的"我"的定位。西方的文化规范以**直接**发表个人意见为荣，但在集体主义文化中，建立个人和他人的联结才是重要的，用**间接**的方式维持和谐才是可取的。"我要做我自己"更可能是一个西方人的座右铭；"如果我伤害你，我同时也在伤害自己"与亚洲人的思考方式更为接近。

你不必跑到海外旅行才能领会文化对自我的影响。在社会内部，次文化认同对我们如何看待自己与他人起到了重要作用。例如，种族（或民族）会对人们如何看待自己、如何沟通产生强大的影响。回想一下你在本章开头列举的"我是谁"清单中是如何描述自己的。如果你是非主导地位的族群中的一员，你很可能会将种族这一因素列举在清单最重要的部分。这并不令人感到惊奇：如果社会不断地提醒你，你的种族是重要的，那么你也会开始注意这类词汇。但是如果你属于主导的大多数，那你很可能意识不到自己的种族，然而，它还是你自我概念里重要的组成部分。作为多数族群的一员，意味着你有更多的机会感受到对于你所居住的社会的归属感和你被公平对待的权利感，而弱势族群的成员往往没有这些感受。

性征和性别 想象一下如果你是另一种性别你的一生会如何吧，然后你就会了解性别对自我的影响有多深远。你还会用同样的方式去表达你的情绪吗？会用同样的态度处理冲突吗？会用同样的方式与陌生人或者朋友相处吗？答案几乎都是响亮的"不"。

从生命最初的几个月开始，我们身为男性还是女性，就决定了别人与我们沟通的方式，由此也塑造了我们对自我的感觉。想一下，当一个小孩出生时，大部分人问的第一个问题几乎都是："是男孩还是女孩啊？"知道答案后，人们的行为会发生相应的改变。他们会使用不一样的人称代词，也会选择与性别相关的昵称。如果是一个男生，谈论的焦点通常会集中在体型、力气和活动力上面;如果是一个女生,评论时就会更关注漂亮、甜美和丰富的表情等方面。因而,我们沟通的信息会塑造一个孩子的认同感和他(或她)的沟通方式,就一点也不奇怪了。不仅如此,不同的行为方式也会暗示不同的信息:具有男子气概或者女孩子气。比如,小女孩往往比小男孩更经常地被要求表现"甜美",她们的印象因而不断被强化。再如,一个坚持自己信念的男人可能被认可为"坚韧""执着",而一个言行完全相同的女人则会被形容为"唠叨""爱发牢骚"。不难看出,类似的性别角色和性别标签对男人和女人如何看待自己以及如何沟通有着深刻影响。

性别也会对自尊产生影响。例如,社会为男性竞争赋予了更多的价值,所以青春期男孩的自尊与他能否以某种方式超越同伴密切相关,而少女对自我价值的评估则与她的社交关系和语言能力紧密关联。研究还显示,年轻女性要比同龄男性更加纠结自尊问题。例如,在一项研究中,约三分之二的男生(14岁到23岁)认为他们的自尊心增强了,同年龄组却有57%的女生认为自我的价值减弱了。

不过,也不要对自己的性别有过多的期待,以致身陷其中而不能自拔。研究已经证实我们交流的对象和沟通的语境才是塑造我们自我感受的主要因素。例如,一个不具攻击性的男人在一个强调大男子气概的环境中可能会觉得不受欢迎或者无能,但是如果换到一个能欣赏他沟通方式的环境中,那他就会获得新的自我评价。一个不被老板和同事期待,自尊也因此受到压抑的女人,可以寻找更适合的环境去工作。孩子通常不能选择塑造他们人格的环境,但是成人可以。

自我应验预言和沟通

自我概念对一个人人格的影响如此重要,它不仅决定了你现在如何看待自己,也切实地影响着你未来的言行举止,而这被称为自我应验预言。

自我应验预言是指如果个体对事件的发生有所预期,并且他(或她)接下来的行为是建立在这些预期上的,那么这件事的发生会比没有预期更可能成真。自我应验预言包含四个步骤:

1. 持有某种期待(对自己或对别人)。
2. 表现出与期望一致的行为。
3. 期待如实发生。

4. 强化起初的期待。

思考下面的例子，你可以了解上述情况是怎样运作的。想象一下，你正计划着要去应聘一个你很渴望得到的工作。你对于自己该如何表现非常焦虑，一点也不确定自己是否真的有实力被录用。你跟了解你的教授讨论了这个问题，并去请教了在这家公司任职的朋友。他们两人都认为你非常胜任这份工作，并且确信能够任用你是这家公司的福气。基于这些评价，你的自我感觉良好，去参加了面试。结果，你不仅镇定地表达了想法，还很有自信地推销了自己，老板对此留下了深刻的印象。你最终获得了这个职位，并得出以下结论，"我的教授和朋友说得对，我的确是老板愿意雇用的那种人才。"

这个例子说明了自我应验预言的四个步骤。多亏了你的教授和朋友对你的正面肯定，使你对面试的期待可谓旗开得胜（第一步骤）。因为你乐观的态度，在面谈时你能自信地表现自己（第二步骤）。你充满自信的行为，当然也包括其他的资格条件，使你获得了工作（第三步骤）。最终，正面的结果强化了正面的自我评估，使你在将来面对其他面谈时更有把握（第四步骤）。

将这原则谨记在心，了解自我应验预言在生活中能产生多么巨大的影响十分重要。我们在很大程度上会成为自己相信的那个样子，也就是说，我们和我们身边的人在不断地建构和重构着我们的自我概念。

自我应验预言的类型　自我应验预言有两种形式。**自我强加的预言**指的是你的自我期待对你的行为产生影响。运动前，你在心理上会对自己表现得比平常更好或更糟做出预估。这就说明造成你表现失常的唯一解释只能是你的态度。类似地，如果你的演讲只有一个观众来参加，或者你的内心充满了恐惧，你很可能会忘记自己的发言。这不是因为你没有做好准备，而是因为你告诉自己"我知道我搞砸了"。

研究已经证实了自我强加的预言的力量。在一个研究中，那些认为自己沟通能力差的人相对于其他人去追求新的人际关系的可能性更小，相对于不那么挑剔自我的人去破坏现存人

"我不唱歌是因为我高兴，我高兴是因为我唱歌。"

际关系的可能性更大。同样，那些肯定自己能力的学生取得的学业成绩也更高。另一份研究显示，那些对社会排斥很敏感的参与者倾向于期待排斥、期待被拒绝。他们会解读出一些根本不存在的含义，同时以损害人际关系为代价过度地回应他们自认为感知到的信息。研究也发现，那些对公开演说感到紧张的人似乎会创造关于表现不好的自我应验预言，从而造成他们的表现失常。

自我应验预言的第二种形态，是**他人强加的预言**。一个经典的例子就是罗伯特·罗森塔尔（Robert Rosenthal）和勒诺·雅各布森（Lenore Jacobson）在一本名为《课堂中的皮格马利翁》（*Pygmalion in the Classroom*）的书中描述的研究。这个实验就是，研究者告诉某个小学的老师，他们学校里20％的学生在智力上显示出了不平凡的潜能，而事实上这20％的学生是私底下随机挑选出来的。八个月后，这些"不平凡的"或者说"拥有天赋的"学生确实比剩下的、没有获得老师关注的学生在IQ测试中取得了明显高得多的分数。因为老师对据称为"天才"的学生在态度及言行上发生了转变，导致了这20％随机选出的学生在智力上产生了"实质改变"。此外，老师留给这些"聪明的"学生们更多回答问题的时间、更多的回馈以及更多的表扬。换句话来说，这些被选中的孩子表现得更好并不是因为他们比其他同学更优秀，而是因为那个扮演"重要他人"的老师对他们抱持着更高的期待，并据此对他们区别对待的结果。

这种他人强加的自我应验预言，确实在塑造自我概念时具有强大的影响力，也影响着个人在学校之外的整个社会情境里的行为。在一项研究中，一群资质相对平均的焊接工一起开始接受训练。包括训练员在内的所有人都被告知其中有五位焊接工在资质水平测试中获得了更高的分数，当然这五人是被随机挑选的。结果在训练结束时，这五人均名列前茅：他们平日的出勤率最高，期末测验获得的分数也最高。更让人印象深刻的是，他们学习行业技能的速度竟然比那些没被认定为"天才"的人快了两倍。在另一项研究中，那些被随机贴上拥有更高潜能标签的军人，不仅达到了上级对他们的（新的）预期要求，而且更加自愿去执行那些危险的特殊任务。

一定要注意到，一个观察者要做的不只是（自己）**相信**这个为预期目标群体所制造的自我应验预言；观察者更要**传达出**这种信任，以便使这一预言能产生实质性的效果。如果父母相信他们的孩子，却没有让孩子觉察到这种信任，那这个孩子并不会受到父母期待的影响；如果一个老板关心一个员工的工作能力，但他却没有表达出这些关心，那这个员工也不会被影响。从这个角度来看，一个人强加到另一个人身上的自我应验预言，就是一种类似于心理学现象的沟通学现象。

2.2 自我的展现：沟通作为认同管理

到目前为止，我们描述了沟通如何塑造了沟通者看待自己的方式。在这一章接下来的部分，我们将会转换一下目标，把焦点放在**认同管理**这个主题上，即我们使用的沟通策略会如何影响他人看待我们的方式。接下来，你会发现我们传递的很多信息是以创造我们想要的认同为目的的。

公开自我和隐私自我

要了解认同管理如何运作，我们先要对自我这个概念细致地讨论。之前我们谈论"自我"时仿佛我们只有一种身份，一个自我。然而事实上，我们每个人都有好几个自我，有些是隐私的，有些是公开的。通常情况下这些自我的差异很大。

觉知的自我是自我概念的一种反映。你感知到的自我是指你在真诚的自省过程中所相信的自己。我们认为这种自我是"隐私的"，因为你不可能把它对另一个人全部展现出来。你可以借着回顾你发展出来的自我概念清单来验证

"哈，这就是人们所不知道的老国王的另一面！"

一下这些"隐私自我"的本质。你会发现有些特征，你不会向大多数人坦露，还有一些根本不会和任何人分享。比如说，你会介意分享关于你的容貌（"我认为我长得相当不好看"）、智力（"我比我的大多数朋友都要聪明"）、目标（"我最重要的目标就是变得富有"）、动机（"人不为己，天诛地灭"）的感受。

和隐私自我相对应的**展现的自我**是一个"公开的"形象，就是我们想要别人看待我们的方式。这个展现的自我，有时候被叫作一个人的**脸面**。在大多数情况下，我们试图展现的自我，是一个得到社会承认的形象：勤勉的学生、可爱的同事、尽责的员工、忠诚的朋友，等等。社会规范常常在觉知的自我和展现的自我之间创造出一条鸿沟。在一项针对大学生的调查中，无论男女都说他们的隐私自我包括变得"友善"和有"责任心"，但当提及公开自我时，男生希望看上去"狂野"和"强壮"，而女生则希望表现出"活跃"和"有能力"的一面。

你可以试着回忆曾经观察过的一个司机，然后就会发现一个人公开的行为和私下行为之间的不同。当你看到他独自坐在车子里时，对方有没有做一些在公共场合无法被接受的动作？当然，不只是司机，我们所有人都会在别人看不到的地方做一些我们在公开场合绝对不会做的事情。你只要回想一下浴室门锁着时自己在镜子前的样子，就可以领会公开和私下行为之间的差异了。如果知道有人在看，你是否会有不同的表现呢？

认同管理的特征

现在你已经了解什么是认同管理了，我们就可以看一下管理过程中的一些具体特征。

我们致力于建构多元认同　如果你以为我们每一个人使用认同管理策略只是为了创造一种身份，这种想法未免过于单纯了。即使只在一天的时间里，大部分人也要扮演各种不同的角色："有礼貌的学生""打趣的朋友""友善的邻居""有用的员工"……而这只是很小一部分的例子而已。

随着你渐渐长大，你和父母互动时承担的角色必然也会随之改变。有时你表现得像一个有担当的成人（"关于这辆车你完全可以相信我"），但在另一种情况下你可能还是那个无助的小孩（"我找不到我的袜子"）。也许只有在生日或者假期的时候，你才会为家人奉献一下，更多时候，你扮演的都是一个反叛者的角色。同样，当我们恋爱的时候，基于不同的语境，我们需要转换不同的行为模式：朋友、爱人、工作伙伴、斥责过错的批评家、承认错误的孩子，等等。正如你在第一章中读到的，随着不同的情境和文化转换适当的沟通方式与风格，是沟通高手的特质之一。

认同管理是合作的

社会科学家欧文·高夫

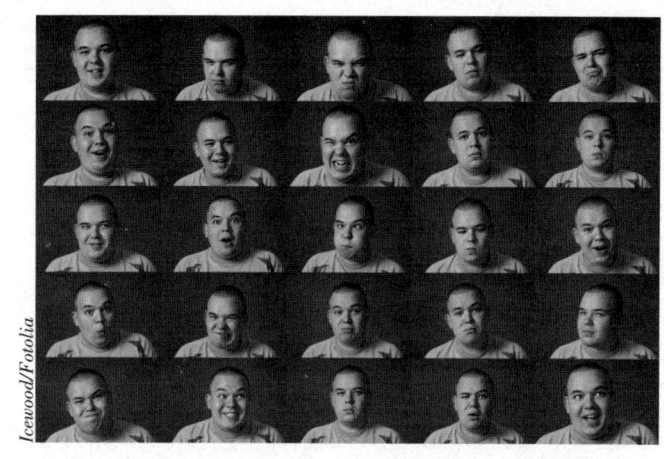

Icewood/Fotolia

曼（Erving Goffman）用了一个戏剧层面的比喻来描述认同管理。他认为我们每个人不仅是一个**编剧**——创造不同的角色，反映别人看待我们的不同方式，而且是一个**表演者**——将我们创造的角色表演出来。不过，和一般意义上的观众不同，我们的**观众**是由其他试图创造自己角色的表演者构成的。与认同相关的沟通可被视为我们和别的演员合作的戏剧过程，每一幕都是所有角色即兴发挥、相互协调的场景。

你可以模拟以下情境，思考认同管理的合作性质。假设你的朋友或者家人在你打了无数通电话想要再协调一下晚会的重要细节之后，一次也没有回你的电话，思考一下，你会如何发泄自己的怨言？如果你决定巧妙地提出这个问题以免让自己听起来像一个唠唠叨叨的人（对自己的期待角色是一个"好人"），同时也避免让对方在这件事中感到尴尬（对方的角色是"搞砸了"）。如果你的计划成功了，对话很可能是：

你："对了！说起来，我昨天给你打了几通电话，不知道你的电话有没有显示，你有没有看到。我们需要在明天他们来之前再讨论一下招待的细节。"

某人："啊呀！真是对不起，我本来打算尽快回你电话的，但是后来一直忙着处理学校和工作上的一些事情，做到了很晚。"

你："没关系啦！那我们现在能谈一谈吗？"

某人："当然，没问题。"

在这场对话中，你和对方都接受把彼此认同为体贴的、可靠的朋友，因而对话进行得非常流畅。想象一下，如果对方不接受你的角色是一个"好人"时，结果将多么不同：

你："对了！说起来，我昨天给你打了几通电话，不知道你的电话有没有显示，你有没有看……"

某人（防卫地）："好吧，所以是我忘了，有什么大不了的呢！你自己也不是完美的，不是吗？"

到这时候，你可以选择继续扮演原来的"好人"角色，说道："嘿，我没有生你的气，而且我也知道自己不是完美的。"或者，你可以转换成新角色，身为一个"遭受不公正指控的人"，用会加剧关系恶化的语气回应道："我什么时候说过自己是完美的，而且现在该讨论的人是我吗……"

就像这个例子说明的，认同管理中的**合作**并非指**同意**相同的事情。电话留言这种小争执也可能迅速变成一场大战，如果你和对方都采取了参与战斗的角色的话。这里的重点是，实际上所有的对话都提供了一个舞台，沟通者通过回应他人的行为建构起对自我的认同。而且，正如你在第一章读到的那样，沟通并不是分离的，不能被分隔成单独的一个个事件。因而，某一刻所发生的事，是由沟通双方及其在长期的交往中累积的经验共同导致的。

认同管理可以深思熟虑也可以不知不觉　毋庸置疑，我们有时候会高度留意自己给对方留下的印象。比如，大部分的工作面试和第一次约会都是深思熟虑的认同管理的明显例子。正如我们在第一章所言，高度的自我监控在这些情境中是有帮助的。但是在其他一些情境中，我们的行动不知不觉地在小众面前公开表现出来。例如，实验的参与人员只在别人在场的情况下才对吃到超咸的三明治做出反应，表现出嫌恶的样子，而当他们独自吃那些相同的三明治时，什么表情也没有。

另一项研究显示，沟通者只有在面对面坐着的时候，也就是他们可以看到彼此表情的情况下，才会模仿面部表情（如用微笑或者表示同情的表情来回应对方的信息）；如果他们用电话交谈，也就是看不到彼此的反应时，他们做不出相同的表情。这类研究认为，我们大部分的行为都带有传送信息给别人的目的，换句话来说，就是在做认同管理。

前面所描述的实验参与人员，并非有意识地在想"因为有人在看我吃咸的三明治，所以我要做个表情表示一下"，或者"因为我在进行面对面的谈话，所以我要通过模仿同伴的脸部表情，来表示我是有同情心的"。这类决定常常在一瞬间、我们都没有意识到的情况下发生了。同样，在日常大量的交流中，我们对于自身行为的选择（大多数情况下）也没有经过高度的、深思熟虑的、有策略的思考，而是依赖我们随着经验发展出来的**脚本**来决定的。只有当角色不适合的时候，你才会慎重考量你需要做出的反应。

为什么要管理认同

为什么要烦恼着去塑造别人对自己的观点？社会科学家罗列了若干理由。

为了开始和经营关系 想想看，当你想要进一步了解某人时，你会刻意小心翼翼地去与他攀谈，尽你所能地表现得迷人和机智，或者酷、帅气、文雅。不必有人刻意提醒，你自然而然想呈现出你最棒的那一面。一旦关系建立起来，我们会持续经营自我的形象（也许程度会稍微下降）。

为了获得别人的顺从 我们经常为了让熟人或陌生人合理地对待我们而进行认同管理。例如，你在出席交通法庭前可能会刻意打扮一下（负责任的公民形象），希望博得法官的好感而从轻量刑。你也会友善地和你并不特别感兴趣的邻居聊天，以便发生问题时可以互惠互助。

为了保住别人的颜面 我们更改自我形象，通常是为了满足别人对我们的期待。例如，当健壮的人遇到肢体残障的人时，通常会借着若无其事的举止或强调彼此的相似处来伪装自己的不舒服。孩子们在还没有学会保住别人颜面的重要性之前，常常会使他们父母倍觉困窘。例如，孩子可能会说："妈妈，那个人为什么这么胖？"但是，等到他们进入学校以后，那些在过去值得原谅或者好玩的行为，就不再被接受了。

为了探索新的自我 有时候，我们会像尝试不同风格的服装一样尝试一种新的身份，以便观察这种新尝试是否会改变别人对待我们的方式以及我们思考和感觉自己的方式。到头来，尝试新的自我就成为自我提升的一种手段。例如，一项研究发现，在网上尝试新身份的青少年（尤其是孤独者）要比他们在现实生活中，接触更多不同年龄和不同文化背景的人，表现也更为兴奋。这实际上增强了他们的社交能力。

在现实和虚拟世界里管理认同

我们如何塑造一个公开的面貌？在一个科技为沟通提供了许多选择的年代，这个答案取决于你所选择的沟通方式。

面对面印象管理　在面对面的互动中，沟通者可以通过三种方式管理他们的认同：举止、外貌和配备。**举止**由一个沟通者的语言和非语言行为组成。例如：当医生为病人检查身体时，就有很多种举止可供选择。有些医生喜欢友善地与病人交谈，有些医生则倾向于冷淡和不近人情的态度。沟通者的举止大部分来自他或她说了什么。一个记得你的兴趣和习惯等细节的医生与那些只针对临床问题的医生确有不同；一个详细说明医疗程序的医生也会显露出和那些对病人三缄其口的医生不同的形象。

除了交谈的内容，非语言行为在创造（个人的）印象时也扮演着非常重要的角色。一个带着微笑祝福你并和你握手的医生，与另一个除了点几下头，和你没有任何交流的医生比起来，感觉是完全不同的。当然，举止的变化也广泛体现在其他职业和情境中。例如，教授、业务员、发型师等，他们会根据不同的人留下不同的印象。这一准则也适用于私人关系，你的举止会对别人如何看待你产生很大的影响。第五章和第六章会详细描述你的语言和非语言行为制造印象的方式与过程。因为你不得不说话和行动，所以问题的关键不是你的举止是否传达了信息，而是它传达出了什么信息。

认同管理的第二个维度是**外貌**。外貌是人们用来塑造印象的个人化方式。有时候外貌是创造职业形象的一部分，如医生的白大褂和警察的制服，都代表着装者的特殊身份。在商界，穿着剪裁合身的套装还是皱巴巴的外套，会造成完全不同的印象。工作以外，着装也很重要。我们不仅在选择衣服，也在传递与我们相关的信息：有时候是时髦的，有时候是复古的。有些人穿衣服会故意强调他们的性取

在电影《绯闻计划》(*Easy A*)中，奥利弗（艾玛·斯通饰）展现出一副轻浮放纵的样子（公开自我），而这并不符合她私底下的一面（隐私自我）。这种认同管理让她和她的朋友们实现了一部分私人的和人际关系上的目标，但同时也引发了许多道德危机。

向,而有些人则会隐藏它。一个人的衣着会告诉人们,"我是一个运动员""我是有钱人"或者"我是一个环保主义者"。除了衣着,外貌的其他方面也在认同管理中扮演着重要角色。比如,你化妆吗?你的发型是怎样的?你会努力让自己看上去友善和自信吗?

　　文身就是关于外貌如何创造认同的一个有趣的例子。装饰皮肤的行为就好像发出一种特定的声明,所用的花纹设计和选文用字传达的信息量就更大了。一些文身者通过宣称他们的HIV检测呈阳性状态,借此探究文身的沟通功能,这成为了一项引人注目的研究。最明显的是,这样的文身会向医务工作者传达关于文身者健康状况的重要信息。尽管文身者的宣告是假的,但这样的文身不管是对文身者还是其他人来讲,都能作为他们管理认同的工具。一个文身者就列出了自己的"可见标签"所要传递的信息:拒绝内在的自我羞愧,承诺进行更安全的性行为,挑战社会对弱势的"AIDS受害者"的刻板印象,让更多的人参与到关于文身的讨论中从而成为教育有偏见者的工具,等等。

　　认同管理最后的方式指的是**配备**,即我们用来影响别人如何看待我们的物理工具。在现代西方社会,汽车是人们管理认同的重要组成部分。这就解释了为什么许多人醉心于购买比他们实际需求更昂贵、马力更强的汽车。一辆华丽的敞篷跑车或别致的进口轿车的功能绝不只是运送驾驶者,更是对驾驶者的身份作出(无言的)声明。此外,我们选择物件时的定位和得到它们的方式是管理认同的另一种重要方式:你的房间选择了什么颜色?有什么艺术品?你玩什么样的音乐?诸如此类。当然,我们会依据自己的喜好来挑选一个物件,但在更多的情况下,我们是为了给别人看而做出某种选择。如果你怀疑这个事实,回想一下,上次有重要客人来之前你是不是收拾了屋子,而私下你可能会觉得乱糟糟的样子比较舒服。对某些人而言,要公开亮相跟私下独处完全是两回事。

　　网络印象管理　上面我们分析了面对面的互动,但是印象管理在其他类型的沟通中同等普遍和重要。

　　乍看之下,媒介沟通的技术似乎限制了印象管理的潜力。正如我们在第一章所说,短信、电子邮件和博客要比其他的沟通渠道缺乏丰富度,因为它们不能传达你的声音、姿势、手势和面部表情等。然而,沟通学家认为网络沟通所缺失的东西反而为那些想要管理自身印象的沟通者提供了一个**有利条件**。

　　相对于面对面沟通,网络沟通大体上给予了我们更多的印象管理的控制权。异步的媒介沟通形式,如电子邮件、博客和个人网页,能让你重复编辑自

"在网上，没有人知道你是一只狗。"

己的信息直到你创建出期望的印象。通过电子邮件（或者在更小的程度上，发短信），你可以撰写复杂的内容而不用急着要求信息接收者立刻给你回应；你还可以忽视不想回复的消息，总好过给出一个让人讨厌的反应。也许最重要的原因是当你使用文本沟通的时候，一般就不必担心口吃、脸红、穿着、外貌或者任何看不见的因素会损害你试图建立的印象了。

当然，通过社交媒介沟通的陌生人有可能篡改那些在面对面沟通中无法隐藏的东西，如年龄、背景经历、人格、外貌等。一项针对在线约会网站参与者的调查发现，86%的人认为对方没有如实描述他们的外表。这些网上交友者同时承认网络上的理想身份与资料背后的"真实"自我是一项需要精心设计的任务。他们中的大多数承认自己有时会捏造事实，如使用旧时的照片或者"忘记"填写自己的年龄信息等。然而，如果是潜在的约会对象发布了不准确的信息，他们就不会那么宽容了。例如，某个网上交友者在发现自称是"徒步旅行爱好者"的对象很多年都没有旅行的事实后，表达了怨恨。我们将在下一节谈论像这样捏造事实会带来哪些道德问题。

博客、个人网页，以及社交网站上的资料，都为沟通者构建自己的身份提供了机会。即使是一个简单的用户名（如"爱我的保时捷""谁和我一起""足球迷"）也会透露你自己，让别人因此留下印象。不过有趣的是，研究表明经常查看自己的Facebook页面可以增强你的自尊。这不是没有道理的，假设你在社交网站上仔细管理自己的认同，由于它可以记录并且不断提醒"你最好的样子"，你的"自我"就会随之大增。

从一个中立的第三方视角去查看自己的网络形象，是一个有益的认同管理练习。在搜索引擎中输入你的姓名，看看弹出的结果是什么。然后，你可以决定是不是时候进行研究人员称为"声誉管理"的工作。皮尤互联网研究人员玛丽·马登（Mary Madden）说："搜索引擎和社交媒介网站在构建一个人的网络认同中扮演着核心角色。许多用户都在更改他们个人资料的隐私设置，自定义哪些人可以看到特定的更新，并且删除了他们不想在网络上公开的信息。"

认同管理和诚实

读到这里，你可能会认为所谓的认同管理不过就是贴上了学术标签之后的人际操纵和弄虚作假。不诚实的认同管理也是确实存在的：有些人看似深情，实则伪造资料以获得一夜情；有些应征者为了骗取就业机会谎报自己的学分绩；还有些销售人员假装用户至上，然而他们的热情服务只到金钱入手为止。这些都是有违伦理甚至涉嫌欺骗的行为。

但是，印象管理并不是要你成为一个说谎的人。事实上，如果我们不提前决定自己在不同情境中所要呈现的角色，我们几乎无法进行有效的沟通。试想一下如果你用对待密友的方式去对待一个陌生人，将会多么荒唐可笑，而且也没有人会像对待成人一样去对待一个两岁的孩子。

我们每个人都拥有不同的"脸面"，或者说拥有一系列不同的角色，并且成为一个沟通高手部分地取决于他能依据不同的情境挑选出最佳的角色。思考以下这些例子：

- 你试图教朋友一项新技巧，如弹吉他、运行某个电脑程序、反手击球等。然而，你朋友的学习进度非常慢，以至于你发现自己越来越不耐烦了。
- 你已经在网上和一个人交流了好几个星期，而且你们正准备确定为恋爱关系。然而，你有一个身体特征，之前从未提过。
- 你在工作中遇到一个咄咄逼人的客户，然而你认为没有人有权利用这种方式对待你。
- 朋友（或家人）就你的外貌开了个玩笑，这伤害了你，但是你不确定自己应该抗议还是假装不在乎。

这些（以及其他的）情境每天都在不断上演，你可以选择如何去行动。但是如果说在一种情境中只有某种行事方式是诚实的，而其他所有的回应都缺乏诚意，未免过分简化沟通这档事了。认同管理意味着选择自己的哪个角色或者哪个部分加以展现。例如，在教授新技巧时，你可以选择有耐心而不是没耐心；在工作中当处境困难的时候，你可以选择同样冒犯地回应或者不去争辩；面对陌生人、朋友和家人，你可以分别选择是否坦露内心的感觉。选择向他人展现哪一面是重要的决定，但是无论在哪一种状况中，你分享的都是自己真实的一部分。你可能不会展现一切，不过正如你在接下来这部分学到的，完完全全地坦露自我是不合适的。

2.3 在关系中的自我坦露

我们评价关系亲密与否的一个方法是依据我们和对方分享了多少信息来决定的。有些人会引以为傲地宣称："我们之间没有任何秘密。"开诚布公确实很重要，正如你在第一章里读到的那样，自我坦露是质化人际关系的一部分。鉴于自我坦露显而易见的重要性，我们需要进一步审视这个主题。什么是自我坦露？它什么时候会让人满意？如何才能做到最好？

我们最好从定义着手。**自我坦露**是指有意透露与自己相关的信息的过程，而且这些信息通常是重要的、不为人所知的。让我们进一步分析这个定义。首先，自我坦露必须是**有意的**。如果你偶然地向一个朋友提起你正在考虑辞职，或者你的面部表情泄露了你试图掩藏的恼怒，这些都不能算是自我坦露。其次，除了有意透露以外，这些信息必须是**重要的**。假设你喜欢胡扯，那么那些不重要的事实、意见或感觉就很难算是自我坦露。最后一个要求是这些信息要**不为人所知**。假如别人已经看出了你的情绪，也知道了原因，这时你再去告诉他们你沮丧或者得意的心情，就不值得关注了。

自我坦露的模式

尽管下定义对我们认识自我坦露有一定的帮助，但它没有揭示一个重要的事实，即每一次自我坦露所透露的信息是不平等的。也就是说，有些信息蕴含了更多关于我们的内容。

社会心理学家厄文·阿尔特曼（Irwin Altman）和达玛斯·泰勒（Dalmas Taylor）描述了两种在沟通中坦露自我的模式。第一种**社会穿透模式**用图2-2呈现。在这个模式中，自我坦露的第一个向度是指自愿提供的信息的**广度**，即所讨论话题的范围。举例来说，你向工作伙伴坦露自我的广度指你开始谈论工作之外生活中的信息，正如谈论工作上的信息一样。第二个向度是指自愿提供的信息的**深度**，如从谈论非私人化的信息，转换为谈论私人化的信息。

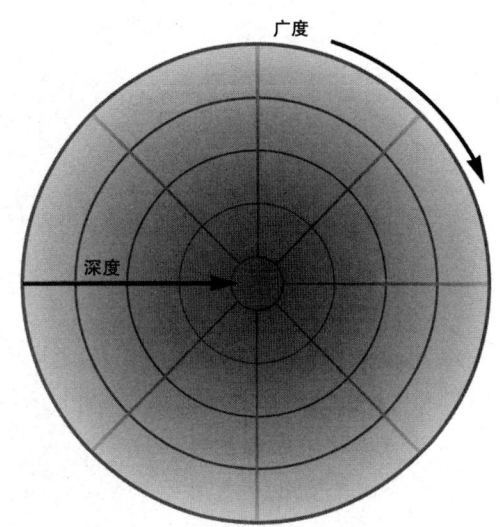

图2-2　社会穿透模式

根据分享信息的广度和深度，一段关系可以被界定为随意的或者亲密的。在一段随意的关系中，你们谈论的话题范围也许很广却无法深入；在一段较为亲密的关系里，你们可能只对一个领域进行深入的探讨；而在最亲密的关系中，你们互相坦露的内容不仅有深度也有广度。阿尔特曼和泰勒将一段关系发展的过程看作一段从边缘向圆心运动的过程。这也是一段典型的、随着时间的推移不断发展的过程。你的每一段人际关系都是由不同的话题广度和不同的坦露深度组合而成的。图2-3描绘了一个学生在一段关系中的自我坦露情形。

是什么使得自我坦露的某些信息比其他信息更深呢？衡量深度的一种方式是通过界定自我坦露的两个向度的程度来确定的。对信息的接收者而言，有些信息比其他信息更"有特殊意义"。想一想这两种说法的差异："我爱我的家人"与"我爱你"。另一个符合深度自我坦露的条件是信息的隐私程度。如果你分享的信息只告诉了少数比较亲密的友人，这就是一种深度坦露的表现；如果你透露的是从来没有告诉过任何人的信息，显然程度就更深了。一般来说，陈述事实（"我是镇上新搬来的居民"）要比套用陈词滥调的坦露程

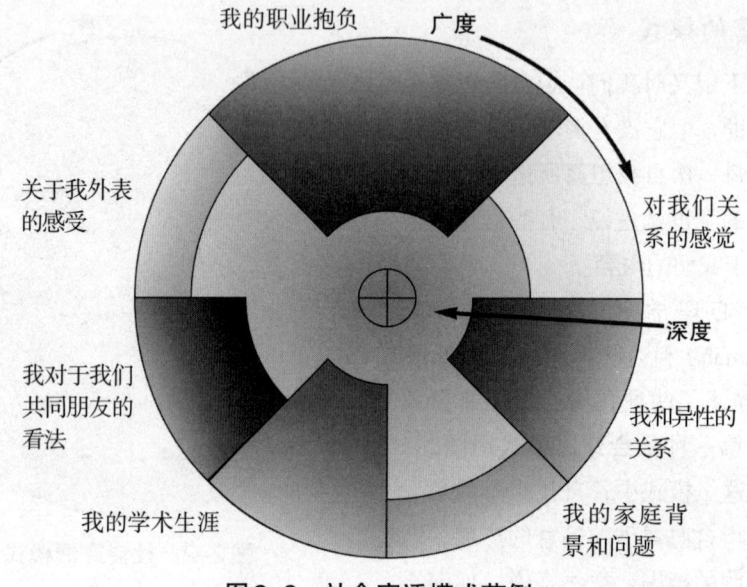

图2-3　社会穿透模式范例

度深；给出观点（"我真的很喜欢这里"）要比陈述事实的坦露程度深；而倾诉感受（"……但是，我有时感到些许孤独"）要比给出观点的程度更深。

审视自我坦露的另外一种方法叫作**乔哈里视窗**（该视窗得名于它的创造者乔瑟夫·勒夫［Joseph Luft］和哈里·英汉姆［Harry Ingham］）。想象一个像图2-4一样的框架，它包含你有待了解的、关于自己的一切：你的好恶、目标、秘密和需求等。这个框架可以被分为两个部分：关于你自己你所知道和不知道的信息，如图2-5；它还可以依据他人关于你知道和不知道的信息，分为如图2-6的两个部分；图2-7综合反映了这些分区由四个部分组成。

第一个部分是你自己知道而且他人也知道的"开放区"。第二个部分是"盲视区"，你自己不知道，而他人却知道的部分，这个区域中的信息你只有通过他人的反馈才能得知。第三个部分是你的"隐藏区"，这是你自己知道却不愿意表露给他人的信息。这些信息唯有通过自我坦露才会显现出来，这也是本节的重点。第四个部分是"未知区"，即你不知道，他人也不知道的部分。这个区域似乎很难界定，因为你和他人都不知道它包含了哪些信息，那你如何确定它的存在呢？不过，我们可以通过自己不断被发现的新特质，来推论这个区域存在的可能性。这并不困难，一旦你发现了自己以前没有觉察的天赋、才能与弱点时，这些潜在的特质就从"未知区"移到了"开放区"。

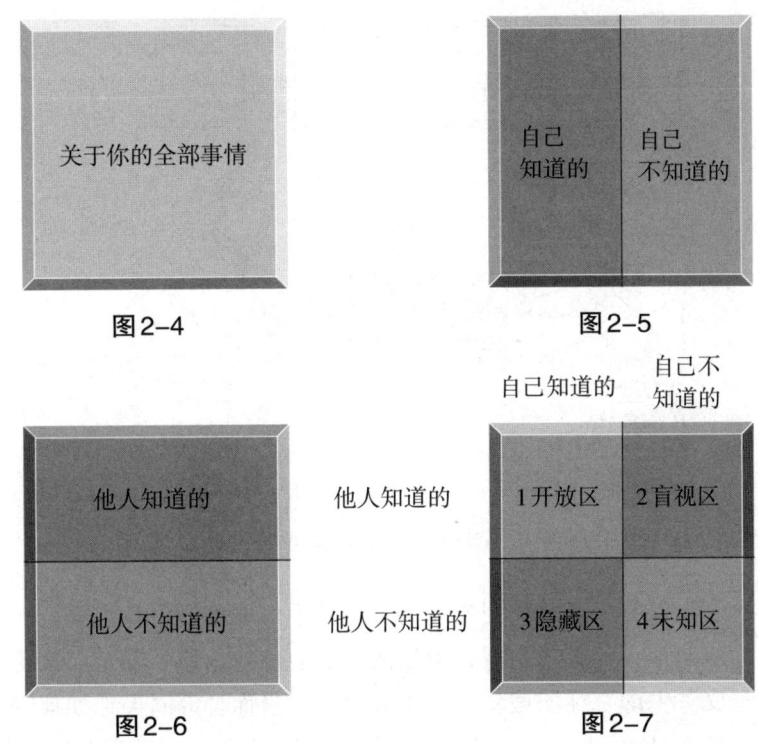

图2-4

图2-5

图2-6

图2-7

自我坦露的好处和风险

有时候我们会贸然吐露一些个人信息，但是大多数时候我们决定要揭露自我的信息时都是审慎和自觉的。沟通学家使用**隐私管理**这一术语，描述人们选择透露或者隐瞒有关自己的信息。这些决定往往是通过权衡自我坦露的利弊而做出的。那么开诚布公的风险和好处有哪些呢？

自我坦露的好处 有几个原因能够解释人们为什么选择分享个人信息。当你阅读每个原因的时候，想想哪个适用于你。

- **宣泄**：有时候，你会坦露信息，试图"一吐胸中块垒"。在你变得坦率的那一刻，你会对过去的糟糕表现感到后悔。如果处理得当，宣泄可以提供心理上和情感上的双重慰藉。在本章后段篇幅中你将会读到自我坦露的原则，使你学到在宣泄情绪的同时不仅不会破坏而且还会增进关系的方法。
- **互惠**：一项证据充分的研究得出了这样的结论：一个自我坦露的行为

"鲍勃,为了表达我对这顿美味的午餐的感激,我决定向你坦露过去四年间我的所得税申报表。"

会引发另一个自我坦露行为。这并不保证你的自我坦露就一定可以引起他人的自我坦露,但你的诚实会使他人感觉安全,甚至感觉有义务去配合你的诚实。这不难想象,当你告诉同伴你如何看待这段关系时("我最近总感觉很无聊……"),会引起同等程度的坦白("你知道吗,我也有同样的感觉!")。互惠不总是轮流进行的:今天你告诉朋友你在工作中遇到的问题,也许会让她在今后向你倾吐她的家庭故事时感觉更自在一些,当然坦露的时机必须是合适的。

- **自我澄清**:有时候,通过和他人谈论你的信念、意见、想法、态度和感觉,可以理清你对于这些话题的观点。这种"把问题说出来"的情况可能发生在你和心理医生的谈话过程中,也有可能发生在你和朋友——无论他是调酒师还是理发师——谈话的过程中。

- **自我确认**:如果你坦露了类似"我觉得我做得对"这样的信息,同时你希望取得聆听者的认同,那你就是在寻求对自己行为和信念的确认。进一步来说,这类自我确认的坦露旨在确认你自我概念中的重要组成部分。比如,经由自我坦露获得自我确认是"出柜"行为中的一个重要部分,同性恋们通过这个过程确认了自己的性取向,同时将这种认知与个人、家庭和社会生活整合起来。

- **关系的建立和维持**:开始一段关系是需要一定程度的自我坦露的。你可以考虑一下自我坦露在第一次约会或者一次面试（当然在这两个情境中，坦露的方式会有很大的不同）中起到的作用。自我坦露对于维持成功的关系也会起到作用。例如，自我坦露的品质和婚姻的满意度之间有着很强的联系。同样的原则也适用于其他人际关系。

- **社会控制**：坦露个人信息会增加你对他人的控制，有时也会增加你对情境的控制。举例来说，当一个职员告诉老板另有公司跟他主动接头并有意挖墙脚时，他很可能是希望因此获得晋升并改善现有的工作环境。

自我坦露的风险　自我坦露的正面效益固然十分重要，但也会带来一些风险，这使是否坦露变为一个困难的有时甚至是痛苦的决定。自我坦露的风险大致包括下列几种：

- **拒绝**：约翰·鲍威尔（John Powell）将他的书命名为《为什么我不敢告诉你我是谁？》（*Why Am I Afraid to Tell You Who I Am*？），并在书中总结了自我坦露的风险。他说："我不敢告诉你我是谁，因为假如我告诉你我是谁，你可能会不喜欢这样的我，而那却是我的全部。"人们害怕自己不被喜欢，这种恐惧的威力很大。有时候它过于夸大且不合逻辑，但是透露自我信息确实存在着一些风险。

"既然我们要坦诚相待，我要告诉你我身上有跳蚤。"

①：我开始觉得你已经不仅仅是一个朋友。实话告诉你，我爱你。
②：我想我们不要再见面了。

- **负面印象**：即使坦露不会导致彻底的拒绝，也可能会造成负面印象。

①：我一直在想我们应该再养一只狗。
②：跟你说句实话，我真的不喜欢狗。之前没有告诉你是因为我知道你非常喜欢狗。
①：真的？我无法想象跟一个不和我一样爱狗的人住在一起。

- **降低关系满意度**：自我坦露不仅会影响别人对你所持的意见，还可能降低双方从关系中获得的满意度。

①：我必须告诉你，我真的不喜欢你整天黏在我身边。
②：但是我想更亲近你啊！

- **丧失影响力**：坦露的另一个风险是丧失对一段关系的潜在影响力。一旦你坦承了一个私密的弱点，你就不可能像以前一样控制别人看待你的方式了。

①：（经理对雇员）我是很想让你们在周末休息，但是跟你们说实话——我不是要在这里大肆批评或怎样——其实董事长决定了一切，而他根本就不尊重我的意见。
②：你不是开玩笑吧！我还以为我知道当我需要解决问题时应该要找谁呢！

- **伤害别人**：吐露隐藏的信息也许会使你好过一些，但也可能伤及他人，因为他们可能因此感到沮丧。

①：我怎么这么丑！我想不到任何能改变我样子的办法了。
②：我也不能。

他褪去了　　在周围徘徊
黑色眼圈　　直到发现
神秘不再　　一段副歌
显露他的眼眸　道破了
然后　　　　"窗户"
他等待着　　往外看
暴露无遗　　其实就是
而我　　　　往里看
唱着这首歌　我的朋友

里克·马斯腾（Ric Masten）

自我坦露的原则

什么时候应该坦露，要坦露多少内容，想要清楚地了解这些并不是一件容易的事情。以下的原则可以帮助你决定在特定情境中应该自我坦露到什么程度。

这个人对你而言重要吗？　某个人对你而言的重要性会体现在很多方面。假如你正在维持的关系足够深厚，那么分享关于自己的特别的事情也许可以让你们现在的关系更加稳固。或者你一直考虑亲近某个先前很少和你有私下交流的人，你发觉现在正是建立更亲密关系的机会，那么自我坦露或许就是帮助你建立人际关系的方法。

坦露的量与方式合适吗？　有些人很容易患上所谓"TMI"的毛病，也就是分享了"太多的信息"。一般而言，在以下情境中坦露私人秘密是不明智的

在20世纪80年代的经典电影《早餐俱乐部》（The Breakfast Club）里，五个学生在周六留校查看的过程中逐渐打开了心扉。他们的自我坦露也帮助他们建立起了新关系。但是我们不禁留下疑问，等到周一所有的事情都恢复原样的时候，这些坦白是否还会起作用呢？

行为，如面对的是陌生人，正在进行课堂讨论，或者在公开的Facebook网站上发帖等。学生更欣赏那些向他们坦露自我的老师，但即便如此，他们也承认不想过多地或者太频繁地听到老师讲自己的私生活。当然，除了分享太多的信息，还有一种问题就是隐瞒太多的信息。如果你正在参加一场咨询会议，面见一个医生，或者身处一段亲密关系中，隐瞒信息可能会被当作欺骗。我们必须认识到有些时间和地点需要我们参与自我坦露，而有些则需要我们克制。

坦露的风险合理吗？ 让我们实际看一看自我坦露的潜在风险吧。即便坦露的效益极大，公开自己的某些负面信息仍然会使自己碰上许多麻烦。换句话说，如果知道你的同伴值得信赖且是支持你的，那坦露的风险就会降低到合理的地步。

在工作中坦露个人的看法和感觉是相当冒险的行为。为了达到组织和个人的目标，在工作场合，沟通者有时需要保留自己的想法。举例来说，站在个人的角度，你可能以为老板或者客户的意见是相当无礼的，但你还是决定闭上嘴巴，而不是冒着失去工作或者损害公司利益的风险坦露心声。

当你预测风险的时候，请确保你的预测是现实的。有时候人们很容易陷进毁灭性的预期里，臆想种种灾难性的后果，而实际上这些可怕的事情并不太可能会发生。

有建设性的影响吗？ 如果没有小心地使用自我坦露，它会变成一个恶毒的工具。就像第十一章将会谈到的那样，每个人在心理上都有一条"底线"，底线以下的区域是每个人的敏感区。戳中底线以下的区域肯定会让他人发火，对于彼此关系的伤害通常也很大。因此，在对他人坦诚以前最好先想想自己的坦诚可能引发的后果，诸如"我总觉得你很笨""去年我和你最好的朋友发生过性关系"，类似的评论对于聆听者、你们的关系以及你的自尊而言都是毁灭性的。

你的自我坦露是互惠的吗？ 通常情况下，你坦露的自我信息的数量会视他人坦露多少来决定。一般说来自我坦露是条双向道路。例如，那些相互公开程度大致平等的伴侣感觉最幸福。

当然，有时候单向的自我坦露也是可接受的，多数情况下包括正式的治疗关系。在这种关系中，当事人对训练有素的专业人员的要求是解决某个问题。你必然不会期待在看病的过程中听医生谈他自己的病痛。

你在道德上有义务坦露吗？ 有时候我们在道德上有义务坦露个人信息。

例如，调查显示大多数HIV阳性患者认为他们"有义务"告知医护人员和伴侣他们的状况，即使他们知道这将有损他们的形象、尊严或让他们受到指责。不过，尽管他们抱持这种信念，但是近二十年的研究表明40%的HIV阳性患者并没有把检测结果告知他们的性伴侣。

2.4 自我坦露的替代选择

虽然自我坦露在人际关系中扮演着重要角色，但它并不是沟通中唯一可用的方式。想一想那些让人熟悉的两难状况吧，然后你就会了解为什么彻底地公开和诚实并非总是一个简单又理想的选择了：

一个刚认识的人想和你成为朋友，而你并没有那么大的兴趣。她邀请你周末参加一个派对。虽然你不忙，但是你不想去，你会怎么说？

老板问你对于他的新衣柜有什么看法，你觉得廉价又俗气。你会实话实说吗？

你喜欢上了你最好朋友的对象，他（或她）也承认对你有同样的感觉。但是你们决定绝不感情用事，甚至不再提起这个话题，以免让你的好友感到不安。现在好友问你是否被他(她)的对象吸引了，你会说真话吗？

你从经常拜访你家的亲戚那里收到一份礼物，那是一幅又大又丑的画，你会如何回应"你会将画挂在哪儿"这个问题呢？

这类情况突显出了一些充满虚伪的沟通议题。换句话说，我们的道德教育和一般想法使我们厌恶任何不真实的事物，伦理学家指出社会存在的基础以诚实为根本。然而，虽然诚实是令人向往的原则，先前的例子却显示诚实可能会带来不愉快的结果。要在这些情境中自我坦露显然非常困难，人们会不由自主地想要逃避。但像先前的例子，逃避不见得总是可行。研究和个人经验显示沟通者不总是完全诚实的，当他们发现自己处在一个实话实说会造成不舒服的情境中时，会使用常见的四种自我坦露的替代选择。它们分别是沉默、说谎、模棱两可和暗示，我们一个一个地仔细审视这些替代品。

沉默

自我坦露之外的一个选择是将自己的想法与感受保留在心中。你可以分别记录一下自己什么时候表达、什么时候不表达意见，然后你就可以对自己依赖坦露和沉默的程度有一个大致的了解了。你可能会发现保留自己的想法和感受是你经常做的事情。说出全部的事实虽然符合坦诚之道，但却有可能危害你、对方以及你们双方的关系。大多数心思缜密的沟通者都会选择保持沉默，而不是莽撞地一吐为快说"你看起来糟透了"或"你太多话了"。社会科学家发现人们经常在"以省略说谎"和"对事实说谎"之间游走，而沉默应对通常没有全盘托出那样苛刻。研究表明在工作场合，隐瞒通常被视为比说谎和有目的地欺骗更好的选择。

说谎

对我们许多人而言，说谎宛如道德上的伤痕。对一个完全无知的受害者说谎以获得不正当的利益显然是错误的，但是还有另一种不诚实被称为"善意的谎言"，通常不被视为完全不道德。**善意的谎言**被定义为（至少说的人认为）对被告知的人来说是没有恶意的，甚至是有帮助的谎话。

不管目的如何，善意的谎言在面对面关系和网络关系中都相当普遍。在一项跨越四十年的研究中，绝大多数人承认即使是面对最亲密的人，说谎有

表2-1　说谎的理由

原因	例子
给别人面子	"别担心，我确定没有人会注意到你衬衫上的污点。"
给自己面子	"我没在看文件，我只是不小心找错抽屉了。"
获取资源	"哦，请让我进这个班。如果我不进去，我永远不能按时毕业！"
保护资源	"我是想借给你钱，但我现在也缺钱呢。"
开启互动	"对不起，我迷路了。你住在这附近吗？"
社交性客套	"不，我不无聊，再告诉我更多你假期的事吧！"
避免冲突	"这不是什么大问题。我们可以按照你的方式做，真的。"
避免互动	"听起来很有趣，但是我星期六晚上会很忙。"
道别	"哦，看看这都什么时候了！我不得不走了！"

时候也是合乎情理的。另一项研究曾经追踪130名参与者关于他们每天对话内容的诚实情况,结果显示只有38.5%(约三分之一)的内容被证明是诚实的。在一个实验中,参与者记录了他们两天内谈话的内容,然后计算他们说谎的比率,结果显示平均每十分钟的谈话就会出现三次小谎。

许多人认为善意的谎言是考虑到信息接收者的利益而说的。在上述研究中,多数参与者认为说这种谎是"正确的事情"。其他的研究则不以这种奉承讨好的角度进行描述,而认为说谎者才是最大的受益者。研究发现每三个谎言中就有两个出于说谎者的私心。表2-1列出了人们说谎的原因,很明显利己的选项多于利他。

事实上,研究已经发现谎言的确会威胁到关系。虽然并非所有的谎言都会破坏关系。研究认为,说谎者的动机是否为对方所接受会造成关键性的不同。如果说谎是为了谋取说谎者的个人私利,这种谎言会被视为侵犯;相反地,假如说谎是为了顾全对方的感受,获得谅解的机会就会增多。

关系越紧密、话题越重要,或者对方此前有过不诚实的经历,在这些情况下,人们就越容易感到沮丧和背叛。其中,话题的重要性是诱发关系危机最重要的因素。我们会妥善处理"无关痛痒"的谎言,但涉及"身家名誉"的谎言具有严重的威胁性,就必须严阵以待了。事实上,严重的欺骗会导致关系的终结,一个研究显示超过三分之二的参与者称他们是因为发现对方说谎而结束关系的。尤有甚者,他们认为分手的直接原因就是说谎。

这个教训很清楚:如果说谎在你的关系中占到了很大一部分,就会产生很严重的后果。如果保持一段关系对你而言是重要的,那么诚实——至少在重要的事情上——确实是最好的策略。

模棱两可

当面对说谎还是说出一个令人不愉快的真相的困境时,沟通者常常会选择一种模棱两可的回答。例如,当一个朋友问你对一套十分怪异的服装有何看法时,也许你会说:"它真的与众不同!"再如,你可能真的很生气无法接受朋友的道歉,但是又不想表现出自己很小心眼,于是你会说:"别提了!"下面是某个业务联络员的一套幽默表述,他不情愿地为用人单位介绍一些不够格的求职者,看看模棱两可是怎么帮助他的:

为一个懒惰的人:"你很幸运啊,能让这个人来为你工作。"

为一个没有才能的人:"我没有资格推荐这个人(我推荐的这个人没有资格)。"

为一个在任何情况下都不应该被雇用的人:"不要浪费时间了,雇用这个人吧(不要再在雇用这个人身上浪费时间了)!"

当你考虑自己所能选择的回答时,就会对模棱两可的价值有所了解了。思考一下,当你处在并不希望的两难情境中,你会说些什么?就像我们之前提到那幅不好看的画,如果送礼物的人问你关于画的感觉,你该如何回应?一方面,你需要在说谎和说真话之间做出选择;另一方面,你也要在明确和暧昧不明的回答中做出选择。图2-8呈现了这些选择。在这些选择中,选项一(模棱两可、真实的信息)要比其他选项更受欢迎。

一个研究团队曾经提出:"模棱两可并不算是虚假的信息,也不算是清楚的事实,而是当这两者你都想

	模棱两可	
真实	选项一:(模棱两可、真实的信息)"真是一幅与众不同的画!我从来没见过这样的画。"	选项二:(模棱两可、虚假的信息)"谢谢你的这幅画。一旦我找到了合适的地方,就会把它挂起来的。"	虚假
	选项三:(清楚、真实的信息)"这幅画不是我喜欢的类型,它的颜色、风格和主题,我都不喜欢。"	选项四:(清楚、虚假的信息)"多漂亮的一幅画啊,我爱死它了!"	
	清楚	

图2-8 真实和模棱两可的向度

要回避的时候，正好使用的一种替代方式。"

大多数人通常都会选择模棱两可而不是说谎。在一系列的研究中，参与者需要在以下情况中做出选择：为了保住面子而说谎、说出实话以及模棱两可。结果只有6%的人选择说谎，3%~4%的人选择说出残忍的真相，而有超过90%的人选择模棱两可地回应。人们说相对于模棱两可他们更喜欢（对方）实话实说，但是当他们自己面临选择的时候，他们更喜欢巧妙地说出真相。

暗　示

暗示其实比模棱两可更为直接。这是因为模棱两可的说法，不一定要求改变他人的行为，而暗示确实旨在从他人那里得到期待的回应。

直接陈述	保留面子的暗示
我太忙了，没时间继续这场谈话。	我知道你很忙，我还是先让你走吧。
请不要在这里吸烟，因为这会影响我。	我敢肯定这里是不允许吸烟的。
我想邀请你一起共进午餐，但我不想冒着被你拒绝的风险。	嗯，快到中午用餐的时间了，你有没有去过街角那家新开的意大利餐厅呢？

暗示可以避免让他人感到不舒服，同时又道出"不打折扣"的真相。暗示所带来的保留面子的价值可以解释为什么沟通者传递一些可能令人尴尬的信息时，更倾向于间接地而不是完全地坦露。当然，成功的暗示有赖于他人有能力解读你没表达出来的信息。你微妙的言论对一个不敏感或者故意选择不回应的接收者而言，很可能被当作耳旁风。如果直接传递信息的代价太高，那么迂回前进可以让你远离风险。

回避的伦理议题

人们为何选择暗示、模棱两可和善意的谎言而非彻底的自我坦露，原因不难理解。这些策略提供了处理困境的方式，让信息的发送者和接收者更容易做出选择。根据这样的想法，成功的说谎者、模棱两可者和暗示者，都可以被视为拥有某种特定的沟通能力。相反，在某些时刻只有诚实才是正确的方式——

即便这会带来痛苦——在这种情况下，逃避者就会被视为缺乏能力或者缺乏诚信来有效掌控情势的人。

那么，暗示、善意的谎言和模棱两可是自我坦露的道德替代品吗？从前几页的案例来看，似乎回答是"是的"。许多社会科学家和哲学家也认同这样的想法。他们认为，真正需要被评价的，是说谎者的说谎动机是否合乎道德，而不是谎言本身。当然，也有人质疑：说谎所带来的代价值得吗？

或许反思这一议题的正确问法是：这类迂回表述的信息真的是为了接受者的利益吗？这类回避处理的方式真的是应对某个特定情境的唯一或者最好的方法吗？

小 结

自我概念是个人关于自我所知觉到的比较稳定的部分。自尊与自我价值的评估有关。有些自我特性来自人格遗传。另一些自我概念是由重要他人所传送的信息创造出来的，也经由自己与参照群体的社会比较而得出。自我概念是主观而且多元的，得知别人怎么看待自己是其中的重要渠道。尽管自我会随着时间逐步发展，但是自我概念同时也抗拒改变。另外，文化、性别等因素也会对自我概念的形成产生影响。

认同管理是人们设计出来的策略性沟通，用来影响别人对自己的观感。认同管理旨在向他人呈现出你不同的脸面或者角色，且这不是你私下的或者无意识的行为。沟通者借着管理他们的举止、外貌和配备来创造一种认同，以便和不同的人互动。认同管理既发生在面对面沟通，也发生在媒介沟通中。因为每个人都有很多个可以展现的面貌，选择其中之一示人并不代表这个人不诚实。

人际沟通中最重要的问题就是自我坦露：有意向他人揭露关于自己的、重要的且不为人知的信息。社会穿透模式和乔哈里视窗是描述我们如何向他人坦露自我的工具。沟通者出于好几种原因和好处而坦露个人的信息，如宣泄、互惠、自我澄清、自我确认、关系的建立和维持、社会控制等。自我坦露的风险包括拒绝、负面印象、降低关系满意度、丧失影响力、伤害别人等。除了自我坦露，我们还可以选择沉默、说谎、模棱两可和暗示来回应。虽然，这些策略在伦理上可以替代自我坦露，但具体情境中它们是否合乎伦理还要结合说话者的动机以及欺骗的影响才能做出判断。

电影与电视

你可以在以下电影和电视节目中印证我们在本章总结的沟通准则：

对自我概念的影响

《我配不上她》(She's Out of My League, 2010) R级

柯克（杰伊·巴鲁切尔饰）依据自己的评估和别人对他的评价，认为自己只是一个平凡普通的小伙子。在一次偶然的情况下，他遇到并认识了莫莉（爱丽丝·伊芙饰）。倾倒于莫莉美貌的人都认为她是一个能打上"10分"的完美女孩。因而，当柯克考虑向莫莉展开恋爱攻势的时候，他不断地收到来自他人包括自己的警告：他配不上她。

这部电影阐明了我们在本章讨论过的许多概念。反映评价和社会比较在柯克和他的死党的谈话中有很好的例证。有一个让人难忘的场景是一群小伙子从1到10分为每一个人的吸引力打分，他们认为柯克只有5分。柯克的自尊心不断降低，尤其是当他和女孩约会的时候，他开始应验关于自我的预言。缺乏自信让柯克陷入了各种尴尬的行为中，虽然这些镜头对观众来说是好笑的，但对他追求目标显然造成了妨碍。

我们使用吸引力评分表、谈论"配不配"等话题，这些事实清楚地说明了生活中重要他人的评价以及与他们的比较会对我们如何看待自己产生强烈的影响。

自我应验预言

电影中的皮格马利翁效应

我们在本章描述了一个自我应验预言的实验，称为"课堂中的皮格马利翁"。《皮格马利翁》(Pygmalion，又名《卖花女》)是萧伯纳创作的一部戏剧，讲述了一位教授（在三个月内）把一名街头流浪的卖花女培训成优雅的社会名媛的故事。它是经典歌舞剧《窈窕淑女》(My Fair Lady)的蓝本，在后一部剧中亨利·希金斯（雷克斯·哈里森饰）彻底地改变了伊莉莎·杜利特尔（奥黛丽·赫本饰）的命运。

实际上，关于皮格马利翁效应（又称期待效应）的主题经常在电影桥段中出现，如《公主日记》(The Princess Diaries，如图示)。如果你熟悉电影《窈窕美眉》(She's All That)、《运转乾坤》(Trading Places)、《风月俏佳人》(Pretty Woman)和《特工佳丽》(Miss Congeniality)，那你就会知道这些电影的主人公如何因为别人对待他们的态度以及他们因此重新思考自己的方式，而经历了一场翻天覆地的改变。

这些故事阐明了沟通的力量是怎样改变一个人的自我概念和行为的。

认同管理

《鲶鱼》(Catfish, 2010) PG-13级

二十多岁的纽约摄影师雅尼夫·舒尔曼(雅尼夫·舒尔曼饰,本片以纪录片的形式拍摄)感到非常荣幸和好奇,因为他收到了一封来自密歇根州的8岁小女孩艾比写的粉丝信,里面还有艾比根据他的摄影作品绘制而成的画作。雅尼夫通过电子邮件、Facebook和电话与艾比建立起一段远距离的友谊。不仅如此,这位艺术家不久之后也开始和艾比的家人、朋友互通信息。

雅尼夫的哥哥艾瑞尔·舒尔曼和好友亨利都是电影制作人,他们决定记录雅尼夫这段发生在虚拟空间的奇遇。特别是当雅尼夫与艾比的姐姐梅根陷入恋情的时候,故事变得更让人感兴趣了,因为这两个人根本就没有在现实中见过面。

影片最扣人心弦的部分当属三个纽约人踏上了前往密歇根州的公路旅行,并最终见到了占据他们大部分思想和时间的那一家人……无需透露过多的细节,电影以一个让人惊讶的结尾戏剧化地提出了认同管理、自我坦露和人际关系发展在媒介沟通中可能存在的伦理问题。

自我坦露的代替品

《谎言的诞生》(The Invention of Lying, 2009) PG-13级

《大话王》(Liar, Liar, 1997) PG-13级

《谎言的诞生》为我们呈现了一个类似于我们的"真实"世界,因为在这个世界里谎言是不存在的:所有人在任何时候说的都是真话。马克·贝利森(瑞奇·热维斯饰)原本是一个倒霉的失败者,在偶然的情况下他发现说谎不仅是可能的,而且很简单,能带来明显的好处。在这个不存在谎言的世界里,每个人都相信马克说的是"真话"。马克用他的假话赢得了声誉、财富以及梦寐以求的女人。但是很快,马克也认识到了欺骗的代价。

在一部与《谎言的诞生》相似且又相对照的电影里,《大话王》创造了一个充满谎言的世界,直到有一天律师弗莱彻·里德(金·凯瑞饰)因为儿子在生日许下的愿望竟然(神奇地)一整天说不了一句谎。电影以一种非常有趣的视角解释了为什么在日常生活中完完全全地自我坦露是不现实的。("你今天怎么样?"法官在开庭以前按照惯例问候律师弗莱彻。"我因为昨晚糟糕的性生活有一点烦躁。"他如此答道。)

这些电影在最简单的层面上探讨了健康的人际关系所需的诚实和坦白的程度。不过,从更有经验的沟通分析者的角度来看,"完全的真实"和不道德的欺骗都有各自的缺陷。

第三章

知觉：看到什么就是什么

阅读完本章后，你应该能够：
* 在一个给定的情境中，描述选择、组织、诠释和协商的过程是如何塑造沟通的。
* 在一个特定的情境中，解释第二节所列的影响知觉的因素是如何对沟通起作用的。
* 分析第三节所列知觉的普遍倾向是如何改变你对另外一个人的评价以及你们之间的沟通的。同时运用这些信息提出一种比知觉倾向更准确的替代选择，来找出对方的真正立场。
* 展示你如何使用知觉检核技巧来检查一段重要的关系。
* 在遇到分歧的时候，使用"枕头法"来增强你的认知复杂度。同时解释你关于情境的扩展观点会如何影响你与对方的沟通。

研究一下埃舍尔（M. C. Escher）的这幅名为《相对性》（*Relativity*）的图。它描绘了一个陌生的世界：生活其中的居民分别存在于不同的（向上、向左、向右）直角空间上，并且彼此的经验互不关联。这一超现实主义的视角为我们每天都要遭遇的挑战提供了一个精彩的隐喻：我们每一个人都经验着一个不同的现实，而我们对他人观点的误解可能造成彼此实际上和关系上的双重问题。不过，知觉差异在干扰关系的同时也能增进人际关系。通过他人的眼睛看世界，你可以得到不同的领悟，这通常要比个人经验的理解更有价值。

本章将帮助你处理因知觉差异而造成的沟通上的挑战。在此之前，我们先来看看为何世界在不同的人眼中表现出不同的样子。我们将要探索以下几个不同的领域：我们的心理构成、个人需求、兴趣和偏见是如何塑造我们的知觉的；有哪些生理因素会影响我们对外界的观点；有哪些社会角色会影响我们对事件的印象；文化又是如何影响我们对言行举止的是非判断的，等等。在审视了造成我们认知差异的知觉要素之后，我们将进一步分析能够弥补知觉差异的两个有效的技巧。

3.1 知觉历程

我们对周围世界的知觉受到自我概念的影响。对兴趣不同的人来说，在公园里散步可能得到完全不同的经验：植物学家可能会注意植被的情况；时装设计师可能会关注路人的衣着；而艺术家意识到的可能是人以及周围环境的色彩与形式。无论我们多么留意四周，都不可能注意到每一件事情，因为每时每刻发生的事实在太多了。调动知觉的能力对我们处理各项事务来说是至关重要的，因此我们要先仔细地查看知觉的过程，以此了解知觉。我们可以通过为自身的经验赋予意义的四个步骤来达到这个目的，即选择、组织、诠释和协商。

选 择

因为我们身边的信息量远远超出了我们所能处理的限度，所以知觉的第一个步骤便是选择那些能给我们留下印象的信息。以下几项因素可解释我们为何注意到了某些事物，同时忽视了其他的信息。

刺激的强度常常会左右我们的注意力。那些更响、更大、更亮的事物总是更醒目、更突出，这个因素说明了为何在其他条件都相同的情况下，我们更容易记住那些特别高或特别矮的人。在宴会里大笑或大声喧哗的人也比安静的宾客更吸引目光——虽然不见得总是讨人喜欢。

重复的刺激、重复的刺激、重复的刺激、重复的刺激、重复的刺激、重复的刺激也会引起我们的注意。就像漏水的水龙头那轻微且持续的水滴声最后竟能成为主宰我们意识的穿脑魔音，同样，我们经常接触的人通常也不容易被我们忽视。

我们的注意常常也和能刺激我们的**频繁的对比或者转变**有关。换句话说，一成不变的人或事物难以引起我们的注意。这个原则就解释了（或者说为我们提供了借口）为什么我们开始认为很有意思的人在频繁交流过后便变得无趣了，只有当他不再说笑，或者离开我们的时候，我们才会重新赏识他之前的好。

动机也决定了我们从环境中挑选什么信息。如果你担心赴宴迟到，你会留意身边任何一块钟表；如果你正饥肠辘辘，你会注意路上的每一家餐馆、市场或食品广告牌。动机也决定了我们会如何认识别人。举例来说，期待恋爱的人可能会特别留意身边有吸引力的异性。而同一个人在生命遇到危险时可能注意到的只是警察或者医疗人员的身份。

选择不仅包括（选择）注意某些刺激你的信息，还包括（选择）忽视某些其他的线索。举例来说，当你认为某甲是个了不起的人时，你可能会忽略他的缺点；如果你特别注意男上司处事不公正的现象，你可能会忽视女上司也有类似的情形。在你的浏览器上输入"知觉错觉"，或者查找研究者丹尼尔·西蒙斯（Daniel Simons）的相关视频，你就可以发现有关选择性注意与选择性忽视的有趣案例。

组　织

从环境中选择相关的信息后，我们必须用有意义的方式组织这些信息。你可以从图3–1中看出组织的原则：这张图是一个花瓶还是一对双胞胎，取决于你将焦点放在亮的还是暗的部分。在这样的例子里，我们把所关注和浮现的部分称为"形象"，而把退居其后的部分称为"背景"。图3–1非常地耐人寻味，因为它包含了两种形象背景的组合，让人各取所需。

这种形象背景的组织原则同样也运作于沟通情境中。比如说，回忆一下某些特定的话语是如何从一片嘈杂声中凸显出来的。有时，这些话语之所以令你注意是因为其中包含了你的名字，有时则是因为来自某个你熟悉的声音。

每一个人都有一套不同的方案来组织我们对于其他沟通者的印象，社会科学家称之为**知觉基模**。有时候我们依照**外貌**将人分为男或女、美或丑、胖或瘦、老或少等；有时候我们依照**社会角色**将人分为学生、律师、妻子等；有时候我们依照人们的**互动风格**将人分为友善的、乐于助人的、冷漠的、尖酸的等；有时候我们依照**心理特质**将人分为好奇的、紧张兮兮的、不可靠的等；还有些时候我们依照对方隶属的**群体**将其分类为政府官员、移民、基督徒等。

我们所使用的知觉基模塑造了我们与人沟通和理解别人的方式。举例来说：如果你将某个教

图3-1

授归类为友善的，你也会用某种相似的方式向该教授请教；如果你将该教授归类为脾气坏的，那你应对他的方式可能会迥然不同。你是用什么方案将你生命中所遇见的人分门别类的呢？想一想如果使用不同的基模，你的人际关系会有什么改变。

刻板印象 当我们选择好一种分类的组织基模后，我们便会使用那套基模来对符合某一类别的人做出归纳和预测。举例来说，如果你特别具有性别意识，你就会对男女行为的差异和他们被对待方式的不同特别留意；如果宗教在你生活中扮演重要的角色，你看待教友的态度就会和看待其他人的态度不同；如果种族议题对你来说特别重要，你可能会注意不同族群的成员之间的差别。只要符合事实，这种归纳并无不妥，事实上我们一生都无法不使用它。

但是如果你的归纳失真便会沦为刻板印象，即过度地使用分类系统进行归纳。虽然刻板印象是基于一定事实的，但它并不符合眼前的每一种实际情况，通常会成为缺乏有效依据的陈述。

你可以通过补全下列句子，查看自己做出归纳或刻板印象的倾向：

1. 女人是_____
2. 男人是_____
3. 共和党人是_____
4. 素食主义者是_____
5. 长者是_____

你在完成上述句子的时候很可能没有什么迟疑，这意味着你有刻板印象吗？回答下列问题，看看你是否符合刻板印象的三个特征（我们将以"长者"为例）：

- **通常以容易辨认的特征将人分类。**例如：年龄是相对容易识别的特征，因此如果你发现某人看上去已经八十岁了，你很快就会将其归类为"长者"。
- **将一组特征加诸某一类的绝大多数，甚至是全体成员。**例如：基于你和一些长者（有限的）接触经历，你会下结论说所有的老人都有听力障碍且都神智不清。
- **将这组特征应用于该类群体的任何一个成员。**例如：当你在商店偶然遇

电视剧《欢乐合唱团》(*Glee*)中的角色看上去似乎非常符合人们对于典型的高中生的刻板印象。但是这部剧的粉丝们深知这些角色有时候会表现出公然反叛刻板印象的行为。这一点提醒我们虽然归类能够为我们认知他人提供一条有效的捷径,但同样也限制了我们准确感知对方的能力。

到一个老人时,你会刻意说得非常地大声、非常地慢。当然,对于那些根本不符合你刻板印象、精力充沛且精神矍铄的老人来说,你的行为很可能极度招人厌。

一旦我们陷入了某类刻板印象,为了支持自己不准确的信念,我们通常会搜刮一些孤立单一的事件或行为作为例证。举例来说,当男女发生争执后,他们通常只记得那些符合对方性别的刻板印象的言行。即使这并不能代表对方的典型言行,他们指出这些"证据"只是为了支持自己刻板的、不准确的言论:"看吧!你又在批评我了!你们女人总是这样!"

不同种族成员之间的沟通也很容易遭受刻板印象带来的麻烦。一些针对大学生态度的调查发现大多数黑人认为白人是"苛求的""好指使人的",而大多数白人认为黑人是"喧闹的""招摇的"。类似的刻板印象会对个人的职业关系与人际关系产生妨碍。例如,美国医院里的医患沟通,尤其是在白人医生和少数族裔病人之间,双方都很难摆脱对彼此的刻板印象。医生想当然地认为对方听不懂,所以就简化甚至不提供重要的医疗信息;病人也很少提出自己关切的重要疑问,因为他们也想当然地认为医生不会为他们留下时间。这类期待导致自我应验的循环发生,也使得医疗保健的品质下降。

刻板印象有时也不是出于坏心眼,而是源自好意或只是常识不足。例如,在集体主义文化中教养长大的人(参阅第二章"文化、性别和认同"一节)倾向于顺从群体规范,这个印象可能使你误认为任何来自这种文化背景的人都具有无私的团队精神。然而并非团体中的每一个成员都是齐头式的集体主义分子,就像个人主义文化背景中的个体也有差异一样。一项研究发现欧洲裔美国人和拉丁裔美国人的后代已经和他们的先辈产生了差异:有些拉丁裔美国人甚至比欧洲裔美国人更加独立,反之亦然。此外,日本(一个以集体主义文化为传统的国家)的青少年说他们感受到了个人主义与集体主义之间、悠久的文化传统与当代的潮流之间的撕裂。当世界因为科技与媒介的发展成为联系愈加紧密的"地球村"时,我们对特定的文化特征的概括将愈加不准确。

　　为了消除因过度刻板印象造成的沟通障碍,一个有效的方法便是去除对他人的分类。试着把对方看作一个独立的个体,而不是你假定拥有某类共同特征的群体中的一员。想想看,如果你在交流的过程中把对方已知的性格特征移入"背景",而把他原先不重要的信息摆在显著的位置,那你和他人的沟通将发生多大的改变。

断　句　组织的过程并不只是对我们的知觉信息进行归纳的过程。我们还可以用不同方法排列我们与他人之间互动交流的信息，然后你就可以发现这些不同的组织基模对我们与他人的关系会产生多么大的影响。沟通理论学者用断句一词来描述原因与结果在一系列交流活动中所起的决定性作用。想象一对夫妻的争吵过程，你便可以对断句的运作方式有一定的了解了：丈夫指责妻子喜欢不停地盘问，而妻子则抱怨丈夫回避她的问题。注意两人打断循环的切入点，然后你就会发现不同的次序竟然可以让争吵看起来完全不同。丈夫开始指责妻子："我不想回答是因为你问个不停。"妻子以不同的方式重新组织这个情境："我问个不停还不是因为你不肯回答我。"这种盘问—回避的争论在亲密关系中十分常见。一旦这个循环开始运转，就无法分辨双方的指责谁才是准确的了，答案取决于如何断句。图3–2描述了以上这个事件的整个过程。

不同的断句会造成各式各样的沟通问题。注意以下情境因为双方断句的不同造成了多大的差异。

技巧构建　断句练习

根据下列指引，你就能够领会不同的断句模式会给双方的态度和行为带来多大的影响。

1. 运用图3–2的图解模式来表示下列情境：

   a. 一对父女正变得越来越生疏。女儿疏远父亲是因为她把父亲的冷静解读为拒绝；而父亲也把女儿的冷淡视为漠不关心，造成了进一步的疏远。

   b. 两个朋友的关系正变得越来越紧张。其中一个试图通过说笑话来缓减紧张的气氛；然而另一个却因为笑话变得更紧张了。

   c. 恋爱的男女正处在分手的边缘。一方频繁地向另一方要求更多的关爱；另一方因此更加排斥身体上的接触。

2. 针对步骤1中描述的每一种情境，分辨出两种不同的断句基模。思考不同的基模对双方互动的方式会产生怎样的影响。

   现在，回想你自己的生活中的一个沟通困境。分别用两种方式为它断句：你的切入点和对方的切入点。讨论一下如果从对方的角度看待这个问题，会如何改变你固有的沟通方式。

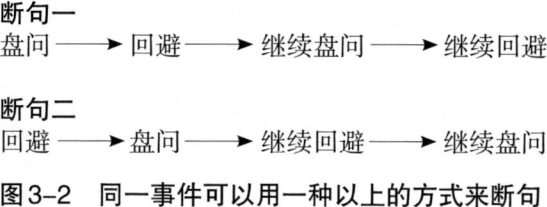

图3-2　同一事件可以用一种以上的方式来断句

"我不喜欢你的朋友是因为他什么话也不说。"
"他什么话也不和你说是因为你表现出了不喜欢他的样子。"
"我不得不说到现在是因为你打断了我那么多次。"
"我打断你是因为你根本就不给我发表意见的机会。"

争执哪一种断句是正确的只会让两人的争端更为严重。承认双方存在争议，进而思索"如何把事情做得更好"才是有益的方法。

诠　释

在我们选择和组织自己的知觉以后，我们还以某种方式对其加以诠释，使之具有特定的意义。诠释几乎在每一次人际互动中都发挥作用。在熙熙攘攘的大厅中，一个异性向你微笑是出于礼貌还是对你表示交往的兴趣呢？朋友开你的玩笑是想表示亲近还是意图激怒你呢？你应该见招拆招还是一笑置之呢？

以下几个因素能够影响我们诠释一个事件或者行为的方式：

交情深浅　两个同事以相同的理由向你解释他们工作迟到的原因。其中一个是你的好友，另一个你仅仅是认识，那么你很有可能认为好友的借口更值得宽恕。

个人经验　相似的事件对你有什么意义呢？举例来说，如果你曾经有过被房东克扣押金的经历，那么当新的管理者向你保证妥善管理房屋就可以退回这笔钱的时候，你或许就不会太信以为真了。

对人类行为的假设　也许你认为"人类的普遍心理就是得过且过"，或者你相信"不管结局如何，人都会尽力而为"，不同的信念将会影响我们诠释别人行为的方式。

态　度　我们持有的态度也会决定我们如何看待别人的行为。例如，如果你无意中听到一个男人对另一个男人说"我爱你"时，你会怎么想？在一个关于同性恋的研究中，具有恐同症（指恐惧或者歧视同性恋的行为）的人大多会将这种言论视为说话者就是同性恋的暗示；不具有恐同症的人倾向于将这种深情的言论视为精神上的情感流露，而不是性爱的表示。

期　望　期待塑造了你对外界刺激的诠释。正如你在第二章读到的，那些期待学生表现得更好的老师会用不同的方式看待和对待他们。我们的人际沟通也是如此：我们的期待决定了我们如何感知对方，以及如何在他人面前表现自己。

信　息　如果你得知你的朋友最近被其男友（女友）抛弃，或者被公司炒鱿鱼了，那么你对他的冷漠态度与行为的诠释就会和你在不知情的前提下完全不同。如果你知道某位老师习惯以嘲讽的方式对每一个学生说话，那你很可能就不会再根据他的言论对号入座了。

自我概念　你是信心低落还是胸有成竹，看到的世界也会完全不同。当你被取笑的时候，你会如何诠释取笑者的动机，是友善还是敌意？你又会如何做出回应，是一笑置之还是防卫性地反击？研究已经证实影响你做出决定的最重要的因素就是你的自我概念。我们感受自我的方式，强烈地影响着我们如何诠释别人的行为。

关系的满意度　同一个行为在双方关系愉快或者不满的时候，意义可能完全不同。举例来说，在夫妻关系中，对关系感到不满的一方在面对问题时更容易指责对方。不仅如此，他们也更倾向于认为对方是自私或出于恶意的。我们现在假设妻子建议丈夫暂时放下工作，周末一同度个假。如果这段婚姻现在有点麻烦，丈夫很可能将妻子的建议诠释为批评（你就知道工作，从来都不把心思放在我的身上），结果导致两人展开一场没完没了的争吵；但是，如果双方的婚姻关系是稳固的，那丈夫可能就会把妻子的建议视为浪漫的邀约。因此，塑造夫妻两人日后关系的始作俑者不是事件本身，而是双方解读的方向。

虽然我们依序讨论了选择、组织和诠释，但是知觉的这三个阶段并不一定会依序发生。举例来说，家长和保姆过去的诠释（如"杰克是个捣蛋鬼"）会影响他们未来对信息的选择（他的行为要特别注意），以及对事件的组织（小朋友打架了，首先认为是杰克挑起来的）。在所有的沟通中，知觉是一个持续进行的过程，你很难指出它的起点和终点。

协 商

到目前为止，我们都聚焦于讨论知觉的三个元素：选择、组织和诠释，这都发生在我们个人的心中。但是知觉并不是孤立的活动，很多感受发生在两人或者一群人中间：他们影响着彼此的知觉，并且试图在感知上达成一种共识。这个过程被称为协商。

了解协商运作的一种方法，就是将人际沟通视为彼此故事的交换。学者将那些我们用来描述个人世界的故事称为**叙事**。事实上，每一个人际情境都能用不只一种叙事来描述，而不同的叙事之间通常有很大的差异。如果你询问两个正在吵架的小孩他们争吵的原因，那他们一定会绘声绘色地告诉你为何对方应该为冲突负责。同样，在法庭上也充斥着关于谁才是"恶棍"谁又是"英雄"的截然相反的叙事。即便关系和睦的家庭也有故事，不同的成员通常扮演着特定的角色（在某些家庭中有"糊涂虫""智者""运动员"等）。实际上，交换故事的家庭有助于成员换位思考，并以此提高关系的满意度和维持生活的正常运转。

当我们的叙事与他人的叙事发生冲突时，我们有可能坚持自己的观点而拒绝接受别人的看法（因为别人的看法通常对自己不利），也有可能试着协商出一个具有共同基础的叙事。共享的叙事为顺利的沟通提供了最佳机会。例如，战胜重重阻碍才得以交往的恋人要比那些没有共同斗争经历的恋人更快乐。同样，对两人交往中的重要事件有共识的伴侣要比那些存在分歧的伴侣更加满意彼此的关系。

共享的叙事不必完全是清晰真切的。研究称那些鹣鲽情深五十年甚至更久的伴侣所描述的婚姻叙事似乎并不理会事实。例如，他们都认为彼此几乎没有争吵，然而客观的分析显示他们也有过争执。不过，他们都不约而同地选择将问题归咎于外力或者突发状况，而不是指责对方。他们用最宽容的态度去诠释对方的行为，即使事情不如意，他们仍相信对方的行动是善意的。他们似乎

电影《充气娃娃之恋》(*Lars and the Real Girl*)为我们提供了一个独特的案例，影片中的人们因为共享叙事而联结在了一起。（参见本章末尾的电影小结）

也愿意原谅，甚至遗忘对方的越界行为。沟通研究学者朱迪·皮尔森（Judy Pearson）总结如下：

> 难道我们应该据此得出结论：认为幸福的伴侣对现实的掌控反而较差吗？没错，也许就是这样。不过，难道旁观者会比当事人更了解他们婚姻中的现实吗？答案很明显。让婚姻保持长久和幸福的一个关键，就在于告诉自己和别人你拥有一段幸福的婚姻，并且表现得像你说的那样。

3.2 影响知觉的因素

既然我们已经探索了感知的过程，现在让我们来看看什么是影响我们选择、组织、诠释和协商信息的因素。

获取信息

我们只能理解我们所知道的事情。即使是生活中最亲密的人，也有我们所不知道的信息。当你获得了新信息，你对别人的看法也会随之改变。如果你只在课堂上见过你的老师，那么你对她的定论也只会建立在教师这个角色的行为上。如果你观察过她的其他角色，如高峰时段的司机、音乐会爱好者，或者食品店购物者等，那你很可能会改变对她的看法。（我们很多人都有在商场偶遇小学老师的经历，并且对于他们竟然生活在学校外面感到非常震惊。）

当不同的角色发生重叠的时候，我们通常就能获得关于他人的新信息了。想一想办公室派对上可能发生的情景。一个人在"办公室"和在"派对"上的角色往往是相当不同的，所以在办公场合开派对，你会看到意料之外的行为。同样，当你的爱人带你回家见家长的时候，你很可能会看到他或她身为"被宠坏的儿子"或者"公主般的女儿"的一面。如果你曾经说过类似"今晚我看到了全新的你"这种话，那就是你获取了新信息的证据。

社交媒介提供的新信息，可能改变一个人原先的知觉。这是鼓励求职者及时清理网上资料、小心管理网络印象的原因。也是为什么孩子和家长不想成为Facebook好友的原因。个人的有些角色最好保持私密性，或者说只展现给特定的一部分人了解。

生理因素

影响知觉的另一个因素包含身体的素质。虽然环境相似,但生理上的因素使得每个人都以自己独特的方式来感知这个世界。换句话说,即使相同的事件摆在眼前,由于我们每个人感官机能的差异,我们对外界信息会有不同的印象。思考下列塑造我们世界观的一系列生理因素:感官、年龄、健康与疲劳、饥饿、生理循环以及心理挑战。

感　官　人际关系会受到我们视觉、听觉、味觉、触觉和嗅觉等感官的差异所影响,想一想以下每天都会发生的情境:

"收音机关小声点!我的耳朵快要聋了!""这哪里大声了?声音再调小,我就听不见了!"

"这里好冷喔!""你在开玩笑吗?如果你还要把暖炉调热,我们就要窒息而死了。"

"你为什么不超过去?这一公里内都没有其他的车子。""我看不了那么远,而且我不想害死大家!"

这些争执不只是双方见解不同的结果,而且是因为我们接收到的感官信息确实不同。其中视觉和听觉上的差异最容易辨认,不过其他感官的差异也同样存在。有证据显示,相同的食物,不同的人会尝出不同的味道。同一种气味,有些人闻到了可能身心愉悦,另一些人可能相当厌恶。类似地,让某些人感到不舒服的气温骤变,另一些人可能毫无察觉。虽然认识到这些差异的存在并不意味着我们能消除它们,但却可以提醒我们对方这么做不是疯了,只是和我们不同。

心理挑战 有一些知觉的差异起因于神经系统。比如，患有注意力缺陷或多动症的人很容易分心，也很难延迟满足。不难想象，对其他听众来说相当精彩的一场演讲，在患有这类病症的人看来可能既无聊又沉闷。患有躁郁症（又称双相情感障碍，指人的情绪在狂躁和抑郁之间交替出现。——编者）的人会经历极端的情绪起伏，因为他们对于事件、朋友甚至家人的感知会出现惊人转变。美国国家心理健康研究所估计，仅这两项病症所影响的美国人就已达到500万至700万，而其他还存在很多会影响人类知觉的心理状况。所以要记住，如果有人对世界的感观与反应和我们不一样，很可能是我们不了解的某些因素造成的。

年 龄 我们在人生的不同阶段经历的世界也不同。除了明显的身体变化，年龄也会改变我们看问题的角度和方法。举个例子，想想这些年你是如何看待你的父母的。当你还是个孩子的时候，你很可能认为他们无所不知、完美无瑕；当你处于青春期，你可能认为他们古板又平庸；而在成年以后，多数人才开始认识到父母见识的长远，认为他们是睿智的。

健康与疲劳 回想你上一次患感冒、流感或某些慢性病的情况，你还记得自己的感受与平时有什么不同吗？你很可能浑身无力，不想搭理人，脑筋也转不过弯来。这些变化会极大地影响你与他人的沟通方式。如果你知道某人的态度与日常不同只是因为身体上的不适，那你一定会松一口气。同样，当你不舒服的时候也有必要让别人知道，这样他们才能对你的异常表现有所理解。

就如疾病一样，极度的疲劳也可能影响你的人际关系。再次提醒你，你必须认识到人会因为疲劳而举止反常。如果你在疲惫的身心状况下处理重要事务，一定会出大的纰漏。研究发现睡眠质量不高的已婚夫妇第二天对彼此的感知也更消极，从而造成更多的不和谐。

饥 饿 在饥饿或饱餐的状况下，人的表现也会有所不同。如果我们没有吃饭就入睡，饿醒后，我们的脾气通常很暴躁。研究证实缺乏营养会影响我们与他人沟通的方式。一份研究指出：如果青少年的家庭没有充足的食物来源，那他们的辍学率是一般孩子的三倍，对与人同处感到困难的概率是普通孩子的两倍，而交不到朋友的概率则有四倍之多。

生理循环 你是早起的鸟儿还是夜猫子？大多数人可以很轻易地回答这个问题。而在我们答案的背后，其实也受生理因素的影响。随着日出日落，我们的身体也在持续地发生着改变，包括体温、性欲、机警度、抗压度、心情等，其中大部分都受到荷尔蒙分泌周期的影响。例如，肾上腺激素会影响我们对压力的感受，它的分泌量在一天的某几个小时内会特别高。同理，雄性及雌性激素一天中也会以反复不定的速率进入我们身体的系统。我们常常意识不到这些变化，但它们的确影响着我们和别人的关系，在我们了解掌管着我们感觉和行为的生理循环后，我们才有可能懂得在一天最有效的时间处理重要的事务。

文化差异

到目前为止，你已经了解到生理因素可以让我们的世界截然不同，但这里还有另一种常常会阻碍沟通的知觉鸿沟——来自不同背景的人之间的间隔。每个文化都有不同的世界观，都有看待世界的特有方式。要记住：掌握不同的文化观点能使我们对自己和对方的文化有所了解，但有时候我们很容易忘记别人和我们看世界的方式不同这一点。

文化差异的范围很广。在中东地区，个人的气味在人际关系中扮演重要的角色，阿拉伯人在谈话时会习惯于闻对方的气味。人类学家爱德华·霍尔（Edward Hall）解释说：

> 闻朋友味道不只是有教养的行为，也是令人期待的，不让对方闻到你的呼吸是一种羞辱对方的行为。相反，美国人被教导不能呼气到对方脸上，自然而然地，他们在试图表示礼貌的时候对方反而感受到了羞辱。谁会想到我们最高级的外交人员，在表现高礼节的时候也传达了羞辱？但这种憾事却是外交上的家常便饭，因为外交不只是眼球对眼球，也是鼻息对鼻息。

对于谈话的价值，不同的文化看法也迥异。西方文化视谈话为令人渴望的事情，并在工作和社交上使用它，沉默在西方文化中带有负面的价值，它被解读为缺乏兴趣、拒绝沟通、敌意、焦虑、害羞或是彼此合不来的征兆，西方人对沉默感到浑身不对劲、窘困、尴尬。

相反，亚洲文化以另一种方式看待谈话。数千年来，亚洲文化不鼓励表达思想和感觉，沉默受到肯定。正如道家所言"言多必失"，又如"知者不言，言者不知"，亚洲人并不像西方人那样对沉默感到不自在。日本人和中国人认为在没什么可说时，保持沉默是较适当的方式。对东方人来说，一个爱说话的人，常会被看作是爱吹嘘或者不真诚的。

当不同的文化相遇时，你很容易就可以看出，对说话和沉默持有不同的观点会如何导致沟通出现问题。爱说话的西方人和沉默的东方人，都以他们认为合适的方式生活，然而彼此都对另一方心存疑惑、无法苟同，只有在他们知道了对方心目中的衡量标准后，他们才能互相适应——或者至少了解并尊重这份差异。这时候他们必须面对并处理所谓的**民族优越感**问题，也就是认为自己的文化优于别人之态度。旅行作家里克·史蒂夫（Rick Steves）曾经写到民族优越感是如何干扰人们对其他文化现象的尊重的：

> 我们（美国人）认为自己很爱干净，经常批评别的文化习性有点肮脏。我们在浴缸中打肥皂、擦身子、冲干净，都用同一缸子水（但我们是不会这样洗碗盘的）。日本人洗澡的时候每一个步骤都分开使用清水，他们可能觉得我们的洗澡方式很怪异甚至恶心。有些文化中，人们当街吐痰、当众擤鼻涕，他们无法想象把痰吐在小手帕里，放回口袋中，需要的时候再继续使用这种行为。

不一定要出国旅行才有机会遇到不同的文化观点，国内就存在着许多次文化，每种次文化的成员所拥有的背景让他们以不同的方式看事情。没有辨认出这些差异可能会导致不和谐和不必要的误解。例如，如果一位拉美裔女性低着头说话，可能让男性白人教师或穿制服的警官解读为拒绝甚至不诚实。但事实上在她的文化里，当一个女性被一个年纪比她大的男性问话时，低着头答话才是适当的行为。直接的目光接触被视为无礼的不当举动，甚至是对异性暧昧的邀请。

思想开明的沟通者可以克服预先存在的刻板印象，学会把来自不同背景的人作为个体来理解。一项针对大学生的研究显示，当他们被介绍认识来自不同文化背景的陌生人时，他们对新的对话伙伴的态度，更多地基于这些陌生人的个人行为，而不是自己对对方行为的预先期望。

社会角色

从我们出生的那一刻开始，我们就间接地被教导去扮演一系列受期待的角色。从某个角度来看，这些嘱咐是必需的，因为它能使社会平稳地运作，也使我们知道别人对我们的期许，从而获得安全感。但另一方面，拥有预定的假

表3-1 性别角色

	男	女
阳刚	阳刚的男人	阳刚的女人
阴柔	阴柔的男人	阴柔的女人
阴阳兼具	阴阳兼具的男人	阴阳兼具的女人
未分化	性别未分化的男人	性别未分化的女人

设可能导致沟通出现鸿沟。当某种不被质疑的角色固定下来以后,人们便倾向于用同一种观点看世界上的一切,从而失去了体会世界的其他方式。让我们看看社会角色如何影响我们的观点和沟通。

性别角色 人们在使用两性和性别这两个词的时候可能会觉得两者是同义词,但实际上两者有重要的差别。两性是指男人和女人生物性的特征,性别是指男性和女性行为的社会和心理向度。大量的研究显示男人和女人感知世界的方式确实不同,原因涉及基因、神经、荷尔蒙等因素的差异。然而,即便是专注于男女生理差异的认知研究学者,也承认社会性别角色和刻板印象对知觉的重要影响。

性别角色是指被社会所接纳和期待的男女行为模式。孩子通过观察他人、接触大众传播媒介、接收大人反馈等方式,认识到性别角色的重要性。当社会成员都学习和接受了惯常的角色之后,他们倾向于将违反这些角色的行为视为不寻常甚至不符合社会期待。

一些学者建议:阳刚和阴柔并非行为的两极,而是两组不同行为的集合。在这种观点下,一个人可以单独表现出阳刚或阴柔的行为,也可能两者兼备。传统的"男—女"二分法被下列四种心理性别倾向取代:阳性、阴性、阴阳兼具和未分化(非阴也非阳)。这四种心理性别倾向和男、女这两种传统生理类型加以混合,产生了表3-1的八种类别。

这八种类别的人,所理解的人际关系都不一样。例如,阳刚的男人可能将他们的人际关系视为竞争和赢得利益的机会,阴柔的女人则可能将其视为培养感情和表达感觉情绪的机会,阴阳兼具的男人和女人在人际关系理解上的差异很小。

职业角色 我们的工作类型常常影响我们对世界的看法。假设一下五个人在生态园区走了一圈,第一个人是个植物学家,他为公园里繁多的树种而着迷;第二个人是个动物学家,他边走边寻找令他感兴趣的动物;第三位是气象学家,他一直抬头留意天空和天气的变化;第四个人是心理学家,他完全未察

在电视真人秀《卧底老板》(*Undercover Boss*)中,公司高管被要求假扮成底层的职员工作。这些老板在看到以及经历职员在工作和个人生活中所要面对的挑战之后,往往会对自己的员工产生新的认识。(参见本章末尾的电视小结)

觉大自然的一切,而是专注于公园里聊天的人群;第五个人是个扒手,他利用别人专心于特定事物的时候下手行窃。这个小故事给了我们两个启示:第一当然是小心你的钱包;第二则是我们的职业角色影响了我们的知觉。

即使在相同的职业场景下,参与者所扮演的不同角色也可能影响他们的知觉。举例来说,在一个典型的大学课堂里,老师和学生的经验便十分不同。大部分老师由于投注了许多时间在他们的工作上,所以极其重视所教授的科目——无论那是法国文学、物理学还是沟通学。而为了完成学科培养要求选修此科目的学生,观点各不相同:有的把这个科目看作是挡在他们和学位之间的障碍物;有的将其看作认识新朋友的机会。另一个差异点集中于参与者所具备的知识。对一个教过该课程很多遍的老师来说,教材可能极为简单,但是对第一次接触此科目的学生来说,教材可能既陌生又令人困惑。快接近学期尾声的时候,教师可能加紧脚步赶课,而学生则可能因将近一个学期的辛苦疲累而放慢步调。在此,因为知觉的差异,师生之间的张力和压力不言而喻。

关系角色 回想一下你在第二章所写的"我是谁"清单。在清单里,你很可能列出了自己在和他人的关系中所要扮演的角色:女儿、室友、丈夫、朋友,等等。这样的角色不只定义了你是谁,它们同样也影响了你的知觉。

以家长的角色为例。大多数新晋父母会向你证明,拥有一个孩子会改变他们看待世界的方式。父母会认为号啕大哭的婴儿是一个需要安慰的、无助的小生命,不过,附近(受哭声所恼)的陌生人就不会有如此善心的评价了。随着孩子慢慢长大,家长往往会更关注孩子成长环境中的各种信息。一个父亲说他此前从来也没有介意过球迷的诅咒和谩骂,直到他带着6岁的孩子去看了一场比赛。换句话说,他作为父亲的角色,影响了他听到的内容和诠释的方式。

陷入恋爱的角色中也很容易改变认知。这些角色有很多的标签:伴侣、配偶、男朋友（女朋友）、甜心，等等。有时候，亲密关系会让你在情感上更偏向自己喜爱的对象。所谓情人眼里出西施，你会认为自己的爱人更有魅力，同时也会忽略他（或她）的一些缺点。恋爱角色还会改变你看待其他人的方式。一项研究发现，当人们陷入爱情后，他们会认为其他的暧昧对象没有以前那么有吸引力了。

也许"爱情的有色眼镜"最显著的影响要发生在它们被摘下来的时刻。很多人都有过这种经历，与恋人分手之后反问自己，"我到底看上他什么了？"答案——至少有一部分——是你看上了你的关系角色带你看的那个部分。

3.3 知觉的倾向

到目前为止，很明显诸多因素扭曲了我们对外界的诠释。社会科学家用**归因**一词描述我们将行为赋予意义的过程，包括对自己、对别人的行为归因，但我们常常使用两套不同的标准。研究人员揭示出许多导致归因谬误的知觉倾向。

对人严厉，对己仁慈

我们评价自己时往往比评价别人更为宽容，并试图说服自己和别人"我的本意是善良的"。我们倾向于用最宽容的说法评价自己。社会科学家将这种倾向称为**自利的偏误**。当别人遭遇不幸时，我们常将问题归咎于对方个人的因素，而自己遭遇不幸时，我们就将问题归咎于外在因素。想一想一些例子：

"不要误解我，泰德，我很欣赏你，你只是没有我特别而已。"

当别人搞砸一件工作，我们可能认为他们事前没有听清楚或者做得不认真；当我们搞砸一件工作时，我们就会说我们承受的压力太大。

当别人失控或生气，我们认为他太情绪化或太敏感了；当我们自己情绪失控或生气时，我们会说那是因为压力太大。

当某人开车超速被开罚单，我们认为他应该小心点；当我们开车超速被开罚单，我们会否认自己超速，或者说："大家不都这么做吗？"

当别人出言不逊，我们认为他性格不好；当我们说脏话时，则是情境使然。

我们知道有些信息"诚实却伤人"，一项研究揭示了自利的偏误会如何作用于一段恋情。发送坦诚信息的一方试图向同伴证明自己是可靠的、有建设性的。但是，同样的信息到了接收者那里，则被视为伤人的、刻薄的。换句话说，"当我告诉你残忍的真话时，我是你甜蜜的爱人；如果你对我这么做，你就是个不合格的情人。"

先入为主

留恋于第一印象，进而根据自己的第一印象给人贴标签是知觉过程中不可避免的一部分。这些标签是产生诠释的方式之一，如"她似乎很爽快""他看上去很真诚""他们听起来非常自大"等。如果这样的第一印象是准确的，那这些印象在你以后考虑如何回应对方时是可以利用的信息。然而若这些印象不准确，问题就来了。因为我们在形成对别人的评价后，倾向于紧紧抓住不放，甚至会调整矛盾信息以便符合原先的评价。

社会科学家提出**光环效应**来说明对于具有某个正面特质的人，我们是如何将所有的正面印象都加诸他身上的。尤其是因为第一印象往往来自外貌的吸引，我们很容易将所有优点归属到"长得好看"的人身上。例如，面试官对外貌条件好但资质平庸的求职者的评价，往往高于外貌条件较差的人。一旦雇主形成了正面印象，通常提出的问题会有利于证实自己对求职者的印象，甚至会自然而然地将应征者的回答导向正面方向（如"你从那个挫折中学到了什么？"），从正面的角度诠释对方的回答（"啊，花点时间去学校外面走一走，这是个不错的主意！"），鼓励应征者（"很好的观点！"），强调公司的优点（"我想你会喜欢这里的工作环境。"）等。一且应征者给人留下负面的第一印象,那他将陷入愁云惨雾难以翻身,这种现象有时又被称为"魔鬼效应"。这些情况强化了古老而睿智的格言:"你永远没有第二次机会重塑第一印象。"

形成第一印象几乎是不可避免的,因此我们能提供的最好的忠告便是:保持开放的心胸,当事实证明你错怪对方时,要愿意改变当初的判断。

以己之心,度人之腹

在第二章你已经通过例子了解到这样一条原则:低自尊的人会猜想别人以不利于自己的方式看待自己,高自尊的人会猜想别人以对自己有利的方式看待自己。别人的想法一定类似于自己的观点,这种错误的假设广泛且频繁地发生在许多情境中:

- 你听过一个相当有趣但是带点色情的笑话,你假设这个轻度色情的笑话不会冒犯一个有点拘束的朋友,结果还是冒犯了对方。
- 老师想要删除授课内容中的某个主题,让你感到很不舒服。你假设自己是老师,一定会想要知道学生对你所做的事情是否感到困扰。所以你认为你的老师可能也会乐于接纳建设性的批评,结果很不幸,你错了!
- 一周以前你对朋友发火,说了些让你后悔的话。如果别人对你说了这些话,你会认为两人的关系到此结束了,心想你的朋友也会这样认为,于是你觉得再联络对方也没用了。事实上,你的朋友认为他也有部分责任,结果他认为你才是想要了结关系的人。

这样的例子告诉我们,别人并非总是按照我们的方式思考和感觉的,因此假定彼此的想法类似可能导致问题。你如何能找出别人真正的立场?有时候要靠直接询问对方,有时候靠着和其他人核对,有时则需要在深思熟虑后做一个成熟的猜测,这些替代性的方式都比单纯地假定"每个人都像你一样反应"来得好。

我们被期待所影响

假设你参加了一门课程,却被提前告知上课的老师非常糟糕,这会影响你对于这位老师的认知吗?研究表明这种影响几乎是必然的。在一项研究中,

在真人秀《美国之声》(The Voice)里,导师(如克里斯蒂娜·阿奎莱拉 [Christina Aguilera],图为她背对参赛者)在初赛中用盲选的方式挑选选手。在其他的现场表演秀中,评审在做出评价之前不仅能看到参赛者的外貌,甚至还知道他们的背景来历。这难道不会影响评审对于表演者及其表演的认知吗?

那些在网上读过关于老师的积极评价的学生要比没有接触过这些评价的学生,认为教师更可信、更有魅力。

期待不一定带来更多积极的评价。如果我们把期望提得过高,那么在事情发生的时候我们反而会感到失望。如果你被告知自己将要会面的人多么多么地有魅力,以至于你在脑海中创造出一个专业模特的形象,那么当你发现真人没有达到你那不切实际的期望时,就只会感到失望。那么如果你被告知对方长得不好看又会怎么样?在这种情况下,你反而会对他的外貌感到很惊讶,甚至会更积极地评价这个人的魅力。不过,我们所要讨论的重点是期望会影响我们看待别人的方式,无论影响是正面的还是负面的。并且这种期待会导致自我应验预言的发生。

最明显的最有力

我们容易被显而易见的事件所影响。这种知觉错误并不难理解,正如本章开头提到的,我们总是选择环境中最明显的刺激因素,包括刺激的强度、重复、不寻常或者其他吸引我们注意的特征。问题在于最明显的因素不一定是事件中唯一的或最重要的因素。举例来说:

- 当两个小孩争吵(或两个大人为重要的事情争吵)时,我们经常犯的错误是去责怪第一个发难者,其实另一个人也有一半责任,因为他可能取笑对方或拒绝合作。
- 一位熟人恶意的闲言碎语和非议已经开始造成你的困扰,你为此大为抱怨,却忘记长久以来正是你一直在放纵他,因此至少你也有部分责任。
- 你可能将不愉快的工作状况归咎于顶头上司,却忽视了超出他控制范围的因素,例如经济的波动、高层人士的决策、顾客或其他同仁的要求等。

3.4 知觉检核

如果我们一厢情愿地认定我们对事情的解释就是事实,恐怕会产生很多严重的人际困境。就像大多数人一样,我们也不喜欢别人对自己行为的原因草草下结论,想象一下别人对你这样说:

"你为什么对我生气?"(谁说我生你的气了?)
"你出了什么问题?"(谁说我有问题?)
"快点!告诉我实话!"(谁说我在说谎?)

即便你的诠释是正确的,然而义正词严、一针见血的评论很可能让对方产生防卫心理。知觉检核的技巧为你提供了处理这些诠释的更好方法。

知觉检核的要素

知觉检核完整的程序包含三个部分:

1.描述你注意到的行为。
2.列出关于此行为至少两种可能的诠释。
3.请求对方对行为诠释作澄清。

"你认为我不关心你的感受,只是让你跟着我想要的感觉走,但是我怎么可能不关心呢?我当然介意你对我的想法了。"

对于先前的三个例子，知觉检核可能会像这样：

"当你大声踱步走出房间，并大力地关上房门时，"（**行为**）
"我不确定你是否对我生气，"（**第一种诠释**）
"或者你只是比较匆忙。"（**第二种诠释**）
"你真正的感觉是怎样？"（**请求澄清**）

"你这几天都没有笑容，"（**行为**）
"我想知道是否有事让你心烦，"（**第一种诠释**）
"或者你只是想静静。"（**第二种诠释**）
"到底是因为什么？"（**请求澄清**）

"你说你喜欢我所从事的工作，"（**行为**）
"但是你说这句话的语调，让我觉得你可能并不是真的喜欢，"（**第一种诠释**）
"虽然这可能只是我的猜测，"（**第二种诠释**）
"你可以告诉我你真正的想法吗？"（**请求澄清**）

知觉检核是帮助你正确了解别人的一项工具，它并不假设你的第一印象是正确的。因为它的目的是相互了解，所以这个迈向沟通的检核需要彼此协力合作。除了得到更精确的知觉外，这个检核借着维护对方的面子来减少对方的防卫。知觉检核采用更谦恭的途径表达或暗示："我知道没有其他线索的帮助，我不够格对你下判断。"而非直接说："我知道你在想什么。"

知觉检核的考量

就像本书所列出的每一个沟通技巧，知觉检核也不是一种处处皆有效的机械公式。若你想要发展自我知觉检核的能力，在你决定何时及如何使用这个技巧时，想一想下列决定因素：

完整性 有时知觉检核不需要囊括前面所列的所有部分也能奏效。

"你最近很久没来坐坐了，发生什么事了吗？"（**单一的诠释加上**

请求澄清）

"你说我舍啬,我无法分辨你是开玩笑还是当真。"(**行为加上诠释**）
"你在生我的气吗?"

"你确定你不介意载我一程吗?如果真的不麻烦的话,我需要有人载我,但我不希望你特别为我绕远路。"(**不需要描述行为**）

有时甚至最简略的知觉检核——比如只是简单地问"怎么啦?"也能够奏效,你可以靠着别人的帮忙让暧昧混淆的行为产生意义。"拉谢尔最近都不大说话,你知道发生什么事了吗?"不过,当听来的判断不可靠时,完整的知觉检核还是最有必要的。

非语言的一致性 只有当你非语言的行为也反映出你语言所表达的那种开放的态度,知觉检核才能成功。控诉的语调或是有敌意的姿态会和要求澄清的真诚语言矛盾,因为你的非语言信息暗示了你对别人的真正态度,仿佛你早已经为此下了断语。

文化支配 知觉检核这种有话直说的方式,在第五章所要提到的**低语境文化**中最有效。在该文化中的成员,使用语言都力求清楚、合乎逻辑,北美的主流文化和西欧文化属于这一类。这一群组的成员同样也最有可能认同经由知觉检核把事情讲明白的方式。另一方面,**高语境文化**(在拉丁美洲以及亚洲较普遍)中"以和为贵"的社会价值观可能优先于"把事情讲明白"。在高语境文化中的沟通者倾向于用间接的方式了解彼此,可能视知觉检核这类坦白的方式为潜在的窘境。因此,对待崇尚把话讲明白的文化中所长大的欧洲裔美国上司,"直言直语"的知觉检核技巧可能会奏效,而对大半生接触高语境文化的墨西哥裔或亚洲裔美国上司来说,反而会造成严重的错误。

保留颜面 除了澄清意义之外,知觉检核有时能以一种保留颜面的方式使我们在跟别人讨论问题的时候不至于直接威胁或攻击对方。看看下面的案例:

"你是打算稍后再清洗碗盘,还是忘记了今天轮到你洗?"
"我打扰到你了吗?还是你有其他心事?"

在第一例中你可能十分确定对方根本不想洗碗,而第二例中你也知道对方感到厌烦。即使是这样,比起直接对质,知觉检核是一种比较不具威胁性地

技巧构建　知觉检核练习

运用知觉检核的三个步骤处理以下情境，借此练习你的知觉检核能力：

1. 你向老师提出了一个自认为很棒的建议。虽然老师没有表现出强烈的兴趣，但是她说会立刻核实这个问题。现在三个星期过去了，什么都没有改变。

2. 一个平日里很友好的邻居兼好友连续三天都没有对你的"早上好"做出回应。

3. 家人回去已经超过一个月了，但是你却没有接到往常每周都会打过来的电话。而你们最后一次交流，正是为去哪里度假发生了争执。

4. 你认识多年并且一直与之分享自己情感生活的老友，最近和你在一起的时候改变了他原先的行为方式。以前相当随意的拥抱和亲吻，现在变得越来越长，越来越强烈。而且，你们"偶然的"身体接触不知从什么时候开始已经变得很频繁了。

指出他们行为的方式。记住，成为沟通高手的要素之一是能够在各种方案中选出最佳选项，而知觉检核在许多时候都是有用的策略。

3.5　同理心与沟通

知觉检核是澄清暧昧信息的一个很有价值的工具，但是暧昧并非知觉问题的唯一原因，有时候我们了解他们的意思，却不像他们一样了解他们想法背后的原因，这时我们所缺少的是设身处地的重要能力。

同理心

同理心是指从另一个人的角度来体验世界，重新创造个人观点的能力。也许我们不可能完全体会到另一个人的知觉，但若付出足够的努力，我们的确可以更了解世界对他的意义。

当我们在使用同理心这个词的时候，它包含三个面向：第一，同理心包含采纳**观点**——一种接受另一个人的观点的尝试，这需要中止你的论断，将自己的意见放在一边，同时试着去了解对方。第二，是同理心的**情感**面向，使我

"如果老鼠这样对你，你会作何感受？"

们更贴近地去体验别人的感受，去感受他们的恐惧、喜乐、伤心等感觉。同理心的第三个面向是真诚地**关心**对方的福祉，不光是和对方有一样的想法和感受，而是更进一步，真实地关心他们的福祉。

最近的研究成果表明人类很容易对别人产生同理心——这根植于我们的大脑。畅销书作家丹尼尔·戈尔曼（Daniel Goleman）认为同理心的培养是一个人"社交智力"的本质。与人同理的能力似乎以一种最基本的形式存在，即便在最年幼的小孩身上也是如此。美国国家心理健康研究所发起了一项研究，揭示了众多家长从经验中学到的东西。几乎从出生开始，当婴儿听到另一个婴儿哭的时候，他们就会表现出明显的不高兴；大上几个月的孩子看到其他孩子哭的时候，他们自己也会哭。年幼的孩子一般区分不出自己的悲痛和别人的痛苦。比如，如果一个小孩伤到了他的手指，另一个婴孩可能把自己的手指塞进嘴里，就好像她也感觉到了疼痛。研究人员报告说如果孩子们看到自己的父母流眼泪，也会擦拭自己的眼睛，即便他们并不是在哭泣。

尽管孩子们拥有基本的同理能力，有关双胞胎的研究表明我们与生俱来的感知他人感情的能力，其程度会根据遗传因素表现出不同。也许有些人拥有先天优势，但后天的环境经验才是发展一个人理解他人能力的关键。具体而言，家长用什么样的方式和孩子沟通，会影响孩子理解别人情绪状态的能力。如果家长能够向孩子指出，他们的不当行为对其他人造成的苦恼（"看看因为你把杰西卡的玩具拿走了，她有多难过。如果现在有人拿走了你的玩具，你不会伤心吗？"），要比简单地把孩子的行为归为不恰当的（"你这样做很卑鄙！"），能让孩子获得更多的领悟，意识到自己行为所造成的不良后果。研究还表明，

（*White Collar*）中是一名擅长抓捕罪犯的"反面角色"。他能够帮助联邦调查局办案是因为他和要追击的窃贼拥有相同的身份，他知道他们如何思考。这说明相似的经验和背景有助于我们同理和理解对方。
（参见本章末尾看电视剧小结）

让孩子体验和处理令人沮丧的事情，可以帮助他们提高同理心，在以后的生活里更关心别人。

文化对于我们理解他人观点的能力也起到重要作用。研究表明在个人主义文化里（看重独立性）成长的人，比那些在集体主义文化（看重依赖性）中成长的人常常更不擅长换位思考。在一项研究中，中国和美国的玩家被配对参加一个沟通游戏，游戏需要参与者接纳他们合作伙伴的观点。在所有的测试中，集体主义的中国人比起他们的美国伙伴，在换位思考上有着更高的成功率。这并不是说一个文化取向优于另一个文化，这只说明文化塑造了我们感知、理解和同理他人的方式。

我们很容易将同理心与**同情心**混为一谈，但两者的概念是不同的。同情心表示你用**自己的**观点来看别人的困境进而产生悲悯之心；而同理心是指你用**对方的**观点设身处地地思考他的处境进而感同身受。考虑一下对一个未婚妈妈或一个无家可归的人而言，你的同情心与同理心之差别何在？当你同情他们时，他们的困惑、喜乐和痛苦还只是他们自己的经验，但当你与他们产生共情时，这些经验就好像变成了你的经验（至少在此时此刻）。为别人感到快乐和痛苦是一回事，和别人一起感受快乐和痛苦则要深远得多。尽管如此，同理心并不必然意味着要同意对方。例如，你可以对遭遇困难的亲戚、鲁莽的陌生人产生同理心，而不需要认同对方的行为。或许，只有"穿上他们的鞋子"，我们才能更好地理解他们的世界。

认知复杂度

现在你或许可以体会同理心在增强理解和加强关系方面的价值。但是如何才能加强我们的同理心呢？要回答这个问题，我们先要回到沟通能力的一个特质上：认知复杂度。

第三章　知觉：看到什么就是什么　107

印度斯坦六个人，
学新事物最认真，
一日相约来看象，
虽然眼盲心昂扬。
滑跤撞上象之腹，
强硬坚实墙状物，
首先放声报新闻：
"大象如墙我无误！"
巧遇象牙第二人，
号称所遇如枪矛，
又圆又滑尖锐貌，
自以为是来相告；
手摸象鼻第三人，
象鼻蠕动暂歇难，
所遇珍奇外来物，
不讳直言如蛇蚺；

既然从言皆异样，
急切伸手探真相，
此人所摸仅腿膝，
说象如树不稀奇；
碰触象耳另一人，
此人眼疾病根深，
却说所言方为真，
"象如扇子别再争！"
手握象尾第六人，
象尾摇晃如粗绳，
依其见识道形象，
大象一如绳索样；
各持一端互不让，
争辩良久闹嚷嚷，
部分正确之所言，
全是错误太片面。

约翰·萨克斯（John G. Saxe）

认知复杂度和沟通　正如第一章所指出的，认知复杂度是指人们看待问题时组织其架构的能力。研究人员发现认知复杂度能够增加沟通在各种情境下让人满意的概率，包括在婚姻关系中、帮助感到抑郁的人、表现得有说服力、职位晋升等情境。

研究显示认知复杂度和同理心有联系。这种联系是有道理的：如果你能用更多的方式去了解并解释他人的行为，你就更有可能从他们的视角来看待世界。认知复杂度还能帮助人们更全面、更复杂地描述情境。不仅如此，有趣的是一项研究表明认知复杂度能够让人更好地辨认以及理解对方的嘲讽——沟通的一种抽象形式，对那些内心不敏锐的人来说有时不起作用。认知复杂度可以通过训练得到提升，让我们看看有助于实现这一目标的技巧。

增强你的认知复杂度：枕头法　本章之前讨论的知觉检核是澄清潜在误会的一个好用又简单的工具，但是有些议题太复杂、太严重，以致难以使用这个技巧。作家保罗·雷斯（Paul Reps）提出一种方法，当你发觉对方的立场乏善可陈时，它可以帮助你增强同理心。

枕头法是由一群日本小学生发展出来的，因为问题就像枕头一样，有四个边和一个中心，故得其名（见图3-3）。如本章接下来的内容所示，从每一个不同的观点看议题几乎总能得到有价值的见解，同时也能增加认知复杂度。

立场一：我对你错　这是我们看一个议题时，通常会采用的观点。我们的第一反应往往是从我们的立场出发，看到我们的对以及别人的错，此时对方的立场恰好和我们相反。这一个立场毋庸赘述。

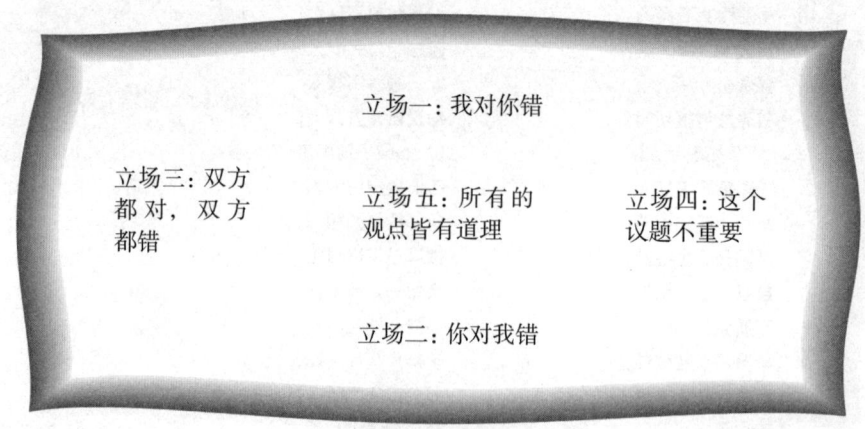

图3-3　枕头法

立场二：你对我错　这时你转换视角，尽最大的可能来解释他人的观点如何与你不同。除了发现对方立场的优点之外，这也是故意唱反调挑出自己立场的毛病的方法。虽然你转换视角可能只是练习，如果你选择回到立场一，立即就可以撤退，但是，要承认自己的缺点并试着支持对方的立场，仍然需要训练和相当程度的勇气。根据大部分人的经验，转换视角可以让我们看出别人观点中的优点。

当然，我们很难说对方的立场一定是"正确的"，如犯罪行为、欺骗、背信弃义等。即使不赞同，你还是能够理解有些人诉诸暴力、说谎和欺骗的原因。无论细节如何，立场二的目的是找到方法，以理解他人为什么用你原先无法苟同的方式行事。

立场三：双方都对，双方都错　从这个立场，你承认了彼此的长处和弱点。

技巧构建　运用枕头法

试着将枕头法运用到你的生活中去。虽然用五种立场去分析每一个情境并不容易，但是一旦你真正理解这种方法，那么理解力的提升所带来的回报是很大的。

1. 挑选一个和你持相反意见的人或者观点。如果是与你意见相左的人，确保他和你一起完成接下来的内容。如果条件不允许，你也可以独立完成。

2. 在你的生活中无疑会有很多分歧，你会选择哪一种呢？

　　父母—孩子　朋友—朋友
　　老师—学生　国家—国家
　　雇主—雇员　共和党人—民主党人
　　兄弟—姐妹

3. 针对你所选择的分歧，真诚地把自己放在枕头法的每一个立场上：

a. 你的立场是对的，对方是错的。
b. 对方的立场是对的，你是错的。
c. 你们的立场都对，也都错。
d. 立场的对错不重要。
e. 最后，承认上面四个立场事实上都有道理。

4. 一般来说，你越重视一个分歧，就越难以接受第二到第五个立场是有效的。因此，只有当你悬置起自己当前的立场，并且想象身处其他立场的感觉，这次的练习才会起作用。

5. 你如何分辨枕头法是否起到了作用？答案很简单：如果你在完成所有步骤之后，能够理解——而不一定接受——别人的立场，那么你就取得了成功，反之则不然。当你做到**理解**后，你发现自己对待他人的方式发生变化了吗？

如果你在立场二里表现得不错，就会很清楚双方既有优点也有缺点。用更公平的方式看待此事能让你比较不会吹毛求疵，也比较能了解对方的观点。

立场三也可以帮助你找到双方共同的立足点，能够让你看出：这个议题并非像起初所见，是一个全对或者全错的事件。

立场四：这个议题不重要　这个观点将帮助你了解到，这个议题并不像你想象的那般重要。虽然起初很难将某些议题看作无关痛痒的事，但是大部分的事情思考一下后，你就会发现它不像我们原先认为的那么重要了。当你了解你不会让这个议题盖过两人关系中其他重要的部分时，这个议题的重要性也会淡化。我们很容易为了争辩一个议题而越陷越深，以致忘了在其他方面两人的观念是非常接近的。

立场五：四个立场都有道理　在了解了这四个立场后，最后一步就是认识到每一个立场都有些优点，虽然逻辑上不能存在一个既对又错、既重要又不重要的立场。你自己的经验将显示：你探索过的立场都有些道理。在你分别站在五个立场看过这个议题后，你也许已经发现了新的思考模式，这些思考方式也许未必能够改变你的想法，甚至不能帮你解决手边的问题，但它们可以增加你对别人立场的容忍度，并因此改善沟通的气氛。

小　结

发生在世界上的许多事情超过人所能理解的范围，我们靠着四个步骤为知觉的信息赋予意义：从环境中选择某些刺激；将它们组织成有意义的形式；依据过去的经验、对人类行为的假设、期望、信息、自我概念等来作出诠释；借由分享叙事来跟别人达成共识。

有很多因素会影响我们如何选择、组织、诠释和协商信息。获取信息的方式扮演了重要的角色；同样，生理因素，如五官的机能、年龄、健康等也都起到重要作用；此外，文化背景、社会角色、知觉倾向也会影响我们看世界的方式。

要验证我们对别人行为的诠释是否正确，知觉检核是一个很有用的工具。

同理心是经验别人观点的一种能力，同理心与同情心不同，同理心比较能接近别人的经验，也不需要赞同或可怜对方。枕头法是增强同理心的方法之一，它包含用五种观点看待同一项议题。

电影与电视

你可以在以下电影和电视节目中印证我们在本章总结的沟通准则：

刻板印象

《撞车》（Crash，2004）R级

故事发生在洛杉矶，几个陌生人的生活在短短的36个小时之内碰撞到了一起。因为他们都来自完全不同的背景，所以这群人都借助刻板印象——常常和种族联系在一起——迅速地对对方作出判断。然而，不幸的是他们的判断常常是错误的。

在电影中，这些角色们的推断一次又一次地阻止他们去了解所遇到的人。马特·狄龙扮演了一名坏脾气的警察，他经常故意刁难和羞辱一位黑人公民；一个上流社会的家庭主妇（桑德拉·布洛克饰）相信为她换锁的墨西哥裔修锁匠（迈克尔·佩纳饰）是一个计划抢劫她家的强盗，尽管这位修锁匠事实上是一名努力为家人创造安全生活的绅士；一个伊朗商人（肖恩·托布饰）一直被误认为是一个阿拉伯人；两个生活在高档小区、干净利落的年轻黑人（拉伦兹·泰特和卢达克里斯饰）抱怨他们的白人邻居时常拿恐惧的眼光打量他们。

我们大多数人从孩童时期开始就被提醒不要以貌取人。《撞车》戏剧性地讲述了无视这句格言可能造成的问题。

叙事

《充气娃娃之恋》（Lars and the Real Girl，2007）PG-13级

拉斯（瑞恩·高斯林饰）是一个善良且体面的人，但是27岁的他却极度害羞。他选择住在一间车库里，以便尽可能地避免和其他人沟通或者接触。然而当拉斯介绍了自己的新女友后，这个关系紧密的小镇里的每一个人都惊呆了。因为比安卡——拉斯的新女友——是一个在解剖学上和真人一模一样的硅胶人体模型。拉斯的哥哥和嫂子担心拉斯的心理健康存在问题，于是向家庭医生寻求帮助。医生建议他们暂且配合拉斯的错觉，静观其变。为了帮助拉斯，整个小镇很快就达成一种共享叙事，即拉斯和比安卡是一对真正的情侣。比安卡不仅在当地的医院成为了一名志愿者，去学校为孩子们"朗读"故事，甚至还在学校董事会赢得了一个席位。

尽管电影的情节可能看上去很牵强，但是评论家和电影发烧友们认为这部细腻的喜剧展示了一个团体为了支持它的成员所显示出的力量。大家合谋构建的

那个显而易见的谎言在另一面也有属于自己的真实,它说明了沟通如何能够成为创造共享叙事的有力工具。

知觉影响

《自闭历程》(Temple Grandin, 2010) PG 级

青少年时期的天宝·葛兰汀(在这部 HBO 的电影中由克莱尔·丹尼斯饰)是与众不同的。当她走下飞机,进入亚利桑那州熔炉般的酷暑时,我们和她一样感受着这个世界。声音和图像的剧烈与混乱,到了几乎令人难以承受的程度,突然的移动也会引起惊吓。葛兰汀尴尬的处境和过于响亮的声音很快揭示出了答案,她患上了自闭症。

尽管20世纪60年代对自闭症的偏见、无知,但天宝在全心付出的母亲和关怀备至的老师的支持下,成长为一个成功的大人。她对大型动物的爱,对它们感觉的高度敏感,成就了她作为一名大学教授和顾问的终身事业,即在管理牲畜方面设计出人道的方式。她声称自己在事业上取得成功的部分原因,正是她对于动物行为和感觉的过人敏感力。

这个真实的故事提醒我们,以独特的方式感知这个世界不仅会带来挑战,也会造就成功。正如葛兰汀的母亲所言,残疾人"是和别人不同,但不是比别人差"。

想了解更多天宝·葛兰汀的生平和工作,可以浏览她的个人网站www.templegrandin.com。

获取同理心

《妙警贼探》(White Collar, 2009—) TV-PG 级
《卧底老板》(Undercover Boss, 2010—) TV-PG 级

尼尔·卡夫瑞(马修·波莫饰)是众所周知的"白领罪犯"。他是艺术品和证券大盗、货币伪造者和敲诈者。当他被联邦调查局逼得走投无路的时候,他向对方提出了一个交易:只要他不被关进监狱,作为交换他会利用自己的专业知识,帮助FBI逮捕像他那样的骗子。

《妙警贼探》的前提提醒着大家,为了了解他人观看世界的方式,拥

有相似的背景会起到重要作用。尼尔善于捕捉罪犯是因为他知道对方怎么想。当然，这种共享的理解在许多职业里都会有所助益。例如，辅导员和治疗师通常在他们自己的生活中遇到过各种挑战，才能对病人的经历产生同理心。

《卧底老板》展现了从不同阶层的人那里获取同理心的方式。在这个电视节目里，公司高管乔装打扮，在公司内部承担"蓝领"员工的工作。有些老板重新发现了往日的感觉，他们曾经攀爬职业阶梯时付出的努力；另一些则对他们以前不曾了解过的底层世界产生了新的同理心。

不管一个人的职位是什么，这些节目展示了在与别人沟通的时候，同理心是很宝贵的财富。

第四章

情绪：感觉、思考和沟通

阅读完本章后，你应该能够：
* 描述在一个重要的情境中，情绪的四个要素将如何影响你的感觉和沟通。
* 描述情绪表达的影响因素如何决定你在重要关系中的沟通。
* 在一段重要关系中，有效地运用情绪沟通原则。
* 识别和讨论在一个重要的情境中造成无助益情绪的谬误；并且解释思考越理性如何导致沟通越有建设性。

谈到沟通，不得不承认情绪的重要性。想想看：自信对一个人成功与否的影响非常深远，不管是要邀请别人还是要进行一场演讲，缺乏自信和安全感都会毁了你本该有的机会，减少成功的概率。动不动生气或怀有戒心不但会浪费彼此的时间，也会搞砸你和别人的关系，而沉稳的感觉与行动将有助于预防问题或解决问题。

情绪在人类生活中所扮演的角色很重要，也使得人跟人之间有了相通之处。心理学家丹尼尔·戈尔曼（Daniel Goleman）用**情绪智商**来描述我们理解和控制自己情绪的能力，以及对他人的感觉保持敏感的能力。研究显示情绪智商不仅与个人的自尊、生活满意度以及自我接纳方面有积极的联系，还对冲突管理和人际关系有积极的影响。高情绪智商对于个人和人际关系的成功无疑起着重要的作用。

在《生活大爆炸》（*The Big Bang Theory*）中，谢尔顿·库珀（吉姆·帕森斯饰）尽管拥有一个敏锐的头脑，但是却缺乏情绪智商。结果就是他不仅时常违背社会规则，有时也会伤害自己的人际关系。（参见本章末尾的电视剧小结）

暂停片刻，然后找一个你认识的情绪智商高的人：他可能是你的家人，能够处理来自各方面的感觉却不被它们压倒；他也可能是你的老板，即使在压力之下也能做出明智和理性的决策。现在再想想谁是缺乏情绪智商的：也许他是你的同事，不善于也不屑于坦露情感；或者他是你的某个朋友，对最无关紧要的事情也要吹毛求疵、大动肝火。最后，再评估一下你自己的情绪智商：你如何理解并管理自己的情绪呢？你对别人的感受又有多敏感？

因为情绪这个主题是如此重要，我们将在本章进一步探讨和分析：感觉是什么？我们如何认识它们？我们要如何在合适的时间、地点与别人尽情分享我们的感觉？最后，我们会探讨感觉如何发生。

4.1 什么是情绪

想象一下，假如有一个外星人要你解释情绪，你会如何回答？你也许会说情绪是我们所感觉到的东西，但是这好像不能完全说明情绪是什么，因为有时候情绪和感觉像是同义词。社会科学家通常认同我们所谓的感觉有以下几个构成要素。

生理的因素

当一个人情绪变得强烈时，身体会出现许多变化。例如，人在害怕时会产生心跳增速、血压上升、肾上腺素分泌激增、血糖浓度提高、消化作用减缓，以及瞳孔放大等现象。婚姻研究学者约翰·高特曼（John Gottman）指出这些生理指标也会出现在伴侣发生强烈冲突的时候。他将这种状况称为"涨潮"，通常不利于问题解决。

非语言反应

并非所有伴随情绪而来的生理变化，都是发生在身体内部的。感觉通常借由外显变化而被觉察到，这些身体外在的变化包含人的外观，如脸红、冒冷汗，等等。其他变化还包括异常的言行举止：特别的脸部表情、仪态、手势、不同的声调和语速等。研究已经证实非语言情绪的表达在酒精的影响下会更显著。酒精就好像情绪的催化剂——有时更好，有时更糟。

虽然我们很容易就可以发现某人是否处于某种强烈的情绪中，但却很难精准地说出这个情绪是什么。一个垂头弯腰的姿势和一声叹息，也许是悲伤的征兆，但也可能是疲惫的表现；同样地，颤抖的双手可能是因为兴奋，也可能是因为害怕。正如你在第六章将要读到的，非语言行为通常是模棱两可的，因此，断定可以将非语言行为"读"得很精准，是很危险的事。

虽然我们习惯将非语言反应视为对某种情绪状态的反应，但也许反过来说才是事实——非语言行为确实会引起某些情绪状态。在一项研究中，实验的参与者能够通过改变脸部的表情，引发他们不同的情绪状态。当参与者遵循指示去牵动他们的脸部肌肉，表现出害怕、生气、厌恶、高兴、悲伤、惊讶和轻视等不同情绪时，参与者的身体仿佛真的拥有这些感觉一般出现相同的反应。另一项实验中，当参与者被指示要微笑时，他们说自己的感觉比原来好多了。而当他们改变脸部表情、表现出不快乐的样子时，他们的感觉也随之变糟。

此外，用语言表达的情绪和非语言反应之间也有联系。一项研究表明那些说出与骄傲和失望相关联的词汇的实验参与者，在姿态上也会发生相应的变化。在谈到骄傲的时候，他们会不自觉地站得更直、更挺；当用了与失望相关的词的时候，他们则会弯下腰。除了姿势的变化，他们的情绪也发生了改变（如谈到失望的时候感到悲伤）。这提醒我们情绪的语言和非语言表达往往是相互联系的。

认知的诠释

虽然在一些情境中生理行为和情绪状态是直接关联的，但是认知仍是决定情绪状态的最重要的因素。正如你在前文读到的，某些显示害怕的生理元素包括心跳加快、冒汗、肌肉紧绷和血压升高，有趣的是，这些体征与兴奋伴随而来的生理变化相似。换句话说，假如我们去测量处于强烈情绪中的人的生理状况，我们可能分不清他是因害怕而颤抖还是因兴奋而颤抖。

心理学家菲利普·津巴多（Philip Zimbardo）为这个法则提供了一个很好的例子：

> 我注意到当我演讲时我会冒汗，因此我推论自己是焦虑的。假如它时常发生，我甚至可能会把自己定义为一个"焦虑的人"。一旦有了这个标签，我接下来必须回答的问题就是"为什么我是焦虑的？"然后，我开始去找寻一个适当的解释。我会注意到有一些学生起身离开，或者心不在焉，那我就会为我的演讲是否不够精彩而焦虑。而这的确令我焦虑。我又如何知道这场演讲不精彩呢？因为我让我的听众觉得索然无味。我焦虑的是我想成为一个演讲高手，但实际上我是一个乏味的演说

者。我觉得自己不适合演讲,也许开家速食店都要比现在好。然而,不久之后有个学生跟我说:"这里太热了,我一直在流汗而无法专心听你的演讲。"霎那间,我不再是"焦虑的"或"令人乏味的"了。

津巴多发现改变对一件事的诠释会影响他感受这件事的方式。社会科学家认为这个过程是**重新评估**的过程——通过改变情绪的影响方式,重新思考充满感情色彩的事件的意义。研究表明,重新评估要比压抑自己的感情好得多,它能减轻你的压力、提升你的自尊、增加工作效率等。这里有两个例子:

- 自从失去了工作,你的自尊就被摧毁了,尤其还因为一些混日子的同事没有被解雇。当你寻找新工作的时候,你还是缺乏自信。其实,你可以重新评估这次事件,将此视为换一个更能赏识你的努力和志向的新职位(或职业)的契机。
- 一个朋友在背地里说你的坏话,让你受到了伤害。对此,你认为她的行为只代表了她的人格,而不是你的。同时,你决定不向别人说她的坏话,以此证明自己的品格。

需要注意的是重新评估并不意味着否认自己的感受。认识并且承认诸如愤怒、伤害和悲痛(以及幸福、爱和宽慰)等情绪,对心理和人际关系的健康来说都是至关重要的。无论如何,当你准备忘掉过去的负面情绪时,重新评估可以起到作用。在本章的后半部分,我们将进一步讨论如何运用重新评估来减少无助益的情绪。

语言的表达

你在第六章将会读到非语言行为是沟通情感的一种强有力的方式。事实上,非语言行为在传达情绪上要比传递思想更为有效。但有时用语言表达情绪是必要的。说出"我真的很生气"可能比跺脚走出房间更有帮助,而直言"我感觉很紧张"也有助于解释你脸上的痛苦表情。

有研究者认为存在一些"基本的""初级的"情绪。但到底是指哪些情绪,这些情绪何以成为"基本的",学者之间并没有共识。而且某些情绪在一个文化中也许是"初级的",在另一个文化中却不然。有些情绪在不同的文化之间并不具有相同意义。例如:"羞耻"在中国文化中是核心的情绪,大多数西方

不悦	气愤	暴怒
忧郁	悲伤	悲恸
恬适	快乐	狂喜
焦虑	害怕	恐惧
喜欢	爱恋	仰慕

图4-1　情绪强度

人对此却无法理解。姑且不论这些异议，大多数学者都认为生气、愉悦、害怕和悲伤是人类共同而典型的情绪。

我们体验到的大多数情绪都具有不同的强度，因此用语言表达出这些不同颇为重要，图4-1清楚地说明了这个观点。例如：如果你因为朋友在一件重要的事情上不信守承诺而只感到"不悦"，这就有些轻描淡写了。在另一种情况下，如果某人长期过度地夸大其情绪强度，对他而言每件事不是"狂喜"就是"暴怒"，那么当真正强烈的情绪出现时，他就找不到恰当的词汇充分描述它了。再如，假如某人形容面包店新鲜出炉的巧克力脆片饼干时用了"魂牵梦萦"一类的词，那这个人恋爱时要用什么样的形容词呢？

研究者已经证实，如果一个人无法与别人建设性地谈论情绪，这人可能会出现很大的问题，包括社会孤立、不满意的人际关系、焦虑和沮丧的感觉，以及隐忍的攻击行为等。不仅如此，其他的研究者也证实，父母对待小孩情绪的方式对儿童的发展有深远的影响。研究者确认了两种教养子女的类型："情绪教导型"和"情绪疏离型"。他们发现教导型会提升儿童在日后生活中沟通感觉的能力，并带来更满意的人际关系。

4.2　影响情绪表达的因素

大多数的人都很少表达情绪，至少很少在口头上表达。人们普遍能够自在地陈述事实，也乐于表达他们的意见，但是难得透露他们感觉如何。为什么人们不愿表达他们的情绪呢？让我们进一步看看一些理由。

性　格

性格和我们经验与表达情绪的关联日渐清晰。例如：外向的人——即那些

第四章　情绪：感觉、思考和沟通　121

"我自己并不是一个情绪化的人，因为我幸运地有乔琴替我感觉一切。"

欢乐、乐观、乐于与人接触的人——比内向的人更容易在日常生活中表达出正面的情绪。类似地，神经质性格的人（指容易担心、焦虑、牵挂的人）比稳定性格者更容易在日常生活中表达出负面的情绪。这些性格特质至少有一部分肇因于天性。

性格虽是不可忽视的力量，但还不至于全盘左右你的沟通满意度。比如，那些生性害羞的人也有一套舒适又有效的交友策略。再如，互联网也为沉默寡言的沟通者提供了一条与外界接触的有效渠道，因为它能减少这些人的社交焦虑状况。不仅如此，聊天室、即时通信、电子邮件和相亲网站还能降低接触和认识陌生人所带来的风险。

文　化

即便是相同的事件，在不同的文化中也会引发不同的情绪。比如，吃蜗牛这件事可能让法国人食指大动，却让许多北美人面有难色。文化也会决定哪一种情绪比较有价值。有一个研究发现，亚洲裔美国人和中国人比较认可"低强度正面情绪"，如"恬静"，而欧洲裔美国人则比较认可"高强度正面情绪"，如"兴奋"。

身处不同文化中的人在表达他们感觉的程度上也有差异，例如，社会科学家们发现"处于较温暖气候地区的人，比居住在较寒冷地带的人，更能感性地表达",这个想法已经获得了数据支持。来自26个北半球国家的近3000个参与者表示,在他们的国家里,南方人表现得比北方人更感性。

影响情绪表达最主要的因素之一,是文化属于个人主义还是集体主义。集体主义文化的成员(例如日本和印度)更重视他们"群体内"成员的和谐,而且,不允许表达有可能扰乱群体成员关系的任何负面情绪。相反地,高度个人主义文化的成员(像美国和加拿大)可以很舒服地向亲密的人透露自己的情绪。不难发现,表达原则的不同会给来自不同文化的人的沟通带来问题。例如,个人主义的北美人可能认为集体主义的亚洲人不够坦率,而亚洲人容易认为北美人过度流露情感。

"我爱你"就为不同文化之间表达情绪的差异提供了一个有趣的研究案例。研究者发现美国人要比其他文化背景下的人更频繁地说"我爱你"这三个字。这并不是说不同文化的人对爱情的体验有什么不同,而是人们在什么时候说、什么地方说、有多经常地说、和谁说才能用这三个字,有着重要的文化差异。比如,在这份研究中,生活在中东国家的人认为"我爱你"只能在配偶之间说,他们警告那些在中东妇女面前经常把这三个字挂在嘴边的殷勤的美国男人,他们的行为很可能被误解为在求婚。这种情况并不是个例。来自不同背景(如东欧、印度、韩国)的许多参与者承认他们很少说这三个字,他们认为频繁地使用只会让这句话失去原有的力量和意义。不过,在不同文化中,有一点是一致的:女人趋向于比男人更频繁地说"我爱你"。更多的例子请看接下来性别对于情绪表达的影响。

性 别

即使是在同一种文化内,生理性征和性别角色通常也会影响男人和女人体验与表达情绪的方式。事实上,生理性征是侦测和解释情绪表达能力的最佳预测指标,比教育程度、科系领域、境外旅游

在电视剧《杰茜驾到》(*New Girl*)中,杰茜(佐伊·丹斯切尔饰)在大部分情况下都能坦率地表达自己的情绪,而她的男性室友们则要小心谨慎得多。这种配对模式在美国文化中很常见。

量、文化相似性、种族差异等具有更好的预测力。例如，有关情绪表达的研究提出，不管是同文化或跨文化都可以发现，男性不善于表达，女性则较善于表达。一群心理学家让男人和女人分别回忆情绪性的画面，测试发现女人比男人多出10%至15%的正确率，而且女人对情绪的刺激反应要比男人强烈得多。

针对情绪表达的研究认为女人比男人更善于表达的观点虽然造成了性别刻板印象，但是也不乏一些道理。在面对面的沟通中，父亲比母亲更会掩饰自己的情绪，这让孩子很难理解父亲的表情。在网络上，男性和女性对情绪表达的运用也有相同的差异。比如，女人比男人更可能使用表情符号，如:)，来表达她们的情绪。研究也显示，女人要比男人更喜欢上Facebook。

问题的关键是，即便男人和女人经历了相同的情绪，他们表达情绪的方式也有区别。这种区别很大一部分是社会习俗造成的结果，我们接下来就讨论这一因素。

社会习俗

在美国主流社会中，关于沟通的一些不成文规则阻碍了人们直接表达他们的大部分情绪。留意两三天的时间，计算一下你所听到的真诚地表达情绪的次数（比如"我饿了""我感觉很尴尬"），你将发现这种情绪表达是稀少的。

"那时候人们常常展现他们英勇的功绩，却鲜少表达他们的情感。"

人们习惯于直接分享的通常是正面的情绪("我很高兴告诉你……""我真的很享受……"),这一点并不令人意外,因为沟通者不愿意传达令人尴尬或者威胁别人"脸面"的消息。历史学家为当代人们将表达生气视为禁忌的社会习俗提供了详细的描述:相较于过去的世纪,今日的美国人几乎在所有的情境中都力求压抑"不愉快"的情绪,包括在子女教育、工作职场和个人的人际关系中。研究结果支持上述观点。一份对已婚夫妻的研究透露,伴侣愿意分享对彼此赞赏的感觉("我爱你")或给予对方面子("我很抱歉对你太大声")。他们也乐意坦露对第三方正面或负面的感觉("我喜欢弗雷德""我在格劳利亚身旁感觉很自在")。然而相对地,夫妻却很少会用言语表达已经明显出现在他们面部的情绪("我对你失望透了")或敌意("我对你抓狂")。

情绪表达受到许多社会规范的要求的影响:销售人员必须对顾客展现笑容,不论顾客多么令人反感;老师和经理必须理性行事并且情绪控制得宜;学生如果提出得体的问题会得到肯定,否则就会被道德劝说或要求礼貌。学者用**情绪劳动**来描述个体管理甚至压抑自己的情绪不仅是适当的而且是必要的情境。研究显示情绪劳动是工作场合很重要的一部分。

自我坦露的不安

处在一个禁止情绪表达的社会中,揭露情绪可能是一个冒险的行为。对父母、老板或老师来说,他们的生活已经建立起某种自信和确定的权威图像,因此可能很难开口说"我对自己的未来感到恐慌"这种话。一个决定不依赖他人的人很可能对"我是孤单的,我需要你的友谊"感到难以启齿。

此外,当一个人鼓起勇气分享这些情绪时,他还要冒着面临不愉快结果的风险。首先,别人可能误解你的表达。比如,有些人会将情感的表达误解为浪漫的邀约,而不确定的坦白可能会被解读为软弱的征兆。另一个风险是坦承情绪可能使别人感到不自在。最后,别人有可能利用你的坦诚反过来对付你,无论有心还是无意。

情绪感染力

文化规范和社会角色不是影响我们感觉的唯一因素。通过情绪感染力,我们的情绪也会受我们周遭的感觉影响,这个过程使情绪从一个人身上传递到另一个人身上。就像一位评论家所评述的:"我们接收另一个人的感觉,好像

第四章 情绪：感觉、思考和沟通 125

"我此刻的心情就是你的心情。"

是感染了某种社会病毒一样。"许多证据显示学生会"接收"老师的感觉，顾客会被服务他们的职员的心情影响，而丈夫与妻子的情绪也互相感染。事实上，研究显示影响我们快乐（或者不快）的人还包括邻居、朋友的朋友，甚至完全陌生人。

大部分的人承认情绪在某种程度上是会"感染"的，你可以毫不费力地想到一些例子。在一个安静的人身旁，你会感到较为平和；你原先愉快的心情或许会因为接触到一个满腹牢骚的家伙而转为阴霾。研究人员已经证实这个过程发生得很快，而且只要少许的语言沟通即可。在一个研究中，两个实验参与者自愿完成一项确认他们情绪的调查。他们安静地坐下来，相视两分钟，然后单纯地等待研究人员回到这个房间。两分钟结束之后，他们将完成另一份情绪调查。就这样一次又一次地反复后，报告指出较少表达情绪的伙伴，会出现类似表达较多情绪伙伴的心情。假如一个沟通者的表达，可以在这么短的时间内以如此少量的信息来塑造另一个人的情绪，那么我们可以很容易理解，情绪如何在更长的接触中产生更多的"感染"。只要几个月的时间，约会中的情侣和大学室友之间的情绪反应就会戏剧性地变得更为相似。

4.3 情绪表达的原则

正如你所读到的那样，在情绪沟通方面并不存在什么通用规则。性格、文化、性别角色和社会习俗都会产生影响，它们共同决定了什么样的沟通方式会让所牵涉到的人感觉舒服，决定了在一个特定的情境下什么是最能起作用的。不难想象有时直接清楚地表达情绪是不聪明的。因为在通常情况下，你不可能责骂像老板或教授那样的权威人物，即便他们很难相处；你也不可能正面对抗一个骚扰你的、看起来很危险的陌生人，这是不明智的行为。

有许多研究支持适当地表达情绪更有价值。就最基本的生理层次而言，懂得如何表达他们情绪的人，比不知如何表达的人健康多了。总是隐藏情绪而不表达出来可能导致严重的疾病。那些面无表情的人——他们更重视理性和自我控制的价值，试图控制自己的所有感觉和冲动——更容易罹患一堆疾病，包括癌症、气喘和心脏病。

当然另一方面，过度表达情绪的人也会有生理上的痛苦。当人们激动地用言语抨击别人时，他们的血压平均会升高20毫米汞柱，有些人甚至会升高100毫米汞柱之多。所以，健康的关键是学习如何建设性地表达情绪。

除了生理的好处外，另一个有效表达情绪的好处是增进人际关系。如同第二章所言，自我坦露是一个与人变亲密的沟通渠道（虽然不是唯一的），而且在职场上也是如此。许多主管和组织心理学者反驳传统的情绪控制观点，他们认为建设性地表达情绪，不但能带来职业上的成就，而且有助于员工感觉更佳、心情更好。当然，在工作场所表达情绪的规则通常要比一般的人际关系更加严格，处理上也要格外谨慎。

以下的建议将帮助你决定何时以及如何表达你的情绪，结合第二章自我坦露的指导方针，它们会提升你情绪表达的有效性。

辨认感觉

回答"你觉得如何？"这个问题，对某些人来说不像一般人那么容易。那些以情感为导向的人非常了解他们自己的情绪状态，当他们在作重要决定的时候也能善用有关情绪状态的信息。相比之下，低情绪导向的人通常不了解自己的情绪状态，而且他们倾向于拒绝将感觉当作有用的、重要的信息。

除了察觉自己的情绪，研究也证实能够辨认自己的情绪也是很有价值的。研究者发现能够指明自己经历的负面情绪（例如："焦虑""生气""惭愧""内疚"等）的大学生，也都相对能够发展出处理这些情绪的最佳策略。这说明无论在同文化之中还是跨文化之间，能够区辨和指认情绪是情绪智商的主要元素。

辨识感觉、说话和行动之间的不同

你感觉到某种情绪，并不意味着你会把它说出来。同样，说到一种感觉也不意味着你必须遵照它行动。事实上，将生气表现出来的人——无论是猛烈抨击还是在沙袋上打拳泄愤——会比没有把怒火发泄出来的人感觉更糟糕。

了解有感觉和发泄情绪之间的差异有助于在困境中建设性地表达你自己。比方说，假如你发现自己对一个朋友感到心烦，就可以进一步探究你为什么如此心烦。共享你的感觉（"有时候，我对你如此抓狂以至于我想挥你一拳"）可能会让你明了答案所在，然后解决它。但是如果你假装没在烦恼，或者将脾气发泄在别人的身上，不仅不会减少你的忿恨，反而会导致关系恶化。

扩充你的情绪词汇

大多数人都苦于情绪词汇匮乏，问他们现在感觉如何，得到的答案几乎总是一样的那几句话：还好，不错，马马虎虎，等等。现在，花一点时间看看你能写出多少描述感觉的词，在你尽己所能之后，参阅表4-1，看看你都漏掉了什么。

许多沟通者认为他们在表达情绪，但实际上他们的陈述只是对情绪的一种伪装。例如，常常能听到有人很有情绪地说"我觉得该去看这场秀"或者"我觉得我们见面太频繁了"。但事实上，这些描述没有任何情绪的内容。在第一个句子里，"觉得"这个词真正代表的含义是"我想去看这场秀"，而第二句的"觉得"代表着"我认为我们见面太频繁了"。如果加上真正的感觉字眼，你就会发现原本的说法缺乏对情绪的表达——"我很无聊，所以我想去看这场秀""我认为我们见面太频繁了，这让我有种局限感"——无聊和局限感才是表达情绪的词汇。

依赖少量的字词描述感觉，就像受限于少量的字词描述颜色一样。过度使用"很棒"一类的措辞去描绘你在不同情境下的感觉又难免失之夸大。

但你可以用不同的方式，说出同一种感觉：

- 使用**单一**字词："我在生气"（或"兴奋""忧郁""好奇"，等等）。
- 描述你**发生**了什么："我腹痛如绞，胃好像打结了"，"我得意极了，像是站在世界的顶端"。
- 描述你想要**做**什么："我想要逃跑"，"我想要给你一个拥抱"，"我觉得想放弃"。

表4-1 一些情绪

害怕的	在乎的	精疲力竭的	匆忙的	焦虑的	性感的
焦急的	自信的	可怕的	受伤的	麻木的	发抖的
惊讶的	困惑的	忍无可忍的	歇斯底里的	乐观的	震惊的
矛盾的	满意的	不安的	不耐烦的	偏执的	害羞的
生气的	疯狂的	恭维的	印象深刻的	热情的	难过的
不悦的	挫败的	愚蠢的	羞怯的	平静的	激烈的
担心的	防卫的	孤独的	无安全感的	悲观的	顺从的
无感情的	乐意的	自由的	感兴趣的	开玩笑的	惊讶的
羞愧的	忧郁的	友善的	受胁迫的	喜欢的	多疑的
羞赧的	超然的	泄气的	易怒的	占有欲的	体贴的
手足无措的	心力交瘁的	勃然大怒的	忌妒的	有压力的	紧张的
暴躁的	失望的	高兴的	喜悦的	保护的	恐怖的
恶意的	反感的	闷闷不乐的	怠惰的	困惑的	疲倦的
无聊的	心烦意乱的	愉快的	寂寞的	神清气爽的	受限制的
勇敢的	着迷的	快乐的	深情的	遗憾的	很丑的
镇定的	急躁的	烦扰的	冷淡的	宽心的	不安的
唱反调的	得意的	无助的	狂热的	怨恨的	厌烦的
无忧无虑的	尴尬的	快活的	不好意思的	烦躁的	脆弱的
兴高采烈的	木然的	有希望的	难受的	可笑的	温暖的
骄傲的	热情的	毛骨悚然的	混淆不清的	浪漫的	软弱的
冷静的	眼红的	敌意的	窘迫的	悲伤的	超好的
自在的	兴奋的	蒙羞的	忽视的	感性的	担心的

作者将英文中有关情绪的字眼从A到W全都依序列出，本表依照原文直译。可能在中文中有些字眼会重复。——译注

有时候沟通者错误地低估他们感觉的强度，例如："我有**一点点**不愉快"或"我**颇为**兴奋"或"我有**点**困惑"。当然，不是所有的感觉都是强烈的，我们感受到的悲伤与快乐的程度确实不同。不过有些人会习惯性地淡化自己的感受，你有没有这种情况？

沟通者有时以一种暗示的方式表达感觉,尤其发生在说话者对透露实际感觉感到不舒服的时候。有些暗码常见于言语表达中,说话者多少会巧妙地暗示在信息中。

例如,以间接的方式说"我很孤单",也许就变成了"我猜这个周末没什么事情,假如你也不忙,可以发短信给我,我们一起出去逛逛"。类似这样的信息是非常婉转的,以至于别人可能听不出你的真实想法。由于这个原因,传送暗示信息的人,有可能失去让对方了解自己的感觉以及满足自己需求的机会。

假如你下定决心要表达你的感觉,你必须很清楚地确认你和你的伙伴都了解你的感觉只适用于一套特定的情境,而不是直接针对整个关系。比如,你应该说"当你不守信用时,我会怨恨你"而不要说"我怨恨你";"当你讲到你的钱时,我觉得很无聊",而不是"我和你在一起很无聊"。

分享多样的感觉

通常情况下,你所表达的感觉不是你唯一感受到的。举例而言,你可能常常表达你的生气而忽略了生气之前的困惑、失望、受挫、悲伤或尴尬。这是为什么呢?你可以借助以下例子思考。在每个例子中问自己两个问题:我有什么感觉?我又会表达什么感觉?

　　一个住在市郊的朋友向你保证六点钟就会到你家,然后他到九点都没有来,你猜想他一定是发生了可怕的意外。然而就在你拿起电话要打给警察局和医院查问的时候,你的朋友竟然若无其事地出现在了门口,而且还随便搪塞了一个太晚出发的理由。

　　朋友在Facebook上发布了一张你的照片。一方面你因为朋友展现了对你的喜爱而感到高兴,另一方面这张照片的光线实在不是很好。你希望朋友可以提前问问你。

在上述情况中,你可能混杂着几种情绪。以第一个迟到的朋友为例,你对他到达的第一个反应可能是"谢天谢地,还好他没事!"然后你会很生气,"他为什么不打电话通知我他会迟到?"而第二个例子可能同时使你陷入几种不同的情绪中:有些高兴,有些尴尬,还有些恼怒。

尽管我们感觉到的情绪是混合的,但我们通常只会表达其中一种,而且还是最负面的那种情绪。在上面两个例子中你可能只会表达出生气,而让对方没有机会了解你的全部感受。试着想想看,如果你在这些或者其他的情境中表达出了所有的情绪,对方的反应将会有何不同。

评估何时何地表达感觉

一阵强烈情绪涌上心头的瞬间通常不是说出口的最佳时机。假如你被喧闹的邻居吵醒了,一时的怒骂在日后可能会让你为自己所说的话感到后悔。在这种情况下,说话前先深思熟虑,然后用最有可能被接受的方式表达你的感觉,才是更为明智的做法。学者认为实际交谈以前的"想象沟通"由于能让沟通者预先演练他要说的内容和对方的回应方式,因而能够增进彼此的关系。

即使涌上心头的强烈情绪已经退去了,选择最适宜表达这个信息的时机依然重要。如果你正被某些别的事情所逼迫,感到心烦或困扰,你最好延缓表达自己情绪的时机。处理情绪往往会花费你很多时间和心力,疲惫和分心只会使这件事更难处理。同样,你应该用相同的态度,确认你的信息接收者在你开始之前,已经准备好要听完你所有要说的话了。

在某些情况下,你可能选择永远也不表达出自己的情绪。比如说,当老师问你"你觉得我的课如何"时,即使你非常想跟老师说他的课非常无聊、让你昏昏欲睡,但最好的回答可能是无关痛痒的"还好啦!"即使你被一个抓住你超速的傲慢警察所激怒,明智之道还是忍耐着不要流露出愤怒。如果你感觉到了强烈的情绪体验但是又不便口头表述出来(有难言之隐),那么写出你的感受与想法,无论对你的心理、生理还是情绪的健康都是有好处的。

在电影《宿醉》(*The Hangover*)里,艾伦(扎克·加里费安纳基斯饰)告诉他的弟兄们(如图)他们对他来说有多重要。当时的时间和地点都适合他分享这些感情。当然,那些发生在拉斯维加斯的事会留在拉斯维加斯。

技巧构建　　感觉和短语

你可以试着一个人或者和小组一起完成这个练习：

1. 在 A 列中选择一个情境，在 B 列中选择一个信息接收者。
2. 针对这个组合，试图表达你的感觉。
3. 现在，还是同一个情境，但是从 B 列中选择其他的接收者。看看你的陈述会有什么样的不同。
4. 最后，运用 A 列的其他情境重复以上步骤。

A 列：情境

a. 你收到一条短信，简要地通知你这次约会或者预约取消了。这已经是对方第三次像这样在最后一分钟才取消约定了。

b. 对方在你的 Facebook 留言板上发表了一条不合适的评论。

c. 对方一直称赞你的外貌，然后说："希望我没有让你难堪。"

d. 对方给了你一个拥抱，然后说："见到你真好。"

B 列：接收者

——一位老师
——一个家庭成员（由你决定是哪一位）
——一个你不是很熟的同学
——你最好的朋友

对自己的感觉负责

确保你所使用的语言反映出了你对自己的感觉是负责任的，这个事实很重要。避免说"你让我生气"而是改说"我在生气"；避免说"你伤害了我的感觉"而是改说"当你那样做时，我觉得很受伤"。你很快会察觉到，别人并没有让我们喜欢或讨厌他们，所以，一味认定别人是造成我们喜或不喜欢他们的原因，就否认了我们每个人为自己的情绪所要负的责任。第五章将会介绍"我"的语言，为你表达自己的情绪提供一种负责任的方式。

关照沟通渠道

现今的沟通者比起几十年前有更多的沟通渠道可以选择，对于什么时候选择用媒介渠道——如电子邮箱、即时信息、电话、社交网站以及博客等，我们有必要做些分析，这是过去不必面对的问题。例如，用语音信箱留言表示要结束一段关系是合适的渠道吗？什么时候用即时通信发送"不爽"的信息会被接受？如果你为某个好消息兴奋不已，你会第一时间亲自告诉你的亲友呢，还是发表在 Facebook 上？

大多数人直觉地认为应该依照他们传送信息的类型来决定沟通的渠道。有项研究是针对学生如何为各种不同的信息选定最佳的传送渠道的。大多数参与者认为面对面表达正面信息不会有什么困难，但是在表达负面信息时，他们宁可选择电子媒介渠道。

"口水区"是一个极端的例子，是媒介所独有的一种让人抒发负面情绪的渠道。在一般沟通渠道所要求的文明用语，到了电子网络上似乎就没有任何底线了——特别是在陌生人中间，甚至那些同属一个社交网的人也会如此。在你说出可能会让你日后后悔的话之前，最好记住第一章所列出的原则：沟通不可逆，有如覆水难收，一旦你按下"发送"键，你不可撤回爆发出去的情绪。

4.4 管理困扰的情绪

虽然感知和表达情绪会提升人与人之间关系的品质，但是，并不是所有的感觉都是有益的，盛怒、沮丧、惊恐和妒忌对于让你感觉比较好受或改善你的人际关系都毫无帮助。下面将提供方法使你将这些无助益的情绪减到最少。

有助益与无助益的情绪

首先，我们需要区分有助益与无助益的情绪之间的不同。有助益的情绪有助于关系的有效运作，而无助益的情绪则会降低有效运作情况。

这两种类型间的差异之一是它们的**强度**。例如，一定程度的生气或恼怒可以是有建设性的，因为它通常会提供让你改变不满意状态的刺激。但另一方面，盛怒通常只会让事情更糟糕，特别是开车的时候，从"路怒症"（形容交通阻塞状态下的心理障碍。——编者）这个词就能看出来。恐惧也是一样。比如，在重要的运动竞赛或工作面试前感到一点恐惧或紧张，可能会成为提升表现的动力，但若是陷入极端恐惧就又另当别论了。

可想而知，无助益的情绪——诸如**沟通焦虑**——会导致种种个人的、职业的、教育的，甚至于医疗领域的问题。当人变得焦虑时，一般话会变得比较少，这意味着他们的需求没有得到满足；即使他们努力开口了，他们的表达也没有那些感觉自信的人有效。

　　第二个区别无助益情绪和有助益情绪的地方是它们在时间上的**持续性**。当你结束一段关系或者失去一份工作后，自然会有一段时间陷入沮丧，但是，如果你对失去的东西过度悲伤，并为此浪费过多的时间,只会使你一事无成。同样，持续对某个犯错的人生气，无疑是像在惩罚犯错的人一样惩罚你自己。社会科学家将此称为**思维反刍**，指某个人过分沉溺于消极的思想中反过来又会强化自己的负面情绪。非常多的研究已经证实这种自我聚焦的反刍会增加悲伤、焦虑和沮丧的感觉，更糟的是反刍的人比较容易转移其攻击进而波及无辜的旁观者。

　　许多无助益的情绪涉及沟通，这里有一些例子，提供给读者：

　　　　当我第一次步入大学后，我不得不选择离开男朋友，和三个女孩同住。第一学期的大半时间，我是如此孤单和不快乐，以至于我成为一个很糟糕的室友。

　　　　数个月前，我对我那过度吹毛求疵的老板感到灰心，所以某天，我发飙辞职了。我是在怒斥他是一个多么令人厌恶的主管之后，马上转身走人的。现在，我不敢在工作经验栏上把我的前任老板列作推荐人，也担心我好发脾气的个性会让我更难找到一份新工作。

　　　　目前我和我的家人之间存在一些问题。这有时候让我很心烦，以至于我不能专心工作和学习，甚至晚上也睡不好。

　　在后面，你将学到一个处理这些无助益情绪的方法，这可以提升你沟通的有效性。这个方法的立足点是将你的无助益情绪减到最少，也就是将那些徒劳无功的想法减到最少。

无助益情绪的来源

　　对大多数人而言，感觉似乎是自成一格的。你希望自己在接近陌生人的时候，能够表现得泰然自若，可是你的声音却颤抖个不停。当你要求加薪时，你设法展现出自信，但你的眼睛却焦虑地眨个不停。这种情绪是怎么发生的？

　　生理因素　　有一个答案就是基因造成的，就像你在第二章读到的，人格特质有很大部分是遗传所致。许多沟通特质像害羞、言语攻击和有魄力都跟生理因素密切相关。幸运的是生理因素并非天命，后面你会读到，无助益情绪是可以克服的。

除了遗传，认知科学家告诉我们某些无助益情绪的肇因——尤其是涉及"战斗或者逃跑"的反应——与大脑息息相关。像杏仁般大小的杏仁核负责相互联结结构，它像哨兵一般扫瞄每一个传送进来的经验并监视威胁信息。它能在很短的时间内发出警报，引发一连串的生理反应：增加心跳的速率、升高血压，提升感官的敏锐度，让肌肉做好反抗的准备等。

这个防卫系统在我们面临真实的生理危险时非常有价值，即便在没有具体威胁的社会情境中，杏仁核也会迫使大脑诱发出害怕或愤怒的情绪。比如，如果有人站得离你太近，你会觉得不自在，或是有人插队会让你生气等。深思一下，如何避免对这种不具威胁性的情境过度反应。

情绪记忆　有些威胁的来源是神经科学家说的情绪记忆导致的。我们经常发现只要某个事件与过去的困扰经验有一点点相似之处，即使是寻常事件也会引发无助益的情绪。以下几个例子可以说明这个观点：

- 约翰在转入新小学后遭到了嘲笑，从此，只要是在不熟悉的情境中，他都感到不自在。
- 如果周围有男人，艾丽西娅就会焦虑不安，特别是那些声音低沉洪亮的男人，因为当她还是个孩子时，她被带有这种男低音的家人虐待过。
- 罗伯特只要遇到使用某种香水的女人就觉得不安，因为他之前被使用这种香水的女人甩了。

自我内言　除了神经生物学，我们的想法也会对我们的感觉产生深远的影响。我们时常会说某个陌生人或老板让自己感到紧张，就像会说被蜜蜂蛰感

到疼痛一样。假如你用以下的方式仔细审视，就会发现身体的不适和情绪的不舒服有着明显的相似性：

事件	感觉
蜜蜂蜇伤	身体疼痛
陌生人相见	焦虑的感觉

用这个方式检视你的情绪，你似乎对你的感觉有一些控制力。然而，身体的疼痛和情绪的不舒服（或愉快），其表面上的相似度，不像看起来那么重要。认知心理学家认为不是与陌生人相见或是被情人抛弃的**事件**使人感觉不好，而是他们对那些事件**所抱持的信念**造成的。正如我们在本章第一节提到的，**重新评估**包括改变我们的想法以便管理我们的情绪。

阿尔伯特·艾利斯（Alben Ellis）提出了一种重新评估的方法，称为**理性情绪治疗法**，他讲述了一个故事使这个论点更清晰。想象你自己经过一个朋友家，看到你的朋友把头探出窗口，并对你骂了一连串难听的绰号（你自行想象一个朋友和绰号）。在这个情境之下，你可能感到受伤和心烦。现在，换成想象你正经过一间精神疗养院，还是你的朋友，显然他现在是那里的病人，对你骂了同样难听的绰号。在这个情况下，你的感觉可能会相当不同，很有可能转变成悲伤和怜悯。在这个被叫绰号的故事情节中，你可以看到，面对同样的事件，情绪的结果却非常不同。你有不同感觉是因为你在每一个情况中的想法不同。在第一个情况中，你的想法是朋友对你很生气，然后，你会猜测自己一定做了什么严重的事，而受到如此的对待。在第二个情况中，你的想法却是朋友有某些精神问题，这会让你感到同情。

从这个例子，你可以看到在自我内言的过程中，人对一件事情所作的诠释决定了他们的感觉。因此，这个情绪模式看起来像是这样：

事情	思考	感觉
被叫绰号	"我做错某件事。"	感到受伤，心烦
被叫绰号	"我的朋友一定生病了。"	关心，同情

同样的原理可以应用于日常的生活中。例如，在工作面试时，高度焦虑的人想到他们的表现时，可能会使用负向的自我内言："我做不好""我不知道为什么我要自找罪受"。在爱情关系里，想法会塑造满足感。"我爱你"可以有

多种解释,比如像表面上那样是一种深情的真诚表达。

事情	思考	感觉
听到"我爱你"	感到"这是一句真诚的话"	高兴

相同的话在激情的时刻,可能被解读为一个虽然真心却是错误的宣告,一种有意让接收者感觉更好的企图,带有操控对方的目的。例如:

听到"我爱你"	感到"她/他这样说只是为了操控我"	生气

非理性思考和无助益的情绪

许多无助益的情绪来自我们接受了一堆非理性想法,此处我们称它们为谬误。这些谬误导致不合逻辑的推论,无助益的情绪就会随之而来。我们往往意识不到那些影响力特别大的想法。

1.完美的谬误 接受完美谬误的人,相信一个好的沟通者应该有全然的信心和技巧来处理每一种状况。

Carol and Mike Werner/Index Stock/Getty Images

在你接受"好的沟通者是令人满意和无所不能的"这个信念之后,下一个步骤是假定如果你不完美,人家就不会欣赏你。从这个态度来看,承认你的错误,说"我不知道",或者流露不确定的感觉,似乎都是社交上的缺陷。为了得到别人的重视与欣赏,寄予厚望和深切渴求的人会尽量让自己**看上去**完美,但是,这种欺骗的代价很高。如果别人发现了你的欺瞒行为,他们会视你为骗子。即使你的行为没有被揭发,这样的行为也会使你耗尽心力,因此,得到的快乐是很少的。

陷入完美的迷思,不仅会阻止别人喜欢你,也会使你自尊心降低。当你无法符合你所认为应该达到的高标准时,你如何喜欢自己、解放自己？所以，还是让自己舒坦地接受你是不完美的想法吧。

> 像其他人一样，你也有难以表达你自己的时候。
> 像其他人一样，你不时也会犯错，而且没有理由隐藏它。
> 你应该诚实地尽你所能地了解自己的潜能，成为你所能做到的最棒的人。

2. 赞同的谬误 持有赞同的谬误的人，认为得到别人的赞同是生活中不可或缺的事，并且十分向往得到所有人的赞同。接受这种想法的人会耗费令人难以置信的时间从他人身上寻求赞同，甚至牺牲他们自己的原则和幸福也在所不惜。接受这种谬误会导致某些荒唐可笑的情形：

> 你甚至会因为一个不喜欢的人不赞同你，而感到焦虑。
> 你会因为别人做错事而感到抱歉。
> 在以做作的方式获得某人的赞同之后，你又会感到难堪。

赞同的谬误是非理性的，因为它隐含着一种意味，仿佛只要你忽视自己以取悦他人，他们将会更尊敬你和喜欢你。通常这绝对不是事实。我们可能会去尊重那些只为赢得赞同而在自己的重要价值观上一味妥协的人吗？我们可能会高度评价那些一再否认自己的需求以换取赞同的人吗？尽管也有人可能会投其所好或略施小惠以迎合别人，但那些人很难得到真诚的感情和尊重。

力求全世界的赞同是非理性的，因为这是绝对不可能的。迟早，预期中的冲突必然会发生。假如你表现的某一种方式被某人所赞同，但另一个人只接受相反的行为，那时你会怎么做呢？

别误会：抛弃赞同的谬误，并不是指要过以自我为中心的生活。考虑他人的需求仍然是重要的，但是当你为了追求这些目标而抛弃自己的需求和原则时，这个代价就太高了！

3. 应该的谬误 应该的谬误指不能区分**是什么**和**应该是什么**。想象一个对这个世界满腹牢骚的人，你就可以看到其中的差异：

> "周末应该不会下雨的。"
> "人类应该长生不老。"

"钱应该长在树上。"
"我们应该会飞。"

显然，类似这些抱怨是愚蠢的。无论这些愿望有多讨人喜欢，坚持不能改变的应该发生改变，一点也不会影响事实。尽管如此，当许多人困惑于"是"和"应该是"的时候，还是会一头扎进所谓的非理性想法中，以此折腾自己，他们的所思所想就像以下所述：

"我的朋友应该更善解人意。"
"她不应该如此独断独行。"
"他们应该是更友善的。"
"你应该更努力工作。"

这里的每一则信息都意味着：你总是更喜欢别人不同的做法。期待事情更顺利是完全合理的，当然，试着改变现状也是一个好点子。但是，坚持世界应该像你所想的那样运转，或者当事情不尽理想时就觉得受到了欺骗，这是不合理的。

硬将应该的谬误加于你自己身上，也会导致不必要的失落感。心理学家阿隆·贝克（Aaron Beck）指出一些不切实际的自我强加的"应该"：

"对于每一个问题，我都应该能够迅速地找到答案。"
"我不应该感到受伤；我应该总是快乐和安适的。"
"我应该一直表现出最大可能的宽宏大量、体贴、高贵、勇敢和不自私。"

像这样变得迷恋于"应该"，会有三个恼人的后果。第一，它导致不必要的痛苦，因为不断渴望理想的人，很少满足于他们已经拥有的东西和他们现在的样子。第二，只是抱怨没有行动，会让你不想做任何事来改变不满意的状态。第三，这种抱怨会使得痛恨喋喋不休的人建构一种防卫的氛围。告诉人家你喜欢什么，会比说教更有效用。尝试一下把"你应该准时"变成"我希望你能更守时"吧，我们将在第十章讨论避免防卫性氛围的方法。

4.过度推论的谬误 过度推论的谬误包含两种类型。第一种出现在我们基于**有限**的证据而作出推论。举例来说，有多少次你发现自己说了类似下列的话：

"我真笨！我甚至不知道如何把音乐下载到我的iPod里。"
"我算什么朋友！我居然忘记了我最好的朋友的生日。"

在上述情况里，我们只聚焦于有限的不足之处，似乎它代表我们的全部。除了遭遇的困难，我们忘记自己也解决过很多问题；尽管有时候会疏忽，但在其他时候我们是用心和细心的。

第二种过度推论的类型发生在我们**夸大**缺点的时候：

"你**从来**不听我说。"
"你**总是**迟到。"
"我无法思考**任何**事。"

试着进一步检核，你就会发现这些"绝对的"陈述几乎都与事实不符，而且往往导致灰心或生气。当你用更准确的信息替代过度推论传达给他人以及你自己时，你会觉得好很多：

"你常常不听我说。"
"这星期你已经迟到三次了。"
"今天我没有想出任何中意的点子。"

5.因果论的谬误　因果论的谬误基于一种非理性的信念，即认定情绪是由他人而不是一个人的自我内言引起的。

这谬误引起的烦恼分两种状况。第一种是造成那些对沟通过度谨慎的人的困扰，因为他们不想"引起"别人的任何痛苦或麻烦。这个态度发生在以下情境中：

探望朋友或家人出于一种义务感，而不是一份想要看到他们的真诚渴望。
当别人的行为打扰到你时，你仍然保持沉默。

当你已经快要迟到下一个约会，或者觉得身体不舒服时，还是假装专心听演讲者说话。

当别人问你意见时，即使你真正的想法是负面的，仍然会给出赞美和保证。

你的确可以坚持你的原则，选择一种避免带给别人痛苦的沟通方式。你也可以为了你所关心的人生活得更容易，选择麻烦自己。然而你必须明白，如果你坚信自己是引起他人感觉的唯一原因，未免太自恋了。准确地说，他们是在用自己的感觉回应你的行为。说你让别人生气、心烦或快乐是不正确的，正确的说法应该是别人用生气、心烦或快乐来回应你的行为。

因果谬误引起烦恼的另一种状况则是我们相信别人是引起我们情绪的原因。有时候似乎确实如此，因为他们的行为，我们的情绪激昂或低落。但是，思考片刻就会发现，在某天会引起我们高兴或不高兴的行为，在其他时候可能影响很小。昨天影响你心情的侮辱或赞美，今天可能不会对你产生影响。为什么？因为今天你认为不那么重要了。没有他人的行为，你确实不会感受到某些情绪，但决定你如何感觉的不是他人的行为，而是你对此的反应。

6.无助的谬误　无助的谬误指你对生活满意与否是由超过你能控制的力量决定的。不断地视自己为受害者的人会有这样的陈述：

"在这个社会女人绝对无法有出息，它是男人的世界，我所能做的就是接受它。"

"我生性害羞，我想变得更外向，但是没有办法。"

"我不能告诉上司她对我的要求太多，如果说了，我可能会失去工作。"

只要你了解"如果你真的想做，就有许多事情可以去做"这一点，类似这些陈述的错误就会变得显而易见。大多数"不能"的陈述换成"不愿意"（"我不能告诉他我在想什么"变成"我不愿意对他诚实"）或是换成"不知道怎样"（"我不能持续一场风趣的对谈"改成"我不知道要说什么"）会更为正确。当你把这些不正确的"不能"换掉之后，明显地，不论是抉择的事情，或是需要你行动的地方，都会非常不同于"你是无助的"这种说法。

从这个观点看来，我们可以合理地推论出，许多"不能"是不想改变。举例来说，寂寞的人倾向于将他们贫乏的人际关系归因于不可控的因素，他们认为"它超过我的控制"。同样，他们预料伙伴会拒绝他们。注意这种态度的自我应验预言：相信你的期望是渺茫的，会导致你用让自己成为一个不受注目的人的方式行动。

7. 灾难性预期的谬误 抱着灾难性预期的谬误之人会杞人忧天，他们认定假如某件糟糕的事可能会发生，那么它就一定会发生。典型的灾难性预期包括：

"假如我邀请他们参加宴会，他们或许不会想来。"

"假如我为了解决一个冲突而公开表示意见，事情可能会弄得更糟。"

"假如我去应征一个我想要的工作，大概不会被录取。"

"假如我告诉他们我真实的感受如何，他们也许会嘲笑我。"

一旦你开始料想灾难性的后果，自我应验预言就会开始建立。研究显示，那些认为伴侣不会为了改善关系做出改变的人，反而更有可能做出分裂关系的举动。

也许你认为所有与他人的互动都会成功是很天真的想法，但假定你与他人的互动都会失败也一样是太天真的想法。避免灾难性预期的方法是紧接下去想一想即便你的沟通失败了，会有什么样的后果。始终记住为别人的赞赏而活和试图达到完美都是愚蠢的想法，在既定的情况下，失败也不会像想象的那么糟糕。假如人们真的嘲笑你又怎样？假定你不会得到这份工作？假如其他人对你的言辞感到生气又怎样？这些事情真的那么严重吗？

减少无助益的情绪

你如何克服这样的非理性思考呢？社会科学家和理论学家已经发展出一个简单有效的方法。认真练习，它可以帮助你减少会导致许多无助益情绪的自我打击的想法。

监控你的情绪反应：第一个步骤是当你处于无助益的情绪时，要会辨认它们。(当然,愉快的情绪出现时,会辨识也是很好的!)如同我们先前所建议的,辨认情绪的一个方法是监控生理上的反应:神经质地发抖、心跳加速、生理潮热等,虽然这些也可能是食物中毒的症状,但多数情况下会是源于一种强烈的情绪。你也可以辨识暗示你情绪的特定行为:跺脚而非正常走路,变得非常安静,或用挖苦的语调说话等都是常见的例子。

注意引发的事件: 在你知道你的感觉如何之后,下一个步骤是明确什么事件引发了你的反应。有时候它是明显的,例如,常见的生气来源是遭受不公平(或公平)的指责,常见的伤心来源是被一个对你很重要的人拒绝。然而,另一些时候事件的发展并不会如此显而易见。

有时不是一个单一的诱发性事件,而是一连串小事情持续累积到一个临界点,才引发了无助益的情绪。它可能发生在你试着要工作或入睡时,而你却因为一长串的琐事不停地被阻挠和中断时,也有可能发生在你遭遇接踵而来的沮丧时。

追寻事件发展的最好办法是注意出现无助益情绪时的情境。也许是因为某些人特定的年纪、角色、背景,或者其他因素,当这些人出现在你周围时,会让你感到不安。也许是某种特定的场所刺激了你不愉快的情绪,如宴会、职场、学校、等等。有时候,谈话的主题会是让你爆发的因素,不论是政治、宗教、性或某些其他主题。

"所以当他告诉自己'我是一个多棒的男孩啊',杰克的自尊心真的就增强了。"

第四章 情绪：感觉、思考和沟通 143

记录你的自我内言：这一点就是要分析联系起引发性事件和你感觉之间的你的想法。假如你是认真要除去无助益的情绪，在第一次学习使用这个方法时真实地写下你的自我内言是很重要的。把你的思考写在纸上，有助于你看看它们是否真的有意义。

监控你的自我内言刚开始可能是困难的，这是一个新的行动，而任何新的行动看起来都是难以运用的。无论如何，假如你持之以恒，你将会发现你能辨认导致你无助益情绪的想法。在你养成辨认内在独白的习惯之后，你将能够又快又容易地辨识你的思考。

重新评估你的非理性信念：重新评估你的非理性信念是理性情绪治疗法的成功之钥。运用前文所列出来的非理性谬误，找出你基于错误思考的内在陈述。

你可以借由以下三个步骤而最有效率地完成它。首先，判定你所记录的每一个信念是理性的或是非理性的。接着，解释这个信念为什么是理性的或是非理性的。最后，假如这个信念是非理性的，你应该写下一个较为理性的替代思考，那可以让你在未来面对相同的引发性事件时，感觉会更好。

用更具建设性的思考取代自我打击的自我内言，这是增进自信和人际沟通的一个特别有效的工具。

然而，这种方法可能会激发一些读者的反对意见：

- "理性情绪治疗法听起来不过就是把自己的坏情绪说出来。"这种指责是完全正确的。毕竟我们因为言论陷入了坏情绪，那我们把自己的坏情绪说出来有什么错。特别是，这种情绪还是基于非理性的想法？变得理性可能是一个借口，一种自我欺骗，但变得理性并没有什么错。

- "**我们读到的那种重新评估听起来很假很不自然。我可不会整句整段地和自己说话。**"当你和自己的非理性信念争执时，没有必要采取某种特定的文体风格。你可以尽可能地口语化，关键是要弄清楚使你陷入负面情绪的想法是什么，这样你才可能清楚地重新评估它们。虽然这种方法对你而言有些陌生，但写下或者说出想法是一个很好的主意，有助于你弄清自己的想法。当你做过一些练习后，你就能够用更快、更随意的方式来执行这些步骤了。

- "**这种方式太冷酷、太没有人情味，似乎旨在把人变成精于计算、没有感情的机器。**"这肯定是不对的。一个理性的思考者仍然可以拥有梦

技巧构建　　理性思考

1. 把列在第3步后的情境表演出来，以此试验你的临场理性思考能力。每一个情境你都需要三位参与者：一个主要参与者、主要参与者的"小声音"（指他或她的想法）和一个次要参与者。

2. 演出每一个情境，当主要参与者和次要参与者互动的时候，扮演"小声音"的人要站在主要参与者的背后，同时说出主要参与者内心可能的想法。比如在一个情境中，主要参与者要求老师重新考虑一下给他的低分，此时"小声音"可能会说："希望我现在提出这个要求不会把事情搞得更糟。如果重新查阅了我的试卷，没准他会把成绩改得更低。我真是个傻瓜！为什么我没有保持沉默？"

3. 不论什么时候，只要"小声音"表达出了非理性的想法，这个短剧的观察者们都应该立刻喊出"笨蛋"两个字。每当这个时候表演就应该暂停，由小组讨论这个非理性想法然后提出一个更理性的自我内言的建议。接着由三位表演者重新演出这个情境，这次让"小声音"用更理性的方式说话。

情境列表（当然，你也可以设计其他的情境）

a. 两个人开始他们的第一次约会。

b. 一个潜在的雇员开始一次工作面试。

c. 一个老师或者老板正在批评一个迟到的人。

d. 一个学生和他的老师在超市里偶然相遇。

想、希望和爱,只是没有必要在这些情感上变得非理性。而且大致来说理性的人也会在一些时刻沉浸于非理性的思想里,但在通常情况下他们知道自己在做什么。就像健康的饮食者偶尔会允许自己吃一顿垃圾食品,理性思考的人偶尔也会沉迷于非理性的想法,但要知道,他们很快就会回到自己健康的生活方式中,并没有什么真正的损害。

- "这个技巧给出的承诺这么多,但是要让自己摆脱所有的不愉快,不管有多好,这种事根本就没有可能。"回答这个反对以前,我们要承认理性情绪治疗法可能不会完全解决你的情绪问题。理性情绪治疗法能够做到的是减少坏情绪的数量、强度和持续时间。虽然这种方法不能解决你所有的问题,但它可以带来明显的改变——至少这是个不错的成绩。

小　结

　　情绪有多种面向。它们借由内在的生理变化发出信号,借由非语言反应表露出来,并且借由认知的诠释定义多数情况。有些情绪是基本的,反之,其他的是两种或更多种情绪的混合。有些是强烈的,而相较之下,其他是温和的。

　　有些人的性格使他们较少表达情绪,文化和性别也会影响我们想要或不愿意分享情绪。此外,社会规范和社会角色会阻止某些感觉的表达,特别是负向的感觉。最后,对坦露情绪后果的害怕也会导致人们隐瞒一些情绪。

　　对成人而言,有时将情绪全部表达出来并不适当,所以有几种指导原则有助于定义何时以及如何有效地表达情绪。以言语阐明情绪,增加自我觉察,表达复杂的情绪都是重要的。辨别感觉、说话和行动之间的差异,乐意承担自己感觉的责任,而不是将它们归咎于别人,会促成更好的反应。选择适当的时间和地点分享感觉也很重要,同时应该选择最合适的沟通渠道。

　　有些情绪是有助益的,而其他的情绪是无助益的,而且会抑制关系的有效运作。这些情绪之中,有许多是基于大脑杏仁核区域的生理反应,但是负面情绪也可能是非理性想法所引起的。借由确认令人烦恼的情绪、事件发展和引发它们的自我内言,并且以更具逻辑的情境分析取代非理性的思考,往往能让沟通更有自信、更有效。

电影与电视

你可以在以下电影和电视节目中印证我们在本章总结的沟通准则:

情绪表达的社会规范

《广告狂人》(Mad Men, 2007—)
TV-14级

20世纪60年代的商业世界和今天很不一样。当时许多人都抽烟,即便电梯间里也是烟雾缭绕;在午餐的时候喝上两杯马蒂尼(鸡尾酒)更是家常便饭;行政套房是由男人经营的;随意的性骚扰虽然没有今天这样令人厌恶,却也常常让打字室的姑娘们感到委屈。

因此,当时的人际关系会触发很多情绪,但是表达这些情绪的规则却不同。女人——不论在家还是在工作场所——都被要求恭顺而且积极;理想的职业男人应该是文雅和豁达的。这一点在《广告狂人》中表现得很清楚,社会习俗掩盖了人们在人际关系中的许多强烈情绪。它也显示了避免对那些强烈情绪进行沟通有多重要,同样还有这样做的代价。

今天再回过头去看那些过时的习俗很容易让人自鸣得意,除非你对半个世纪以后的人们会如何看待现在的我们有所思考。

情绪智商

《办公室》(The Office, 2005—)
TV-PG级

《生活大爆炸》(The Big Bang Theory, 2007—) TV-PG级

《办公室》里的德怀特·舒特(瑞恩·威尔森饰)不是傻瓜。他对所有的事情和细节都能记得像电脑一样准确,他清楚地知道自己在敦德米弗林公司卖出去的所有纸质产品。《生活大爆炸》里的谢尔顿·库珀(吉姆·帕森斯饰)甚至比德怀特还要聪明,他不仅拥有两个博士学位,而且还是加州理工学院的理论物理学家。

虽然这两个角色看起来都很聪明,但他们也都缺乏情绪智商。他们欠缺同情心、社会技巧和有效表达情绪的能力。他们的言论直接又辛辣,很少考虑其他人是什么感受。因而,他们经常伤害自己与朋友和同事之间的关系。

这并不是说高智商的人就没有情绪

理解力，或者说情绪智商高的人就不会有个性上的怪癖。想一想这些电视剧中的其他角色，你就会发现情绪智商最好被看作一个连续体——有些人可能比其他人高一点，不幸的是谢尔顿和德怀特处在了测量标尺的末端。

无助益与有助益情绪

《好好先生》(Yes Man，2008) PG-13 级

卡尔·艾伦（金·凯瑞饰）是一个情感丰富的人，不过大部分都是消极情绪。自从离婚后，他就一直处于抑郁和孤独的状态中，也拒绝朋友们想要带他出门的好意。他的基本模式就是对每一个邀请都说"不"，直到他参加了一个激励性质的咨询会，使他相信自己需要说"好"，甚至对每件事都说"好"。

卡尔的新方式导致他必须做出许多违反直觉的选择，多数都是危险的（当然也很搞笑）。然而，随之而来的冒险经历也帮助他体验了快乐、满足和爱，这些他原本可能错过的东西。当然，被迫说"好"也是有代价的。当卡尔持有赞同的谬误、应该的谬误和无助的谬误的时候，他必须努力克服自己的无助益情绪。最终，他意识到在生活中有时需要说"好"，有时则要拒绝；他也学到基于理性思考之上的合理选择才是通向快乐的最佳途径。

第五章

语言：障碍与桥梁

阅读完本章后，你应该能够：

* 依据语义规则或者语用规则，分析一个真实的或者潜在的误解。
* 描述本章"语言的影响"下的原则在你的生活中是如何运行的。
* 针对某个给定的情境，能够构想一条有着最佳准确性或者模糊性的信息。
* 为了反映你对于信息内容的责任性，把"你"的陈述改为"我"或"我们"的陈述。
* 用不那么激愤的措辞重新组织那些让人混淆的陈述。
* 在特定的情境里，分析性别和文化差异（或者两者同时）如何影响了沟通的质量。

那时,天下人的口音言语都是一样。

他们往东边迁移的时候,在示拿地遇见一片平原,就住在那里。

他们彼此商量说:"来吧,我们要作砖,把砖烧透了。"他们就拿砖当石头,又拿石漆当灰泥。

他们说:"来吧,我们要建造一座城和一座塔,塔顶通天,为要传扬我们的名,免得我们分散在全地上。"

耶和华降临,要看看世人所建造的城和塔。

耶和华说:"看哪,他们成为一样的人民,都是一样的言语,如今既做起这事来,以后他们所要作的事就没有不成就的了。

我们下去,在那里变乱他们的口音,使他们的言语彼此不通。"

于是,耶和华使他们从那里分散在全地上,他们就停工不造那城了。

因为耶和华在那里变乱天下人的言语,使众人分散在全地上,所以那城名叫巴别(就是"变乱"的意思)。

《创世纪》(11:1–9)

巴别塔之后，问题依然存在，就好像我们从未说过相同的语言。但是，无论语言为人类带来多少挫折和挑战，它依然是一种神奇的工具。这一天赋的礼物提供给人类一种其他动物无法媲美的沟通方式。如果没有了语言，我们可能会更加无知、信心不足并且感到孤立。

在本章中，我们将探索语言的本质，看一看如何运用语言的长处和减少它的缺点。在简短说明语言的符号性质之后，我们会细查大多数误解产生的缘由。接着，我们会超越理解彼此的困境，探索我们使用的语言是如何影响我们人际关系的气氛的。最后，我们会扩大我们的焦点，探讨语言的习惯是如何塑造整个文化的形态的。

5.1 语言是符号

在自然界中，信号与事物的表征有直接的关联。举例来说，烟是有东西在燃烧的信号，发高烧是生病的信号。自然界信号与所象征的事物之间的关系并非任意的，然而没有人创造这些对应，它们独立存在于人类的判断中。

在人类的语言中，信号与事物的表征之间没有直接的联系。语言是**符号的**：字词与概念或者它所指的事物之间是一种任意的关系。举例来说，"five"并没有特殊之处，这个单词能代表你手指的数目，只是因为英语系国家的人认可了这种表示。对于一个讲法语的人来说，"cinq"这个符号是5的意思，而对于一个电脑程序设计师来说，"00110101"才表示与5相等的值。

甚至像大多数听障者所使用的"说话"方式——手语，本质上也是符号的，而不只是所谓的手势。正因为沟通的形式是符号性的而非按照字面的，所以当听障者与人交流时，就形成了世界上数以百计各自独立的手语，包括美式手语、英式手语、法式手语、丹麦式手语、中式手语，甚至澳洲原住民和玛雅人的手语。

语言是符号的，这一本质是上天的一种恩赐，它使我们可以用许多方式沟通关于观念、原因、过去、未来及现在的各种事物，否则我们不可能做到。如果没有了符号性的语言，一切都将成为不可能。也就是说，关于符号和事物表征的间接关系所导致的问题，只存在于《圣经》中巴别塔的故事里。

如果每个人都用相同的方式使用符号，语言会变得更容易使用及理解。然而，你的亲身经验显示：事实并非如此。对你而言非常清楚的信息，却让其他人困惑或误解。你告诉你的发型设计师"头发修一点就好"，然后你非常惊讶地发现她的"一点"竟然是你的"很多"。当你针对女权主义的价值激昂地辩论时，并没有领悟到你和其他人口中的"女权主义"竟然呈现完全不同的意义。诸如此类的误解提醒我们：意义不在字眼里，而在心眼里。

华盛顿特派员大卫·霍华德（David Howard）在上任时，引起了一阵骚动，因为他使用"吝啬的"（niggardly，此词与nigger［黑鬼］同源）一词来描述整体预算的趋势。这个白人被一些来自非洲裔的评论家控诉，说他引发了一场不可原谅的种族中伤。但大卫·霍华德的拥护者指出，"吝啬"这个词，是从北欧语系衍生而来的，与种族中伤一点关联也没有。虽然争议最终平息，但它却说明了，人们在联想字词时，无论正确与否，其所含的意义远远超过字典里的解释。

5.2　理解和误解

语言就像下水道：只有在出问题的时候我们才会去注意它。但是，由误解造成的问题并不总是显而易见的，而且它们往往发生得比我们想象的频繁。大多数人不仅严重高估了他们向别人解释得有多好，而且高估了他们有多理解别人。由于误解是大多数研究者关注语言的最大原因，我们将通过审视用于理解（有时候是误解）对方言论的一系列规则，来开始我们的研究。

理解词：语义规则

语义规则反映了某个语言的使用者赋予一个特定的语言学符号以意义的方式，通常以一个词为单位。我们都承认"自行车"是用来骑的，"书"是用来阅读的，正是语义规则让这种认同成为可能。它们还帮助我们了解当我们使用被标明为"男性"或"女性"的房间的时候，可能遇见或者不遇见谁。如果没有语义规则，沟通是不可能的：因为每个人都会以特有的方式使用符号，而不是共享意义。当人们给同样的词汇赋予不同的意义的时候，语义误解就会出现。在接下来的几页中，我们将着眼于一些最常见的误解。

模棱两可　模棱两可的语言是指陈述的词拥有至少两种能被普遍接受的定义。有些模棱两可的误解是有趣的，例如下面的报纸头条：

家庭及时发现了火灾（家庭及时着火了 catch）
男子被困厕所；粪便疑为嫌犯（男子迷恋厕所 stick on）

20年的友谊在祭坛结束（20年的友谊因阿尔塔结束 Altar）

树能削弱风（树会放屁 break wind）

<small>由于括号内的单词拥有两种含义（加点），造成同一句句子产生了模棱两可的意思。——译注</small>

有些模棱两可的误解是很尴尬的。正如一个女人回忆的那样："小学四年级的时候，老师问全班同学什么是句号。而我举起手，分享了一切我所知道的关于女孩生理周期的事情。他所指的只是放在句末的句点，天啊！"

其他模棱两可的语句可能更麻烦。一名护士就吓了她的病人一跳：她告诉他"将不再需要"睡袍、书和刮胡工具了。听完她的话后，病人变得安静和情绪化。当护士询问这些奇怪行为时，她发现这个可怜的家伙将她的陈述误解为他将不久于人世，而她的意思却是他很快就可以出院回家了。

在我们谈话的时候，很难意识到每一个模棱两可的陈述并澄清它。出于这个原因，正确诠释话语的责任很大程度上是在接收者这方。向对方反馈一些信息——比如第三章介绍的知觉检核技巧和第七章里的释义技巧——可以帮助我们消除误解。

除了这些明显的问题，模棱两可的语言有它的用途。正如第二章详细介绍的那样，有时候几种开放性的诠释可能是很有用的。它可以帮助人们避免那种让听者尴尬的大实话，或者让说话者尴尬的宽容的假话。例如，如果一个朋友自豪地向你展示一幅刚完成的绘画，并询问你关于它的意见。你可以含糊地

"你就向我坦白吧，罗杰，你说'中途修正'的意思就是要离婚，是吗？"

说:"哎呀,这幅画真是与众不同,我从来没有见过这种风格。"而不是给人一种明确却更伤人的回应,如"这也许是我见过的最丑的东西!"

相对语言 相对词汇需要通过比较来获得它们的意思。例如,你的学校算大还是算小?答案就取决于你拿什么和它比。如果和一所州立大学相比,你的学校似乎不够大,但和小型学院相比,它看起来可能相当大。相对的词,如快和慢、聪明和愚蠢、短和长,只有通过比较,才能弄清楚定义。

有些相对词汇是如此普遍,以至于我们误以为它们有一个明确的含义。例如,如果一个朋友告诉你她今晚"可能"会出现在你的聚会上,那么她会来的概率究竟有多大?在一项研究中,研究者要求学生们用百分比表示以下词汇所代表的可能性:可疑、一半一半、很可能、或许、好机会和不太可能。大多数词汇的含义变化很大。例如,对"或许"的回答从0到99%都有,"好机会"介于35%和90%之间,而"不太可能"则只有0至40%的可能性。

让文字更容易衡量的一个方法是把它们变成数字。卫生保健从业者已经认识到,当病人们描述他们的病痛时,经常会使用含糊的表达,如"这里有点疼""我很疼"等。采用数字疼痛量表就可以提供一个更精确的回答,自然也能给出更好的诊断。当病人被要求用数字1到10来描述他们的痛苦的时候,用10来代表他们所经历过的最严重的疼痛,用7也比"有点儿疼"更为具体和详细。同样的技巧还可以用来要求人们为他们看过的电影或者对他们工作的满意度打分。

静态评价 类似"马克是个焦虑的家伙""米娅是个急性子""你总能指望小明"这些语句,其中包含或者隐含的单词"是"会导致一种错误的假设,即这些人是一致的或者一成不变的。这种不正确的信念被称为静态评价。相比为马克贴上一成不变或者完全焦虑的标签,大概描述他在什么样的情境下会表现紧张才是更为准确的评价。这同样也适用于米娅、小明和我们这些人:我们是多变的,而非静态的,每天的语言都可以描绘出不同的我们。

抽象化 当涉及描述问题、目标、赞赏或者要求的时候,有的语言显然具体得多。**抽象语言**指的

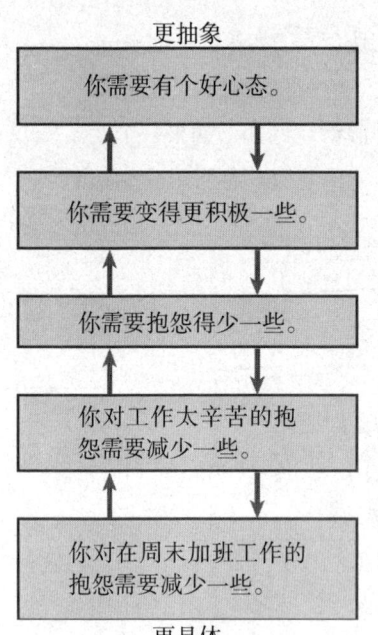

图5-1 抽象化阶梯

表5-1 抽象描述与行为描述

	抽象描述	行为描述			评论
		相关参与者	发生环境	特定的行为	
问题	我话太多。	令我畏惧的人	我想要他们喜欢我	我一直在说（大部分是关于我自己）以至于没有给他们说话的机会，也没有询问关于他们的生活。	行为描述更清楚地指出了需要改变的行为。
目标	我想变得更有建设性。	我的室友	当我们谈到家务分配的时候	与其在她的意见里找错误，不如提出可行的替代选择。	行为描述清楚地概括了行动的方式，抽象描述则不行。
赞赏	"你最近真的好有帮助。"	（传达给同事）	"当我不得不因为私人问题而要请假的时候……"	"……对于和我换班这件事，你一点抱怨也没有。"	最好的结果是同时给出抽象描述和行为描述。
要求	"改改你的言行！"	（传达给目标人物）	"当我们全家聚在一起的时候……"	"请不要讲和性有关的笑话。"	行为描述指定了行为。

是本质上模糊的语言，而**行为语言**——顾名思义——指的是人们所说或者所做的具体事情。图5-1中的"抽象化阶梯"显示了同一种现象在不同的具体与抽象的层面上，会如何被描述出来。请注意阶梯底部的描述是如何更具体和更行为化的，它会因此比阶梯顶部的抽象指令更清晰并表达出一种"更好的态度"。

我们总是使用一些较高层级的抽象化语言。举例来说，比起"谢谢你洗碗""谢谢清理地毯"或者"谢谢你铺床"，我们更容易说"谢谢你的打扫"。在这样的日常情境里，抽象是一种有用的口头简略。

虽然这样的口头简略在表达上是有用的，但是高度抽象的语言会导致草率的判断和刻板印象，如"婚姻咨询员是毫无价值的""滑板爱好者是罪犯""男人没一个好东西"。过于抽象的表达会导致人们思考得太宽泛，忽略了事物的独特性。正如你在第三章了解到的，刻板印象会伤害人际关系，因为它对人们进行分类和评价的方法可能是不准确的。

仔细看看表5-1中的例子，你就能够体会行为描述的价值。比起用一些模糊的术语，注意它们是如何更清楚地解释说话者的思想的。

技巧构建　　切合实际的语言

请把下列的抽象陈述转变为具体的行为语言,然后你就可以体会非抽象语言的价值了。

1. 对于如何改善人际沟通,你要有一个大致的目标(比如,"更坚定一些"或者"不要再冷嘲热讽")。

2. 你对另一个人有所怨言(比如,他或她很"自私"或者"感觉迟钝")。

3. 要求别人做出改变(比如,"我希望你能准时一些"或者"试着更积极一点")。

4. 赞赏别人(比如,"谢谢你的帮忙"或者"十分感激你的耐心")。

在上述情境中,你可以通过描述情境的参与者、行为的发生环境以及准确的参与行为完成这个练习。当你像这样运用具体行为进行描述的时候,你能预料到它和抽象语言的区别吗?

理解结构:句法规则

句法规则管理着一种语言的句法。思考下面一封信的两个不同版本,然后你就可以体会句法对句子的意义会产生何种作用了。

版本 1

亲爱的约翰:

　　我想要一个知道爱是关于什么的男人。你大方、善良、体贴。那些与你不同的人,和你比起来既没用又渺小。你已经毁了我爱上其他男人的可能。我渴望你。无论何时每当我们要分开的时候,我仿佛失去了所有感觉。我可以永远幸福——你愿意让我成为你的女人吗?

玛丽

版本 2

亲爱的约翰:

　　我想要一个知道什么是爱的男人。除了你,你周围那些人都大方、善良、体贴。承认你的没用和渺小吧。你已经毁了我。对其他男人,我感到渴望;对你,我无论何时都没有感觉。当我们分开的时候,我就可以永远幸福了。你愿意实现我的心愿吗?

你的玛丽

在原文中,以上两个版本的差异只是标点的位置不同。——译注语义规则并不能解释为什么这两封信件会传达出完全相反的消息。因为它们所包含的词汇，如爱、善良、体贴等，没有含糊不清的意义。信件含义相反的原因在于它们的语法不同。

尽管我们大多数人都无法描述出那些掌控我们语言的语法规则，但是当我们违反那些规则的时候，就很容易确认它们的存在了。一个幽默的例子是尤达大师这个角色在电影《星球大战》（*Star Wars*）中的说话方式。诸如"黑暗的一方，他们是"或"你的父亲，他是"常常能引起观众的发笑，因为它们违背了语法规范。然而很明显，那些不合语法的发言有时候只是在遵循另一套不同的语法规则，反映的是区域性的或次要文化的方言的规则。语言学家认为方言是**不同的**而不是**有缺陷**的语言形式，认识这一点非常重要。

理解情境：语用规则

语义和语法的问题并不能解释所有的误解。想想另一种类型的沟通挑战：一个年轻的女员工必须尽力弄清楚她年长的男老板所说的"你今天看起来非常漂亮"话中的意思。她当然能够理解那些词汇的意义，而且句子的语法也很清楚。即便这样，老板的话还是可以从好几个角度来解释。这句话只是一个简单的问候？还是一个引诱？又或者暗示了她在其他的日子不好看？

如果老板与员工对信息作出了相同的诠释，那他们的沟通也会是顺畅的。但是，如果他们以不同的角度来解释它，就会存在问题。表5-2列举了几种情况，反映老板与员工观点的不同会导致他们对相同词语作出不同的诠释。

"我从来都没有说过'我爱你'，我说的是'我爱啊'，这两句话是有很大差别的。"

表5-2 语用规则管理语句的使用及其意义

	老板	雇员
语句	"你今天看起来非常漂亮。"	
自我概念 "我是谁?""他/她是谁?"	一个友善的人	一个决定依靠自己的优势取得成功的女性
事件 "在这次交谈中发生了什么?"	随意交谈	可能是老板的引诱?
关系 "我们对彼此来说是谁?"	把员工当作家人一样的老板	下级雇员,取决于老板的认可才能获得晋升
文化 "我的文化背景关于这句话说了些什么?"	欧美裔男人,在美国长大	拉美裔女人,在南美洲长大

选自 Pearce & Cronen(1980). *Communication, action, and meaning*. New York: Praeger.

像这样的情况,我们依靠语用规则来决定如何在一个给定的情境中诠释信息。语用规则管理着日常交流中言语的运作方式。你不可能在任何一本字典里查到语用规则,它们很难被言明,但在帮助我们理解彼此信息的意义上,它们和语义、语法规则一样重要。

领会语用规则如何运作的最好办法就是把沟通想象为一种需要协调的游戏。游戏的成功取决于所有玩家都理解和遵守同一套规则。这就是为什么沟通学家使用**协调**这个术语,形容当一个情境中的每一个参与者都使用相同的语用规则时沟通的运作方式。

在同一种文化中,有的语用规则是被大多数人共享的。例如,在北美,沟通高手理解"怎么样了?"这个问题通常不是真的对具体的信息进行询问。任何熟悉会话规则的人都知道,合适的回答应该是"很不错,你又怎么样?"同样,大多数人也都明白"你想喝一杯吗?"这句话的意思是"你想喝杯酒吗?"而不是"你想来点什么喝的吗?"后者的回答范围要大得多。

除了文化规则,处于个人关系中的人们还会建立自己的语用规则。想一想幽默的运用情境:你和某个朋友热情交流的把戏和笑话,在另一段关系中可能被视为乏味甚至冒犯。例如，想象一封用大写字母打出来的邮件，其中充满了诅咒、侮辱、骂人的言词以及一堆感叹号！！！你会如何解释这样的信息？在外人看来，这可能是一封"恶意邮件"，并对此感到震惊，而事实上，这可能只是好哥们间"斗嘴"的一个乐子。如果你用一个不好听的昵称来称呼好友，以此作为亲昵的表现，那你也就能够理解

在电影《老爷车》(Gran Torino)里,沃尔特·科瓦尔斯基(克林特·伊斯特伍德饰)在一家美国人开的理发店中教导苗族移民后裔涛(比·王饰)如何"像男人一样谈话"。其中他使用的许多词语是粗鲁和肮脏的,但是对当时那个情境的那一场交流而言,它们是实用且合适的。

这种行为的含义了。但是请记住，那些与你没有私密语用规则的人很可能会误解你，所以你要聪明地知道何时何地才能使用这些私人暗号。

5.3 语言的影响

语言不只是用来帮助我们在沟通中了解彼此的媒介，它也可以塑造我们对周遭世界的知觉，以及影响我们对他人所持的态度。

命名与认同

"名字含有什么？"朱丽叶夸张地问，如果罗密欧是个社会科学家的话，他会回答"很多"。

研究表明，名字不单是一个简单的识别身份的途径，它们还塑造了别人看待我们的方式、我们看待自己的方式，以及我们行动的方式。研究人员关于少见和独特的姓名对拥有这些名字的人的影响的研究，已经超过了一个世纪。早期的研究声称，在大学里那些拥有不寻常姓名的学生不仅在心理上和情绪上感到困扰，还遭受了失败等其他困境。最近的研究表明，人们不仅对不寻常的名字有负面评价，甚至对不寻常的名字的拼写也有负面评价。当然，判断一个名字（和它的拼写）是否不平常，结论是随着时间变化的。在1900年，美国最受欢迎的前20个女孩名字，包括伯莎、米尔德里德和埃塞尔。到2012年，

前20名包括麦迪逊、伊娃和克洛伊——如果在一个世纪以前，这些名字很有可能是不寻常的。

名字是塑造和强化孩子个人身份的一种方式。在家人名字的后面命名（如"二世""三世"）一个婴儿，可以让这个晚辈与他同名的长辈建立起某种联系。名字的选择还是一种强烈的表达文化认同的方式。例如，在最近的几十年里，出现了大量属于非洲裔美国婴儿的名字中，传承着自己文化的特色。在加利福尼亚，新近出生的黑人女婴的名字，超过40%在整个国家没有一个白人婴儿会用。研究人员认为，像这些有特色的名字是非洲裔美国人团结的一种象征。相反，选择一个不那么特别的名字是让孩子融入主流文化的一种方式。

联盟关系

除了塑造一个人的身份之外，语言还可以建立和表明与他人的一致性。研究指出，沟通者会被与他们说话方式相似的人所吸引。同样地，那些想要展示联盟关系的沟通者，也会通过各种方式适应对方的语言习惯，包括字词的选用、说话速率、字数和断句，以及礼貌的程度，这个过程也被称为**言语调节**。在俚语及说话习惯上，使用相同词汇的青少年显示出了语言一致性的原则。相同的过程也在其他群体中进行着，从街头帮派到军事人员再到出租车司机。沟通研究学者称这个想要获得他人的认同，并调适说话方式以与之相称的过程为**趋同策略**。有项研究甚至表示，在老板和员工之间采用咒骂模式可以帮助人们感到与工作的联系。

沟通者在网络空间和面对面沟通中都可以看到语言趋同的现象，线上社群成员往往发展出共通的语言和对话模式，从他们增加使用"我们"这个代名词的次数就可以得知他们的交往变得更加亲密。MSN和电子邮件的使用者创造一些简短的代码来表示自己是网络一族，如果你知道什么是ROTFL、IMHO或JK的意思，那你可以算是他们的成员了。这些缩写字母的意思分别是：笑倒在地上打滚、我的浅见、开个玩笑。有趣的是这些网友的网络语言已经渗透到日常的生活对话中，例如在表达自己的无奈或脱力感时说："Orz"（字母组成的形象，仿佛一个人被击垮在地的样子——编者）。

当两个或两个以上的人感到同等积极的时候，他们的语言趋同行为是相互的。但当沟通者希望或需要被认同时，他们则通常会改变自己的说话方式来适应他人，他们会试着说出"对的事"，或者以一种有助于相处的方式说话。我们可以通过下列例子看到这样的过程。当移民者想在新的文化中获得成功的回报时，他们会努力精通当地的语言。同样，想要获得晋升的员工，会想办法让自己的说话方式和他们的上司一样；他们的上司会采用像经理一样的说话方式，经理则会向董事长靠拢。

言语调节的原理也会反向运作。当沟通者想要使自己与他人分离时，便会采取**分化策略**来强调他们与他人不同的说话方式。举例来说，一个民族的成员们，虽然能说流利的主流语言，但仍然会使用自己的方言来显示团结，这是一种"区隔他人"的策略。分化策略也可能在其他情况下运作。举例来说，青少年发展出专属于他们次文化的俚语来凸显他们与成人的分化，与同龄人的趋同。

讲述女高中生故事的电影《贱女孩》(*Mean Girls*) 紧扣住了在群体内部定义和维持语言趋同的重要作用。（参见本章末尾的电影小结）

当然，沟通者最好小心何时要或何时不要用语言来趋同他人。我们大多数都记得父母故意模仿青少年的口气说"酷毙了！"时是多么诡异尴尬。另一件要注意的事情是，当你不隶属该族群却故意使用该族群的用语，可能被视为做作或冒犯。分化策略的语用目标之一是要建立规范，指出谁有"权力"使用或谁不能使用某些特定语汇。（本章电影小结中所描述的《"N"字眼》[*The N Word*] 很好地讨论了这个主题。）

权　力

沟通研究者辨识出一些语言形态，可以增强或减弱说话者对其他人的影响力。观察下列两种陈述的不同：

"老师，对不起。我实在不知道该怎么说，但我……嗯……我猜我没有办法及时完成这项工作。我有很紧急的私事，而且……这实在不可能在今天完成。我会在星期一把工作完成并将它摆在你的桌上，可以吗？"

"我不能准时完成这项工作。我有紧急的私事，而且这实在不可能在今天完成。我会在星期一的时候把工作完成并摆在你的桌上。"

　　不管教授接不接受这个借口，我们可以看出第二种陈述的语调比较有自信，而第一种陈述的语调比较愧疚及不确定。表5–3从我们刚才所读的陈述中整理出一些**低权力语言形态**。许多研究显示出没有这些形态的说话者会被视为较有自信、活泼及有魅力。另一项研究显示，即便只有一种低权力语言形态，也会让一个人看起来缺乏权威性和社交魅力。

　　免责声明也是低权力语言的一种形态，试图把讲话者与不受欢迎的评论分离开来。例如，你可能在传达一条批评信息前铺垫说："我不想让你觉得我在评判你，但是……"然后继续表达你的不满。然而事实上，研究表明免责声明反而会**增加**你的负面评判。举例来说，如果一个人在专横的评论之前加上一句"我不想让你觉得我很傲慢……"，只会让对方觉得说话者更加傲慢。此外，否认诸如懒惰和自私等消极品质，也会造成类似的结果。看来，免责的努力反而会弄巧成拙，说话者的"此地无银三百两"恰恰提醒了听众去寻找和发现那些说话者试图否定的特质。

　　具有权力性的语言在北美及欧洲文化里也许会使说话者得到想要的结果，但不见得到处都行得通。在日本，替对方保留颜面是很重要的，所以那里的沟通者会使用意思不是很清楚的语词，闪烁其词避免直接答复。传统的墨西哥文化很重视协力合作，所以为了缓和人际关系也倾向于闪烁其词。墨西哥人不会以很坚定的立场说话，以确保不会使他人感到不适。在韩国人的文化中，他们也喜欢间接的语言方式（例如："或许""可能"胜于直接的"一定""必然"）。

　　即使是在很看重肯定信息的文化中，太过权威的语言也会威吓或胁迫到他人。观察在同一个情况下两种不同的处理方式：

　　　　"对不起，我的小孩有点无法入睡，你介意把音乐关小声一点吗？"
　　　　"你的音乐太大声使我的小孩睡不着。你必须关小声一点。"

　　比较有礼貌而没有权威的方式，会比强硬陈述的效果来得好。可这样的事实如何与有关低权力语言的研究相一致呢？答案在于对沟通的有效性和适当性的拿捏。如果你靠近极具权威的方向，在短时间内你可能会获得你想得到的

表5-3　低权力语言的范例

闪烁其词	"我有点失望……" "我想我们应该……" "我猜我想要……"
犹疑试探	"嗯，我可以打断你一下吗？" "唔，我们可以试试这个点子……" "但愿你可以——呃——试着准时。"
强化重点	"我真的很高兴看到你。" "我不是非常饿。"
礼貌形式	"抱歉，长官……"
附加问句	"我们该启程了，不是吗？" "难道你不认为我们应该给他另一次机会吗？"
否定式陈述	"我也许不应该这样说，但……" "我不是很确定，但……"
抑扬顿挫	"我昨晚购物了？"

东西，但可能会让你疏远其他人，长期下去会使你的人际关系产生危机。更进一步说，太过权威的陈述有不尊重和显示优越感的意味，就好像要对抗他人进而获得他们的臣服。

在一些情况下，礼貌且较不权威的说话方式甚至可以增强说话者所想表达的效用。举例来说，老板可能对他的秘书说："你介意再把这封信打一遍吗？"事实上，老板及秘书都知道这是一个命令而非请求，但是用疑问句的方式显得老板体谅些，也让这位秘书对老板的印象较好。这样既满意又合乎理性的目标结果似乎解释了为什么融合既权威又有礼貌的语言是最有效的。

让人混淆的语言

不是所有的语言问题都来自误解。有时候，即使非常了解另一个人，也还是会产生冲突。当然，我们并不是要避免或消除所有的争议，但是改掉三个语言上的不良习惯，可以减少不必要的沟通冲突，让你省下力气去对付那些无法避免的或是重大的议题。

事实与意见的混淆　事实性的陈述可以用对或错来证实。反之，意见性的陈述基本上以说话者的信念为主，这是无法被证实或否认的。从下列例子中，可以看到事实性陈述与意见性陈述的差异。

事实	意见
你忘了我的生日。	你一点都不关心我。
你一直干扰我。	你是个控制狂。
你说了很多关于种族的笑话。	你是个偏执的人。

这样把事实性的陈述和意见性的陈述摆在一起时，差别便显而易见。在每天的对话中，我们通常把我们的意见当作事实一样陈述，也因此引发了不必要的争论。例如：

"笨蛋才会这么说！"
"花这么多的钱在一双鞋上，实在是太浪费了！"
"在这个国家，除非你是白人，要不然不会有公平的待遇。"

留意一下，如果这些陈述前面加上"在我看来"或"我觉得"等修饰语，则陈述可以显得不那么具有敌对性。本章后面会讨论"我"的语言的重要性。

事实与推论的混淆　把你的意见表达出来可以朝理性的和谐迈向一大步，但拥有这个习惯却不能保证可以解决所有语言的问题，我们会因事实性陈述和推论性陈述的混淆而感到困惑、引发问题。所谓推论性陈述，便是在一切都未定的情况下，就得出结论。

当我们把我们的推论当作事实时，争议便由此而生。

A：你为什么要对我生气？
B：我不是在气你。为什么你最近那么没有安全感？
A：我才不是没有安全感，是你有些吹毛求疵。
B："吹毛求疵"，你这话是什么意思？我才没有吹毛求疵……

尽量不要去猜测他人的心思。我们可以用你在第三章所读到的知觉检核技巧，来辨识我们所观察到的行为（事实），并尽可能地描述。在描述这一长串的想法后，请其他人对你的描述的正确度作评论。

"当你不回我电话时（**事实**），我便会以为你在对我生气（**推论**）。真的是这样吗？"

"你最近一直问我，我是不是还爱着你（**事实**），这让我猜想你很没有安全感（**推论**）。或许是我最近的行为有些反常。你在想什么？（**疑问**）"

情绪性的语言　情绪性语言表面上在述说某事，但事实上它表明了说话者对某事的态度。如果你认同你的朋友对一个艰涩主题的迂回说法，你可能会认为他是"机智的"；如果你不认同他的观点，你可能认为他"拐弯抹角"。不管这种态度好不好，都不过只是一种意见而非事实，而这样的不同是受到情绪性语言影响所造成的。

你可以借由下列的例子来理解情绪性语言是何等地主观。

当你认同时，你会说	当你不认同时，你会说
朴实	廉价
传统	老旧
外向	人来疯
谨慎、小心	胆小、怯懦
革新	激进
渠道畅通	宣传手法
战略胜利	大屠杀
奇特	疯狂

避免因情绪性字眼而产生争议的最佳方法，是用中性字眼来描述人、事物或想法，并像这样来表达你的观点。不要说"我希望你停止这些性别歧视的言论"，而说"我不喜欢你用'妹子'这个性别标签而不是'女士'来称呼我们"。这种不带情绪的陈述不但显得精确，被别人接受的可能性也更大。

语言的责任性

语言除了有使得信息内容清楚或模糊的功能外，也反映出说话者对他或她的信念及感觉负责的意愿程度。说话者接受还是拒绝责任向我们提供了很多关于对方的信息，同时也塑造了这段关系的气氛。

"这件事"的陈述　注意在每一种情况下句子的不同：

> "你迟到这件事，真让人困扰。"
> "你迟到让我很担心。"

> "看到你这件事，真让人高兴。"
> "我很高兴看到你。"

> "这堂课很无聊。"
> "我在无聊地上课。"

正如其名，"这件事"的陈述用较不直接的字"这"来取代"我"这个人称代名词。相反，使用"我"的语言清楚地表明说话者是这个消息的来源。使用"这"陈述的沟通者会逃避对信息所有权的责任，而用一些无法辨识的来源取代之。这样的习惯不只是不精确，更重要的是这表明了一种无意识地想逃避立场的态度。你可以开始鉴别一下，在你的对话中增加具有直接性的"我"的语言，替代较不直接且有托词意味的"这"的陈述的效果。

"但是"的陈述　使用"X很好,但是Y……"的陈述可能会使人感到混淆。我们来看"但是"的陈述是怎么说明这样的状况的。在句子中，要是出现"但是"这个词，就会抹除说话者先前所表示的想法：

> "你真的是个好人，但我想我们还是不要再见面了。"

第五章　语言：障碍与桥梁　167

"你为我们付出了许多，但是我们不得不让你离开。"

"这篇报告有许多不错的观点，但是因为你迟交，我只能给你D的成绩。"

在电影《相助》（*The Help*）里，上流社会的白人试图以一个听起来正面的名义——"家庭帮佣卫生倡议"——颁布一项政策，强化他们对于黑佣的偏见。（参见本章末尾的电影小结）有时候，抽象化和模棱两可的语言会模糊隐藏在言词背后的动机。

这些"但是"的陈述就好像"心理学三明治"，把真实却又残酷的信息夹在令人较为愉快的观点里。这种方式也是一种保留颜面的策略，必要时可以使用。无论如何，当目标必须绝对清楚时，最好的承担责任的方式是一语道破，而不是用"但是"的陈述来分散注意力。

使用"我"和"你"的语言　我们已经了解使用"我"这个字的陈述，是一种为信息负责的方式。使用"你"的语言却相当不同：它表达出对他人的论断。注意下列每一项"你"陈述，都隐含着对对方的抱怨：

"你把这个地方弄得一团乱！"

"你没有遵守你的承诺！"

"你有时候真的很粗鲁！"

不难发现，使用"你"字的语言会激起他人的防卫。使用"你"字的陈述通常意味着说话者有资格去评断他人，却不意味着是个好主意，因为即使这

> ### 技巧构建　　练习"我"的语言
>
> 通过下列步骤,你能提升自己传达"我"字信息的技巧:
>
> 1.在生活中,当你可能会传达以下任何一条信息的时候,视觉化这些情境:
> 你没有告诉我真相!
> 你只想到了你自己!
> 不要这么急躁!
> 不要四处闲荡!
> 你根本就不理解我说的每一个字!
> 2.用"我"字语言写出以上每一个句子的替代选择。
> 3.想出三个在生活中你可能对别人说出"你"字语言的例子。把这些表达转化为"我"字语言,然后和同学一起排练这些情境。

个评断是对的,绝大多数人也不会接受。

幸运的是"我"字的陈述提供了一种比较精确、不那么挑拨的方式来表达不满。使用"我"字的陈述表明,说话者愿意为自己所表达的不满负起责任,因为它只是描述自己对他人行为的反应,而没有对行为的价值作出任何评判。这是使用"我"字陈述的例子:

"我不想一个人负责公寓全部的打扫工作。"
"我生气的是我准时到了,你却没有。"
"我不喜欢你在我父母面前讲下流的笑话。"

虽然"我"字语言具有明显的优点,但无论构思和传达得再好,也不都是无往不利的,就像"我"字语言的提倡者作家托马斯·戈登(Thomas Gordon)说的:"不管你用什么方式陈述,也不会有人喜欢听到自己的行为造成了别人的困扰。"此外,"我"的陈述大体上听起来有点自我中心。研究显示自私与自我中心的人,尤其是有"沟通自恋"倾向的人,经常只用第一人称单数的"我"做沟通。因为这些理由,在运用"我"信息的语言时,最好是有节制地使用。

使用"我们"的语言　克服过度使用"我"字陈述的一种方式是,考虑用"我们"这个代名词。"我们"的语言暗示了陈述的议题是说话者和聆听者所共同关心并负责的。思考一些例子:

"我们需要编列一下预算,这样才不会入不敷出。"

"我想我们有个难题,我们似乎一提到钱就会吵架。"

"我们好像没有把这个地方的整洁维持好,对吧?"

不难看到,"我们"的语言是如何形成有建设性的气氛的。除了让人感到亲近外,还有种"我们同在一起"的倾向,反映出沟通处理事务的本质。使用第一人称复数代词,可以表示出和别人的密切程度、共通性及凝聚性。举例来说,使用"我们"语言的夫妻对婚姻的满意程度会比经常使用"我"和"你"的语言的夫妻来得高。

另一方面,"我们"的陈述也不一定都是恰当的。有时候,使用这样的称呼会很冒昧,因为听起来好像你们是对等的。不难想象,当你说"我们有问题了……"时,另一个人可能会说"也许是你有问题,请不要跟我说是我的问题!"

在展示了使用"我"及"我们"语言的优劣后,大家对这些在人际关系沟通中最有效用的代名词有什么想法呢?研究者发现"我/我们"的结合体(例如:"我想我们……"或"我希望我们……")被人接受的概率很高。因为对于任何一个代词来说单独使用都会出现许多不适当的状况,混合使用是一个很好的想法。如果你所使用的"我"字的语言没有反映出过度的自私,使用"你"字的语言展现出对他人的关怀而非评判,使用"我们"的语言来包括他人却又

表5-4 人称代词的使用及其效果

	优点	缺点	小技巧
"我"的语言	为个人的想法、感觉和意愿负起责任。比"你"字语言所引发的防卫戒心少。	可能被认为是自负的、自我陶醉的及自恋的。	当他人不认为或者没有察觉到是他的问题时,使用"我"字语言;可以结合"我"和"我们"的陈述一起使用。
"我们"的语言	有包括、直接、凝聚和约束的含义。	对别人来说可能不恰当。	结合"我"的语言一起使用;在团体情境下使用"我们"的陈述可以加强团结;在表达个人想法、感觉和意愿的时候,避免使用。
"你"的语言	他人导向的信号,尤其是当话题正面时。	听起来有评价和判断的意味。	在对质的时候使用"我"字语言;在赞美或包含他人的情况下,使用"你"字语言。

不代表他们,那你可能接近了使用人称代词最理想的境界。表5-4摘要出每一种语言类型的优缺点,并提供能顺利运用它们的建议。

5.4 性别与语言

到目前为止,我们并没有讨论语言使用状况在性别上的差异。有些学者和研究者持有"男人从火星来,女人从金星来"的论点,主张男人和女人在说话上有极大的不同。另一些学者认为这些差异不大,而且多数不怎么重要。到底男人和女人在语言使用上,有何相似与相异处呢?

内 容

最早的有关性别与话题的研究始于七十年前。尽管至今男女的角色已经有所改变,许多研究成果却相当相似。这些研究调查了从17岁到80岁的男人和女人与同性友人讨论的话题。结果显示有些特定的话题是男女皆有的——工作、电影和电视,这些话题在男女两性中都经常出现。同时,不论男女都会在同性友人面前对性及性伴侣的话题有所保留。

男人和女人在话题内容上的差异性比相似性来得显著。女性朋友间会花比较多的时间在个人与家事的话题、人际关系问题、家庭、健康和生产的主题、

"有时候我觉得我们说的每一个字他都能明白。"

体重、食物和穿着、男人以及其他女人上进行讨论。男人比较愿意讨论音乐、时事、运动、事业和其他男人。男人和女人均会在对话中论及人的外貌、性及约会的事。一件众所皆知的事是女人比较有可能八卦关于密友和家庭的事；相对应地，男人花比较多的时间八卦关于运动人物和媒体人物的事。女人八卦的内容也不比男人更贬抑。

这些差异在男女双方试着沟通时可能会带来挫败感。研究者报道，男人和女人在形容与另一方讨论的话题时，都会以"肤浅"来描述。女人可能会说："我希望和他讨论重要的事，像是我们如何和睦相处，而他只想讨论新闻或我们这个星期要做什么。"同样地，有些男人抱怨女人总是太过注意琐碎的事，也太把焦点放在情绪与感觉上。

沟通的理由

无论男人还是女人都使用语言来建立和维持自己的社交关系，至少在北美的主流文化中是这样。不管沟通者的性别为何，对话的目标都在于通过变得友善让谈话更愉快，表现出对另一个人谈话内容的兴趣，谈论让对方感兴趣的话题等。男人和女人达到目标的方式有所不同，虽然大多数的沟通者都想使他们的互动关系更好，但男人会比女人更强调对话的趣味性。他们的对话会牵涉到许多笑话和温厚的戏弄。

相对地，女人的对话牵涉到感情、关系和私人问题。事实上，研究沟通的学者朱莉娅·伍德（Julia Wood）明确指出："对女人来说，关系的精髓在于谈话。"曾有一项针对女性团体的调查试图找出她们从与友人的对话中可以获得怎样的满足感，最常被提及的主题是一种同理的感觉，就如同有人所说的："知道你不是孤单的。"男人之间的对话通常在叙述他们所**喜欢**的事情上，女人之间的对话在叙述她们所**需要**的联系上。已婚夫妻的研究指出，妻子会比丈夫花费更高比例的时间在沟通上，用以维持双方的关系。

对话的形式

女性在对话的形式上比男性更加变化多端。举例来说，一项研究指出，女性在男女混合参与的对话中提出的问题比男性多，而且是近乎三倍。其他的研究也指出在男女混合参与的对话中，男性打断女性说话的次数远远胜过其他的谈话方式。男人也比女人更常用评断式的形容词（"读书是一件烦人的事"），直接指导式的表述（"再多想一下"），跟自己有关的陈述（"我有很多事情要忙"）。女人则强调副词("他真的很有趣")，具有情绪指向("如果他是真的关心你……"），用不确定动词（"这对我来说好像是……"），前后矛盾（"有点冷，不过，还好啦！"）。这些差异显现出男人说话典型地倾向于直接、简洁和任务取向。相反地，女性说话比较典型的方式是间接的、详述的和关系取向的。

女人经常使用陈述来向对方展示支持；证明彼此的同等地位，设法让对话持续进行等。因为女人都通过对话来追求社会需求，所以传统上被认为属于女性的对话通常都会含有同情及同理的陈述——"这一点我感同深受""我也有相同的遭遇"——也就是很正常的事情了。女人也倾向于通过提问请他人分享信息："你觉得怎么样？""你下一步会怎么做？"女性看重经营关系，这也解释了为什么女性的谈话通常有点缺乏效率和犹豫不决。"这只是我的想法……"和较为明确的"我的观点是……"相比，前者显得较不可能去妨碍另一名对话中的伙伴。

女性灵活的沟通风格不一定是个缺点。一项研究发现女性作者在为女性读者写作的时候，经常会使用低权力的语言形态，特别是在那些关注健康的杂志中，这种方法行之有效。另一项研究显示，女性试探性的说话方式，事实上会比运用较强硬言词的男性来得更有说服力。

非性别因素

虽然男女在说话方式上有所差异，但其实性别和语言使用之间的关系并没有看上去那么清楚。许多研究综述发现，女人和男人在沟通方式上的相同点多于相异点。举例来说，一项超过1,200份研究报告的分析指出，沟通行为的不一致只有1%是由性别差异造成的。男女的言词在有些方面没有显著的差异，如不敬词语的使用、修饰语的使用（"我猜"或"这只是我看法"）、附加问句和言语的流畅性。

某一项正在进行的研究指出，在同一职位上的男女主管，他们的行为方式不仅是一样的，也是同等有效的。该研究表明，两性之间的共性其实相当大，差异相对要小很多。一位沟通领域的学者基于此建议，"男人来自火星，女人来自金星"这个比喻应该被"男人来自北达科他，女人来自南达科他"所取代。

最近正兴起的研究发现，两性言词上的相似点和相异点存在明显的矛盾之处。研究显示：其他影响语言使用的因素和性别比起来有过之而无不及。比如，社会哲学就起到了作用：主张女权主义的妻子说话的时间会比另一半来得久，而没有主张女权思想的妻子说的话比另一半少。此外，在对话方式上，解决问题的取向也扮演了一项角色，说话者合作或竞争的意识要比他们之间的性别差异更具有影响力。

在电视剧《办公室》(The Office)中，和其他角色相比，帕姆（珍娜·费舍饰）和艾琳（艾丽·坎伯尔饰）使用的是一种低权力的语言沟通风格。这可能是由她们的职业角色、性别、性格，或者三种因素同时决定。她们礼貌的、为他人着想的沟通方式不仅帮助她们达到了目的，还维系了自己的人际关系。

说话者的职业也会影响说话方式，举例来说，男老师对学生的说话方式，跟父亲在家的说话方式相比，更近似于女老师的语言。

另一项可以对男女个体的说话方式产生强有力影响的，是他们的性别角色认同。回忆一下在第三章的性别特征：阳刚的、阴柔的和阴阳兼具的。这些性别类型不一定跟着生理性征出现，所以有"阳刚的女性""阴柔的男性"和兼具传统上男性和女性特征的沟通者。这些性别类型比生理上的性征更能影响沟通者的形态。举例来说，一项研究显示：具有男子气概的参与者比具有女性特质或两性气质兼具的参与者更明显地使用支配的语言；具有女性特质的参与者比两性特征兼具的参与者表现出较多的顺从和对等行为，她们又都比具有男子气概的参与者表现得明显。在男同性恋和女同性恋关系里，两人之间的沟通风格反映出了权力的差异（例如，谁赚的钱比较多），这比生理性别更能影响沟通。

虽然男性与女性的说话模式有所不同，但是可能并没有像畅销书上所说的那么严重，有些可能跟生理性别因素毫无关系。以务实一点的角度来看，不管沟通差异来自生理性征、性别角色、文化或个人因素，面对沟通风格差异的最佳策略是将其视为挑战和机会，我们要正视沟通差异的重要性，但是不要夸大或以此来污蔑对方。

5.5 文化与语言

任何一个试图翻译过语言的人都明白，要传达出相同的含义不是件简单的事。有时粗率翻译的结果是会闹出笑话的。举例来说，一家名为Pet的美国乳制品制造业者在不知情的状况下到法语区销售他们的产品，却不知道"Pet"这个词法语的意思是"放屁"。无独有偶，一家美国汽水的代理商提供免费的Fresca汽水试喝，却被墨西哥的顾客取笑，因为在墨西哥的俚语中"Fresca"这个词代表"女同性恋"。

即使在翻译时用对了字，对于外地人或外国人来说，也无法确保他们能正确地使用不熟悉的语言进行沟通。举例来说，日本的保险公司会提醒他们的被保险人，在美国旅游碰到交通事故时要避免使用带有文化习惯的"抱歉"或"对不起"。在日本，道歉是表达善意和维持社会和谐的一项传统，即使一个人表达了歉意，并不代表他真的出了差错。相反，在美国道歉就被视为承认错误，这会导致日本观光客阴错阳差地为交通事故承担责任的结果。

翻译实在很困难，而这只是不同文化成员之间沟通差异的一小部分。语言在使用方式上的差异和语言所产生的世界观，使得跨文化的沟通成为一项具挑战性的任务。

语言沟通的形式

使用语言不只是选取一组特定的字词来传达一个概念，每一种语言都有其与众不同的方式。像是正式或非正式、精确或模糊、简洁或详尽等情况，都是达成沟通的重要成分。当沟通者试图将一种文化的语言形式应用到另一个不同的文化中时，问题可能就此产生。

语言形式会在直接程度上有所变化。人类学家爱德华·霍尔（Edward Hall）分析出了两种针对语言使用的不同文化方式。**低语境文化**在使用语言时，通常着重于尽可能清楚及合理地表达思考、感觉和想法。在这其中的沟通者，会去寻找说话时字词的含义。相反地，**高语境文化**着重于使用语言来维持社会的和谐。高语境的沟通者不会为了把话说得很清楚而冒犯他人，所以需要学会发现信息所在语境的含义：说话者的非语言行为、人际关系的渊源和主导人际交流的一般社会规则。表5–5摘要出一些低语境和高语境文化在语言使用上的主要差异。

表5-5　低语境文化和高语境文化的沟通方式

低语境文化	高语境文化
主要信息会说得很清楚，高度依赖明确的语言信息。	重要的信息不会总是明确地表达出来。信息的提示依赖具体的情境语境，如时间、地点、关系。
重视自我表达，沟通者会直接陈述意见或者渴望，并试图说服别人接受他们的观点。	重视关系的和谐，采取间接的方式来表达意见。沟通者不会直接地说"不"。
明确、富有表现力的言词更让人称许，言语的流畅性也让人赞赏。	沟通者交流时会"围绕"着话题说，令他人去填补遗漏的信息。他们更欣赏模棱两可和沉默的使用。

北美文化属于低语境文化。在美国和加拿大的居民重视有话直说，对拐弯抹角会很不耐烦。相反地，大多数亚洲和中东的文化属于高语境文化。举例来说，在很多亚洲文化中，维持和谐是很重要的，如果有可能威胁到对方的脸面，沟通者会避免把话说得很清楚。也因此，比起美国人，韩国人和日本人比较难以拒绝不想要的请求。他们会以迂回的方式来表示，如"在原则上我同意你的看法，但是……"或"我同情你……"

像这样直接与间接的冲突，可能会加重以色列人和巴勒斯坦人之间的问题。说话直率、属于低语境文化的以色列人注重把话说明白，而属于高语境文化的阿拉伯人强调缓和互动关系。不难想象文化产生的碰撞会在以色列和巴勒斯坦之间引发多少误会和冲突。以色列人觉得巴勒斯坦人不可捉摸，而巴勒斯坦人认为以色列人感觉迟钝且表达生硬。

当你以"我可能没办法"来婉拒一个你不想接受的请求时，你和对方可能都明白你并非真的没有选择。如果你的意图很明显，你可能会说："我不想跟你们混在一起。"但正如第二章说的那样，我们选择模棱两可是因为我们想要遮掩我们真实的感受和想法。

除了清楚和模糊的程度，语言形式还会因文化的不同变得复杂或者简洁。举例来说，说阿拉伯语的人在使用语言时，通常会比说英语的多数沟通者更丰富且更有表现力。激烈的主张和夸张的言谈，是阿拉伯语一个常见的特征，但听在说英语人的耳里，会觉得很荒谬。这种处于相对立场的语言形式会导致来自不同背景的人产生误会。就像一名观察者所说：

首先，阿拉伯人认为他们不得不在所有类型的沟通上过分断言，是因为其他的人希望他这么做。如果某个阿拉伯人只是准确地说明他的意思而没有别人期待中的那么坚持，其他的阿拉伯人会觉得他意有所指。举例来说，当访客对主人的盛情款待表示够了时，简单的一句"不要"是不够的。访客为了要表达真的已经足够了，他必须不断地重复"不要"好几次，并且还要加上像是"奉真主之名"或"我发誓"等誓言。再者，阿拉伯人通常不认为其他人——特别是外国人——会想什么就说什么，即使对方的言语非常简单。对阿拉伯人来说，只一个"不"可能是间接地表达同意，或者表示出对妖艳女人的赞赏。另一方面，一个简单的同意，则有可能意味着一个伪善政治家的拒绝。

对于重视沉默的文化来说，简洁表达几乎就是沟通的极限形式。例如，在多数美国的原住民文化中，当地居民最喜欢的处理模棱两可的社会情境的方式就是保持沉默。为了对比这种沉默形式和美国主流文化的健谈风格，你可以轻易地想象，当阿帕契族或那瓦霍族的印第安人与盎格鲁裔美国人初次相遇时，彼此会觉得是多么地不自在。

除了上述直接与间接、详尽与简洁的差异外，第三种存在于文化间语言的差异牵涉到正式与非正式的用语。人际关系以非正式取向为特征的例子包括美国、加拿大、澳大利亚以及北欧的国家，这与亚洲和非洲国家有所不同，亚非地区的人会慎重运用恰当语言。所谓慎重运用恰当语言主要是强调所用的语言要合乎自己的身份，而不是要仔细考虑文法的精准。举例来说，在韩国，语言反映了儒家亲疏远近的阶层体系。因此，他们会有针对不同性别、不同的社会地位、交情深浅程度、不同形式的社交场合所使用的词汇。例如，当你和老朋友、认识但不算很熟的人、完全不认识的人交谈时，则正式的程度也会有所不同。在韩国，辨识一个人是否有涵养的特征，在于他是否会根据不同的人际关系来使用语言。当你将这些差异和即使面对陌生人也会表现得随性友善的北美人对照时，也就不难理解韩国人为什么会将美国的沟通者视为庸俗粗野的，而美国人认为韩国的沟通者是拘谨、不友善的。

语言与世界观

不同的语言风格是很重要，但仍有更重要的差异将种种的语言划分开来。

大约在一百五十年前,一些理论学家已经提出了**语言相对主义**的概念,指出一个文化的世界观是被属于这个文化的语言使用者所塑造和反映出来的。语言相对主义最著名的例子,便是我们仅仅称作"雪"的现象,爱斯基摩人却有大量的词汇(据估计有17到100个词)去描述它。不同的词汇用来描述不同的现象,像是强劲的大风雪、冰雪和飘雪等。这个例子说明了语言相对主义是如何运作的。极地的生存需求让爱斯基摩人对温带居民所不重视的现象进行了大量区分辨别,而在产生区分辨别后,说话者可能从这些更广泛的词汇出发来看这个世界。

虽然如此,依然有人对爱斯基摩人会使用如此多的字词来描述"雪"而感到怀疑,但也有其他支持语言相对主义原则的例子。例如,双语说话者在转换语言时,思考方式也会随之改变。在一项研究中,法国裔美国人被要求去诠释一系列的图片。当他们用法语描述时,比用英文描述得更浪漫,更富有感情。同样,香港的学生也被要求完成一项有关价值观的测验,结果使用广东话会比使用英文表达出更多中国传统的价值观。在以色列,阿拉伯人和犹太人学生在使用自己的母语时也会比使用英语这个中立的语言更多看到他们族群与"外界"的差异。这样的例子显示出,语言塑造文化认同的威力——有时候会更好,有时候会更糟。语言的影响在生活中很早就开始了。以英语为母语的父母通常用"bad"来指称孩子们恶作剧的玩笑,用来说明他们撒野的行为在有些方面是不道德的,然后教导他们"Be good!"另一方面,以法语为母语的父母比较有可

"爱斯基摩人有87个词用来描述雪,却没有一个用来描述医疗事故。"

能会说"Soissage!"——意即"聪明点",表现出了"恶作剧是愚蠢的"的意味。瑞典人会纠正这样的行为,并说"Varsnall",意思是"友善点""对人仁慈些"。而德国人会下指令"Seiarting",字面的意思是"做符合你身份的事",换句话说,做出这样的行为会让人觉得你像3岁小孩。

语言决定论最令人熟知的宣言,便是**萨皮尔-沃尔夫假说**,这是由爱德华·萨皮尔(Edward Sapir)和本雅明·沃尔夫(Benjamin Whorf)所提出的。根据萨皮尔的理论,沃尔夫注意到,霍皮族(美国原住民)所使用的语言代表了对现实的一种看法,非常不同于其他更令人熟知的方言。例如,霍皮族的语言并没有对名词和动词作区分,因此,使用这样语言的人所描述的世界是不断发展着的。在英语中,我们会使用名词来描述人或物体是固定状态还是持续状态;霍皮族会以动词的观点来看待他们,所以不断地在变化。从这个层面上来说,用英语来呈现世界时,就像是照相机所拍的快照,而用霍皮族语言呈现世界时,会比较像是摄影机所拍的影片。

一些语言所使用的名称在英文中是找不出同义字的。比如以下这些:

  Nemawashi(日语):指一个非正式的过程,就是在下决定前想将牵扯到这个议题的所有人给弄清楚。

  Lagniappe(法语/克里奥耳语):指在交易中的额外收获,而这收获并非是合约中所预料到的。

  Lao(汉语——"老"):这是用以称呼年纪大的人的敬语,显示了他们对家族及社会的重要影响力。

  Dharma(梵语):指如何寻找每个人生活中独特、理想之路所应具备的知识。

  Koyaanisquatsi(霍皮族语):指自然界是处于平衡状态的,疯狂的生活方式需要另一种新的生活方式来平衡。

像上述的字词不仅存在着,并且也成了日常生活的一部分,而它们所呈现的概念也易于了解。即便没有这样的字词,每一个所列出的概念也有可能想象出来。不过,如果有"老"的观念,说话者是有可能会以敬重的态度来对待长者,而那些熟悉"Lagniappe"的人会变得比较慷慨大方。换句话说,语言会对我们的思维方式产生影响,有时我们甚至意识不到。

小 结

语言是个很棒的工具,但同时也是人与人之间许多问题的来源。每种语言都是一系列语义、句法、语用符号的集合。

语言同时反映及塑造了使用者的看法。用来指称人们的名称会影响人们被对待的方式。用以指称说话者的名称及他们使用的语言,则反映出说话者吸引听众兴趣的程度。语言的形态也反映和塑造出说话者被接纳的本领。

男人与女人说话的方式存在着许多的差异:谈话的内容、沟通的理由及沟通的形式等方面。职业、社会心理、问题解决的趋向也都影响着语言的使用,而性别角色比生物性征更具有影响力。

语言通常塑造并反映出文化观,低语境文化会尽可能直接清楚、不含糊地表达感受及想法,高语境文化为了要促进社会和谐会避免将话说得太具体。有些文化比较重视简洁有力地使用语言,而有些文化认为语言应该要详尽。在一些社会里,正式程度显得很重要,而在另一些社会里比较看重非正式的用法。

电影与电视

你可以在以下电影和电视节目中印证我们在本章总结的沟通准则:

语言的重要性

《热泪心声》(*The Miracle Worker*,又名《奇迹的缔造者》,1962)未分级

还在儿童时期,海伦·凯勒就感染了猩红热。疾病让她成了一个又聋又瞎又哑的人,也留下了一副坏脾气。在把海伦送入一家看护机构之前,父母带着渺茫的希望雇用了年轻的家庭教师安妮·苏利文来教导他们的女儿如何与人沟通。这个真实的故事紧扣住了苏利文教导海伦手语的艰苦过程和最后胜利,因为这才使凯勒能够作为一名作家和政治活动家过上了丰富充实的生活。这部

电影对语言在人类经验中的潜力和力量提出了深刻的见解。

语言的文化规则

《"N"字眼》(The N Word, 2004) 未分级

"Nigger"（黑鬼）可能是美国文化里最具煽动性的词了，以至于在大多数公共场合谈论到这个词的时候不得不用字母"N"代替。但是正如这部记录片所展示的，"N"在社会生活中有很多不同的意思——从侮辱性的脏话到表示亲昵的用语。许多学者和名人，包括克里斯·洛克（Chris Rock）、乌比·戈德堡（Whoopi Goldberg）、乔治·卡林（George Carlin）、艾斯·库伯（Ice Cube）和昆西·琼斯（Quincy Jones）都讨论和争辩过关于"N"字眼应该在什么时候用、什么地点用、如何用、被谁用，甚至该不该用等问题。

这部电影生动地阐明了在人际沟通和跨文化沟通中，语用规则和语言的趋同与分化策略是如何运行的。它同时也展现了如果人们不能理解及遵守文化的意义与规则，将如何导致重大的误解和冲突。

语言趋同

《贱女孩》(Mean Girls, 2004) PG-13级

凯蒂·赫伦（林赛·罗韩饰）从小跟随她的动物学家父母在非洲丛林长大。回到美国之后，凯蒂进入了北岸高中学习，这是她第一次经历正规教育。不久，凯蒂发现校园社交生活中等级分明和弱肉强食的状况，完全和她在丛林里灵长类动物中所看到的一样恶毒。她的新学校充斥着各种社交团体，包括"高贵美眉"和"数学怪才"等。

为了打击受欢迎女孩们的嚣张气焰，凯蒂不受欢迎的朋友珍妮丝（丽兹·卡潘饰）和达米安（丹尼尔·弗兰泽兹饰）说服她潜入美眉社团，收集能够威胁她们的信息。对于凯蒂来说，加入她们则是为了学习和使用美眉团体的内部词汇。因为凯蒂一开始和受欢迎女孩们对话时，她们的领袖瑞吉娜（瑞秋·麦克亚当斯饰）曾对她大喊道："闭嘴！"由于不熟悉这个词的俚语用法（即"真是够了"），凯蒂只能回答："我什么也没说啊。"加入团体后，凯蒂很快就能流利地说美眉语了，她翻来覆去地说着诸如"屌爆了（很酷）""乱喷（胡说）"和其义不言自明的"丑毙了"等单词。

在这个语言趋同的例子里，有趣的是当凯蒂越是像美眉成员一样说话时，她的价值观和行为也越来越向她们趋同。在电影的最后，她做了一些关于自己和朋友的重要决定——包括不再像"贱女孩"一样说话和做事的决定。

语言的影响力

《虐童疑云》(Doubt, 2008) PG-13级

修女阿洛伊修斯（梅丽尔·斯特里普饰）开始了一场调查，她怀疑深受学生们喜欢的牧师弗林神父（菲利普·塞默·霍夫曼饰）似乎对他的一个学生表现

得过分亲密。而弗林神父唯一的辩护是反过来控诉修女混淆视听,指责滥用指控语言的她有违教会传统的权力角色。

在整部电影中,弗林神父和其他角色依靠着闪烁其词试图驳斥修女的指控。电影里最戏剧化的一幕是受害小男孩的母亲(维奥拉·戴维斯饰)用委婉和闪烁其词的说法向修女解释她知道弗林神父在猥亵她的儿子。电影很好地说明了语言的模糊化如何使不说出真相又避开谎言成为了可能。

《相助》(*The Help*,2011)PG–13级

20世纪60年代在密西西比州,尤金妮亚·"斯基特"·佩纶(艾玛·斯通饰)决定成为一名作家。大学毕业回家后,她发现自己在杰克逊镇的朋友们都已经结婚了,并且都忙着生孩子和筹划社交活动。她们同时也是南方黑人现状维持者的一部分,这样就可以让黑人以极低的薪水、高强度的家务劳动为白人服务。

含混和模棱两可的语言在强化社会秩序方面起到了重要作用。黑人女仆被称为"帮佣",但是她们所做的远远不只简单地协助她们的雇主。事实上在白人家里,她们承担着所有的家务劳动和孩子的养育工作。这让上流社会有大把的时间去玩扑克并且制定所谓的"家庭帮佣卫生倡议"。白人女性试图把这项法令解释成有利于她们仆人的政策,但这不过是她们表达针对黑人的、没有事实依据的偏见的又一种手段,因为她们认可了黑人是不干净而且疾病缠身的。

对于白人使用的欺骗性语言,斯基特并不是毫无反应。即便她对做饭和打扫一无所知,她还是用"莫娜小姐"的笔名开设了一个家政建议专栏。她从朋友的女佣艾比里恩·克拉克(维奥拉·戴维斯饰)那里学习相关的技巧。久而久之,斯基特觉得她有远比写作更重要的事情去做。她采访了艾比里恩和许多其他的女佣,据此写了一本书,讲述黑佣在这个被隔离的世界里的经历。斯基特对这些事件的直率描述在60年代创造了一个家喻户晓的说法:实话实说。

第六章

非语言沟通:超越字词之外的信息

阅读完本章后,你应该能够:

* 解释可以界定非语言沟通的特征。
* 为本章所涉及的不同类型的非语言信息,列出或者提供一些例子。
* 在某个特定的情境下,辨认你自己的非言语行为和它的关联意义。
* 以实现目标为方式监控并管理你的非语言线索。
* 和别人适当地分享你关于对方非语言行为的解读。

在左边的照片中究竟发生了什么？即便你不会读心术，也能发现某些非语言的信息表达了出来。一些社会科学家认为一个信息所造成的情绪影响有93%来自非语言的线索。另一些用更令人信服的理由解释这一数据更接近65%。无论精确的数据究竟是多少，这些研究的关键依然是：非语言沟通对于我们如何理解他人的行为扮演着十分重要的角色。接下来我们将慢慢熟悉非语言沟通领域：我们表达自我的方式不是通过言语，而是通过行动。

我们必须从定义开始谈非语言沟通：首先，从字面的意思来看，"非"代表的是"不是"，而"语言"是指字词，"非语言沟通"则是指不通过字词的方式进行沟通。不过，事实上通过字面的解释并不是很准确。举个例子，大多数沟通学家不会将美国手语（由许多听障人士使用）定义为非语言，即使这些信息也不是通过说的方式表达的。另一方面，你将会在接下来的文章中读到很多声音并不代表语言的例子，虽然它是以声音的形态出现。你可以分辨清楚吗？表6–1可以帮助你。

表6-1　沟通的形式

	声音沟通	非声音沟通
语言沟通	说出来的字词	写下来的字词
非语言沟通	语速、音调、叹息、尖叫、音质、音频、音量等	姿势、动作、表情、外貌、接触、距离等

我们的目的是将非语言沟通定义为"通过与语言无关的途径所呈现的信息"。这样不只把手语排除在外，也不包括书写文字，但是却包括经由不具字词的声音所传达的信息——叹息声、笑声、清嗓子的声音和其他各种混杂的噪音。除此之外，这样的定义可以让我们探讨说话的非语言向度上的特征，包含音量、语速、音调，诸如此类。这也包括更多抽象的因素，比如生理外貌、沟通的情境、我们彼此站得多远或多近、我们用了多少时间等。当然，也含括大多数人所认可的非语言沟通特征：身体语言、姿势、面部表情，等等。

6.1 非语言沟通的特征

上文对非语言沟通的定义只暗示了它的丰富性，接下来我们将仔细思考关于非语言沟通众多形式和功能的真实特征。

非语言技巧的重要性

我们很难忽视有效的非语言表达的重要性，以及对别人的非语言行为作出读和反应的能力。非语言的编码和解码技巧对受欢迎程度、吸引力和社交情绪适应等具有很强的预测力。拥有良好的非语言沟通技巧者比非语言沟通技巧较差者更具说服力，他们也比较容易在诸如职业生涯、牌局甚至恋爱等各种情境中获得成功。对非语言的敏感度是第四章所提到的"情绪智商"的主要部分，学者也逐渐认识到忽视了非语言的向度是不可能研究语言的。

所有行为都具有沟通的价值

假设你试着不进行任何信息沟通，你会做什么？停止说话？闭上眼睛？蜷缩成一团？离开房间？你会发现即使这些无声的行为也在传递信息，它们意味着你在"避免接触"。了解到人无法不沟通的事实是很重要的，因为这告诉我们：我们每一个人都是信息的传送者，而且这是不可能停止的。无论我们做了什么，信息仍然不断被传递出去。

当然，我们不会总是故意发送非语言的信息。无意识的非语言行为和有意识的语言行为不同。举例来说，我们常常会讲话结巴、脸红、皱眉和流汗，我们并不想用这些行为本身来传递意义，但这些非语言行为确实代表着不同的意义，别人也会依据这些行为形成对我们的解读。

电影《艺术家》(The Artist) 尽管是一部黑白默片,仍然赢得了奥斯卡最佳影片奖。它证明非语言沟通有能力刻画出人类的广泛情感。

非语言沟通主导着关系

有些非语言信息可以提供实用的功能,例如警察在路况拥塞时指挥交通,街道勘测员彼此用手势动作来完成工作,等等。但是非语言沟通更常表达出第一章所讨论的关系信息,及第二章所讨论的认同信息。

想想非语言沟通在**认同管理**中所扮演的角色,我们努力地营造自己的形象,在这一过程中非语言沟通就扮演了一个很重要的角色,在很多情况下甚至比言语的表达更重要。另外一个例子,如果你准备要参加一个宴会,在这个宴会中你很可能会遇到你想进一步认识的陌生人,你会做些什么?显然,你不会将你的形象借由言语的方式表达出来("嗨!我很迷人、很友善,而且也很随和"),而是借由一些行为来展现你的形象。你可能会不断地微笑,并保持一个轻松的姿势。你会精心考量衣着打扮,而且刻意装作一副并没有在外表形象上花太多力气的样子。

除了认同管理之外,非语言沟通还可以**反映**和**塑造**我们想要与别人保持哪一种类型的人际关系。想想当你在迎接一个人时,你会有哪些动作?你可能会用力地挥手、打招呼、点头、微笑、拍拍他的背、给他一个拥抱,还是完全避免这些行为?这些方式的选择自然地流露出你与这个人的关系。在恋爱关系中,非语言行为尤为重要。例如,坐得很近、手拉着手、深情地注视都鲜明地体现了恋爱关系中的满足和承诺。

非语言沟通的第三种有价值的社会功能是**传递情绪**。非语言沟通会传递出那些我们不想或无法表达,甚至没有觉察到的情绪。事实上,非语言沟通在表达态度及情感上的效果要比表达想法更好,你可以借由想象你如何以非语言的方式表达下列的句子证实这一点:

1. 你累了。
2. 你支持死刑。

3. 你被团体中的某个人吸引。
4. 你认为在学校请愿应该是被允许的。
5. 你对房间内的某个人生气。

由这个实验可以发现，除了猜字游戏，有些情境用非语言信息表达也较其他方式更好（1、3、5）。不过有一些状况，是非语言信息所无法传递的（2、4）。除此之外，非语言信息无法传递的还有：

简单的事实陈述："这本书是在1997年撰写的。"
过去或现在的感受："我昨天好高兴"，"我下星期要出城"。
虚构的想法："假如……这可能会……"
条件句的状态："如果我没得到工作，我就会搬出去。"

随着科技的发达，越来越多的网络和手机信息会同时包含着声音和视觉信息，使沟通信息更加丰富并促进人们互相了解。现在，大多数的文本、即时通信和电子邮件在传达说话者的情绪信息上，还是比面对面交流来得少些。电子邮件和网络的新手使用者，很快就会发现他们的意思经常被误解，最大的问题就是开玩笑的事情被看得很严重。为了解决这些问题，使用电子邮件的通信者发展出一套符号——称为情绪脸谱或是表情符号。这些符号可以用键盘打出来，用以替代非语言信息的表达。

非语言沟通提供许多的功能

不可以因为本章讨论的为非语言沟通，就认为我们的字词和我们的行动是分开的。相反，语言与非语言沟通在沟通的每一个动作中都是紧密相连的两个因素（表6–2列出了语言和非语言信息的差异），非语言行为可以借由几种与语言行为的关系而运作。

重　复　如果有人问你最近的药店在哪里，你通常会这样回答："从这里往北走，经过两个街道就到了。"你的非语言指示随着你的手指向北方而重复了一次语言信息。

补　充　即使你没有用语言重复说过的话，但非语言行为还是会强化你所说过的话，补充性的非语言行为会与沟通者用语言表述出来的想法和感受相

表6-2 语言和非语言沟通的差异

	语言沟通	非语言沟通
复杂度	一个向度（只有字词）	多元向度（声音、姿态、手势、距离，等等）
流畅性	间歇性的（说话和沉默交替出现）	连续不停的（不可能不传达非语言沟通信息）
清晰度	主题较少被误解	更模糊难辨
冲击性	当语言和非语言线索不一致时冲击较小	当语言和非语言线索不一致时冲击较大
意图性	经常是审慎深思的	经常是不经意流露的

配合。你可以很容易体会到这个补充性功能的价值，想象一下你带着诚挚的笑容和温和的语调说"谢谢你"跟面无表情地说"谢谢你"之间有多么大的差别吧。

替 代 当朋友问你"怎么了"时，你可能会耸耸肩膀而不用字词回答。很多面部表情都可以替代言语，尤其是想要表达"糟了！""真的吗？""拜托！"等意思时。当人们不想用字词来表达自己的感受时，非语言的方式就可以替代语言做一些回应，当你面对一些你不以为然的情境却又不方便说些什么时，你可能会以叹气、转动你的眼睛或是打呵欠来替代。同样地，父母在某些场合里可能会不发一言，以瞪眼怒视让小孩停止喧哗吵闹。

强 调 就像我们在出版物中会使用黑体或斜体来强调重点一样，我们也用非语言的方式加强语言上的信息，例如在指责别人时，会加上用手指指着他的动作（这样会引起被指责者的防卫反应），或者在说话时加重语气（都是你出的好主意！），也是以非语言方式加强的另一种方式。

调 整 在一连串的语言沟通之中，非语言的行为还可以提供调整的功能。我们可以用非语言来调整谈话气氛，比如用"点头"来表示"我了解""请继续"，眼睛飘到别处来表示"很难专注"，或不时看着手表表示"想要快点结束谈话"。当然，我们很辛苦地在某些团体中学到的某些非语言信号，并不保证在另一些团体中也可以畅通无阻。

反 驳 人们常常会在语言与非语言上表现出不同甚至是矛盾的信息，关于这种**混合型信息**，最常见的例子就是一个满脸通红、血管扩张的人大声吼叫："生气？我才没有生气呢！"在这样的情况下，我们倾向于相信非语言的信息，而不是语言。你可以在辛格勒的手机广告《母爱》中看到这个观点的幽默

她穿着宽松的衣服　　　　拉起你的袖子
走来　　　　　　　　　　打翻你的饮料
就像披着雨衣的货车　　　给你一个湿而草率的亲吻
化着浓妆　　　　　　　　但是我
眼影是绿色的　　　　　　已经收到了
而她的嘴巴　　　　　　　慎重写下来的秘密信息
就像一个扩音器　　　　　来自一个
在鸡尾酒晚宴上　　　　　害羞而安静的女孩
发出不堪入耳的词语　　　她藏身在
她在哪儿　　　　　　　　奇特而华丽的城堡里
都像绕着羊群打转的牧羊犬

里克·马斯腾（Ric Masten）

阐释。一位母亲和她的女儿看起来在争论着什么，她们提高了嗓门，挥舞着双臂，露出一脸不悦的表情。然而，如果你仔细听她们所说的话，就会发现她们实际上正在恭维和赞美对方，对话中包括"我真的很喜欢"和"我爱你"等句子。这个商业广告让人感到有趣的是她们的语言和非语言信息的不一致。而且，不管她们说了什么，我们都很容易相信她们是在生气，而不是高兴。

非语言沟通泄露了欺骗的线索

当信息的发送者说谎时，他们的非语言行为有时会出卖他们。欺骗行为的这种疏忽信号——通常称为**泄露**——可能通过各种非语言渠道表现出来。有些渠道是比较明显的：面部表情提供了重要的信息，但骗子也会更小心地去监控这些线索，试图维持一张"面无表情的脸"。更可靠的是瞳孔扩大，一种不能被轻易控制的生理反应。说话的模式也会泄露各种线索。在一项实验中，相较于那些在演讲过程中被要求诚实的人，那些被鼓励说谎的参与者犯了更多的错误，发言的时间更短，讲话的速度也更慢。另一个实验的结果显示说谎者的音调通常比一个说真话的人高。在某些情况下，说谎者泄漏的非语言线索也比别人多。表6-3列出了泄漏的可能性会更大的一些情况。

各种各样的自助手册和研讨会都声称通过监控骗子的非语言线索可以很

"我知道嫌疑人在说谎，他的声音和姿势都表现出了这一点，而且他现在看起来就像热锅上的蚂蚁。"

表6-3 欺骗行为非语言线索的泄露

当欺骗者出现下列情况时，更容易泄露欺骗的线索
想要隐藏自己当下的情绪时
对隐藏起来的信息感到坐立难安时
对欺骗行为感到恐惧不安或者罪恶时
没有从说谎行为中享受到乐趣时
没有时间提前排练说谎时
知道如果被抓会有严重后果和惩罚时

参考 Ekman, P.（2001）. *Telling Lies*. New York: Norton.

容易识别出他们，但科学研究并不支持这种观点。沟通学家朱迪·伯贡（Judee Burgoon）和蒂姆·莱文（Tim Levine）已经研究欺骗检测好多年了。他们回顾几十年内关于这个问题的研究，提出了所谓的"欺骗检测101"——三个在研究中被反复证实的发现。它们分别是：

> 我们在检测欺骗的时候只有一半多一点的时间是准确的——换句话说，我们判断欺骗的准确率只比抛硬币好一点点。
>
> 我们往往高估了自己检测他人谎言的能力——换句话说，我们并没有自己想象的那样善于识破欺骗。
>
> 在判断别人信息的时候，我们强烈地倾向于认为那是真实的——换句话说，我们想要相信别人不会骗我们（这造成了我们在检测欺骗上的能力的偏差）。

正如某位作家所言："对那些无伤大雅的小谎来说，并没有什么独特的泄密信号。皮诺曹的鼻子并不存在，所以说谎者难以露出原形。"此外，有些关于撒谎者非语言行为的描述其实没什么用。例如，传统智慧认为撒谎者难以抵挡目光凝视，因此比不撒谎的人更常眼神飘忽。但是研究结果持相反的意见：撒谎者更能承受目光凝视，更少眼神飘忽，部分的原因是因为他们相信这样让自己看起来更诚实。换句话说，当我们形成对说谎者非语言倾向的一些推论时，要小心这些推论让我们产生误解和偏见。

非语言沟通是模糊不清的

在第五章我们已经了解到语言表达经常有多重意思，但是非语言信息更加模糊不清。想一想一个简单的动作——眨眼——可以代表什么意思？在一个研究中，大学生将这个动作用来解释很多不同的事情，包含用来表达感谢、表示友善、衡量危险、性引诱，或者只是眼睛有问题。

除了这个例子之外，很多非语言行为其实都是模糊不清的。想一想，如果一个平日里经常聊天的朋友突然保持沉默，你可以有哪些解释。或者假想一下如果一个你平时非常欣赏的对象突然对你投注比以前更多的注意力，这个行为代表的意思会是什么。虽然非语言行为常常出现，但是它代表着许多不同的意义，不太可能有完全正确的解释。

非语言行为模糊不清的特质，在异性追求及性行为上可以更明显地看到。一个亲吻代表的意思是"我很喜欢你"，还是"我想跟你发生性行为"？在浪漫的时刻将另外一半推开，代表的意思是"现在停止"，还是"继续下去"？沟通学家格蕾丝·林（Grace Lim）和迈克尔·罗洛夫（Michael Roloff）对一百

位大学生在十二种约会情境下是否同意发生性行为进行调查，并进一步讨论在哪些状况下，语言表达（例如，"你要跟我发生性关系吗？"）会较非语言表达（例如，把接吻看成是发生性行为的暗示）更好。在每一种情境下，言语上的同意都比非语言的同意行为明确。这并不表示亲密的伴侣不可以信赖非语言的信息（如接吻），只是这些非语言行为如果能伴有语言上的表达可以比较不容易产生误会。研究的结论似乎已显而易见：在同意发生性行为这件事上，语言表达较非语言表达更清楚。

有些人在了解非语言信号时比别人更困难。有一种人罹患"非语言学习障碍"（NVLD），这种人在学习解读面部表情、声音的语调等线索时十分

困难，因为大脑右半球处理信息的过程发生障碍，NVLD患者无法了解诸多非语言线索。对于别人话中的幽默和讽刺，患有NVLD的小孩更是特别难以理解，他们经常只能直接解读字面上的意思，而无法意会说话者真正的弦外之音。例如，如果他们学会了如何向不熟悉的大人介绍自己（正式地握手并说"很高兴认识你"），他们也会如法炮制用同样的方式把自己介绍给其他的孩子们，而这很可能会被当作"怪人"或"呆子"。而当那些同龄人确实反馈出微妙的信息——如挑眉时，他们也会完全漏接这些信息，导致下一次也不能改正自己的行为。

即使对于没有NVLD困扰的人而言，非语言行为的模棱两可也令人十分受挫。你在第三章学到的知觉检核技巧是一个很有用的工具，足以帮助你确认难以分辨的线索的正确意义。

6.2 影响非语言沟通的元素

我们的非语言沟通方式在一定程度上会受到生理性征的影响，更会受我们社会化的方式所影响。想对此有更深入的了解，请继续读下去。

性　别

男性和女性在非语言沟通的刻板印象上的差异清晰可见，只要想一想那些屡见不鲜的夸张讽刺漫画里的肌肉男和优雅女就可以了。许多幽默的短片和戏剧都喜欢突显剧中人物出现相反的性别特质来制造笑点。

虽然我们很少有人会表现得像电影中刻板的男性或女性角色那样，但是男人和女人从看起来的样子到动作确实有着显著的不同。有些是明显的生理差异，如身高、体型、音量，等等，而有些则

在电影《雌雄莫辩》（*Albert Nobbs*，直译《阿尔伯特·诺伯斯》）里，女演员格伦·克洛斯饰演一个为了得到和保住一份管家工作不得不一直女扮男装的人。为了维持一副男性形象，诺伯斯的非语言习惯、装束和打扮都是非常重要的。

是社会差异:通常女性更多使用非语言表达,也更善于解读别人的非语言信息。更进一步,研究显示和男人相比,女人笑得更多,运用了更多的面部表情,更多地运用点头摇头、手势和手臂等肢体动作(不过豪爽的姿势较少),更喜欢触摸对方,站得更近,声音表现更为丰富,眼神的接触也更多。

在以上的差异中,似乎男人和女人的沟通方式南辕北辙。但事实上,男人和女人在非语言沟通上的相似点多于相异点。上一段所描述的差异虽然显而易见,但是不会超过男女在这些场合的相似规则,大家都会接触眼神、摆姿势、做手势等。你还可以用全然不同的非语言规则来验证男女的反应。想象一下,如果你站得离对方只有一英寸的距离,对陌生人的某个行为嗤之以鼻,或者当你希望引起对方的注意时,弹了一下他或她的额头,这些行为的结果在男女之间并不会有很大差异。不仅如此,在有男同性恋或女同性恋参与的谈话中,男女的非语言差异就更不明显了。性别当然会对非语言的风格产生影响,但造成的差异更多的是程度上的问题,而不是种类的问题。

文　化

就像语言文字一样,不同文化的非语言表达方式并不相同。1933年至1945年间担任纽约市市长的菲奥雷洛·拉·瓜迪亚(Fiorello La Guardia)精通英文、意大利文及希伯来文,研究者在观看他竞选时的演讲发现,即使他们将电视机的声音关掉,他们仍然可以借由观察他非语言行为的变化来分辨他在说什么。

在不同文化中有些非语言的行为代表着不同的意思。例如,在美国将拇指与食指指尖碰触在一起形成一个圆圈是"OK"的意思,这样的手势代表着兴高采烈的肯定,但在其他国家这样的手势就不见得有正面意义了。在法国跟比利时这个手势代表的意思是"你的价值为0";在希腊与土耳其则代表低级的性邀请,通常带有侮辱的意义。通过这些例子,很容易就可以想象到一些单纯的旅客会因为没有考虑到文化的不同而使自己身处险境。

对跨文化差异的无知可能会破坏人际关系,甚至铸成大错还不自知。人类学家爱德华·霍尔(Edward Hall)更指出,在美国,当人们谈生意时,感觉比较舒服的距离大约为四英尺,而中东人则习惯更接近一点。这些由于文化不同而在外交或生意场合出现不恰当举止的情况经常可见。在沟通时中东人可能会往前移动,这样的距离对他们而言仍旧是舒服的,而美国人就会往后退,这

表6-4 非语言沟通因文化的差异容易导致误解

行为对来自同一文化的人而言具有相同的意义，对来自不同文化的人则不尽然。

行为	圈内人观点	圈外人观点
避免直接的眼神接触（拉丁美洲人）	为了让沟通更专注或表示尊敬	不专注的象征；偏爱直接的眼神接触
对于不同意的观点提出攻击性的挑战（非洲裔美国人）	对话中可接受的方式；不会将其视为言语虐待或者暴力的前兆	被视为不适当的争论和潜在的一触即发的暴力迹象
用手指召唤别人（亚洲人）	成人对小孩使用时是适当的，但是直接用在成人身上则有强烈的冒犯之意	用在小孩和成人身上都是适当的手势
沉默（美国原住民）	尊重、体贴的象征，或不明确、模棱两可	会被解读为无聊、不同意和拒绝参与
触摸（拉丁美洲人）	在人际交流中是平常且适当的	在亲密和友善的关系中是合宜的，否则会被视为对个人空间的侵犯
公开展现强烈的情绪（非洲裔美国人）	可接受的，具有衡量其表现力的价值；在大多数场合是合适的	违背了在公共场合控制自我行为的期待；在大多数公共场合是不合适的
同性朋友之间的接触或是拉手（亚洲人）	可接受的行为，表示精神层次的亲密关系	被认为是不恰当的，尤其是在男性朋友之间

样的结果会使两个国家的人都觉得不舒服却不知道原因。

就像距离一样，在世界各地，眼神接触有很多种不同的形式。在拉丁美洲、阿拉伯世界和南欧，直接的眼神接触被认为是适当的，然而在亚洲及北欧的人们则通常会环顾四周，而避免眼神的接触。这样的差异往往会使得倾听者不舒服。

时间的运用在很大程度上也取决于文化。有些文化（如北美、德国和瑞士）倾向于**单一性时间观**，强调严守时间，按排日程表，并准时完成每一项任务。其他的文化（如南美、地中海地区和阿拉伯）更多的是**多元性时间观**，在同一时间里进行多项任务，灵活安排日程。一位心理学家在巴西的一所大学任教时，发现了北美和南美对待时间的态度的差异。他发现有些巴西学生，不仅在一堂两小时课的中途才赶到，而且他们大多数人在课后不会离开，还不停地提问。这位心理学家不得不在课堂结束的半小时后终止这场讨论，因为没有迹象表明学生们想要离开。这种灵活的时间安排和北美大多数大学的情况有着显著的不同。

表6–4显示，差异容易导致误解。例如，经由观察得知，黑人女性处于成员全部为黑人的团体中时，非语言行为十分频繁，而且习惯打断彼此，这种情况比白人女性在成员全部为白人的团体中更加明显。这并不是说黑人女性的情绪强度大过白人女性，更可能的原因是两个团体隶属两种不同的文化特性。研究者发现，在完全混杂的团体中，黑人女性与白人女性都会变得更接近对方的风格。非语言行为的这种趋同性说明了技巧熟练的沟通者在跟次文化成员或不同文化背景成员互动时能够调整自己的沟通行为，使交流更加顺畅有效。

很多非语言行为是普遍的。有一些表情或行为在全世界所代表的意义都一样，比如微笑或开怀大笑，就公认是正面情绪的表现，而厌恶的表情就是不愉快的标志。查尔斯·达尔文（Charles Darwin）相信这样的表情是人类进化的结果，在人们语言尚未发展的时候，源于生存的需要，这些表情可以使他们传递彼此的感觉。尤其当我们对那些听不见或看不见的孩子进行测试时，他们天生的表情会显得更清楚。这些孩子除了缺乏社会训练之外，在展现表情的丰富性上，他们微笑、大笑、哭的方式，和那些听得见、看得见的孩子没有不同。换句话说，非语言行为就如我们许多沟通行为一样，都受到基因遗传和我们的文化两者所影响。

6.3 非语言沟通的类型

在心中记住非语言沟通的特性，接着让我们一起来看看字词以外的沟通方式。

身体动作

在讨论非语言沟通时，最重要的部分就是**人体动作学**，或者说身体的姿势和动作。在这一节中我们将讨论包括身体定向、姿势、手势、面部表情及眼神在人际关系中所扮演的角色。

身体定向 我们要从身体定向——我们以身体、脚与头面对或背对他人的程度——开始讨论。为了了解这些身体上的姿势是如何传递非语言信息的，你可以试试下面的实验。你需要两个朋友帮助你进行这个实验。想象一下，假如你正和一位朋友进行私人对话，这时第三个人走过来想要加入你们的谈话。你并不喜欢这个人，但又不想没教养地要求他离开。实际上，你只要明显地将你的身体背向那位闯入者，就可以让他清楚地了解你的感受。他会发现他很难越过你的肩膀去交谈。在这个过程中，你所传递的非语言信息是"我们正在兴头上，而且不希望你加入我们的谈话"。从这个情况中我们可以了解到，直接面对一个人表示你对他有兴趣，而背对一个人则表示你想要避免跟他有交集。

借由观察别人身体的定向，你可以了解他们的感觉如何，下次如果你处在一个拥挤的环境中，你可以选择和一个人面对面，试着去观察他的行为反应，看他是否会熟练地避开。然后以同样的方式，反观自己身体的定向，你会很惊讶地发现你无意识地避开了某个人，或者你有意使自己"背对"对方。

姿　势　另外一种非语言沟通的方式是通过我们的姿势。如果你对此抱有怀疑，先暂停阅读，注意你的坐姿。你的姿势透露出你的感觉是什么？在你旁边有没有人？你从他现在的姿势能读到什么信息？观察你周遭的人的姿势，就像观察自己一样，你可以通过许多非语言的途径去了解别人的感觉。

在日常用语中可以发现人们常以身体作为意象来表达沟通内涵。以下是一些蕴含情绪与身体姿势的常用语：

　　我不想就此歇手
　　卸下你背上的包袱
　　望穿秋水
　　背水一战
　　不要把责任全扛在自己肩上
　　他已经可以独当一面了
　　她肩上承担太多的重担

姿势可能是非语言行为中最不模糊的一种。在一个研究中，参与者面对电脑绘图设计出的176种人体姿势模型，要将特定情绪分配给这些人体姿势模型。超过90%的参与者在将"生气""悲伤""快乐"连接到相应的人体姿势模型上不存在异议，这些姿势似乎尤其容易解读。厌恶是最难经由身体姿势辨识的情绪，而有些参与者认为惊讶和快乐有相似的姿势。

紧张和放松提供了辨识其他姿势的情绪之钥，我们在没有威胁的情境中会采取放松的姿势，在面临威胁的情境中会采取紧绷的姿势。基于这个观察，我们可以只凭借着观察对方放松和紧绷的状况就说出一大堆别人可能的感觉状态。研究表明，紧绷是分辨一个人社会地位的方法，通常地位比较低的人比较僵硬、紧张，而地位比较高的人则比较放松。这种状况经常可以在公司内看到：员工通常比较严谨，而老板则常常向后斜靠在椅子上。

手　　势　手势——手或手臂的运动——是一种重要的非语言沟通。事实上，它们是如此基本，以至于一般人在使用的时候都不自觉，不会注意到它们。有一些社会科学家认为手势是人类最早的沟通形式，比说话早了好几万年。

最常见的手势是社会科学家所谓的**强调重点**。这些动作伴随着谈话而形成且不能单独存在。例如，假如有人在街角问你如何到达某一个餐厅时，你可能会告诉他街道名字和明显的路标，同时你也可能会用手指出方向并用手势指引他如何到那里。如果去掉话语只留下你的动作，这个人可能就找不到餐厅了。试着想想看身边是否有些人很喜欢"用手说话"，即使讲电话也不停地比画手脚，而对方根本就看不见这些手势。

第二种手势拥有**表征**的功能，这样的非语言行为带有非常明确的意思，并且同一文化圈内的几乎所有人都知道其含义。表征跟强调重点不一样，表征可以独立存在，并且经常可以取代语言。举例而言，我们都知道点头代表"对"，摇头代表"不是"，挥手代表"你好"或"再见"，把手放在耳朵旁边代表"我听不见你说的"，而几乎所有满7岁的人都能了解比中指的含义。有一点必须记住，表征的含义并非如上述般放诸四海而皆准，例如在北美"竖起大拇指"表示"很棒"，在伊拉克和其他国家则有猥亵淫秽之意。

手势的第三种形式是**调节动作**，是指无意识的身体动作对环境做出回应。冷的时候瑟缩打颤、双手抱胸来取暖就是调节的例子。当然，有时候我们碰到让自己感到很"冷"的人时也会双手抱胸，这种调节的手势流露出两人关系的气氛。调节动作通常都是无意识的，比如在面谈时不自觉地扳指关节或搓手臂一类，这种自我触摸的行为有时也被称为**操纵动作**。我们也可能在放松的时候出现这些调节动作。当你放松警戒（无论是独自一人还是和朋友在一起）时，可能会出现像搓耳朵、卷头发或是抠指甲一类的调节动作。无论如何，烦躁不安的信息隐藏着一些事情，所以观察者很习惯于去解释这是一种不诚实的象征。事实上，并非所有的烦躁不安都是不诚实的，因此，不要随便对调节动作下结论。

表情与眼神　脸和眼睛是身体上受到最多注意的部分，但这并不表示它们的非语言信息是最容易解读的。以下几个理由说明，脸部是非常复杂的表情渠道。

首先，要形容我们的脸部及眼睛所产生信息的数量及种类是一件很困难的事。研究者发现，仅眉毛及额头就会产生至少八种不同的位置，眼睛和嘴唇也有八种，下巴大约有十种。当你计算这些我们能感觉到的复杂表情时，不难发现要去搜集所有表情汇编成一本词典，并在词典中标注每一个表情对应的意思，几乎是不可能的事。

第二，面部表情之所以难以了解，是因为它转换的速度十分快。通过影片的慢镜头，你可以发现主角的**微表情**闪过速度之快就好像只眨了一下眼睛。研究者可以借助这些被定格的微表情来辨认人们说谎的瞬间。不仅如此，脸上的不同部位也会清楚地表现不同的情绪：快乐和惊讶表现在眼睛和下巴上；生气表现在下巴、眉毛和额头上；害怕跟伤心表现在眼睛里；厌恶表现在下巴上。

尽管面部表情展现情绪的方式很复杂，你仍然可以通过仔细观察获得一些线索。最简单的方式就是寻找那些比较夸张的表情。通常，真诚的表情不会持续超过5秒，否则我们可以怀疑它们的真实性。因为当某人想骗其他人时，他会对他想要强调的特定观点加以粉饰，并尽量夸大，让事情看起来像真的似的。另外一种察觉别人感觉的方法就是在他似乎无暇顾及细微表情时观察他的表情。我们都有过对别人匆匆一瞥的经验，比如看到那些因车祸而塞车停下的车辆驾驶员或是聚精会神地看着运动比赛的观众，此时会发现他们露出了在其他警觉时刻中很少出现的表情。

眼睛本身就可以传递好几种信息，跟某人目光接触，通常是一种参与的信号，而目光的转移，则表示了避免接触的欲望。这样的规则在商业行为上也有实用的价值：当服务生（无论是男性或女性）一直保持目光的接触时，顾客通常会给比较多的小费。研究者也发现直接与对方眼神接触的沟通者比眼神逃避的人更容易使得对方依从自己的要求。

另外一种由眼睛沟通所传达出来的信息就是正面或是负面的态度。当有人带着适当的面部表情看向我们的时候，我们会得到他对我们感兴趣的信息，这样的表情我们就称为"暗送秋波"。同样，如果我们注视某个人很久而她却总是避免目光的接触，我们大概就可以确定她可能不太喜欢我们接近她。当然，在许多追求的游戏中，感受到别人目光的人会假装转移眼神，不去注意对方目光所传递的信息，但是自己的目光却流连在对方身体的其他部位显露出对对方的兴趣。眼神的沟通还包含了支配与从属的信息，我们可能试过用眼神压倒别人，在现实生活中我们也有过用低垂的眼神表达自己的让步。

声　音

声音本身就是非语言沟通的另一种形式，社会科学家用**副语言**来形容非语言的、声音的信息，这种方式可以使得相同的字词表达出各种不同的意思。例如，在一个句子中，可以经由强调不同的重音而使得说话者的意思有所不同：

这是一本有趣的有关沟通的书（不是任何一本书，而是特别的这一本）。

这是一本有趣的有关沟通的书（这本书是一本优秀的令人兴奋的书）。

这是一本有趣的有关沟通的书（这本书的内容以沟通见长，它的文学性和戏剧性不怎么样）。

这是一本有趣的有关沟通的书（这不是一场演奏或是录音带，是一本书）。

用副语言进行沟通的方式还有很多，如声音的音色、速度、音高、音量，甚至还有暂停。以下两种停顿，就会阻碍沟通。第一种是**非故意停顿**——这种时候，人们停下来整理他们的想法，然后再决定如何更好地继续谈论他们的语言信息。骗子交流时往往比说真话的人有更多的非故意停顿，这并不奇怪，因为他们需要快速地编造故事。此外，在人们被问了一个微妙的问题（"你喜欢我买给你的礼物吗？"）之后，也会有很长时间的停顿，他们可能在争取时间想出一个能保留对方面子——也许不那么诚实——的回答。

第二种类型的停顿是**发出声的停顿**，范围从支支吾吾的语气词，如"嗯""呃""啊"，到那些习惯使用的填充词，如"像""好"和"你知道"等。研究显示，发声停顿会降低一个人的可信度，在面试时也会对候选人造成负面的认知影响。当卡罗琳·肯尼迪（Caroline Kennedy）考虑竞选议员的时候，她的媒体巡回采访中充满了发声停顿。例如，有一次她在《纽约时报》(*The New York Times*) 的独家采访中用"你知道"这词，停顿了多达142次。虽然这不是她决定放弃竞选的原因，但是许多评论家指出，这肯定无助于她的专业形象。

研究者借由没有实质内容的演讲来辨识副语言的影响力。原始的演讲内容经由电子手法处理过，使得演讲者说话的内容无法听清楚，但是副语言的部分则不受影响（听一些你不懂的外国语言也有同样的效果）。参与者听这些没有实质内容的演讲，却能够一致地辨识出演讲者的情绪状况及其优点。小孩子对那些说话声音比较温柔的人会给予比较温顺的回应，而面对那些说话比较不友善的人通常会比较害羞地离开。

副语言会在很多方面影响行为，有些似乎有点令人意外。研究者已经发现人们通常比较会顺从那些跟自己类似的人所要求的事情：那些说话比较快的人通常比较喜欢回应说话同样快的人，反之，说话比较慢的人也比较喜欢与说话速度比较慢的人交谈。除了顺从那些相同语速的演讲者之外，听众对那些跟自己讲话速度相似的人会产生更积极的印象。

讽刺也是借由加强声音的语调而转换成与字词相反的意思的。你可以通过下面三个句子来体验一下态度的转换。先用普通的方式说一遍下面的句子，然后试试换用讽刺的语调来说：

"非常感谢你！"
"初次约会真的让我很快乐。"
"再没有什么东西比青豆更让我喜欢了。"

当人们用副语言来传达非语言信息时，经常会引发对真实信息的忽视或者错误解读，尤其是讽刺这种只通过声音上的细微差别进而改变含义。某些特定的成员，比如儿童，心智不成熟和不善倾听的人，就比别人更容易误会讽刺信息。研究发现10岁以下的儿童缺乏足以分辨哪些是讽刺信息的语言解读能力。

声音的成分会影响别人如何看这位说话者。例如，说话比较大声且没有口吃的人，会比那

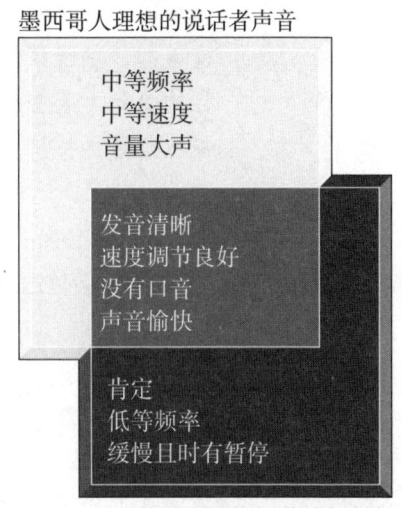

图6-1 墨西哥人和美国人理想的说话者声音的比较

些说话比较小声且吞吞吐吐的人看起来更有自信；具有较迷人声音的人也会比那些声音较不具有吸引力的人更受到尊敬。图6-1显示，不同文化也会造成不同结果。调查显示，墨西哥人与美国人对理想声音的定义有相似之处，也有不同的看法。腔调在印象的形成上扮演着非常重要的角色。一般而言，如果你的声音腔调属于社会地位较高的族群，那么腔调明显会引导人们作出正面的评价；如果你的声音腔调属于地位较低的族群，腔调明显会导致负面评价。

触 碰

美国的第一夫人米歇尔·奥巴马（Michelle Obama）在她的丈夫被选举为美国总统之后不久，就因为揽着英国女王伊丽莎白二世而被指责违背了外交礼节（英国王室禁止他人触碰女王——编者）。对此行为，有的观察家表示惊骇，另一些则感到高兴。暂且不论他们的反应如何，没有人会否认触摸是沟通的一种有力方式。

社会科学家用**触觉学**一词来描述针对触碰的研究。触碰可以传达许多信息，并且表示出不同种类的人际关系。比如：

　　功能的 / 专业的（牙科考试，剪头发）
　　社会的 / 礼貌的（握手）
　　友善的 / 温暖的（在背后支持，西班牙式的拥抱）
　　性的唤起（某些接吻，抚摸）
　　侵犯行为（推挤，打耳光）

某些非语言行为会在不同关系中发生。例如，一个吻也可能只是一种礼貌而已。什么样的触碰会传达出较多或较少的信息？研究者已经列出以下因素：

　　身体的哪一部分去触碰
　　身体的哪一部分被触碰
　　触碰的时间持续了多久
　　用了多少力气
　　在触碰之后有没有其他行动
　　是否有谁看到

触碰的行为发生在什么情境下
发生触碰的两者之间是什么关系

从上述因素可以看出，触碰实际上是一种复杂的语言，由于非语言信息本身就是模糊不清的，所以这种语言容易产生误会也就不足为奇了。拥抱只是一个嬉戏的方式，还是有强烈感觉的暗示？肩膀的接触只是一种友善的姿势，还是有特别的目的？非语言行为的暧昧特质，常常会引发一些严重的问题。

在我们决定如何对某个人作出回应时，触碰扮演了一个重要的角色。举个例子来说，在一个实验室里，参与者对那些有过触碰（当然是适当的触碰）的伙伴会有较正面的概念。除了会增加好感之外，触碰也会增加顺从的行为。一个餐厅中的服务生如果与顾客的手或肩膀有短暂的触碰，通常会得到较多的小费。在商店中触碰顾客，可以延长他们的购物时间，提高他们对商店的评价，也能增加他们的购物量。如果在商品试用环节伴随有触碰的话，顾客会更愿意去试用并购买该商品。

身体触碰最显著的一些好处发生在医药健康以及服务行业。例如，如果医生在开处方的时候给予一个轻微的触碰，患者更有可能服用开给他们的药物。按摩不仅可以帮助早产儿增加体重，还有助于腹绞痛的孩子睡得更好，能改善青少年抑郁症患者的情绪，并提高癌症和艾滋病患者的免疫功能。研究表明，临床医生和病人之间的触碰能潜在地激发各种有益的变化：病人更多地坦露自我和更好地接纳自我，建立起更积极的医患关系等。

触碰在学校里也有影响。如果老师在学生的背部或手臂上带有鼓励性质地触碰一下，那么后者在课堂上主动发言的可能性会增加一倍。甚至运动员也受益于触碰。据某个国家篮球协会的研究，"触碰最多"的队伍获胜记录也最多，同时在得分最低的队中，队友间相互触碰的次数也最少。

当然，我们上面所讨论的触碰必须是适合文化语境的。此外，我们必须知道触摸本身并不是成功的保证，而且过多的触摸会造成麻烦、厌恶，甚至让人毛骨悚然。但是，研究证实适当的触碰可以提高你成功的概率。

外　貌

或多或少我们都认识到，我们的外貌会将信息传送给别人。外貌有两个向度：生理吸引力和穿着打扮。

生理吸引力 那些外表更具吸引力的人往往能够获得更多的社会利益，人们很少怀疑这个结论。比如说，那些公认为迷人的女性会有比较多的约会，在大学里可以得到比较高的分数，比较容易说服男性，也会获得较轻的法院判决。凡是被认为比较具有吸引力的人，无论男女，都比较容易被认为比他们其他的兄弟姐妹更感性、仁慈、坚强、社会化和有趣。生理吸引力也被用来评估事业领域，这些人往往起薪较高、升迁更快、考核成绩较好。不过，生理吸引力偶尔也会带来消极影响：面试官会拒绝那些吸引力高的候选人，他们视其为自己的潜在威胁。

在生活中，外表对人的影响很早就开始了。以学龄前的儿童来说，拿一张同龄的孩子们的照片给他们看，请他们选出里面可能会变成朋友或是敌人的人。研究者发现即使孩子只有3岁，也可以分辨出谁比较具有吸引力（可爱的）或是比较没有吸引力（普通的），而且他们对那些较具有吸引力的孩子（包含同性和异性）评价比较高。教师也会受到学生的吸引力影响，更具有吸引力的学生通常会比其他不具吸引力的同学更容易得到聪明、友善及受欢迎之类的称赞。师生评估的作用是双向的，研究显示学生对于具有生理吸引力的教授也会给予较高的评价。

然而外表上的吸引力，即使不通过整形外科也能够加以控制。即使你不是美女或帅哥也别失望，证据显示当我们认识某些人越深入且更加喜欢他们时，就会对他们越看越顺眼。何况，我们看别人美丽或丑陋不是只凭他的天生条件，也会根据他如何运用自己生理上的条件而定。姿势、手势、面部表情还有其他行为都可以增加还没被标签化的人的吸引力，合适的练习将会有助于改善我们看起来的样子。

在电影《疯狂愚蠢的爱》(*Crazy, Stupid Love*)中，被老婆甩了的卡尔韦弗（史蒂夫卡瑞尔饰）向花花公子雅各帕尔默（瑞恩高斯林饰）寻求建议，如何做才能吸引女人。卡尔的努力显示非语言线索是不容易假装的。（参见本章末尾的电影小结）

穿着打扮 除了让我们可以隔绝自然环境，衣服也具有非语言沟通的意义。一位作家

第六章 非语言沟通：超越字词之外的信息 205

提出衣着可以向他人传递至少十种信息：

- 经济背景
- 经济水平
- 教育背景
- 教育程度
- 老练程度
- 成功程度
- 道德人格
- 社会背景
- 社会地位
- 可信赖程度

研究显示我们会依据人们的穿着而作出一些假设。穿着比较特别的沟通者通常较具有说服力，例如在要求行人帮忙捡垃圾或者说服他们借钱投入汽车停车投币机时，如果实验者穿着类似警察制服的衣服，就会比穿着一般的服装更容易成功。同样地，律师或是护士的衣服可以强调他们在法律上或是医疗照顾上的专业水准。我们通常也比较会模仿那些在穿着上较高级的人，即使他们违反社会规范。在一个研究中，有83%的人跟随一位穿着高级的人穿越马路，闯了红灯，然而只有48%的人会跟随那

电视真人秀《不要穿什么》（*What Not to Wear*）的主持人向那些"时尚挑战者"提供穿衣技巧。节目的参与者在接受训练后，不仅变得更好看了，而且对自己的感觉也更好了。（参见本章末尾的电视小结）

"跟我讲讲你自己，库吉尔曼——你的希望、梦想、职业生涯，以及那见鬼的耳环代表着什么。"

些穿着比较像低阶层的人。穿着套装长裤的女士通常会被认为比穿蕾丝花边短裙的人更具有权威。

物理空间

人际距离学是一门研究人类与动物如何使用空间的学问。至少有两种人际距离学的向度：距离和领域。

距离性　每一个人无论到什么地方，都会带着看不见的个人空间，我们会想象这个防护罩里是我们的私人领域，就好像我们身体的一部分。当你跟伙伴越来越接近时，你的防护罩好像被打开了，你的空间被闯入了，这是你为什么会感到不舒服的原因。当你再往后退时，你的伙伴从你的防护罩中撤退，你就会觉得比较放松了。

当然，如果你和一位非常亲密的伙伴（如配偶）进行这个活动，你应该不会感受到任何的不舒服，甚至你们碰触到彼此也不会有不舒服的感受。这是因为无论在身体上还是情感上，我们有跟别人靠近的意愿，这一意愿会随着我们跟这个人的关系或是当时的情况而改变。两个人之间的合适距离会以非常精准的状态存在，而且这样的距离也暗示了有关我们感觉以及关系实质的非语言线索。

人类学家爱德华·霍尔定义出我们在日常生活中的四种距离，依据我们在特定的时间点对这个人的感觉、对话内容以及我们的人际关系目标来决定。

- 霍尔的四个空间范围中的第一个是最小的**亲密距离**，这样的距离从皮肤接触到半米左右。通常只有非常亲密的人可以处于这个空间之内，并且多半发生在一些私人情境中——做爱、拥抱、安慰、保护。
- 第二个空间的范围是**个人距离**，这个距离介于半米到1.2米之间，这样的距离通常是夫妇在公开场合站在一起的距离。不过，如果在宴会中有异性站在这样的距离，你可能会觉得有些不舒服。移动至这样的距离通常也代表着要开始一场随性的谈话。在这样的距离下我们可以与某个人保持"一个臂膀的长度"，暗示着在这范围之内有沟通正在发生。
- 第三个空间是**社交距离**，这个距离介于1.2米到3.6米之间。在此距离下发生的沟通大多是商业行为。在此距离内比较近的一档是1.2米到2米，这样的距离通常是销售员与顾客或是同事之间的距离；而比较远的一档——2米到3.6米——在合乎礼节及非个人的情境里，这样的距离通常是我们跟老板之间的距离，这样他可以穿过他的办公桌看到我们，这跟拿一张椅子坐在老板旁约1米的地方有很大的不同，让人不那么紧张。
- **公共距离**在霍尔的分类中是最远的一种，指的是3.6米以外的距离。在这公共距离里，比较近的距离就是大多数老师在教室里与学生之间的距离，较远的空间——超过7.6米以上的距离——对于两个人的沟通来说几近不可能。演讲者大多数采用公共距离，其原因是听众的人数太多了，但我们同时也可以猜想，如果有人在可以选择的情况下仍然选择公共距离，那就表示他不想有任何对话。

选择最适合的距离可以有效地彰显出我们如何对待及回应他人。例如，学生对于拉近与他们距离的老师，以及该老师所教授的课程，都会比较满意，也会比较愿意遵循老师的教学内容。同样地，接受医疗救助的病人也会对那些位于较近档社交距离的医生感到更满意。

领域性　个人空间就像一个防护罩，无论我们走到哪里，它都在我们身边，仿佛是身体的一部分。然而领域是一个不会动的地理上的位置，比如工作的地点、房间、房子或物理上的空间，领域就是指以上这些空间中我们可以拥有自己权利的地方。有趣的是，也许你并不真正拥有领域的所有权却能获得一种拥有和归属的感觉。不管你在不在你家中的房间里，它就是你的，不过它不像个人空间那样可以带着到处跑。还有些时候，虽然你并不幻想那些桌椅为你所有，但就是会觉得教室里的那个位子好像是你的。

人们使用空间的方式也可以说明他们的权力和地位。一般而言，比较有地位的人通常拥有比较大的空间与较多的个人隐私。当我们要进入老板的办公室之前，一定要先敲门，而他却可以随意进出我们工作的区域。在传统的学校中，教授有自己的办公室、餐厅甚至厕所，而学生被认为不是那么重要，当然没有这些可供私人使用的地方。在军队中，一名军人所拥有的空间大小和隐私程度也是依据军衔的高低而有不同，士兵睡在四十人一间的军营里，而中士以上就可以有自己的私人房间，将军则有政府提供的房子。

物理环境

物体的摆设、建筑的方式及室内设计，这些也会影响我们的沟通。家庭设计传递出的沟通者印象可以被正确地解读出来。一位研究者让99位学生观察12间中高档的房子，包含房子的内部和外部，然后要求他们依据自己的印象去描绘主人的性格。在看完房子内部的照片后，学生非常清楚地了解到，装潢的方式直截了当地传递出了主人的智慧、礼貌、道德、乐观情况、紧张与否、进取心以及家庭价值取向等信息。房子的外表也让观看者很清楚地意识到主人在艺术方面的兴趣、亲切与否、隐私和安静的程度，等等。

除了表达出设计者的信息之外，环境也会影响发生在其间的沟通。在一个实验中，参与者在一个比较"漂亮"的房间内工作，会比在"一般"或"丑"的房间内工作时更积极、更精力充沛。在另外一个实验中，学生对布置过办公室的教授的信任胜过办公室比较脏、乱、差的教授。医生也会制造一个可以促进他跟病人沟通的环境，只是将医生的办公桌搬走，这样一个简单行为就可以使病人在看诊时放松五倍。医院内重新装潢过的复健病房也增进了病人之间的沟通。在旧有的设计里，椅子是依着墙的四周一张接着一张摆放的，而调整成将椅子围绕在一张小桌子的旁边，病人就可以在一个舒服的距离上看见彼此的脸，他们的沟通量约为之前的两倍。

时　间

社会科学家用**时间学**来描述人们关于如何使用和组织时间的研究。我们处理时间的方式可以有意无意透露出很多信息。例如，如果你很晚才回复或者根本不回复下属或同辈发给你的工作邮件，很容易给他们留下不值得信赖的印象。

在一个重视时间的文化中，等待可能代表着某种地位。"重要"人物（他的时间通常被视为比其他人重要）可能只接见有预约的人，也不会受到地位比较低的人干扰。一般人都会认为，老板直接走进员工的办公室是很自然的事情，但员工如果没有预约通常不会去打扰老板。一个相关的规则是地位较低的人从来不会让地位较高的人等待。工作面试时迟到是一件很严重的事，反之如果你准时或提前到了，他们只会让你在大厅等待。重要的人在餐厅用餐或搭飞机时通常可以迅速坐上头等的位子，而地位没那么重要的人只能在外面继续排队等待。

时间不仅暗示了一个人的权力和地位，而且也是衡量关系的标志。研究显示一个人与同伴相处的时间量暗示了对方在这个人心目中的分量。在一项分析二十个非语言行为的研究中，"相处时间"是预测关系满意度和人际感知理解力的最有力的因素。

小　结

非语言沟通包含不用字词表达出来的信息，包括身体动作、声音、触碰、外貌、物理空间、物理环境、时间等。

非语言沟通是沟通的必备要件，也是普遍存在的事实。事实上，不传递非语言信息是不可能的。虽然大多数的非语言信息具有普遍性，但是仍然受到文化和性别影响。有的非语言信息会流露出与语言沟通相反的态度和情绪，最好进一步确认表达者的初衷。非语言沟通提供很多的功能，如重复、替代、补充、强调、调整和反驳语言沟通的作用。非语言沟通在很多方面跟语言沟通不同。非语言沟通通常模糊不清，而且大多不是意识层面的。当语言与非语言的内容不一致时，沟通者多仰赖非语言的部分，也因此在解读非语言线索时要特别谨慎。

电影与电视

你可以在以下电影和电视节目中印证我们在本章总结的沟通准则：

解读非语言线索

《唐顿庄园》(*Downton Abbey*，2011—　)
TV-14级

电视剧《唐顿庄园》的发生背景是20世纪早期的英格兰，它展现了历史上的英国人表达情绪时的保守态度。因而，观众必须仔细地观察剧中人物的非语言线索——面部表情、声音的音调和身体语言——来猜测他们究竟感觉到了什么，又是如何感觉到的。

在这部剧中，社会地位的差异是显而易见的。克劳利家族的成员们，无论是穿着、坐姿、用餐的礼仪还是交流，依据的都是上流社会的准则。相较而言，庄园里的仆人们就要非正式得多。除非出现在雇主的面前，他们的行为举止会迅速改变：小心地保持一段合适的距离，进行有限的眼神交流，摆出一副严

肃的面目,以及用恭敬的方式做事,等等。你可以试着关掉声音看一集《唐顿庄园》,即便如此你仍然可能知道每一个角色在这个家族式的社会结构中所处的地位。

非语言认同管理

《全民情敌》(*Hitch*,2005)PG级
《疯狂愚蠢的爱》(*Crazy, Stupid Love*,2011)PG-13级

  两部电影都和非语言行为的大转变有关。在电影《全民情敌》中,亚历克斯·"情圣"·希金斯(威尔·史密斯饰)是纽约的一名"约会博士",专门教男人如何向他们梦想的女人求爱。他的新客户是艾伯特·布伦尼曼(凯文·詹姆斯饰),这个书呆样的会计必须提高他的品位,才能赢得美丽又富有的奥丽格拉·可儿(安贝尔·瓦莱塔饰)的青睐。在电影《疯狂愚蠢的爱》里,雅各·帕尔默(瑞恩·高斯林饰)也向无助的卡尔·韦弗(史蒂夫·卡瑞尔饰)提供了类似的建议。

  无论是希金斯还是帕尔默都从非语言行为的角度,向他们的徒弟传授了能够吸引女人的诀窍,包括如何走路、站立和跳舞等。不过,他们两人自己的爱情生活也都证明了恋爱不是仅仅操纵一些非语言的线索就能取得成功的。

检测欺骗

《别对我说谎》(*Lie to Me*,2009—2011)
TV-14级

  卡尔·莱特曼博士(蒂姆·罗斯饰)是一位测谎专家,通过研究一个人的面部表情和不自觉的肢体语言来判断这个人是否说谎。他指认和分析说谎者的能力很惊人——事实上,他对那些说谎者的了解似乎比他们对自己的了解更多。

  剧中莱特曼的许多结论是建立在著名的社会科学家保罗·艾克曼(Paul Ekman)的研究基础上的。艾克曼同时也担任了这部剧的顾问,他持续多年的研究向我们提供了许多令人信服的证据:说谎者有时候确实传达出了一些无意识的非语言线索,而这些恰恰"泄漏"了他们真正的想法和感觉。

  但还是要劝告这部剧的粉丝。首先,莱特曼的结论大部分是通过分析录像的慢镜头得出来的,而我们在日常对话中几乎不可能用这种方法去做记录。其次,许多非语言的线索都具有多重意义,而且它们也不必然意味着欺骗(只是因为说谎的人经常揉眼睛,并不意味着一个揉眼睛的人就在撒谎)。最后,莱特曼(和艾克曼)在非语言沟通方面所做的训练要比常人多得多,所以他们的测谎能力明显是个例,不属于正常范畴。

  我们在观看《别对我说谎》这部剧

时,最好以一种娱乐的心态来观赏,看看社会科学如何为专家们提供检测谎言的深刻见解。如果你把它当作一本外行指南,并借此分析和评判家人与朋友的非语言行为,就相当不明智了。再说了,如果你仅仅基于一些非语言线索就指责某人说谎,你正确的概率大概只有50%——在面对可能会危害一段关系的情况下,这可不是一个好概率。

注意:有关谎言和测谎方面的问题,网站 www.truthaboutdeception.com 为大家提供了全面的、及时的、学术的和通俗易懂的评论。

外 貌

《不要穿什么》(What Not to Wear, 2003—) TV-PG级

你的穿衣风格会影响别人对你的评价吗?根据电视真人秀《不要穿什么》的结果来看,回答是响亮的"没错"。在节目中,主持人史黛西·伦敦和克林顿·凯莉带着穿着糟糕的"时尚受害者"进行一次为期两天的购物狂欢,旨在将参与者转变成和以前相比衣着得体、打扮光鲜的新版本。节目证明外貌上的改变不仅会影响一个人的私人生活,在工作层面也会发生变化。

除了阐明非语言沟通的重要性,大多数的剧集证明了衣着打扮是如何与第二章我们所讨论的认同和自我展现相关联的。参与者经常承认她们穿得很糟糕是偏差的自我概念和缺乏自我尊严造成的。而那一衣柜的新衣服明显改变了她们思考和感觉自己的方式,也改变了别人对她们的印象。

在《不要穿什么》里,并没有任何有关学术的内容,但这个真人秀提供了一个很好的例子,即衣着打扮如何能够在我们的自我认知和人际关系中起到关键性的作用。

第七章
倾听：不只是听见

阅读完本章后，你应该能够：

* 辨认那些需要你用心倾听和不需要用心倾听的场景；面对一个给定的情境，能够评估不同风格的适当性。
* 辨认出你无效倾听的情境，以及你在这些情境中的不良倾听习惯。
* 指出四种你倾听别人讲话时最常用的反应类型。
* 证明在一个给定的情境中，混合使用倾听类型能够让你有效地回应他人。

里克·马斯腾的诗告诉我们，倾听不只是礼貌地注视和频频点头而已，它应该还包含更多东西。这就是本章将要探讨的内容。你将会了解到每一个人都非常需要被倾听，而且倾听是非常复杂的活动，它的价值就如同"说"在一个谈话过程中的重要性一样。

如果我们将使用频率作为衡量标准，那么倾听就非常有资格成为最重要的沟通形式。事实上，与其他沟通形式相比，我们确实花费了更多的时间在倾听别人说话上。一个针对大学生的研究（图7–1）显示，他们的沟通时间中，平均有11%的时间是花在书写上，16%的时间花在说话上，17%的时间花在

我刚刚
将游荡的心思
转回我们的交谈
却发现
你仍然绕着几个话题
喋喋不休
我想我
一定失神了
至少二十分钟
可是你
竟然不觉有异
是时候
谈谈我的表演能力
还是说
谈谈你的识别力
可有件事
让我不禁忖度

如果现在
轮到我喋喋不休
说上二十分钟
我知之甚详
那么你
是否也觉得
可有可无

里克·马斯腾（Ric Masten）

阅读上，而有大部分——多达55%——的时间花在倾听上。其中，倾听信息的来源主要包括大众媒介和人际沟通。另外，在工作场合中，倾听也同样重要，研究显示大部分北美公司的员工每一个工作日有60%的时间是花在倾听别人上的。

倾听确实是人们最常用的沟通形式，不仅如此，在与人建立关系上，倾听至少与"说"有着同等重要的地位。特别是对一段承诺的感情关系来说，在日常的谈话中倾听对方的个人信息被视

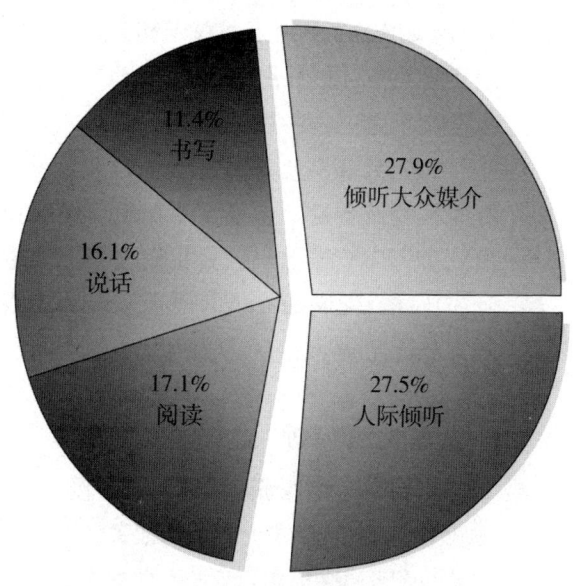

图7-1　沟通活动的时间分配

为关系满足感的重要组成部分。在一项调查研究中，婚姻咨询专家指出："在倾听时无法了解对方的观点"是夫妻沟通中最常出现的问题之一。当一组成年人被问及在家庭和社交场合中哪些沟通技巧最重要，倾听总是排在第一位。

7.1　倾听的定义

我们一直在用倾听这个词，好像不必多做解释似的，事实上这个词的概念远超过一般人所想。我们对**倾听**的定义——至少在人际沟通的角度——是解读别人所说信息的过程。这里我们需要注意由于倾听是对讲话的回应，所以非语言的维度也要包含其中。正如你在第六章所读到的，一句话的表达方式会影响它的意义。所以一个好的倾听者也会留意对方的副语言、面部表情和其他的非语言线索。因此，我们现在要先解释接收和回应对方信息的过程究竟包含了什么。

听与倾听

很多人以为听与倾听是同一回事，其实两者大不相同。**听**是声波传到耳膜引起振动后经听觉神经传送到大脑的过程；**倾听**是大脑将这些电化学脉冲重

构为原始声音的再现，再赋予其意义的过程。除了疾病、外伤造成的失聪或使用耳塞之外，你几乎无法停止"听"，不管你想听还是不想听，你的耳朵都会接收所有的声波并将其传送到大脑。

而倾听就不是这种自动的过程，我们一直都在听，却不一定在倾听。有时候我们会自动地或无意识地"屏蔽掉"我们所厌恶的声音，例如邻居的割草声或街道上车声。我们也会因为主题不重要或对其没兴趣而停止倾听。比如，无聊的故事、电视广告和喋喋不休的抱怨就是我们听到却又屏蔽掉的常见例子。

心不在焉地倾听

当我们超越听而开始倾听的时候，研究人员注意到我们用两种很不同的方式来处理信息，有时被称为**双重加工理论**。社会科学家用心不在焉和心无旁骛这两个术语来描述倾听的不同方式。心不在焉地倾听发生在我们对别人的信息以自动的或遵循常规的方式来回应时，通常不太专注和费神。用"假装""草率"来形容心不在焉地倾听比用"沉思""默想"更为恰当。

虽然心不在焉听起来似乎有点负面，但这种低层次的处理信息的方式其实具有一种潜在的价值，即它让我们能够自由地将心思聚集在需要我们小心注意的信息上。考虑到我们每天所要处理的信息量，要求全部时间做到仔细地、沉思般地倾听是不切实际的。同样，把你所有的注意力都贡献给冗长的故事、无聊的闲谈或老生常谈的话题上也是很不实在的事情。对这种如轰炸一般的信息，唯一切实可行的方法就是"偷懒"。在这种情境下我们要放弃仔细分析，退回到某种模式——有时就是刻板印象（见第三章）——来解读信息。如果你现在暂停一下，回想你今天听到的所有信息，很可能大多数状况你都是用心不在焉地倾听度过的。

心无旁骛地倾听

相反，心无旁骛地倾听涉及对我们接收到的信息给予仔细而审慎的专注反应。对你很重要的信息你比较会心无旁骛地倾听，或是你很在乎的某人正说到他个人的重要话题时，你也会心无旁骛地倾听。当某人谈到你的钱时（"把这修好大约要多少钱？"），你几乎会竖起耳朵来听；当你的好朋友告诉你他失恋的经过时，你也会变得聚精会神。在这些情境中，你会给予信息传送者完整、专一的关注。

可有时候我们会以心不在焉的倾听来面对值得或应该要心无旁骛倾听的事情。艾伦·兰格(Ellen Langer)是在他的祖母抱怨自己的头盖骨里面仿佛有"蛇在钻动"时决定开始研究心无旁骛地倾听的。医生非常快速地将这一情况诊断为老化现象,认为年纪大了自然就会老化,所以就没有仔细地听她的症状,而他的祖母后来因罹患脑瘤过世。这件事给艾伦·兰格留下了深刻的印象:

> 多年之后,我一直在思索医生对我祖母所说的话的反应,以及我们对医生的回应。他们按部就班地进行诊断,但是并没有张开耳朵倾听信息。"老化"成了医生先入为主的干扰,我们也没有多问医生——"专家"成为我们先入为主的干扰。

虽然大多数情况下要不要专注倾听的决定不会严重到攸关生死,但重点很清楚:有时候我们必须有意识地、审慎地倾听别人告诉我们的话。这种心无旁骛的专注倾听,才是本章所要强调的重点。

7.2 倾听过程的元素

现在,你已经知道在另一个人说话的时候,我们不只是静静地坐着而已。事实上,倾听的过程包含五个元素:听到、专注、理解、回应和记忆。

听 到

就像前面已经讨论的,听是倾听的生理维度。当声波以一定的频率和响

度撞击我们内耳时，我们就听到了。听到的过程会受到很多因素的影响，其中就包括背景噪音。如果环境中有其他嘈杂的声音，尤其频率又刚好与我们所欲接收的信息一样时，我们就会发现很难从所处的背景中整理出重要的信息。另外，听觉也会因为长期暴露在同一个音调或巨大的声响中而出现疲乏或暂时性的失聪。例如，如果你整个晚上都待在一个有巨大音响的舞会中，那么你的听觉状况可能就会出现问题，即使在远离了人群之后，这个状况仍然有可能持续存在。当然，如果你经常让自己暴露在巨大的声音中，像许多摇滚乐师及其粉丝那样，就有可能造成永久性失聪。

对很多沟通者来说，听这件事因为生理问题变得更难了。仅仅在美国，就有超过 3,100 万人患有某种程度的听觉损失。一项研究揭示出，在一个普通的教室每天都有四分之一到三分之一的孩子不能正常地听。要做一位沟通能手，你必须辨认出听你说话的那个人可能患有听觉损失，并且及时调整你的说话方式，如说得慢一点、大声一点、清晰一点，都是有效的方法。

专　注

听到是一个生理的过程，而专注是一个心理的过程，也是我们第三章所说知觉的选择过程的一部分。如果对每一个听到的信息都付出注意力的话，我们一定会疯掉，所以我们必须过滤掉一些信息，以便能够将注意力放在自己认为重要的信息上。我们的愿望、需求、欲望和兴趣等，都决定了我们选择的焦点。研究显示当倾听对方会带来好处时，我们会更小心地专注于信息上。如果你正计划去看一场电影，而你的朋友恰好讲到这部电影，那你会比平时更加专注地去倾听。如果你想要与某人建立良好的关系，你也会更小心地倾听他所说的每一句话，以期增进彼此之间的关系。

理　解

理解发生在我们弄清楚一个信息的意思的时候。我们都有这样的经验，当我们听到和专注于一个信息后，却还是没能理解它，甚至还有可能会误解信息的意义。

沟通学者用**倾听忠诚度**这个术语来形容听者所理解的意思和信息的发送者试图传达的意思之间的匹配程度。本章描述了很多误解发生的原因，也概括了有助于提高理解力的技巧。

回　应

对一个信息做出回应，就是对说话者给予清楚的反馈。尽管倾听者并不总会用明显的方式回应说话者，但研究者建议我们应该多对说话者给予一些反馈。一个针对银行界与医疗界的195个危急关键时刻的研究发现，有效倾听与无效倾听的差异就在于反馈的呈现方式。好的倾听者会使用非语言行为来表达他们的专心，例如保持目光的接触、给予适当的脸部表情——这一点对孩子来说特别重要，研究显示孩子会根据表情评估"好的"和"差的"倾听者。当然言语行为，包括回应对方的问题、交换意见与想法，也可以证明倾听的专心程度。

倾听过程中加入回应的功效，符合我们在第一章讨论过的沟通具有交流的性质。倾听并不是一种被动的活动，作为倾听者，我们应该积极地参与到沟通交流中去。在接收到信息的同时，我们也在发送信息。回应是良好倾听极为重要的部分，我们会在本章倒数第二节用一整节的篇幅来描述倾听反应。

记　忆

记忆是记住信息的一种能力。如果我们无法记住自己听到的信息，便会枉费我们对倾听所做的努力。研究指出大部分人对刚刚听完的信息只能记得50%的内容；八小时内这个数据会下降到35%；而两个月后平均只会剩下25%。总的来说，考虑到我们每天所处理的信息量，不论来自老师、朋友、广播、电视或其他的媒介，能够被我们的记忆所保留下来的信息仅仅是我们听到的一小部分。这样，你就可以了解有效地倾听是多么严峻的一件事了。

7.3　倾听的挑战

我们都同意倾听很重要，也描述了倾听过程的步骤。那么，成为一个良好倾听者的困难在哪里？下面的篇幅将要讨论倾听者必须面对和克服哪些挑战才能成为更有效的沟通者。我们会描述无效倾听的各种类型，也会探讨无法良好倾听的许多原因。当你读这些内容时，试着思考一下"这些内容有出现在我身上吗？"成为优秀的倾听者的第一步就是去发现自己还需要改进的领域。

无效倾听的类型

虽然一定数量的无效倾听是不可避免的，有时候甚至是可以理解的，不过了解无效倾听的类型仍然非常重要，因为这样你就可以尽量避免这些问题，以免错过一些对你重要的信息。

虚伪地倾听 虚伪倾听是真诚倾听的伪造品——通过模仿真实情况下的行为来愚弄说话者。虚伪的人表面上是很专注的，他们看着你的眼睛、点头、在正确的时刻微笑，还会不时地回应你，但在兴趣盎然的外表下，他们却想着完全无关的事情。虚伪的人使用礼貌的外表作为面具，以掩饰其内心的真实想法，对于说话者说话的内容完全没有接收。虚伪的人常常会忽视你，因为在他们的心中自己的事情比你所说的话重要多了。他们可能会觉得听你说话是一件无聊的事，或他们之前已经听你说过了，所以他们只会随便做一些应答。不论是什么原因，虚伪的倾听是一种虚伪的沟通，但和简单地拒绝人相比还是做出了一些努力的。

自恋地倾听 自恋的倾听者（有时又称为沟通的自我陶醉者）不会假装他们对于说话者的说话内容有兴趣。相反地，他们会尝试将沟通的主题转移到他们感兴趣的事物上。其中一种自恋倾听的策略被称为"回应转换"，意即在回应的当中将沟通的焦点从说话者转移到自己身上。当你说"我的数学课程真的很难"时，自恋的倾听者会转到他自己身上说："你认为数学难？那你应该上一下我的物理课。"自恋倾听者的另外一个特征是他们会去中断、阻碍沟通，这样倾听不但无法从沟通中获得有价值的信息，甚至还会破坏说话者和他们之

间的关系。例如，在一个面试中，如果应征者不断地打断雇主所问的问题，自顾自地说着自己想说的话，他们被雇用的概率显然很低；被雇用几率高的应征者会等待雇主结束他们的谈话以及问题之后才回应。

选择性倾听　在沟通的过程中，选择性倾听的人只会针对他们有兴趣的部分来回应，而拒绝倾听其他所有的部分。有时候我们都会选择性倾听。举例来说，当我们收听电台中的广告或音乐时，可能只是听到但没有听进去；当电台播送天气预报或宣布当前时刻的时候，我们就会竖起耳朵仔细听。选择性倾听也常常发生在沟通当中。别人和我们谈话时都期望我们能全神贯注，但我们通常只会在自己感兴趣的内容上付出专心与注意力。而在沟通情境中，很明显地转移注意力就像在说话者的脸上打了一个耳光一样令人难堪。

隔绝性倾听　隔绝性倾听者的行为几乎与选择性倾听者相反。相对于从沟通中寻找某些特定的信息，此类倾听者会避免听到它们。当人们述说一个话题时，他们宁愿不去讨论它，而是采用隔绝性倾听来避免听或表示注意。如果你提醒他们某个问题，可能是他们未完成的工作、低劣的成绩或邋遢的样子，他们会点头或简单地回答你，然后迅速地忽视或者忘记你刚刚说过的话。

防卫性倾听　使用防卫性倾听的人总是认为别人所说的话都是在攻击自己。例如，青少年总是认为父母对他们的朋友或参与的活动提出疑问就是对他们的不信任，找他们的碴。那些颇为敏感又容易生气的父母也很容易将孩子们所提出的问题视为对父母权力与智慧的挑战和威胁。我们在第十章将会提到，防卫性的倾听者对于模糊不清的信息是没有安全感的，他们很容易就会相信这些信息是对自己的一种攻击与伤害。

埋伏性倾听　使用埋伏方式来倾听的人会很小心仔细地去倾听，搜集他们想要的信息，借此攻击说话者的言论。在各种实例中，检察官就是一个最好的埋伏性倾听的例子。当然，使用这种方式去倾听的人，很容易让对方对他们产生防卫。

鲁钝地倾听　鲁钝地倾听是无效倾听的最后一种类型，此类倾听者无法清楚地接收到说话者的全部信息。之前我们有提到，人们通常不会公开解释自己的想法或感觉，不但不会直接表达真正的意思，还会使用一种更微妙的方式选择某些字句或通过非语言线索进行沟通。鲁钝的倾听者不会去寻找字面或行为背后的意义，他们只会对说话者信息的表面内容做出回应，忽视了更重要的情绪性信息。

为什么无法有效地倾听

在讨论过无效倾听的类型之后,相信大部分的人会发现,原来自己真正去倾听别人说话的时间真的是少之又少。无法随时随地仔细倾听似乎是一件令人泄气的事。我们很难真正倾听他人的原因有许多,现将说明如下。

超负荷的信息 当你面对轰炸而来的信息时,要专注于某些信息就特别困难,即便你知道它是重要的。仅仅是面对面交流的信息,就包括来自朋友、家人、工作和学校的。此外,个人媒介的信息——如短信、电话、电子邮件和即时消息——也需要你的关注。除了这些个人渠道,我们还陷入了来自大众媒介的信息洪流。这种通信洪水对注意力的挑战比人类历史上任何时候都更严峻。

心不在焉 另一个无法有效倾听的原因,是我们通常会将注意力放在我们所关心或我们认为重要的事情上。假如你即将面临一场重要的考试,或当你还沉浸在昨天夜里与朋友的美好聚会中时,你便很难对他人所说的话集中注意力。

飞快的思想 就生理层面来说,要做到有效倾听也是一项困难的工作。研究显示,人类有能力在一分钟倾听600个字,但是通常人们在一分钟内只能说100到150个字。于是,当别人说话的时候,我们便有许多"多余的时间"可以将注意力转移开来,去想一些和说话者的说话内容无关的事情。例如,想想我们感兴趣的事,做做白日梦,甚至计划如何反驳对方,等等。令人费解的是,我们宁愿让自己的注意力幻游,也不愿意在了解说话者的想法上花费更多的时间。

努力 倾听是一件费力的工作。当我们努力倾听时,身体会出现一些变化,包括心跳加快、呼吸急促、体温升高等。请注意,这些变化跟体能运动所产生的身体反应是相似的。这并不是机缘巧合:仔细倾听别人说话所耗费的心力并不亚于一次锻炼,因而很多人才不愿意劳心费神地倾听。假如你一整个晚

在电影《穿普拉达的女王》(*The Devil Wears Prada*)中,专横跋扈的老板米兰达·普莱斯特里(梅丽尔·斯特里普饰)就是无效倾听的一个典型例子。(参见本章末尾的电影小结)

上都在聆听好友最近遭遇的苦楚，你就会知道这过程有多费力了。

外在的噪音 我们所居住的物理世界里存在着许多容易分散注意力的事物，所以对别人的谈话付出百分之百的专注度是一件非常困难的事。交通、音乐、不相干的谈话等，这些噪音都会不断地影响着我们倾听别人的能力。举例来说，当你坐在一个拥挤、凌乱、闷热且伴随着许多噪音的房间中，不难想象你倾听的有效性会降低多少。这也就是为什么嘈杂的教室是不利于学生学习的，在这种环境下，即使你的目的再明确，也很难保证你可以清楚地理解对方。

错误的假定 沟通的时候，我们心中常常存在一些错误的假定，这些假定会引导我们去相信并专注于自己的一些想法，而这些想法实际却与说话者的意思相反。例如，当我们遇到某个熟悉的话题时，很容易漠视对方，因为你自认为已经听到了全部。还有一个类似的状况是，有时候我们会假定说话者的想法太简单、太浅显，不值得我们付出注意力，然而事实可能正好相反。有时候我们又会认为别人的评论太复杂而不容易理解，于是就会放弃去尝试理解他们。想想看你在听演讲时的状况，你就可以理解了。最后一个常犯的错误是假定谈话的主题是没有价值的，所以每当应该专心的时候，我们反而停止了专心。

缺乏明显的益处 通常我们认为说话可以比倾听带来更多的好处，其中一个最大的好处就是，它是一个掌控别人想法和行为的大好时机。商业顾问南希·克莱因（Nancy Kline）询问她的客户为什么要打断同事，下面是她听到的理由：

> 我的意见比他们高明。
> 假如我不打断他们，我永远没有说出想法的机会。
> 我已经知道他们要说什么了。
> 既然我的想法更好，他们就没必要说完他们的想法。

他们的意见对改善未来发展毫无建树。

对我而言，得到他们的认同比听取他们的意见更为重要。

我比他们更重要。

即使有些理由是事实，背后的自我中心观点也是十分致命的。更进一步，没有倾听者会在别人打断自己之后仍然尊重对方的观点。就像防卫，倾听也是相互作用的，你会从别人那里得到你所给予的东西。

缺乏训练　即使我们想达到有效倾听的目标，但如果教育中缺乏倾听技巧的训练，可能也是白费工夫。我们以为倾听就像呼吸，是一个人天生就会的活动。"毕竟，"常见的观点是，"我从还是个孩子的时候就在倾听了，所以在学校中并不需要学习这样的课程。"然而真实的状况是倾听和说话一样都需要技巧。虽然每个人都会听，但是很少有人拥有良好的倾听技巧。不幸的是，我们对自己所具备的倾听能力的认知通常和我们真实拥有的倾听能力是不符合的。不过，也有一个好消息，就是倾听可以通过教导和训练取得进步。尽管如此，我们花在教导倾听技巧上的时间也远远比其他的沟通技巧要少。通过表7-1便可以看到在我们的教育当中这种毫无道理的课程安排。

听力的问题　有时候一个人的倾听能力会受到生理上听觉问题的困扰。在这种情况下，无论是有听力问题的人还是他周围的人都会对彼此之间的无效沟通感到灰心丧气。一项调查探究了那些配偶患有听觉损失的成年人及他们的感觉。结果显示近三分之二的调查对象说他们因为配偶不能听清楚他们的话而感到苦恼。有四分之一的人承认他们在苦恼之外，还感到被忽视、痛苦和悲伤。许多调查对象认为他们的配偶拒绝承认自身的问题，而这往往更令人沮丧。所以，如果你怀疑自己或身边的人有听力受损的问题，尽快给予医学专业上的诊断与协助会是一个明智的选择。

表7-1　各种沟通活动的比较

	倾听	说话	阅读	书写
学习状况	首要学习目标	次要学习目标	第三学习目标	第四学习目标
使用状况	最常用	常用	较少使用	最少使用
教导状况	教导最少	教导较少	教导多	教导最多

应对有效倾听的挑战

读到此处你可能会觉得要做到良好的倾听根本是一件不可能的事,不过幸运的是,如果拥有正确的态度和技巧,你也可以把倾听做得很棒。以下将提出一些具体的做法。

少说话 季蒂昂的芝诺(Zeno of Citium,古希腊哲学家,斯多葛学派的创始人——编者)说得最简洁:"我们生来有两个耳朵,却只有一个嘴巴,就是为了让我们多听少说。"如果你的目的是要了解说话者的意思,那么你就要避免自私地抢夺说话者的舞台或一味地转换话题发表自己的想法。当然,少说话并不表示你应该保持绝对的沉默。给出反馈是你澄清理解和获取新信息的重要方式,问题是我们大部分的人在真正需要倾听别人的时候仍然说了太多的话。在很多的文化中,其实都认为倾听和说话是具有相等价值的。

摆脱注意力分散 有一些分散我们注意力的刺激来自外在环境,包括电话铃声、收音机和电视机、朋友的随时造访,等等;还有一些来自内在的心理因素,包括心思被其他事情所占据、肚子饿,等等。所以当你面对重要的信息时,尽可能地消除那些会让你分心的内在和外在的干扰是很有必要的。这可能意味着关掉电视,关闭手机,换到安静的房间以使你不受电脑诱惑,不必牵挂桌上未完成的工作,不再眷恋柜子上的食物等。

Seymour Hewitt/The Image Bank/Getty Images

不要过早评断 很多人都知道在理解别人说话的意思之前不要过早下评断的道理。虽然每个人都知道这个常识,却还是很容易会犯这样的错误。例如,武断地批评别人,还没听完别人的话就先做评价等。当你不赞同别人的说法或是当别人批评你的时候,反击回去的确是一个强有力的方式,但是当别人对你提出一些真诚的忠告时,试着去了解这些忠告与事实其实对你更有利。再者,即使没有任何批评和歧义,我们也倾向于根据第一印象去评估别人,作出完全不合理的仓促评断。综合以上负面的例子,我们可以清楚地看到一个正确的学习方向,那就是第一步先倾听，确定你真正了解所有的意思之后，再去评论。

寻找关键意思　我们很容易对一个夸夸其谈的说话者失去耐心，因为我们似乎抓不到他说话的重点，或者说他可能根本就没有重点。无论如何，大部分人说话还是有一个中心思想的。因此，你可以充分利用自己的思考速度比对方的说话速度更快的能力，这样或许你就可以从听到的一大堆言词中摘录出核心的意思。如果你不能指出说话者想要传达的意思，你可以使用一些不会得罪对方的问话、解释等反应技巧来澄清。接下来我们就要说明这个观点。

7.4 倾听反应的类型

倾听具有五个元素：听到、专注、理解、回应和记忆，借此我们可以得知对方是否正确理解我们所说的话。试着想一下，假如你认为某人是一个良好的倾听者，你为什么会认为他具有倾听能力？可能是因为他在你说话时所使用的回应方式——当你说话时他的眼神与你接触而且不时点头示意，当你说到很重要的事情时他保持专注良久，当你说到某些不可思议的事情时他也发出惊叹之声，当你受到伤害时他给予同理和支持，当你请教他时也适时给你另一种新观点或忠告。本章的剩余内容就将描述各种不同的倾听反应。

借力使力

有时候倾听者的最佳反应是顺水推舟地让说话者继续自己的话题。借力使力牵涉到使用沉默和简短的言论来鼓舞对方多说一些话，让对方借由这个过程自己协助自己解决问题。想一想下面的例子：

　　巴勃罗：朱莉娅的爸爸最近要卖掉一部电脑，很便宜，只要600美元！我很想买，但是如果我要买的话，我现在就要赶快行动，因为好像也有另外一个人对这台电脑很有兴趣。不过，虽然这是一个很棒的价钱，但是买下它可能会花光我所有的存款，而我需要一年的时间才可以再存到和现在一样多的钱。

　　提姆：嗯哼。

　　巴勃罗：我想这个冬天我不会去旅行吧！这样的话，我就可以趁这个时间留在学校打工赚钱……也许也可以再多找一份临时工作。

提姆：这样很好啊。

巴勃罗：你觉得我应该买下这台电脑吗？

提姆：我不知道，你觉得呢？

巴勃罗：真的好难决定啊！

提姆：（沉默）

巴勃罗：我想我要买下这台电脑，因为以后我可能再也没有机会用这么便宜的价钱买到电脑了。

当你无法帮别人作决定时，借力使力式的回应会是一个很棒的技巧。你会发现其实你不用做太多，你沉默的存在就是一个让别人自己寻找答案的催化剂，尤其当你与对方真诚相处的时候，你的非语言行为，比如眼神的接触、姿势、面部表情、声调，都可以显示出你对对方的关心。但是要记得，如果你使用的方式机械又呆板，则有可能惹恼、激怒别人，反而不能帮助对方。

问　话

不难理解何以问话会被说成"最流行的一种语言"，也许是因为询问更多信息可以同时有助于提问者和回答者。

问话至少能给予提问者三个帮助，最明显的是你获得的答案将使你对事实和细节有更深入的理解（"他对你说了为什么那样做吗？""后来又发生了什么事？"）。而且，经由提问你将更加清楚对方的想法和感受（"你心里怎么想？""你生我的气吗？"），同时也会得知他们的期望（"你是希望我重做一份新的报表吗？"）。

除了提问者可以得到好处，问话对于回答者也是有用的工具。助人专业的从业人员都知道，问话有助于自我坦露。你可以运用问话来鼓励对方探索他们的想法和感受。"从你的立场你看到了什么？"这样的问话可以激励一个雇员提出建设性的意见。"什么是你理想的解决之道？"可以帮助你的朋友说出他各种不同的期望和需要。最重要的是，鼓励性的发现远胜过布施式的忠告，后者意味着你似乎比他更有能力思考他的问题。这也许是成为一个有效倾听者最重要的一点。

除了这些明显的好处，不是所有的问题都是同样有助益的。尽管**真诚的**

问话旨在了解别人，但**虚伪的问话**的目的是发送消息，而不是接收信息。虚伪的问话包括以下几种类型：

- **给说话者设圈套的问话** 如果朋友问你，"你不喜欢那部电影，是吗？"你被逼入了墙角。显然朋友并不赞成你的想法，那么这个问题就留给你两个选择：要么捍卫自己的立场，表达你的不同意见，要么通过说谎或者模棱两可来贬低自己反应的价值——"我觉得它不甚完美。"想想如果是一个真诚的问话，"你对这部电影有什么看法？"回应将变得多容易啊。

- **附加问句** 像"有吗？"或者"难道不对吗？"这种跟在问句末尾的短语，暴露了提问者正在寻求认同而不是信息的意图。虽然有些附加问句确实是说话者真诚地在请求确认，也有一些虚伪的附加问句是用来胁迫对方同意的。比如："你说你会在5点钟打电话过来，但你却忘了，不是吗？"同样，以"难道"开头的引导性问话（如"难道你不认为他会成为一个好老板吗？"）也引导他人给出一个期待的回应。一个简单的解决方案就是把"难道你不认为"改为"你认为"（即"你认为他会成为一个好老板吗？"），这样问话就没有引导性了。

- **实为陈述的问话** "你终于挂掉电话了？"这句话更像是一个陈述句而不是一个疑问句。事实上，强调某些词可以把一个问句变成一个陈述句，如"你借钱给托尼了？"此外，我们还使用问话来提供意见。当一个人问："你会勇敢地面对他，让他接受应有的惩罚吗？"其实她已经清楚地向对方提供了应该做些什么的意见。

- **带有隐蔽计划的问话** "你星期五晚上忙吗？"这是一个危险的问题。如果你认为对方有什么有趣的想法，而回答说："不，我不忙。"那你一定不会喜欢听到，"太好了，因为我需要有人帮忙搬我的钢琴。"显然，这种问话不是为了增进彼此的了解，而是为了随后的提议而设计的。其他的例子还有"你会帮我吗？"和"如果我告诉你发生了什么，你能保证不生气吗？"明智的沟通者在回答这些掩饰着隐蔽计划的问话时都很谨慎，只会回应"看情况"或者"在回答之前，先让我听听你的想法"等。

- **寻求"正确"答案的问话** 我们大多数人都遭遇过只想听某种特定回答的提问者，并且深受其害。"你觉得我应该穿哪双鞋？"这个问话可以是真诚的，但是如果提问者有预设的偏好，情况就不一样了：此时，提问者没有兴趣听什么相反意见，"不正确"的答案也会被毙掉。还有些问话会把你逼入一种微妙的处境，如"亲爱的，你觉得我看起来胖吗？"也是一个要求"正确"答案的问话。

- **基于未经核实的假设的问话** "你为什么不听我说？"这句问话假设了对方没有留心，"出什么事了？"也假设了有什么不对。正如第三章讲的那样，在这种情况下，用知觉检核技巧检验自己的假设才是一个更好的方法。你可能还记得，在真诚地要求对方澄清以前，你要运用知觉检核所提供的描述和解释："因为你一直盯着电视机，所以我认为你刚刚没有听我说话，但也有可能我想错了。你有注意听吗？"

释　义

要增进彼此的了解，提高问话的技巧可以说是一个很有价值的办法，但是有时候它可能没办法使你更加了解对方，反而带来更大的混淆。回想我们经常遇到的情况，当你问朋友他家要怎么去时，假设你得到的回答是："走大概一英里后，在有交通信号的地方左转。"思考一下这个简单的信息存在着什么问题。第一，假设你朋友对于"大概一英里"的概念与你不一样：你认为实际接近两英里，而对你朋友来说是指300码，那会发生什么事呢？第二，如果你朋友指的"交通信号"是指"停车标牌"，而不是你所想的红绿灯，又会发生什么事呢？我们在心中想的常常和真正表达出来的不一样，所以当你朋友解释了他家的方位后，在你进一步提问"左转之后，我还要走多远"之前，最好先确认是否已经确实了解对方所说的信息。以你自己的字词重述说话者刚刚传送的信息内容且不增添任何新的东西，这种倾听者将自己所解读的信息重新说一次的做法称为释义或积极倾听。在之前那个情境中，倾听者可以这样释义，"你是说一直开到高中学校旁的那个红绿灯旁边，然后转向山头那个方向，对吗？"这种回应可能会得到说话者近一步的澄清。

释义技巧的成功关键在于要用你自己的措辞重述别人的观点，以便能再一次对信息进行交叉检视。假如只是单纯地逐字重复对方说过的每个字会使你看起来有点可笑，而且仍然没有达到澄清对方意思的目的。注意一下鹦鹉学舌和真正的释义之间的差别：

说话者：我是很想去，可是我怕我负担不起。
鹦鹉式回应：你说你很想去，可是你负担不起。
释义式回应：所以如果我们能一起想想办法，帮助你负担这笔钱，你就愿意和我们一起去了，是这样吗？

说话者：天哪！你看起来真是有点糟糕！
鹦鹉式回应：你觉得我看起来很糟糕！
释义式回应：你是不是觉得我看起来胖太多了？

释义别人的信息有两个层次。第一种是指释义**事实性信息**，这会帮助你更清楚地了解对方的想法，在最基本的层面上，避免信息混淆，"所以你是要这个周二开会，不是下周二，对吗？"

第二种是释义**个人性信息**，"所以，我的玩笑让你以为我不在乎你的问题？"在你被攻击的时候，要作出这种非防卫性的回应虽然很困难，但是却能减少兜圈子似的防卫性争执。第十章会进一步讨论如何在被批评时运用释义技巧。

释义个人性信息也可以作为一种助人的工具。释义可以反映说话者的想法和感受而不是去评断或分析，这样可以传达出你的投入和关切。释义所具有的这种非评价式的本质可以鼓励困境中的当事人进一步探讨问题。反映当事人的想法与感受，允许他卸下更多的思想负担，进而达到宣泄的效果。这种澄清带来的新视角可以让当事人找到以前看不见的解决之道。释义的这些特征使之成为服务业、领导者训练，甚至人质救援谈判的重要技巧。

有效的释义技巧是需要花时间培养的。下面的三种方法可以协助你让自己的释义技巧听起来更自然，包括：

1. 改变说话者的措辞：

说话者：双语教育真是一个失败又浪费钱的政策。

释义者：你看看我说得对不对，你很生气是因为你觉得双语教育表面上听起来很棒，但是实质上却没什么作用，对吗？

2. 从你所接收到的信息当中，抓出一个具体例子，来向说话者说明你所理解的程度：

说话者：李是一个混蛋，我真不敢相信他昨天晚上所做的事！

释义者：你觉得那些笑话很惹人讨厌，对吗？

3. 反映说话者的潜在寓意：

释义者：你一直提醒我要小心，听起来你好像是在担心有一些事即将发生在我身上，是吗？

释义虽然不见得无往不利，但是表达你的重述等于是为对方提供一个修正的机会，上述例子就说明了开放式的释义便于说话者修正这一点。

因为这不是你熟悉的反应方式，刚开始你可能会觉得很笨拙。但是等到你经常使用这种反应方式，并且逐渐增加使用频率的时候，你就会慢慢领会它的价值了。

在决定释义之前，还有几个因素需要考虑：

技巧构建　释义练习

这个练习会帮助你发现某种可能性，即你可以理解某个不同意你的人，却不用发生争论或者牺牲你自己的观点。

1. 找一个同伴，然后指定你们中的一人是A，另一人是B。

2. 找一个你和同伴显然持有不同观点的话题——可以是一个热点事件、一个哲学或者伦理上的问题，也可以仅仅是个人品位上的分歧。

3. 首先由A对这个话题进行陈述，然后由B释义该陈述。记住在这一步，B的工作仅仅是理解，不应该发表任何同意或者不同意A的评论。

4. 由A作出回应，告诉B她的理解是否准确。如果B确实存在误解，A应该及时纠正，B也应该反馈她对这个陈述新的理解。持续这个过程，直到双方都确定B理解了A的所有陈述。

5. 现在轮到A去回应B的陈述，然后由B纠正，协助A完成理解的过程。

6. 继续上述过程，直到你和同伴都能确认，你们不仅把自己的观点解释透了，而且对方也全部理解了。

7. 现在讨论下列问题：

a. 在你运用积极倾听的方法后，你对说话者的陈述的理解发生了哪些改变？

b. 作为积极倾听的结果，你是否发现自己的立场和同伴的立场之间的隔阂变小了？

c. 你们对这次交谈的感想如何？或者说，与你们平常讨论了有争议的话题之后的感觉相比，现在的感觉怎样？

d. 如果你在家里，在工作上或者和朋友们一起时也使用释义技巧，你的生活会发生怎样的变化？

1. 这个问题够复杂吗？如果你正在准备晚餐，有人想知道什么时候可以开饭，那对方听到这样的回答一定会被激怒，"你就对知道我们什么时候吃饭感兴趣。"

2. 对你来说，有必要投入时间和关注吗？释义会占用大量的时间。因此，如果你在赶时间，避免展开一场你无法完成的对话是明智的做法。当然，比时间更重要的是关注。给对方留下机械式的或者不真诚的反应，这种释义的结果会弊大于利。

3. 你能克制住不去评判吗？如果你想把焦点集中在说话者的信息上面，那就只用释义而不要掺杂进你自己的判断。如果重新表述别人的评论，你极有可能把他们引导到你自认为最好的立场上去，却没有清楚地说出你的意图。

4. 释义和你的其他反应成比例吗？过度使用释义会很烦人。特别是如果你突然把这个方法加入到你的沟通风格中，就更是如此。

支 持

有时候，人们从你那里想要听到的不仅仅是对他们感受的重复或者近似的东西，他们更想听到你对于他们的真实想法和感觉。支持性的反应就是听者表明自己和说话者处于同一立场的方式。有学者说支持是"表达关心、照顾、情感和兴趣，尤其是对方处在压力和沮丧之时"。

以下有几种类型的支持性回应：

同理心	"我可以理解你为什么会这么沮丧。"
	"是啊，这门课对我来说也很困难。"
同意	"你说得对，房东真的很不公平。"
	"听起来那份工作很适合你。"
提供协助	"如果你需要我的话，我就在这里。"
	"假如你喜欢，我很乐意下次考前再和你一起温习。"
赞美	"哇，你做得真好！"
	"我觉得你是一个很好的人啊，如果她不这么想，那是她不够了解你。"
恢复信心	"最糟糕的状况已经结束了，从现在开始一切都会好转的。"
	"我知道你一定会做得很好。"

其实要分辨非真诚的支持性回应是很容易的。有学者将虚伪的支持性反应称为"冷安慰"。正如以下例子所揭示的，当你使用它们的时候，你很有可能不是真心提供支持：

- **否认别人拥有感觉的权力** 许多非同理式的回应都是在暗示对方拥有某些感觉是错误的、不应该的，例如在"不用担心"这句话中，虽然它的目的是要让对方消除心中的恐惧，但其实它的潜在意思是希望对方可以换一个感觉，不要再自怨自艾。像这样的建议几乎是没有帮助的，毕竟别人不会因为你这样告诉他们就真的可以停止忧虑。还有其他拒绝别人感觉的例子，包括"这又没有什么，不值得你那样难过""你这样想真的很荒唐可笑"。对于人们情绪的回应，研究结果的建议很清晰：明确地承认、细说，以及合理对待一个受挫的人的情绪和观点，这种回应信息要比仅仅含蓄地承认或者否认对方，更能帮助到此人。

- **看轻事情的重要性**　想想别人曾经告诉过你的这句话，"那不过就只是……而已"，你可以在省略处填上任何词语，例如"一份工作""她自己的想法""一次考试""一次小小的恋爱""一个庆生会"，当你听到这些话时你的反应是什么？你可能会觉得那个人根本不了解你的感觉。对一个被类似言语侮辱的人来说，伤人的信息不只是一些"字词"而已，更是一种深深的伤害。对一个孩子来说，当他没有被朋友邀请去参加庆生会时，那个庆生会就不只是"一个庆生会"。对一个快被老板炒鱿鱼的人来说，那份工作就不只是"一份工作"。如果你这样看轻对别人来说很重要的事物，你就不是在使用同理式的回应。相反地，你是从你的观点出发去作评断，对别人一点帮助也没有。

- **聚焦在"彼时彼地"，而非"此时此地"**　在遇到困难时，我们会认为睡一觉醒来隔天的心情就会好一点，但是也有时候反而更糟。即便"十年以后你甚至不会记得她的名字"的说法是事实，但是这种安慰的话对现在正处于心情低潮的人来说确实没有多大帮助。虽然这些话的目的是希望对方可以多增加一点信心，但是这些聚焦在"彼时彼地"的说法对今天正心碎的人毫无安慰的效果。

- **火上加油的评断**　在你承认做了某个错误的决定后，又听到"你知道吗？这都是你的错！当初你根本就不应该这么做"之类的话，你肯定会感到很泄气。这样的回应反映出倾听者的评断态度，你会觉得对方并没有和你站在同一阵线。在第十章中将会继续讨论，一个评价式的、意在使人屈服的言论，不但无法帮助对方，反而会带来更多的防卫性反应。

- **自我聚焦**　如果你碰巧和对方有相似的经历，你很有可能对自己的遭遇夸夸其谈（"我绝对理解你现在的感受，因为我也遇到过这种情况……"）。尽管你的意图可能是表示自己的同理心，但研究显示类似的信息并不会起到帮助，因为它们将关心的焦点从受害者身上移走了。
- **自我防卫**　在回应别人的时候，话中还不忘自我防卫，例如"不要怪我！我已经做了所有我该做的事了"，很显然，你其实是觉得关心你自己比关心对方还要重要。

我们是否经常误用支持性反应？有一个针对最近遭遇亲友逝世的哀悼者所做的调查发现，80%对哀悼者所说的安慰话都没有帮助；接近半数"有帮助"的话都是建议他们"你要早点走出来""不要质问上帝的旨意"。尽管这些话的出现频率相当高，但是这些建议只在3%的时间里是有帮助的。不过，最有助益的表达还是承认哀悼者的感受，例如"现在对你来说一定很艰难——我知道她对你来说有多重要"。第九章介绍了向家人和朋友提供社会支持的其他方法。

如果处理得当，支持性反应就可以发挥功能。有效的支持性回应有几个参考原则，包括：

1.对他人内心的挣扎提供支持，但不表达自己赞同或否定的想法。例如你的朋友决定要辞掉一个你认为应该保留的工作，你可以使用支持性回应："我知道对于这件事情，你已经思考得很周全了，我想你会为你自己作最好的决定。"这样的回应不但不会违背你自己的想法，也可以表达你对对方的支持。

2.观察对方对你支持性回应的反应。如果你发现你的回应似乎对他没有太多帮助，你就必须换一个适合对方继续探索问题的回应方式。

3.要了解到支持也不是永远受欢迎。一项调查显示，有些人不需要社会支持，因为他们自己可以解决所发生的问题。许多预料之外的支持都被视为一种打扰，有些人觉得这使他们陷入了更深的焦虑。大多数的被调查者表示不

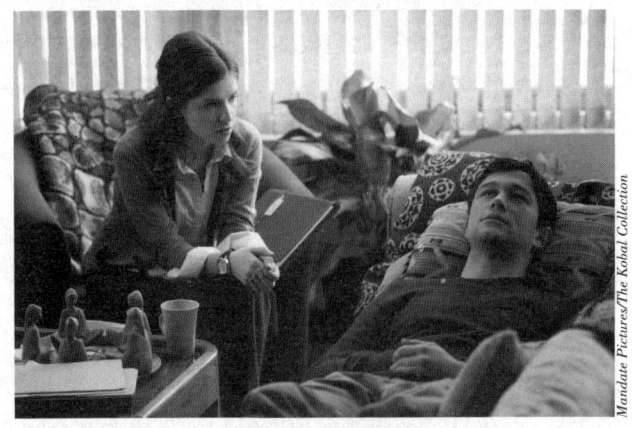

在电影《抗癌的我》（50/50）中，为了对抗癌症，亚当（约瑟夫·高登-莱维特饰）从朋友、家人和专业人士那里收到了各种倾听反应——其中有一些是有帮助的。（参见本章末尾的电影小结）

管要不要跟自己的好朋友讨论这些烦恼的情境，他们都希望能由自己掌控。

4. 确保你对后果已经做好了准备。谈论一件困难的事可能会减少说话者的痛苦，但却会增加听者的困扰。要认识到支持另一个人是值得做的，但也要冒着潜在的风险。

分　析

分析式回应是指倾听者对说话者的说话内容加以解释。以下的几个例子你可能很熟悉：

"我想真正困扰你的是……"
"她已经在做了，因为……"
"我认为你不是真的那样想。"
"也许这个问题开始于她……"

对别人的困境作出分析与解释，可以帮助对方思考问题的许多可能的症结，而这些症结可能就是他以前从来没有想过的部分。不管是向对方提供解决问题的方法，还是让对方了解你所知道的问题的来龙去脉，清楚地分析都可以让混乱的问题突然清晰明朗起来。

不过，也有一些例子提醒我们，分析不但不能解决问题，反而会制造更多问题。分析可能造成两个问题：第一，你的解释可能不正确，以至于接受你分析的那个人感到更困惑了；第二，即使你的分析是正确的，如果你直截了当、不加修饰地就这样把你的分析说出来，可能会引起对方的防卫反应。因为你分析对方，就是在暗示你比对方优越到可以去评价他。就算没有引起防卫反应，在他真正尝试去做之前，其实也没有办法体会你的观点。

所以，我们最好知道自己的分析在何时可以发挥最大的效用。以下的原则或许可以提供几个遵循的方向：

- **在作出解释时，使用试探性的口气会比绝对性的口吻更好。**当你说"也许这个问题的原因是……"或"这个问题在我看来可能是……"与你说"这就是事实"是不一样的。
- **确定对方愿意接受你的分析。**即使你的分析正确，对方如果还没准备好要接受它的话，仍然会徒劳无功。
- 确认自己提供分析的动机确实基于协助，而非借此突显自己聪明或显示对方差劲，因为在这种动机下所提供的分析将毫无助益。

忠　告

在协助他人解决问题时，我们常倾向于给予忠告式回应，即通过向对方提出解决问题的办法达到帮助对方的目的。忠告有时候是有助益的，但必须用一种尊重、关怀的方式提出来。

尽管有着显而易见的价值，忠告也有局限性。研究表明这种建议实际上没有多大帮助，至少和它有帮助的次数一样多。当你试图帮助他人的时候，有关忠告的研究给你提供了以下重要的注意事项：

1. 这个忠告有提出来的需要吗？如果某个人已经采取了一些行动，在事后才给予建议（"我不能相信你竟然和他一起回来了"）是无法得到理解的。

2. 对方真的想听你的忠告吗？人们普遍不会重视那些不请自来的忠告。所以在回应以前最好问问，说话人是不是有兴趣听你的劝告。请记住，有时人们想要的只是一个倾听的耳朵，而不是问题的解决方法。

3. 你提出劝告的顺序正确吗？如果倾听者能够先给出支持性的、释义的和问话的回应，借此更好地理解了说话者和相关的情况，此时再提出劝告则更有可能被采纳。

4. 你的忠告是专家级别的吗？如果你想提供有关购车或者人际关系管理的

建议，你最好有过成功处理这些事情的经验，这是很重要的。如果你不具备相关的专业知识，最好给说话人一些支持性的回应，鼓励他向专家寻求建议。

5.提出忠告的人是关系密切、值得信任的人吗？虽然有时我们也会向不是很熟悉的人寻求建议（也许是因为他们具备专业知识），但大多数情况下，我们更看重联系紧密的、当前正持续的人际关系范围内所给予的意见。

6.你提出忠告的态度是谨慎的、顾全对方面子的吗？即便建议是好的，也没有人喜欢被呼来喝去或者低人一头。记住信息不仅有内容向度，还有关系向度。有时候，那些没有明说的关系信息"我比你聪明"会让对方拒绝听取你的忠告。

评　断

评断式回应是用某种方式去评价别人的行为和想法。这样的评断可能是讨人喜欢的，例如"你的意见真棒！""现在你正走在正确的道路上"；也有可能是不讨人喜欢的，例如"你这样的态度是不会有什么好结果的"。不过，无论你的评断讨不讨人喜欢，作出这样的评断就暗示了一个事实：你是那个具有权力和资格去评断别人想法和行为的人。

有时候当人们作负面评断时，纯粹是为了批评别人。想想你曾听过多少次这样的回应："是你自找的""我早就告诉过你了""你真该为你自己感到惭愧"。虽然言语上的当头棒喝在某些时候会使对方对问题有所领悟，但是通常它只会使事情变得更糟。

不过，有时候负面的评断也可以不具有批评意味，这就是我们所说的"建设性的批评"，目的是希望能够让对方在未来有更好的进步。例如好朋友之间相互给予建设性批评，就是一个最好的例子，无论是评判穿着还是批判工作的选择等，都是希望对方可以变得更好。另外一个常出现建设性批评的地方就是学校，比如教授评价学生的功课，目的是希望学生可以在知识概念和技巧上更为精通。不论你的批评是否对对方发生效用，要知道即使是建设性批评也会引起对方的防卫心态，因为它可能会威胁到他人的自我概念（我们会在第十章进一步讨论），所以使用的时候要非常小心。

在下列的两种状况下，评断最有可能为人所接受：

1.当身处困境的人向你寻求评价时，你再提出自己的评价。毕竟，有时候我们主动提供的评价即使立意良好也常常会引起防卫。

2.当你向对方提出评断时，你的动机应该是真诚、有建设性的，而不是为了去奚落对方。如果你企图以评断作为征服对方的手段,不要愚笨地相信这样的方式对对方会有帮助。"我告诉你这点是为了你好"这类话通常不是真实的。

选择最佳的倾听反应

到目前为止,我们描述了倾听者的各种倾听反应。研究发现,在对的情况下每一种反应都有可能帮助别人接受他们的情境,改善他们的感受,使他们对于问题的掌控更有把握。但是对特定的人来说,哪一种反应方式能够奏效仍然存在着很大的差异。这个事实说明了使用各式各样不同反应方式的人比只能运用一两种反应方式的人更容易进行有效沟通。然而,如何选对说话者的反应,还有一些其他因素需要考虑。

性 别 研究显示男人和女人在倾听和反应上都大不相同。在面对别人的困扰时,女人比男人更常用支持性的反应,在组织表达支持的信息上也更有技巧,同时也更有可能从别的倾听者那里寻求到这种支持性反应。相反地,男人在面对苦恼的人时比较缺乏提供情绪性支持的技巧,他们对于别人的问题更倾向于提出忠告或转移话题。在一个有关妇女联谊会和兄弟联谊会的助人风格的研究中,研究者发现:妇女联谊会的女性经常在有人向她们求助时,出现情绪支持性反应。而且她们对那些能够不带评价地倾听,表达出安慰与关切的姐妹评价更高。相对地,兄弟联谊会的男人很符合刻板印象中的模式,他们习惯于挑战自己的兄弟,通过评估兄弟的价值和态度来提供协助。

听到这些事实,我们倾向于得出结论:女人要的是支持,而男人更喜欢忠告——但研究似乎不支持这一点。大量研究表明在困境中,无论男女都偏爱和想要支持性的、赞同的信息。女性更善于创造和提供这样的信息,这一事实解释了为什么男人和女人在他们想要情绪性支持的时候,都倾向于寻求

电视剧《摩登家庭》(*Modern Family*)里的菲尔·邓菲(泰·布利尔饰)某天在做SPA的时候上了一堂关于倾听的课。那里的女人告诉他,相对于评估和忠告,他的妻子会更看重他的同理心和支持。

女性听众。当沟通涉及性别的时候,重要的是记住,虽然男人和女人有时会使用不同的回应方式,但他们都需要倾听的耳朵。

情　境　有时候人们需要你的忠告,有时候他们需要鼓励和支持,有时候你的分析和评断最有帮助,有时候就像你已经读到的,你的探索和释义最能够帮助他们找到自己的答案。换句话说,好的沟通能力需要倾听者去分析情境,并发展出合适的反应。首要规则是,多进一步了解而少给予建议——使用诸如借力使力、问话、释义和支持之类的技巧经常是一个聪明的开始。一旦你搜集足够的事实并且显现出你的兴趣和关切,说话者也就对接受(或主动要求)你的分析、忠告等评价式的反应准备得比较充分了。

对　象　除了考虑情境,你也要因为对象的不同而调整你的反应方式。有些人能够深入思考忠告的价值,有些人只是利用你的忠告来逃避自己作决定的责任。有的沟通者极端防卫,不大肆抨击就无法接受分析和评断;也有人没有对问题进行清晰思考,以至于无法从释义和探索中获益。研究显示高度理性的人比感性的人更积极地使用忠告来回应。

深思熟虑的倾听者会选择适合对方的方式。找出最适合的反应方式的办法之一是直接问对方他想要你做什么,也就是简单地问:"你是要听我的忠告,还是只需要吐吐苦水?"这样可以有助于你做对方真正需要的事情。

你的个人风格　最后,当你要作反应时也要考虑一下你自己。通常我们会习惯性地使用一两种反应方式。你可能习惯安静地聆听,不断地借力使力顺着话题走下去;又或许你特别具有洞察力,而能够对问题提出一针见血的分析。当然,有可能你习惯的反应方式无助于沟通,例如过度评断或太急于忠告,或是你给了不受欢迎的或没有用的建议等。当你思考如何给予对方反应时,最好同时反省自己的优点和缺点,并通过取长补短来予以调整。

小　结

倾听是最普遍但也最常被人忽视的沟通形式。听到跟倾听有差别,心不在焉地听跟心无旁骛地听也完全不同。倾听是指将别人的信息赋予含义的过程,它包含了五个元素:听到、专注、理解、回应和记忆。

造成倾听不良的原因有许多,可能是因为每天我们都被太多的外在信息所轰炸,再加上自己的私人问题、飞快的思想等,以至于无法真正专注于倾听之上。有一些倾听者无法良好地接收信息，其原因来自生理上的听力缺陷，还有一些是缺乏训练。倾听的重要功能之一，是要从对方的话中搜寻重要的信息，成功的关键就是少说话、减少分散我们注意力的事物、避免过早的评断，并寻找说话者的关键想法等。

有些倾听反应重视搜集信息和给予支持，这些反应包括：借力使力、问话、释义和支持。有些倾听反应重在提供方向和评估：分析、忠告、评断。有效率的沟通者会很艺术、很有变化地使用它们，随时考虑性别、情境、对方和自己等因素，并选择一个最适合自己风格的方式来回应。

电影与电视

你可以在以下电影和电视节目中印证我们在本章总结的沟通准则：

倾听的重要性

《犯罪现场调查》（CSI，2000— ）TV-14级

《法律与秩序》（Law & Order，1990—2010）TV-14级

像《犯罪现场调查》和《法律与秩序》这样的罪案剧目前已经成为了电视节目的固定类型。尽管形式众多，这些剧也有一个共同点，即主角为了有效地

完成他们的工作，必须参与到积极的倾听过程中。有时候一名律师运用"借力使力"和"支持性"的回应方式抽丝剥茧，艰难地引出对方的供认；还有时候一个私家侦探抛出一些试探性的问话，再结合分析性的回应方式，最后才得出重要结论。再举个例子，一位警官在为犯人录口供时候谨慎地"专注"和"记忆"某些特定的细节，事实证明这在破案的过程中帮了大忙。在各种各样的情境中，剧中的角色需要时刻向他们的客户、同事和伙伴给出忠告和评断式的回应。任意观看这些剧中的一集，看看你能从中发现多少种我们在本章讨论的倾听反应类型。机会很大，你会找到不少。

无效倾听

《穿普拉达的女王》（The Devil Wears Prada，2006）PG-13级

女总编米兰达·普莱斯特里（梅丽

尔·斯特里普饰）是每一个员工的噩梦。身为老板，她不仅以自我为中心，而且专横跋扈、尖酸刻薄，对待为她工作的下属就像对待奴隶一样。普莱斯特里简直就是一个集齐所有倾听坏习惯的极品例子。她只关注和自己有关的事情（"关于你无能的细节，我不感兴趣"），而且反应很鲁钝，仿佛一点感情也没有（"用你的问题去烦其他人"）。虚伪地倾听、防卫性倾听和自恋地倾听？这些无效的倾听类型她都有。不仅如此，她还常常打断别人，听到不喜欢的东西就翻白眼，在话谈到一半的时候撇下她的下属不管。也许普莱斯特里是一个成功的商业女性，但她在很多方面是失败的——尤其是作为一个倾听者。

支持性倾听

《抗癌的我》（50/50，2011）R级

亚当（约瑟夫·高登-莱维特饰）是一个二十多岁、在西雅图过着美好生活的普通青年——直到他被确诊患有癌症。当亚当的母亲（安杰丽卡·休斯顿饰）、女友（布莱丝·达拉斯·霍华德饰）、最好的弟兄（塞斯·罗根饰）、治疗师（安娜·肯德里克饰）和一个互助团体得知他只有一半的概率活下去的时候，他们都试着帮助他应对这个挑战。他们有时笑，有时哭，有时提供一些没有帮助的建议，有时只是静静地听他发泄。他们试图帮助亚当的种种方式简直就可以作为本章所讨论的"支持性反应"的指导目录。

第八章
沟通和关系的演变

阅读完本章后,你应该能够:
* 辨认影响你选择同伴、建立关系的因素。
* 运用克奈普模式描述沟通在关系的不同阶段的本质。
* 在一段给定的关系中,描述辩证的张力是如何影响沟通的,以及管理它们的最有效策略是什么。
* 解释在人际关系中,变动和文化会如何影响沟通。
* 在一段给定的事务中,辨认沟通的内容向度和关系向度。
* 描述后设沟通如何能够被用来改善一段特定关系的质量。

"我们的关系很糟。"

"我在寻求一段更好的关系。"

"我们的关系已经改善了许多。"

"我们需要谈谈我们的关系。"

"关系"是一个我们经常使用却不太容易为它下定义的词。花些时间来想想该如何为这个词下定义，你会发现这一点也不容易。比如说，大多数人都会承认和客户或者顾客建立关系的重要性，但是这种关系必然与我们和爱人、挚友之间的关系相差很大。你和家人之间也有关系（毕竟，他们与你有关），但是这些关系可能会变得紧张，甚至发生破裂。再如，社交媒介的使用者们都知道当他们"处于一段关系中"的时候，在网上宣布他们的关系是一件多么重要的事。

与其定义（并因此限制）"关系"的概念，本章将审视一下关系的演变过程，以及人们如何运作沟通模式来建立、经营以及结束他们的关系。你将会知道关系并不是像一幅图画或照片那样静止的，而是时时改变，像一场正在上演的舞蹈或戏剧。甚至于最稳固与满足的关系也会在沟通模式转变时展现不同的面貌。当你结束这一章的阅读时，你会更加清楚地知道，沟通如何界定与反映人与人互动的生活世界。

8.1　我们为什么要建立关系

是什么让我们与一些人建立关系，而不是其他人呢？有时候我们没有选择的余地。小孩不能选择父母，大多数工作者无法选择他们的老板或同事。但在其他大多数情况下，我们会选择某些人而避开另一些人。社会科学家收集了数量庞大的人际吸引相关主题的研究。下面是经研究证实的一些影响我们选择关系伙伴的因素。

外　貌

很多人都说我们评价一个人应该看他的作为而不是看他的外表，然而，就像第六章说明的那样，现实经常截然相反。外貌在关系的初期阶段尤其重要。在一项研究中，超过700名男人和女人以盲约的方式互相配对，参加一个"电脑抽签舞会"。在舞会结束之后，研究者询问他们是否愿意跟自己的舞伴继续约会。结果如何？外貌越具吸引力的人（由其他不同的参与者来评定），其舞伴越愿意继续约会，其他诸如社交技巧或聪明才智之类的特质似乎不会影响决定。

再如，研究发现对那些喜欢速配约会的人来说，外貌是构成吸引力最主要的部分。也许这也就是为什么网上相亲者要定期更新有关自己身高和体重的照片与信息，他们是为了向潜在的追求者展现出更多的吸引力。此外，如果这些在线资料的拥有者在他们的网页上贴出有吸引力的朋友的照片，也会让他们获得更积极的评价，因为这暗示了他们结交的人也认为他们是有吸引力的。

不过，即使你的外貌并不符合社会标准，你也可以想一想下面这些鼓舞人心的因素：第一，过了起初的第一印象之后，长相普通但是具有亲切的人格特质的人，会被评价为具有吸引力；第二，生理外表因素的重要性随着关系的增进会降低。就像社会科学家说的："吸引人的外表特征可以打开大门，但是渐渐地，除了外表之外，必须还有其他条件才能保持大门常开。"

相似性

大量的研究都对"我们喜欢跟我们类似的人"这一结论提供了支持——至少大多数情况下如此。例如，婚姻中配偶的人格特质越接近，他们越倾向于表达对婚姻的满意度和幸福感。中学的好伙伴们也会在各方面表现出相似性，包括拥有一样的朋友，喜好同一种运动，参加类似的社交活动，具有同样程度的烟酒量等。如果是彼此相似的好友，他们的友谊似乎最有可能持续数十年。对于成人来说，相似性对于关系满意度和幸福感的作用甚至比沟通技巧来得更为重要，那些拥有较低层次沟通能力的人与那些拥有较高层次沟通能力的人一样满足于他们的朋友关系。

我们为什么会被相似的人吸引？有一种推测是它提供了某种程度的自我支持。如果我们评断那些像我们的人是有吸引力的，那我们一定也有吸引力了。有个研究试图描述这种**内隐自我主义**所能影响的吸引力的知觉范围。结果显示人们更有可能和那些姓或者名与自己相似的人结婚；也会因为相似的生日，甚至相近的运动球衣号码而互相吸引。此外，那些语言风格和我们相匹配的人也会吸引我们。在更实质的层面上，某项研究发现人们在挑选配偶的时候，会把相似的价值观——如政治和宗教——视为最佳预言者，而且要比生理外貌或者性格特质的吸引力重要得多。

如果别人在很重要的领域上和我们具有高度相似性，吸引的效果也将达到最大——例如，当两个人互相支持对方的生涯目标，喜欢一样的朋友，对于人权有类似的信念时，那么他们自然可以忍受彼此在热门音乐和寿司品位上的微小不一致。

不过，当我们接触到虽然某些方面跟我们相似，但是行事作风却很怪异或者经常冒犯社会规范的人时，相似性的作用就会从吸引转成厌恶。例如，你可能不喜欢有人说某甲"跟你很像"，因为你觉得某甲根本是个长舌公、爱抱怨或具有其他讨人厌的特质。事实上，当跟我们具有相似之人不只是冒失鬼，而且是冒失加上怪异时，我们会更强烈地不喜欢他，这很可能是因为这个人威胁到了我们的自尊，让我们担心自己也跟他们一样惹人厌。在这种情况下，最常见的反应是让自己跟这种威胁到理想自我形象的人保持越远的距离越好。

互补性

我们常说"对立的吸引力"，这似乎是在反驳我们刚谈过的相似性原则。事实上，的确两者都是有根据的。当差异具有互补性时，差异便可以增强一段关系，也就是说一个同伴的特质可以满足另一个同伴的需求。

研究表明，那些对伴侣来说有互补气质的吸引力，可能是植根于生物学中的。比如，当伴侣的一方是主导性的而另一方很被动，那么他们常常会彼此吸引。当伴侣们同意其中一个会在某些方面执行控制（"你对钱的事情作最终决定"），而另一方会控制其他不同的方面的时候（"我会决定我们应该如何装饰这个地方"），关系也能运作得很好。当控制的问题存在争议的时候，分歧就会发生。一项研究表明，"挥霍无度和小气吝啬"往往相互吸引，但他们在财务管理上的差异往往会导致严重的冲突，破坏关系的进程。

有一份针对交往超过二十年的成功和不成功的伴侣关系的研究，检视他们在相似点和不同点上如何沟通。结果显示：婚姻成功的伴侣之间既拥有足够的相似性，以便能在生理和心理上让对方感到满意；同时也拥有足够的不同，以便满足各自的需要，同时保持关系的趣味性。成功的伴侣会找到方法来保持他们相同点与不同点之间的平衡，以适应不断发生的改变。本章后段会详加讨论相似性与互补性之间是如何取得平衡的。

相互吸引力

通常，我们会喜欢那些喜欢我们的人。相互吸引的力量在关系的早期阶段中相当强烈，在这段时间中，我们相信自己会被喜欢我们的人所吸引。相反地，我们不太可能会在乎那些会攻击或对我们漠不关心的人。

相互喜欢可以建立吸引力一点都不难理解。那些认同我们的人会支持我们的感觉和自尊。这种认同的价值，同时也可以增强我们表现出来的自我概念，"我是一个值得人爱的人。"

你或许会想某些人所表现出来的喜欢的态度可能是假的，或只是一种不诚实的手段，想从你身上获得什么，这类行为一点都不是"喜欢"。在这种情况下，"喜欢"不符合你的自我概念，于是当有人称赞你很漂亮、聪明、仁慈时，你却觉得自己丑陋、愚蠢而且刻薄，你选择了忽视那些赞美的信息，继续存留在你所熟悉的不愉快的状态中。格鲁乔·马克思（Groucho Marx）总结这种态度说：他绝不加入任何主动邀请他成为会员的俱乐部。

能　力

我们喜欢围绕在聪明的人四周，也许是因为我们希望他们的能力和技能可以分一些给我们。但从另一方面来看，我们也不喜欢围绕在太完美的人身旁，因为相较之下，自己看起来会很糟。在这种比较的态度下，人们会被那些聪明却有显而易见缺点的人们所吸引，这并不足为奇，因为那表示他也是普通人，就像我们一样。另外，我们常被那些有能力又有亲和力的人吸引。"能干但是冷酷"通常并不是一种有吸引力的搭配。

坦 露

正如第二章所示，揭露你自己的重要信息有助于建立喜欢的关系。有时这一类喜欢的基础来自于发现我们彼此有多么类似，例如某些经验（"我也毁了一个合约"）或是某些态度（"我也对陌生人感到焦虑"）。自我坦露也能建立好感，因为这是重视对方的标志。当别人和你分享私人的信息时，这暗示着他们尊重并且相信你，这是对你的一种好感。我们可以看出分享信息有助于增加吸引力。坦露在关系发展的初期扮演着十分重要的角色，无论这段关系是通过网络沟通建立的，还是面对面建立的。不过，记住网上的坦露往往言过其实。

并非所有的坦露都会带来好感。研究显示，令人满意的自我坦露的关键在于**互惠**：你所揭露的信息的量与质跟对方要取得平衡。成功的自我坦露第二重要的因素是**时机**，某些人的时机选择错误，往往会带来错误的结果，这种错误有可能是很不明智的行为。举例来说：跟一个刚认识不久的人谈论你对性缺乏安全感，或者你的宠物在朋友的生日餐会上惹祸的话题，就很不合适。最后，出于**自我保护**的考虑，你只有在确认对方是一个值得信任的人之后，才能坦露个人信息，这一点很重要。

接 近

俗话说"近水楼台先得月"，我们容易和常常见面的人建立关系。比如，我们很容易和亲近的邻居建立友谊，许多学生都会选择经常走同一条路的人作为友伴。这种现象很容易理解，接近使得我们更容易获得别人的信息，也容易从关系中受益。跟我们接近的人通常比不跟我们亲近的人与我们之间更具有相似性。比如，住在同一片地方的邻居往往具有类似的社会经济地位。此外，网络为人们创造亲近感提供了新的方式，无论在现实中相距多远，使用者都可以在网络空间中体验到"虚拟接近"。

报 酬

一些社会科学家相信所有的关系——包括人际的和非人际的关系——都建立在一种被称为**社会交换理论**的半经济模式基础上。根据这个模式的暗示，如果与对方相处带给我们的报酬大于或等于我们所要付出的成本，我们更愿意建立和维持这段关系。根据社会交换理论，当一方感到"无利可获"时，这段关系就会变差。

报酬可以是有形的（一个很好的居住地点、一个高薪的工作），或是无形的（名声、情绪上的支持、友谊）。成本是不受人喜爱的结果：不愉快的工作、情绪上的痛楚，等等。一个简单的公式可以让我们了解在社会交换理论中，我们为什么形成和维持关系：

报酬－成本＝结果

根据社会交换理论，我们用这个公式（通常是不自觉的）来决定如何与这个人交往，是"值得投入"还是"不值得努力"，基于结果是正值还是负值。

交换理论用最露骨的方式显示了人与人之间的冷酷和算计。但是在某些类型的关系中看起来也颇合常理。一段良好的商务关系建立于双方能在多大程度上帮助彼此。有些友谊的建立也是出于一种非正式的交易："我不介意听你谈论你的爱情生活的高潮和低潮，因为当我的房子需要修理的时候你救了我。"就算在亲密的关系中，也有交换的元素存在。朋友和情人通常会容忍彼此的怪癖，

"我要为在座的所有人买一杯酒，只要你们耐心地听我说完我对形形色色的社会和政治问题所持有的空洞而简陋的观点。"

因为相较于他们所得到的舒适和愉快感来说，这一点点的不愉快是值得接受的。

乍一看，由社会交换理论所呈现的对于关系的见解，似乎和建立在追求亲密感基础上的关系需求极为不同。事实上，这两种观点并不是相互矛盾的。寻求任何一种形式的亲密感，不管是情感上、生理上还是智力上的，都有其成本，然而我们决定付出成本与否，最大考量就是其收益。如果寻求和维持这个亲密关系的成本太高，或是收益不值得努力，那我们就会决定撤回。

8.2 人际关系的演变模式

经验告诉我们，关系的开始是一个重要的时间点。当我们和他人沟通，并且越来越了解他们时，沟通会发生什么改变呢？沟通学家在这个问题上有不同的见解，以下我们就继续来学习两个主要的观点。

发展的观点

关于关系的发展阶段最为著名的模式之一是马克·克奈普（Mark Knapp）所发展出来的，他将关系中的起起落落分为十个阶段，包含"聚合期"和"离散期"两个层面。其他的学者认为所有的沟通关系都应该包含一个可被称为"维持期"的第三层面，以确保关系正常且顺利地运作。图8–1展示出克奈普的十

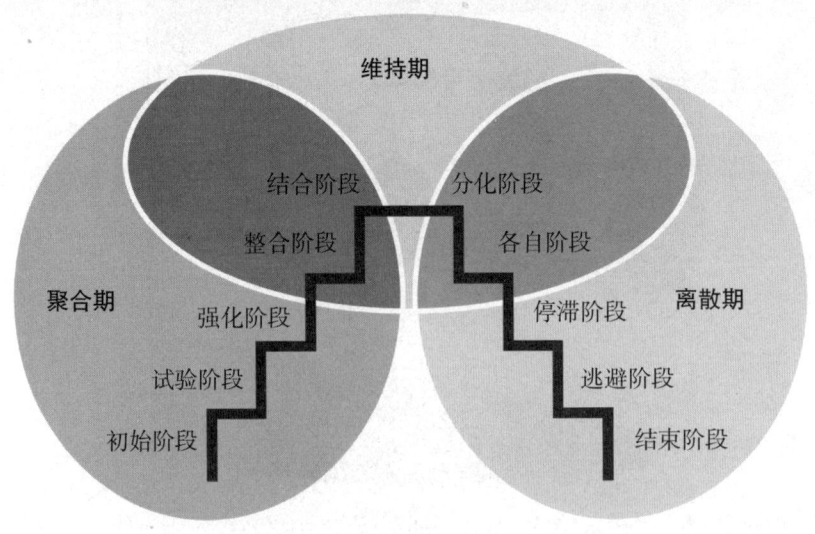

图8-1　关系发展阶段

个阶段如何与合理沟通的三个面向搭配的情形。

克奈普模式最适合用来描述恋爱双方的沟通，不过，其他亲密的关系类型在很多方面也可以适用。当你逐步读下去时，请试着思考这些阶段如何描述长期关系的特性，例如，一对伴侣关系或生意伙伴的关系。

初始阶段 第一阶段的目标在于你愿意与人接触，并表示你是一个值得谈话的对象。沟通在初始阶段通常是相当简短的，往往依循一些常见的模式，如握手、谈论无关紧要的话题——例如天气等，并且友善地表达情感。这类行为看起来相当表面且没有意义，然而这却是一种有兴趣与他人建立关系的象征。它让我们不需要说："我是个友善的人，我想要多认识你。"

初始关系——尤其是恋爱关系——对于害羞的人来说尤其困难，对这些人而言经由网络互动可能容易一些。一个有关网络约会服务的研究发现：自认为是害羞者的参与者比外向的使用者更加感谢网络系统的匿名功能和不具压力的沟通环境。研究者发现许多害羞的网络使用者尤其需要利用网络服务，来帮助他们克服面对面场合关系初始阶段的压抑窘境。这就帮助解释了为什么年轻人——无论害不害羞——都使用像Facebook这样的社交网站来开始一段关系。

试验阶段 在与新朋友有些接触后，下一个阶段就是考虑是否有兴趣进一步追求这段关系。这个阶段包含了**不确定性减少**——通过获得更多有关他人的信息逐步了解对方的过程。减少不确定性的一个常见部分就是寻找双方的共同立场。它包含了一些基础的对话内容，比如"你从哪里来？"或者"你的专业是什么？"从中，我们就可以发现自己与他人的相似性，"你也慢跑吗？你一个星期跑几公里呢？"

"闲谈"是试验阶段的最佳保证。尽管我们可能不喜欢闲谈，却还是容忍了这些痛苦的折磨，因为我们知道闲谈有很多功能。首先，这是找出我们共同感兴趣的事情的有效之道；其次，它也提供了一种试验渠道，帮助我们决定这份友谊是否值得经营。接下来，闲谈是一种缓和关系的安全方法。在你决定是否进一步继续下去之前，你不用冒很多风险。最后，闲聊还可以提供与他人的联结，有些人甚至还沉醉其中。

对他人有兴趣的沟通者，从初始阶段进展到试验阶段所花费的时间，通过网络空间甚至比面对面交流更短。有一份研究发现：人们借由电子邮件开始问那些关于态度、意见和表现的问题比面对面接触快得多。使用网络通信的人看不到对方的非语言反应，不需要担心脸红、结巴等问题，也不会因为对方提问太快或太多的问题而产生逃避心理,这显然对沟通有所帮助。

社交网络,如Facebook,可能会改变这一关系发展阶段的本质。正如一位沟通学学者所指出的,过去自我坦露需要一个渐进的时期来收集信息,如今可以更快速地完成这一过程:

> 通过仔细阅读某个人的社交网络资料,我常常可以了解许多事情,而在其他情况下,我得在没有其他人在场的最初的几次约会里才会得知这些事。从他们的个人信息页面上所透露的东西,我可以知道他们的关系状态,政治倾向,最大的爱好,喜欢的音乐、书籍和电影。通过查看他们的照片和他们的新鲜事,我可以得到一个相当不错的了解,关于他们经常和什么样的人出去玩,他们在周末喜欢干些什么,还有他们的个人风格。

强化阶段 在强化阶段中,我们在第一章所谈的真正的质化人际关系才开始发展。在强化阶段,两人的沟通模式会发生一些改变:向对方表达情感的次数变多,使用更广泛的沟通策略来描述他们对吸引力的感觉。在大约四分之一的时间里他们会直接表达他们的情感,公开讨论彼此关系的状态。但他们更常以不直接的方式沟通:花更多的时间一起度过,要求相互的支持,为同伴做一些有趣的事,给予一些情感的纪念品、暗示和调情,用非语言的方式表达情感,了解对方的朋友和家庭,以及试着让自己的外表更有吸引力,等等。在发展友谊时,强化阶段包括共同参与活动、跟共同的朋友出游或一起去旅行等。

强化阶段通常是关系中一段令人兴奋和陶醉的时间。对热恋的情人而言,这个阶段通常充斥着崇拜的目光、鸡皮疙瘩和白日梦,就像电影和小说中描述的桥段,而我们也喜欢看到相爱的人坠入爱河。不过,问题是这个阶段并不会持续到永远,这是必然的。有时,那些对另一半不再来电的人就会开始质疑,他们之间是否还有爱情。虽然也有例外,但是他们很可能简单地进入了一个不同的、不那么感性的阶段——整合。

整合阶段 当关系增强后,群体中的同伴会呈现出一种作为一个社会单位的认同。在亲密关系中,情侣开始邀约,社交圈开始整合,双方开始向彼此作出承诺:"好!我们将会和你的家人一起度过感恩节。"大家开始认定某些事物为共同财产——我们的公寓、我们的车以及我们的歌,等等。同伴之间还会发展出一种他们特有的、惯常的行为模式。甚至连密友之间的说话方式也开始变得相像，他们会使用彼此的惯用语和句型。整合阶段是我们放弃自己旧有的人格特质，与他人建立分享认同的时刻。

在现如今的人际关系中，整合阶段可能还要包含一个"Facebook 正式化"的步骤，即在社交网站上公开宣称两人正在"处关系"。当然，如果只有一个人想去 Facebook 上晒晒关系，而另一个却不愿意，问题也会因此产生。这种情况会发生是因为他们关系的状态被视为缺乏对于结合的承诺（和约束）。

在电影《和莎莫的500天》（[500] Days of Summer）里，汤姆（约瑟夫·高登－莱维特饰）和莎莫（佐伊·丹斯切尔饰）对他们感情关系所处的阶段总是持有不同的意见。（参见本章末尾的电影小结）

结合阶段　在结合阶段中，群体中的人会有一些象征性的公开姿态，用来告诉全世界他们的关系是存在的。那么组成一段结合的、相互承诺的关系需要哪些要素呢？答案似乎很难界定。类似"合法同居""姘居"和"生活伴侣"这样的词表明，虽然它们所描述的关系不能得到法律和社会习俗的完全认可，但是不可否认其中包含着一种内隐的、明确的联结。无论如何，考虑到结合阶段在证实和加深关系方面的重要性，难怪同性恋团体一直都在力求拥有法律承认和认可的婚姻。

结合阶段也是关系中的一个转折点。关系上升到现在，一直是以一种稳定的速度发展的。从试验阶段逐渐进入强化阶段然后到整合阶段。然而，现在的承诺就像是冲刺。对关系进行公开的炫耀和专有的宣称都使这个阶段有着明显的不同。

并不是只有爱情关系才会发展到结合阶段。试想一下签署了合作契约的生意伙伴，或者兄弟会和姐妹会的结盟仪式等。就如同一个作家所写的那样，即使是友谊也可以通过一种"官方"性质的行动达到结合阶段：

> 有些西方文化为了标记友谊的进展，给予其公开的合法性和形式，会举办一些仪式。例如，在德国有一种小型的仪式叫作"**Duzen**"，意

思是指友谊的升华。这个仪式要求两个朋友，每一个人拿一杯啤酒或红酒，两人手臂交缠，身体靠得很近，在发誓两人兄弟情谊至死不渝之后，把酒喝光而且说"Bruderschaft"。仪式结束之后，这两个朋友的友谊从此不同，他们的关系从正式称呼"Sie"的形式转变为熟人之间的"du"。

在德语中，"Sie"和"du"都是称呼代词，前者用于敬称，可译为"您"，后者用于非敬称，可译为"你"。——编者

分化阶段 结合阶段是克奈普称为"聚合期"发展阶段的顶端。但是就算是在最投入的关系中，人们也需要坚持他们独特的自我认同。分化阶段就是"我们"这个点开始要产生变化转成"我"的时候，也就是"抱紧我"的定位点发生替换，而"放我下来"的信息开始发出的时候。交谈的焦点从"我们"周末计划要做什么转变成"我"这个周末要做什么了，曾经两人都意见一致的理性议题——例如，"你还是负责赚钱养家而我负责打理家务"，现在成为争议之点："我比你更具备职业发展的潜力，为什么我要被绑在家里？"分化这个词的词根就是不同，暗示着变化是这个阶段的主角。

当一段关系开始经历第一次、不可避免的压力感时，分化通常就发生了。这种需要自主和改变的需求不见得都是负向的经验，无论如何，人不仅是关系的一部分，也是一个独立的个体，分化就是一个朝向自主的必要步骤。例如：试想一下，一个成年的子女既想与父母保持良好的关系，同时也想保有自己独特的生活和认同。分化其实是维持期关系中必然的状态。成功的分化关键在于当我们为个体存在创造一些空间的时候，还能维持在关系当中作出的承诺。

各自阶段 在各自阶段中，成员沟通的品质和数量都在降低。限制和压抑是这个阶段的特征。成员们选择退缩，而非讨论一个不认同的话题（这是需要双方付出精力的）。双方在心理（选择独自沉默、做白日梦和幻想）和生理上（人们花较少的时间在一起）都会划清界线。各自为政并不包含全然的拒绝——那是稍后才会有的情形，而是对兴趣和承诺表现出退缩。

"限制"这个词的意思源于拉丁文"在周围画一个圈"。出现于分化阶段的差异现在变得更加显著和标签化："我的朋友"和"你的朋友"；"我的银行账户"和"你的银行账户"；"我的房间"和"你的房间"。你很快就会读到，这样的区别可以是个人认同和关系认同、自主和联系之间健康平衡的标志。当一段关系，

分离的部分明显多于整合的部分时，或者当分离的部分严重地限制了互动时，比如"我的假期"和"你的假期"，才会产生问题。

停滞阶段 如果各自阶段持续下去，关系就会进入停滞阶段。强化阶段的兴奋感早就过去了，成员彼此用老方法相待，熟悉的方法没有什么感觉，也没有成长发生，这样的关系就是一个空壳。我们可以看到许多在停滞阶段中失去热情的工人，他们在辞职前依然会继续工作好几年。同样悲惨的事也发生在厌倦同样的对话、同样的人和每天随之而来的例行公事，却没有一点愉快和新奇感的伴侣身上。

逃避阶段 当停滞阶段变得过分令人不愉快时，群体中的人们就会创造出一种彼此之间的物理距离，这就是逃避阶段。有时他们会间接地通过一些伪装的借口来表达（"我最近都在生病，没办法和你见面"），有时也直接表达（"别打电话给我，我现在不想见到你"），这两种迹象都会使关系的前景陷入困境。

关系的恶化从结合、各自为政、停滞到逃避，并不是不能避免的。一段婚姻是以离婚收场还是一直保有之前的亲密感，最大的不同在于当伴侣处于不满意的状态时彼此的沟通情况。不成功的伴侣在处理问题时多通过回避、间接面对和较少联系的方式；相反，那些"修补"过关系的伴侣往往以比较直接的方式沟通，他们正视彼此的问题（有时会借助婚姻咨询顾问的协助），花时间尽力地协调出问题的解决之道。

结束阶段 并非所有关系都会结束，许多职场伙伴、友谊和婚姻，从关系建立之后就会延续一辈子。但是，的确也有许多关系会走到终点而到达结束阶段。结束是最后阶段的特征，包括一场明确表达想要终止关系和分开的简要谈话。也许会通过一顿真诚的晚餐、一张留在餐桌上的纸条、一通电话或是一份法律文件来结束关系。根据个人不同的感觉，这个阶段可能非常短暂，也可能需要一段相当长的时间以远离痛苦和彼此攻击的情况。

在电影《分手男女》(*The Break-Up*) 里，盖瑞（文斯·沃恩饰）和布鲁克（詹妮弗·安妮斯顿饰）经历了关系恶化的所有阶段。（参见本章末尾的电影小结）

关系并非总是一下子走到终点的，而是以一种来来回回的模式朝着瓦解迈进。不管花的时间是长是短，结束都不是完全负向的。了解到对方在关系中付出的精力以及自我成长的需求，可以减轻难过的感觉。事实上，许多关系并不如界定中的那样完全结束，一对离婚的夫妻也许会找到较少亲密感的新方式来维系彼此的关系。

在恋爱关系中，预测两个人在结束阶段之后是否还能成为朋友，端赖于他们在卷入感情之前是否已经是朋友。此外，情侣的分手方式也会造成不同。如果两人分手时的沟通是正向的（不后悔在一起的这段时间；试图减少双方难过的感觉），则比较可能在分手之后维持友谊；如果他们在结束阶段的沟通是负向的（矫揉造作，抱怨他人），想要维持友谊就比较困难。

在结束之后，伴侣通常会通过不断回顾来"掩饰悲伤"，企图找出关系失败的原因。每个伴侣所建构出的"哪里出了差错"的述说都会对他们分手之后的生活产生影响。想想这两种说法的差异："我们因为彼此不适合，所以分手了"和"他太自私又不成熟，所以无法对感情负责"。

克奈普的模式虽然对关系的不同阶段提供了深刻的见解，但是对每一个阶段关系的沟通如何前进与衰退却缺乏详述。例如，克奈普认为阶段之间的运作通常是有连续性的，所以随着关系的发展和恶化，从一个阶段到另一个阶段的进展通常是可以预测的。一个研究发现：许多终结的友谊关系所经历的步骤确实类似于克奈普的十阶段形态。然而关系的发展和结束过程还有许多其他形态。换句话说，并不是所有的关系发展历程都循着开始、发展、消退、结束这种线性发展形态的。

最后，克奈普的理论认为同一个时间内，只有十个阶段中其一个阶段的特征会主导关系。尽管这个事实存在，然而其他阶段的成分常常同时出现。

举例来说，两个相爱的人深受整合阶段之苦，仍然愿意分享试验阶段的一些尝试（"哇！我不知道你还有这样一面！"），也可能出现分化阶段的歧异性（"没什么理由，我就是需要一个星期的独处时间"）。就像家庭成员，虽然花很多时间排拒彼此，却可以因偶尔的美好使之前的亲密感短暂加强。这种在某段关系中同时出现"聚合期"和"离散期"特征的现象，我们将在下一个主题"辩证关系"中详加讨论。

辩证的观点

并非全部的理论都认为我们前几页所了解的阶段模式是人际互动中最好的方式。有些理论家主张，有些沟通者——无论是全新的还是陈年的关系——会陷入相同的困境模式中，是因为这些沟通者想要追求重要但内在却相互矛盾的目标，从始至终贯穿了他们所有的关系。为了要达到这些目标，就产生了**辩证的张力**：当两种相反或不相容的力量同时存在时所引发的冲突。近几年，沟通学家提出了几种辩证的力量，成功地挑战了传统的沟通关系。他们认为经营辩证的张力，会形成人际沟通关系中最有力的动力。在接下来的几页，我们讨论三种最有力的辩证的张力。

联系和自主　没有人是可以孤独存在的。认识到这个事实后，我们会寻求与他人有联系，但是同时我们也不希望失去全部的自我，就算在最满足的关系中也是一样。联系与自主的矛盾需求都包含在联系与自主的辩证中。

一些探讨关系破裂的研究显示，这种结果来自伴侣们找不到方法来经营他们不同的个人需求。常见的一些关系破裂的理由集中于伴侣无法满足彼此对联系的需求上："我们鲜少有时间在一起""他（她）不认同这段关系""我们有不同的需求"。另一些抱怨则显示过度的联系需求也会带来分裂："我觉得被困住了""我需要自由！"有些研究发现男人比女人更加肯定关系中的自主性，而女人更看重联系和承诺。

我们追求的联系与自主的辩证程度会随着时间改变。在《亲密行为》（*Intimate Behavior*）这本书中，作者德斯蒙德·莫里斯（Desmond Morris）认为每个人都在重复三个阶段的表现："抱紧我""放我下来""让我一个人"。这个循环开始出现在出生的第一年。当孩子从"抱紧我"这个寻求亲密感的婴儿阶段转变到新的"放我下来"阶段后，他们会通过爬行、走路、触碰和品尝来探索这个世界。一个3岁的孩子，可能在8月份还坚持"我可以自己做"，却在

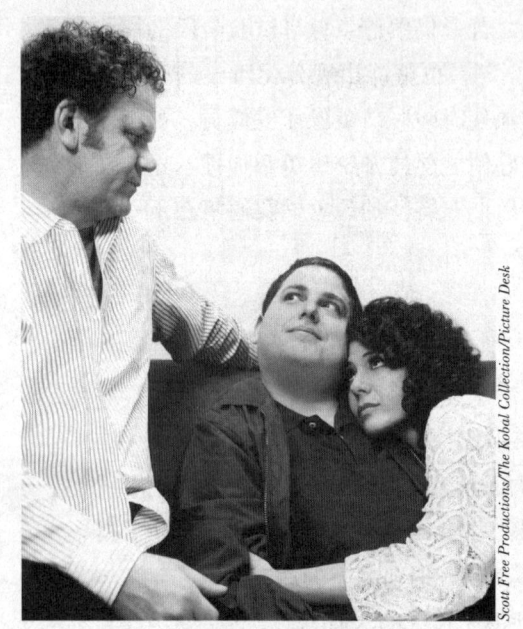

在电影《赛勒斯》(*Cyrus*) 中，赛勒斯（乔纳·希尔饰）和他的妈妈莫莉（玛丽莎·托梅饰）真的很爱对方。母子之间过于依恋的情结让莫莉的追求者约翰（约翰·C·赖利饰）发现他的恋爱关系很难取得进展。（参见本章末尾的电影小结）

9月第一天上幼儿园时缠着父母不放。当孩子成长为青少年时，"让我一个人"的倾向变得很明显，从前很快乐地和家人一起相处的少年现在可能会因为必须和家人一同度假以及在同一张餐桌上用餐而痛苦呻吟。当青少年成年时，他们通常又会和家人变得较为亲密。

在成人的关系中，这个亲密和距离的循环仍然重复着。在婚姻关系中，"抱紧我"通常是在结婚第一年。随着自主的需求慢慢增强，关系的紧密度也会降低，这种需求可能通过各种不同方式表露出来，包括想要交朋友、参与不包含配偶的活动或找工作等。这种从联系到自主的转变可能导致关系破裂，但是也可能成为循环的一部分——用新的方式来定义关系，以再次取得存在于过去甚或更加浓烈的亲密感。

在评估关系的转折点时，异性恋伴侣——无论男女都认为联系和自主的辩证关系是影响其关系的最重要因素。这种辩证张力在双方协调承诺、冲突、脱身、和解等转折点时十分重要。

公开和隐私　就像第一章所谈到的那样，坦露是界定人际关系的特征之一。然而，除了坦露自我，我们也需要保持与他人之间的私人空间，这种矛盾的需求创造出公开和隐私的辩证。

再紧密的人际关系都需要一些距离，爱人之间经历了一段腻在一起的亲密时间，然后相对地想要彼此冷却一下。因此，他们在经历火热期之后的一段时期很少会有身体上的接触。再如，当朋友高度坦露自我，分享了几乎每一种感觉和想法之后，又会有几天、几个月，甚至更久的时间失去联系。

在一段亲密关系中，你很在乎的人问了你不想回答的问题，比如"你觉得我迷人吗？""跟我在一起你快乐吗？"这时，你会怎么做？你对这份感情的投入和诚意可能会让你说出对方想要听到的肯定答案，但是如果你心中还顾忌着另一个人的感受,而且你还想要保有一点隐私,可能就会让你不那么坦诚了。为了获取彼此的隐私,伴侣们都会使出浑身解数。例如,他们可能直接质问对方有关另一个人的事情,然后直言不想继续讨论下去了;或许他们不会那么直接:提供非语言的暗示、改变话题,或者暂时离开房间。

通过社交网络的沟通增加了隐私管理的挑战。Facebook、推特、博客和其他媒介性渠道可以很容易地发布个人信息。然而,只是因为很容易,并不意味着这会是明智的做法。特别是当你透露的内容还包括了其他人的信息的时候,更是如此。重要的是要知道如何在社交网络工具上进行隐私控制,同时对于你和其他人的关系,也要协商好你会分享什么,不会分享什么。

循例和新奇 稳定是关系中重要的需求,但过多的稳定则会让人感到了无新意。循例与新奇的辩证反映了这样的矛盾张力,喜剧家戴夫(Dave Barry)夸张地描述了夫妻在结婚多年后对彼此了解很深却十分无趣的情况:

> 结婚多年之后,你知道关于配偶的每件事、每个习惯和主张,甚至于神经紧张的每一次抽动和脸上的每一条皱纹。你可以写一本17磅重的书,只谈配偶的饮食习惯。这种亲密的知识在某些情况下非常管用。你也许在看电视时可以通过咀嚼食物的声音来辨别配偶所在的位置,但这只不过是关系中较低程度的热情罢了。

"所以你,丽贝卡,是否保证让自己的爱只属于理查德,月复一月,年复一年,终生相守,直至死亡?"

虽然太过熟悉会带来无趣和停滞的风险，但也没有人会希望有一个完全没有规则可循的伴侣，而太多的惊喜则会威胁到建立关系的基础（"你不是我嫁的那个人了！"）。

沟通者所面临的挑战是为循例的状态注入一些新奇的需求，使关系保持新鲜和有趣，每个人在循例与新奇辩证中有不同的需求，因此没有办法将两者理想地混合。你稍稍留意便会发现人们用大量策略来控制这种矛盾的驱力。

经营辩证的张力　对于张力关系的经营来说，虽然所有的辩证模式在关系经营上都扮演相当重要的角色，但有些却比其他来得重要。一份研究新婚夫妻的报告发现，"联系和自主"是最常出现的张力（占所有张力中的30.8%），循例和新奇位居第二（21.7%），最不常见的是公开和隐私（12.7%）。

在沟通中经营上述的辩证张力，可能呈现出下列挑战。面对这些挑战的方法有很多，有的比较管用而有的则不然。

- **否认**：在否认的策略中，沟通者在辩证谱系中回应其中一端而否认相对的另一端。举例来说，一对夫妻纷争的来源是循例和新奇，可能发现要改变实在太困难了，所以选择继续保持老样子。如果他们不面对问题，只好继续一成不变。
- **无所适从**：这种时候，沟通者会觉得遭受打击和无助的感觉如此强烈，以至于他们不能正视问题。在面对辩证性的张力时，他们会争吵、冷战，甚至离开这段关系。假如一对新婚夫妇在蜜月后发现"永远幸福快乐"这种完全没有问题的生活并不存在，他们会变得十分恐惧，甚至开始怀疑婚姻是个错误。
- **交替**：采用这个策略的沟通者，在辩证谱系中某些时间会选择其中一端，另一些时间又选择另外一端。举例来说，朋友之间会通过交替的方法，来经营联系和自主的辩证，他们有时候会花大量时间和对方在一起，有些时间也会单独生活。
- **分割**：伴侣运用这种策略划分出他们关系的不同区域。例如，一对伴侣在经营公开和隐私的辩证张力时，关于共同朋友他们几乎会分享所有的感觉，但是对过去情史的某些部分却会隐而不谈。分割策略还是前妻（夫）的子女最常用来经营与继父母之间的公开和隐私张力的方法，通常继父母会想探问孩子和他们亲生父母相处的种种，而子女通常会

选择性地有所保留。在"Zits"的漫画中,杰里米就发现自己忘记使用日常的分割方法,来经营与爱打听的朋友之间的公开和隐私的辩证张力了。

- **平衡**:试图平衡辩证性张力的沟通者,认为两种力量都具有合理性,且试着通过妥协来处理张力,第十一章指出妥协就是每个人至少损失一些原来自我坚持的情况。受制于循例和新奇的情侣会通过妥协寻求解决,一个人不需要墨守成规,另一个人也不需要充满惊喜——这毕竟不是理想的结果。

- **整合**:通过这个策略,沟通者并不试图削弱而是接受相反的力量。沟通研究者芭芭拉·蒙哥马利(Barbara Montgomery)描述了一对接受彼此对于循例和新奇需求的夫妻,提出一种"可以预期的新奇"的方式——每个星期一起做一件以前没做过的事。与之类似地,现在的再婚家庭,为了处理新家庭和老家庭之间产生的紧张关系,也会适应和整合他们的家庭惯例。

- **再界定**:沟通者可以通过对紧张的关系进行重新定位来回应挑战,使得明显的矛盾得以消失。想法改变就可以改变你的态度,举例来说,人们可以从**不管**彼此之间的不同而相爱,到**因为**彼此的不同而相爱。想一想两人是如何因为不愿意分享过去的经验而产生受伤的感觉的,然后可以将"秘密"重新界定为创造吸引力的神秘气氛,而非对公开分享的拒绝,从而解决问题。这样仍然可以保有个人渴求的隐私,也不必公开过去的每个细节。

- **再证实**:这个策略了解到辩证的张力是无法消弭的,所以它不试图远离张力,而是选择再证实。沟通者接受甚至拥抱这些紧张关系的出现,生命就像过山车的隐喻反映出了这个策略，使用再证实方法的沟通者视辩证张力为过山车路程中的一部分。

在你的生活中你使用哪些策略来管理自己的辩证张力？每个策略是怎样有成效的？哪个策略可能会让你的沟通效果更好？一般来说，上面的最后三个选项被看作是最有效的，并且研究人员认为使用多种策略是明智的。例如，分手的情侣据称曾经不成功地运用过否认、交替和分割策略，而且他们往往只依赖于某一个，而不是灵活地运用多种策略。辩证张力是生活的一部分，选择如何沟通，会对你的关系质量造成巨大的差异。

8.3 关系的特性

无论你用阶段模式还是辩证张力来分析一段关系，每段关系中都存在三个特征，当你阅读后，想一想它如何适用于你的经验。

关系是经常变动的

关系并非注定要恶化的，但是就算最紧密的关系也无法保证长期的稳定。在童话故事中，伴侣可以"从此幸福快乐地生活在了一起"，但是现实生活中这种情况并不是那么常见。假想一对结婚已有一段时间的夫妻，虽然正式地结合了，他们的关系仍有可能从一种辩证张力转换到另外一种，在关系序列中前进或后退。有时候伴侣会觉得有彼此分化的需求，其他时候又追求亲密。有时候在已经建立的固定模式中他们会感到安全，其他时候一方或双方却又渴望新奇。这样的关系可能变成各自为政甚至停滞，从这样的观点来看，婚姻也许会失败，但事实并非一定如此。通过努力，同伴可将停滞变成试验，或从各自为政变成强化。

沟通理论学家理查德·康威尔（Richard Conville）描述了这种经常性的改变。这是

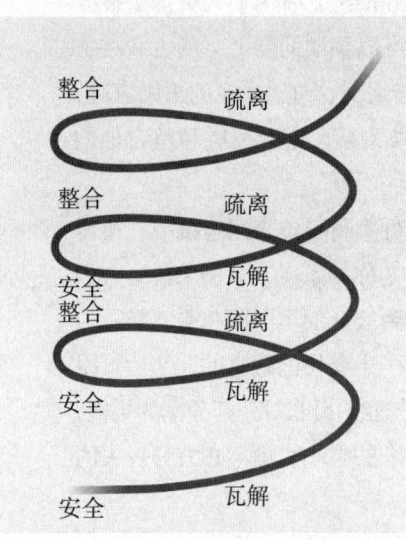

图 8-2 螺旋状的循环关系模式

一种逐步形成的自然关系，同伴关系会经历一些阶段性的循环，虽然到达了一个新的层次，但还是会回到先前发生的阶段（如图8–2）。在这个循环中，伴侣会从安全（整合，克奈普的用语）到瓦解（分化）、到疏离（各自为政）、到再次整合（强化与结合），一直到新层次的安全感。这个循环会不断重复。

文化会影响关系

许多影响个人关系的因素具有普遍性。比如：社会科学家发现沟通在所有的文化中都具有内容和关系这两种向度；相同的面部表情在所有文化中暗示了相同的情绪；几乎在每一个人类社会都存在着权力分配这一事实。再如，在所有的文化中（事实上，是在所有的哺乳类动物中），男人（或者说雄性）对性关系都倾向于投入较少的感情，面对竞争者的时候更有求胜心。

不过，关系在各文化间也存在着极大差异。例如，西方的恋爱和婚姻关系，其特征都可以用前文描述的十阶段模式来说明。这种关系必须经历试验阶段、强化阶段、整合阶段才可以进入结合阶段，但这并不适用于所有文化。事实上，在许多文化中新娘和新郎可能只认识几天或几周就结婚成为夫妻，研究显示这些婚姻经常也是成功而幸福的。

各种各样的差异——影响深远但不总是显而易见——会让来自不同文化的人之间的关系面临挑战。例如，在各个关系中决定要分享自己多少心事就是个问题，这个决定会因为所处的文化对于自我坦露的规则不同而变得十分有趣（第九章将会讨论更多相关细节）。美国这种低语境文化比较喜欢直接，日本这样的高语境文化则比较鼓励含蓄。从两本自助手册的书名就可以窥见其心理定位的不同取向：美国的自助手册标题是《如何拒绝别人而不觉得愧疚》(*How to Say No Without Feeling Guilty*)，而日本的自助手册刚好相反——《16种方法让你避免拒绝别人》(*16 Ways to Avoid Saying No*)。不难看出，对于合适行为的不同见解会对跨文化关系造成挑战。

8.4 对关系做沟通

现在，你已经明白人际关系是复杂的、动态的和重要的了，但是，当我们在这些关系里进行沟通的时候，到底又互相交换了何种信息呢？

内容的与关系的信息

在第一章你读到每个言语的陈述都有其内容和关系向度。构成大多数信息最明显的元素是它们所要传达的内容——被讨论的话题。好比"这次轮到你洗碗了"或是"我周六晚上很忙"都是显而易见的例子。

内容信息并不是人们沟通时交换的唯一东西。几乎所有的信息——无论是语言的还是非语言的——都有第二层意义，也就是关系性向度，它将沟通者对对方的感觉转化成某种表述。在下一部分，你会读到这类关系性信息处理的是人们的社交需求、最普遍的亲切感、即时性、尊重感和控制性。现在再思考一下我们提过的两个例子：

- 试着想象表达"轮到你洗碗"的两种说话方式：一种是要求式的，另一种则是就事论事式的。注意不同的非语言信息是如何陈述的，它说明了信息的发送者如何看待控制。要求式的语气听上去像是"我有权利告诉你在这栋房子里你应该做什么"，而就事论事的语调听起来可能像"我只是提醒你，你可能忽略了某件事"。
- 你也可以假想两种传达"我周六晚上很忙"的方法，一种是几乎不带任何亲切感的，另一种则是充满感情和即时性的（此时，你的语气听上去很失望，并且希望重新安排日程）。

"你说'砍掉她的脑袋'，在我听来却是'我感觉被忽视了'。"

记住在所有的例子里，信息的关系向度是不能被讨论的。每天轰炸而来的信息那么多，事实上，大多数时间我们意识不到多少关系性信息。有时候，我们没有察觉它，是因为它符合我们对尊重感、控制感及情感性的信念。例如，当你的上司指派你去做某件必要的工作时，你不会觉得不舒服，因为你同意上司有指使下属的权力。另一些时候，关系性信息会引发争执和冲突的出现。假使你的上司用贬低、嘲讽或谩骂的口吻传达命令，你大概就会觉得很不舒服。你的抱怨恐怕不是来自于命令本身，而是来自于上司传达命令的方式。"我可以为这家公司工作，"你可能会想，"但是我不想被当成奴隶或笨蛋，我希望被当成一个完整的人。"

关系性信息是如何传递沟通的？正如我们所举过的上司与下属的例子，他们常运用非语言的方式来沟通。为了测试这个事实，你可以想象一下，当别人用下列不同的沟通方式说"可不可以请你帮我一下"时，你会有什么反应？

| 优越的 | 友善的 | 性感的 |
| 无助的 | 冷漠的 | 恼怒的 |

虽然非语言行为是关系性沟通中重要的资源，但是它们十分模糊，不够确定。或许你会将他人尖锐的语气诠释为人身侮辱——而这可能只是疲累的表征；会将他人的打岔视为轻视你的举动——而这可能只是说话者本身所受到的压力所致，与你无关。在你通过关系性（非言语）线索直接得出结论以前，先借助第三章描述的知觉检核技巧，用语言向对方多确认一下才是更好的方法。

关系性信息的类型

内容信息的种类和数量是无穷无尽的，好比谈到"洞"可以从黑洞谈到甜甜圈中间的洞，谈"石"可以从化石、玉石谈到滚石音乐。跟内容信息不同的是，关系性信息的种类却是出乎意料地少，实际上它们只能划分出四种不同的类别。

亲切感　关系性沟通的重要类型之一是亲切感，意即人们欣赏和喜爱对方的程度。在两性关系中，情感无疑是最重要的要素。然而并非所有的亲切感信息都是正面的。瞪眼怒视、大发娇嗔、嘴角带笑或爱的表白，同样都能清楚

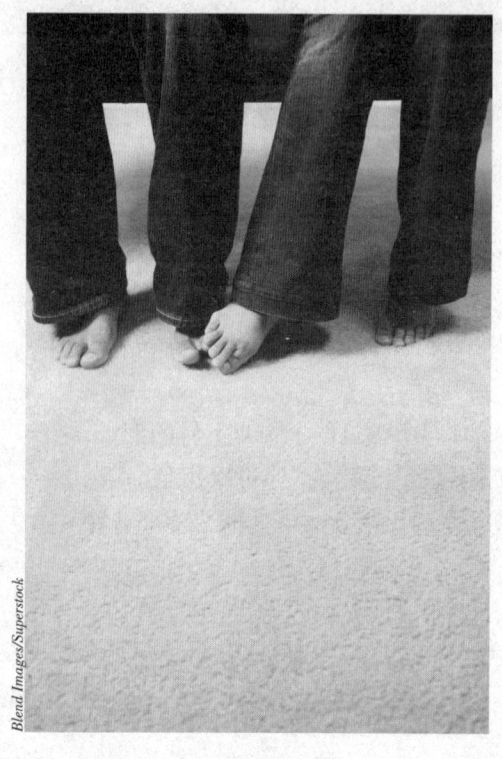

地传达喜欢和投缘的意味。

即时性 即时性是指我们立即转向别人并与之沟通时,对其感兴趣和专注的程度。许多即时性信息都是借由非语言行为——比如眼神接触、脸部表情、说话语调和与他人的身体距离等——加以传达的。即时性信息也可以经由语言传送,例如告诉对方"我们有个困难"要比"你有个问题"更加具有即时性效果,详见第五章和第六章关于语言和非语言的讨论。

即时性和亲切感不是一回事:喜欢一个人并不一定要直接即时表达出来。举个例子,在传达喜爱之情时,你可以用高程度的即时性——如一个大大的拥抱和亲吻,或者高呼"我真的很喜欢你!"也可以用低程度的即时性——在家里营造出一个安静愉快的夜晚,你和对方各自舒服地、独立地读书或者工作。你也可以想象用高度或低度的即时性传达不喜欢的例子。

最明显的即时性类型牵涉积极的感觉,但在表达不赞成或者不喜欢时,高度和低度的即时性都有可能。例如,想象一下要让朋友知道你对他的所作所为很不开心,温和的表达方式与极端的方式之间的差异——无论是通过语言还是非语言表达的。

高度即时性的沟通当然有其价值,但是有时候放缓脚步也颇令人期待。无时无刻不上紧发条的即时反应会使人精疲力竭,在某些不赞许这种行为的文化中——尤其在公共场合——出现高度即时性沟通并不合适。在大多数案例中,关系满意的关键是去建立双方都接受的即时性沟通强度。

尊重感 也许你第一眼看见"尊重",会认为它与亲切感很像,但是它们是截然不同的两种态度。亲切感是指喜欢和投缘,而尊重感则指尊敬、敬爱。我们有可能喜爱某人却不尊重他,譬如你很喜欢、很宠爱两岁的表弟,但是你不会想到要尊敬他。同样地,你或许十分喜爱某些好友,但是这并不表示他们做的事你都认同、敬重。反之，我们仍可能尊重我们不喜欢的人。你可能十分尊重某人，因为他工作勤奋、为人正直又聪明伶俐，尽管你并没有和他在同一个办公室里工作的愿望。

有时候，受人尊重比受人喜爱来得更重要。想想你的学校生活，当你的意见或问题不被同学或师长当一回事时，是不是感觉很不舒服？在工作上这个法则也同样存在，自己提出的意见具有商业价值比让人听着开心更有意义。在许多关系中，尊重的议题常是引发争执的焦点，被认真对待是自尊极为重要的组成部分。

控制性 最后一种人际关系的类型是控制，指的是在关系中一方是否有权影响另一方。研究沟通的学者通常以两种方式看待关系中权力的平衡。"掌握发言权"探索了包括谁说最多话、谁打断了谁，以及谁最常改变谈话主题等内容。掌握发言权不见得也掌握决策权，就像有时候别人说得再多也无法说服你接受他的信念一样。而"掌握决策权"则意味着在关系中谁拥有决定事情的权力——从星期六晚上我们应该做什么到我们应该拿积蓄去整修房子还是干脆出国度个假，再到我们到底要分配多少时间约会或独处。

大多数健康的关系以弹性的方式来决定控制性的分配比率，这比一边倒地只由其中之一作决定（一高一低的倾斜关系），或是完全平均分摊责任以形成不真实的平等，或是两人轮流作决定，或是两人直接交换角色都要好。例如，维德处理修车、拟定菜单、选择会场中灯光音乐等问题；珍妮则负责预算、照顾小孩、跟朋友搭讪打招呼维持气氛等问题。当一个决定对彼此都很重要时，其中一方愿意先让一步，因为他知道反正会先苦后甘；当某个议题对伴侣双方都很重要，他们会试着平均地分享权力；而当面对绝境时，两人都会各让一步以便保持整体的权力均衡。

后设沟通

并非所有的关系性信息都是非语言的，社会科学家使用后设沟通这个术语来描述人们谈论"关系"时所交换的语言的和非语言的信息。换句话说，后设沟通是关于沟通的沟通。无论何时，只要我们与他人讨论到友谊、情感关系时，我们就是在进行后设沟通，例如"我希望我们不要继续争吵了"或是"我很感激你愿意对我坦白"。语言的后设沟通是成功的人际关系中很重要的一环，和对方开门见山地谈论彼此的关系是迟早的，也是必要的。本章提供的内容将有助于你保持友谊的品质。

后设沟通是一种重要的方法，可以协助人们以建设性的态度解决问题，它提供了转移话题焦点的方法，使讨论可以由表面内容深入到关系困境。

后设沟通不仅能解决问题，也可以提高关系的满意程度，例如，"我真的很感谢你，愿意在老板前面帮我美言几句。"类似这样的陈述透露了两种功用：首先，这让别人觉得你很重视他们的行为；再者，也提高了别人愿意在以后继续保持这种行为的意愿。

谈完了后设沟通的优点，不得不顺带一提，公开讨论关系议题仍可能带有风险。此外，要注意的是，后设沟通并不包含"听起来你好像对我很不满"一类的分析，要知道有些人就是讨厌被剖析。这些警告并不是说语言的后设沟通是不好的，它们只是提醒，作为一个工具，后设沟通需要被小心地使用。

小　结

人们因为各种不同理由建立人际关系，有些理由和沟通者彼此的人际吸引力的程度有关。吸引力可能来自于生理外貌、察觉到的相似性、人格特质上的互补、相互间的吸引力、觉察到的能力，以及自我信息的坦露、接近和报酬等。

关于人际关系的演变，两种模式分别提供了两种不同的观点：阶段发展模式认为人们在聚合期和离散期中的各个阶段出现不同的沟通特征；辩证张力模式认为在每个阶段中，人们都必须处理许多彼此不同又不相容的需求。两种模式都有一些特性，例如都会产生变动、都受文化影响、都必须维持等。

沟通会出现两种向度：内容向度和关系向度。关系向度的沟通可以同时包括语言与非语言的。关系性信息通常以四种方式呈现：亲切感、即时性、尊重感和控制性。后设沟通是由沟通者之间的关系性信息所组成的。

电影与电视

你可以在以下电影和电视节目中印证我们在本章总结的沟通准则：

关系的吸引

电视真人秀

ABC-TV/The Kobal Collection/Picture Desk

从20世纪90年代的《真实世界》(*The Real World*)开始，许多所谓的真人秀允许观众像看电视剧一样一集一集地观看参与者如何建立、维持和结束人际关系。有一些节目(比如《钻石单身汉》(*The Bachelor/Bachelorette*))以配对竞赛的形式呈现，参与者借此选择自己的伴侣。在这些节目中，外貌吸引力在初始阶段起到非常重要的作用。但是随着彼此的亲近和坦露的增加，参与者就会开始评估与他们所选的伴侣继续这段关系的成本与报酬了。

其他的真人秀（如播了很长时间的《幸存者》[*Survivor*]和《老大哥》[*Big Brother*]）则使参与者互相对抗：每个人都为了不被其他选手投票淘汰出局而彼此竞争。在很多情况下，选手们也会结成联盟关系，有的基于相似性（女人对抗男人；年纪较大的参与者对抗年轻的参与者），有的基于接近（结盟的队友彼此在一起的时间更多，并且经常——但不总是——变得喜欢彼此）。此外，能力也是结盟的一个因素，参与者往往会被那些在（节目的）生存竞赛中表现出色的人吸引。当拥有不同才能的参与者创造出"古怪伙伴"的搭档关系时，互补性在其中起到了作用。

尽管真人秀并不总能代表大多数人的真实世界，但在节目中发展起来的人际关系却经常折射了日常生活中所发生的事情。

关系的阶段

《和莎莫的500天》([*500*] *Days of Summer*, 2009) PG-13级

在电影《和莎莫的500天》开头，故事的叙述者像是有预兆似地念道："你应该事先知道，这不是一个爱情故事。"确实，这不是一部典型的浪漫爱情喜剧。汤姆（约瑟夫·高登-莱维特饰）和莎莫（佐伊·丹斯切尔饰）的故事是以回顾他们繁杂关系中的许多天来讲述的，并且没有以时间为顺序。

关系的发展阶段对这对恋人有着重要的影响。汤姆相信他们的恋情有长期发展的潜力，而且他想继续前进到克奈普称为整合和结合的阶段。但另一方面，莎莫似乎满足于停留在试验和强化阶段。当汤姆逼着她作出更多承诺时，莎莫马上表现出了关系恶化阶段的典型行为。

这部电影向我们阐明了，首先关系的发展阶段常常是知觉方面的问题，其

次关系的双方对他们所处的阶段——或者他们所想达到的阶段——的认知可能并不一致。

《分手男女》(The Break-Up, 2006) PG-13 级

这部悲喜剧记录了布鲁克·梅耶(詹妮弗·安妮斯顿饰)和盖瑞·葛洛博威斯基(文斯·沃恩饰)关系瓦解的过程,其方式与克奈普关系发展模式的"离散期"阶段十分吻合。我们可以看到他们两人的沟通经历了各自阶段(完全和字面意思一样,他们在公寓里用警戒线分隔出了各自的区域)、停滞阶段、逃避阶段以及最终的结束阶段。这部电影同时也阐明了联系与自主的辩证张力:布鲁克想要更多的联系,而盖瑞想要更多的自主。《分手男女》用戏剧化的手法演绎了电影老歌中的那句歌词:分手是件很难的事情。

关系的辩证

《赛勒斯》(Cyrus, 2010) R 级

约翰(约翰·C·赖利饰)在度过了七年绝望的单身生活以后,和莫莉(玛丽莎·托梅饰)擦出了一段感情,这让他发觉自己还是一个幸运的人。然而只有一个问题困扰着他,那就是莫莉21岁的仍然和母亲同住的儿子赛勒斯(乔纳·希尔饰)。

赛勒斯的成长从来就没有离开过与他母亲的联系。透过电影我们也会和约翰一样,对赛勒斯充满嫉妒的占有欲越来越抓狂。果然,不久赛勒斯就开始公开破坏约翰与莫莉之间的关系,这样他就不用和别人分享他妈妈的感情了。

一直到这部严肃喜剧的最后一幕,我们都不知道约翰是否能成功地说服这对母子把他们的自主与联系的辩证带入一种更好的平衡状态。不过,我们能清楚看到的是在一段关系中,一件好事过了头反而会变成一件坏事。

关系的信息

《为人父母》(Parenthood, 2010—) TV-PG 级

电视剧《为人父母》带领我们跟随庞大的、丰富多彩的布雷弗曼一家体验各种喜怒哀乐。这个家族的大家长齐克(克雷格·T·尼尔森饰)和女家长卡米尔(邦妮·比蒂丽娅饰)尽他们最大的努力将自己的爱与智慧传授给他们的子孙。

为人父母所要面对的一个挑战就是管理关系性的信息,因为他们年幼的孩子会成长为青少年,然后成年。而这部剧的父母们,无论跨越了几代人,都竭尽所能与他们的孩子进行亲切的、即时性的沟通,同时又设法维持在一个尊重的和控制性的层面上。这是一种微妙的平衡,有时候也不那么有效——就像在现实生活中一样。

第九章

人际沟通中的亲密关系

阅读完本章后，你应该能够：

* 辨认某段特定关系的亲密水平与亲密类型，并且描述能够改善亲密感质量和程度的方法。
* 针对某个特定的家庭，解释其中的家庭角色是如何通过沟通创造和保持的。
* 以某个家庭为单位，描述其作为系统的整体特性，同时也描述该家庭的沟通模式。
* 辨认你生活中的友谊的各种类型，并且评价它们是如何通过沟通有效地维持的。
* 辨认某段特定的感情关系中的转折点和冲突风格。
* 评估在某段特定的感情关系中，适应彼此爱的语言的有效性。
* 选择和运用沟通策略来帮助维系和支持一段亲密的、坚定的关系。
* 描述修复某段给定的被损坏的关系的可能策略。

亲密关系有多重要？实证研究提供了一些答案。研究者询问那些在收容所或医院里即将死亡的人们，什么是他们生命中最重要的。达到90%的绝症患者把亲密关系列在了清单的顶部。正如一位50岁拥有三个孩子却因癌症面临死亡的母亲所说："你不必等到变成我这种状况时，才知道生命中没有任何事物比爱更加重要。"另一位研究者的结论是亲密关系"无论在哪个年龄阶段或者哪种文化中，都可能是一个人生活满意度和情绪幸福感最重要的来源了。"

本章将仔细审视一下亲密关系。首先我们将调查一下亲密所扮演的角色，它使我们的关系更私人化、更有意义。其次，我们将探讨与家人、友人和爱人相处的三种语境，这是我们的亲密关系主要发生的地方。最后，我们将介绍一些方法，能够帮助我们改善亲密关系中的沟通。

9.1 关系中的亲密

《韦伯斯特新大学辞典》（*New Collegiate Dictionary*）将亲密定义为"一种'密切结合、接触、联盟或熟识'的状态"。这种亲密感可以出现在各种不同的关系里。研究者询问数百位大学生什么是他们觉得"最贴近、最深入、最投入、最亲密的关系"，近一半（47%）的回答是爱情，大约三分之一（36%）的人认为是友谊，剩下的大多数（14%）选择家庭。

亲密的向度

哪种行为会让关系变得亲密？事实上，亲密关系有许多面向，第一个向度是**身体的**。甚至在出生之前，胎儿就在母体中体验到出生之后再也无法重现的亲密感觉："漂浮在温暖的水流中，蜷曲在完全的拥抱中，随着移动的身体波动，听着心脏跳动的节奏。"长大后，幸运的孩子会持续在身体的亲密中得到滋养：被摇动、喂食、拥抱和抱着。等到再长大一些时，身体上的亲密机会变少了，但仍然十分需要和重要。有时候，身体上的亲密关系指的就是性关系——不过性不总是和亲密关系有关。在一项调查报告中，超过一半的调查对象（性行为活跃的年轻人）承认他们有过没有约会就发生性关系的经历，而且大多数表示没有进一步建立约会关系的欲望。

第二种亲密的向度来自**智力的**分享。当然，并非每一次想法的交换都会产生亲密感。和教授或者同学讨论下个星期的期中考试并不会缔造强韧的关系纽带。但是，当你吸引别人与你交换重要的信息时，你们就会建立一种亲密的感觉，那是十分有力和令人高兴的。

第三种亲密的向度是**情绪的**：交换重要的感觉，共享个人的信息，有助于反映和创造亲近的感觉。第二章描述了自我坦露在关系发展中的作用，第五章也解释了情绪会如何影响人际交往。当你与他人分享你的感受，或者告诉他们关于你个人事情的时候，某种程度的联结就会发生。

如果我们将亲密界定为和另一个人亲近，那么**共享活动**就是可以获得亲密感的第四个向度。共享活动可以是工作上的并肩作战，也可以是规律的健身运动。当同伴们共同经历一些时间后，他们可以发展出独特的方式将关系从非人际的转化为人际的。举例来说，不论在友谊或是感情关系中，都会具有许多相同特质的活动。同伴会发明私下的密码，模枋其他人的行为，彼此嘲笑，玩游戏——从比赛说俏皮话到扳手腕，等等。并不是每种共享活动都可以创造和表达亲密感，但是这类来自与他人共同经历重要事件的联系，由于太频繁也太特别，实在令人难以忽视。一起经历过身体上的挑战——如运动或紧急情况——的同伴，所建立的联系会持续一生。

许多亲密关系呈现出四个向度：身体上、智力上、情感上和共享活动；有些亲密关系只呈现其中的一两种；当然还有一些关系并不是亲密关系。熟人、室友以及工作伙伴有可能无法变得亲密；在某些案例中，甚至家庭成员也只能维持平稳却冷漠的关系。

> **想一想　你的"亲商"（亲密商数）**
>
> 在你的重要关系中，亲密程度的水平是多少？按照下列指导找到答案。
>
> 1. 指出在下列每个量表中，最能描述你某段重要关系的点。
>   a. 你们的身体亲密级别
>   低 1——2——3——4——5 高
>   b. 你们的情绪亲密次数
>   低 1——2——3——4——5 高
>   c. 你们的智力亲密范围
>   低 1——2——3——4——5 高
>   d. 你们共享活动的程度
>   低 1——2——3——4——5 高
>
> 2. 现在回答下列问题：
>   a. 你已经对亲密的每一种向度都作出了回应，其中哪一个对你来说似乎是最重要的？
>   b. 你对自己的回答所勾勒出的亲密商数满意吗？
>   c. 如果不满意，你能采取哪些措施来改变你的亲密程度呢？

虽然没有任何关系是一直亲密的，但是没有任何亲密关系的生活是完全不值得拥有的。例如，在约会关系中害怕亲密的人，会对长期的关系预见到较少的满意度，甚至从长期约会对象那里感觉到更加疏离。大量的证据支持一个结论，在建立和维持关系的过程中，害怕亲密是造成主要问题的原因。

男性和女性的亲密形态

直到最近许多社会科学研究者才相信，女人比男人更会建立和维持亲密关系。这个观点源于一种假设，即坦露个人信息是建立亲密关系最重要的要素。许多研究的确显示出女人比男人更愿意共享她们的想法和感觉，虽然之间的差异没有人们所想象的那么戏剧化。就交换信息的数量和深度而论，女性—女性的关系处于坦露列表的最上层，男性—女性的关系位居第二，而男性—男性的关系包含最少的坦露。在每个年龄阶段，女人都比男人坦露更多信息，而且她们分享的信息更私人化，更涉及感觉。

几十年前，社会科学家将相对缺乏自我坦露的男性解释为男性不愿意，甚至没有能力建立亲密关系。有一些还认为女性坦露个人信息和感觉的特质使得女性的"情绪成熟度"和"人际互动能力"比男性更好。有一本书名为《不善表达的男人：美国社会的悲剧》(Inexpressive Male: A Tragedy of American Society)，它的标题就生动地抓住了女性在表达上的优势与男性的缺陷。一些自我成长的计划和自我帮助类的书籍，都企图协助男性通过学习变得更加开放并共享他们的感觉。

电影《寻找伴郎》(I Love You, Man)中的主角们基于亲密的几种向度缔结了一段亲近关系。(参见本章末尾的电影小结)

但近期越来越多的学术研究显示，情绪的坦露并不是建立亲密关系的唯一方法。正如你在本章后面将读到的那样，男性经常通过共享活动、为别人或者与别人一起做事来体验和表达亲密感。同样的模式也存在于父子之间的沟通上。一般来说母亲会直接通过语言，或者非语言的行为如亲吻和拥抱，向刚刚成年的儿子表达她的爱；但父亲很少这么直接，而是通过支持和帮助儿子完成挑战与任务来表达自己的爱。

事实上，生理性征并不是塑造男性表达情感方式的根本原因，而是源自男性所受到的性别角色影响。回顾第三章是如何解释的，无论男人、女人都会接受一种性别角色——阳刚的、阴柔的、阴阳兼具的——并不一定匹配他们的生理性征。将这些形态运用到亲密感上就会发现，阳刚的男性最有可能通过协助的行为和共享的活动来表达关照。拥有女性沟通风格（这也是社会的刻板印象）的男性通常会比较直接地表达情感，尤其是在面对其他男性时。

女性和男性在亲密

程度上的差异，能够帮助我们理解一些因性别而造成的压力和误解。举例来说，如果一个女性认为彼此情绪坦露才足以代表情感上的亲密，会忽视"不善表达"的男性通过帮忙和花时间共处来表达关怀的努力。修理漏水的水龙头或是爬山，在女人看来像是拒绝亲近的借口，但是对提出这些建议的男人而言却是感情的表现和亲密的表示。同样地，对于"性"的时间和意义的不同想法也会带来误会。许多女性认为性是一种亲密感建立后的表达方式；而大多数的男性则认为，性是一种创造亲密感的方式。就这种意义来说，男人在关系建立的早期或者争吵之后提出性交，不能简单地视为男性荷尔蒙狂热的好色之徒，他可能视这样的共享活动为建立亲密感的方式。相反，女性认为个人的交谈才是建立关系的方式，所以她们拒绝在情感关系建立之前就先发生肉体上的亲密行为。

文化对亲密的影响

就历史上来看，一般大众的想法和行为有着戏剧性的转变，那些在现代被视为是私密的行为在过去是相当大众化的。例如，在16世纪的德国，一对新婚的夫妻希望婚姻幸福，必须将一张床带到见证人面前才会有效。相反地，同一个时代的英国和当时还是英国殖民地的美国，夫妻间的沟通方式则相当正式——和跟熟识的人或者跟邻居说话的方式并没有太大的不同。

甚至是到现在，对于亲密关系的想法在每个文化中都不甚相同。在一个研究中，研究者访问住在英国、日本、中国和意大利的居民，请他们形容一下主宰他们在社交关系中交流的三十三条常用规则。这些规范决定着相当大范围的沟通行为，包含从幽默的使用到握手和金钱管理，等等。结果显示，亚洲和欧洲在亲密关系的规则上有着显著的文化差异，这些差异包括如何表达情绪、在大庭广众下传达情感、进行与性相关的活动，以及尊重隐私权，等等。

一些集体主义文化的成员，如中国和日本，人们与圈内人（如家庭和亲密的朋友）沟通的方式和他们与圈外人有特别大的差别。他们一般不会主动接触外人，也不会加入一场对话，常常要等到他们被妥善地介绍之后才会。而在互相介绍后，他们也会带着一定程度的礼节和外人说话。他们采取极端的手段向外人隐藏有关圈内人的不利信息，秉承着家丑不可外扬的准则。

相比之下，较为个人主义文化的国家，如美国和澳大利亚，个人关系就很随意。他们与陌生人表现得更熟悉，也坦露了更多的个人信息，这让他们赢得了"鸡尾酒派对健谈家"的美誉。当社会心理学家库尔特·勒温（Kurt Lewin）

指出美国人容易接触却难以了解，德国人很难接触但容易了解的时候，他很精准地抓住了个中的差异。

在当代，经由媒体、旅行和科技使得交流与联结更紧密之后，亲密关系中的文化差异已经变得不那么明显了。例如，爱情中的浪漫和激情曾经一度专属于"美国式"的亲密概念，而最近的证据显示，男人和女人在各种不同的文化之下——个人主义或集体主义、城市或乡村、富有或贫困——都可能演出类似美国式的爱情剧码。这些研究显示曾经存在于东方与西方之间的巨大差异可能很快就要消失无踪。

媒介沟通中的亲密感

几十年之前，实在很难想象"电脑"和"亲密"这两个词怎么可能会互相关联，电脑一直都是非人性化的机械，不可能传递人类沟通的重要特征——脸部表情、声调、身体接触等。但是，就像第一、二章所描述的，研究者现在已经发现媒介沟通已经和面对面沟通一样人性化了。事实上，研究发现经由媒介渠道发展亲密关系的速度比面对面沟通快得多，而且短信、博客、Facebook等社交媒介沟通方式，也能加强人际关系中言语、情绪和社会亲密感的表达。

你的个人经验可能也验证了上述说法。各种匿名的聊天室、博客、线上约会服务提供了面对面沟通无法做到的自由表述空间，使得各种关系有了方便起头的机会。另外，即时通信、电子邮件、短信、视频通话和社交网络也使我们和朋友、家人和爱人之间保持更加稳定的沟通成为可能。经由电脑来发展和维持亲密关系的潜力，可以通过一个电脑使用者的描述来说明（这是个有趣的双关语）："我这一生还不曾这么频繁地"敲打"某人（click with sb，亦指很快成为好朋友——编者）。"

当然，在虚拟空间进行亲密的联系也可能产生问题。在数字化时代，有些人事实上是不忠诚的，他们在网络上进行着暧

昧关系，同时还在现实里面对面的关系中作出承诺。两个不同的研究都发现，人们认为网上的不忠和在现实中欺骗感情一样严重，甚至比现实中的背叛还要严重。虽然人们很容易认为，避免身体上的亲密可以让这段网络关系更加"诚实"，而事实上，大多数人感觉到情感上的亲密——这是很容易在网上制造出来的——对一段关系的忠诚同样重要。

这并不意味着所有的网络关系都是（或即将成为）亲密的。与面对面的关系一样，沟通者面对他们的网络同伴时，也会选择不同程度的自我坦露，包括在社交网络等网站上管理自己的隐私设置等方式。有些在线关系是非人际的；有些则是高度人际化的（参看第一章第二节）。无论在哪种情况下，对当代的人际关系而言，媒介沟通是建立和维持亲密感的一个重要组成部分。

亲密感的限制

我们不太可能跟每个人都有亲密的关系，也没有那么多的欲望。社会心理学家罗伊·鲍迈斯特（Roy Baumeister）进行了一项引人注目的调查，结果显示大多数人在他们人生的任意一个阶段需要四到六段亲近的、重要的关系。尽管少于四段类似关系会让人体验到一种社会剥夺感，不过罗伊也说了，超过六段亲密关系会导致报酬的减少（见上一章"社会交换理论"），"人们不想向六个以上的人追求情感上的亲密感，可能只是没有那么多的时间和精力罢了"。

就算我们真的能和每一个我们所遇到的人建立亲密关系，也只有极少数人需要那么多的亲密感。想想我们每天要接触那么多人，有的根本就不需要亲密感。比如，有的是基于经济交换的关系（工作中需要接触的人，或者一周只见几次面的店员），有的是同一个团体（教堂或者学校）的成员，有的只是物理空间上很接近（邻居、拼车），以及衍生而来的与第三方的联系（共同的朋友、保姆）。无论是和熟人还是陌生人，单纯地加入一场有来有往的对话都是令人愉快的。

有些学者已经指出过分地痴迷于亲密感会导致关系上的不满足。有些人认为亲密沟通是唯一值得追求的事情，这种迷思会使他们忽视某些没有办法达到这一标准的关系的价值。于是他们会把与陌生人和碰巧遇到的熟人的谈话当作是表面功夫，或者只是建立更加深厚关系的前期工作。如果你认为礼貌但是冷漠的沟通能带来愉悦的话，这种观点的局限性已经相当明显了。亲密感当然也有报酬，但这绝不应该是我们和他人相处的唯一方法。

9.2 家人间的沟通

当我们想到**家庭**这个词时，源于我们自己经历的想象就会浮现在脑海中。其中有些回忆可能引发积极的情绪；另一些则会唤起不舒服的感情。人气作家厄玛·邦贝克（Erma Bombeck）捕捉到了即便是在最幸福的家庭也会呈现出斗争与乐趣相混合的滋味：

> 我们是一小撮奇怪的人，在人生的道路上艰难跋涉。我们分享疾病和牙膏，觊觎彼此的甜品，藏起洗发水，互相借钱，却又把对方锁在自己的房间外面。我们在制造伤痛的同时又依靠彼此的亲吻来治愈它。我们一边爱着、笑着、一边又在防备着，并且试图找出把我们束缚在一起的共同点。

如今，家庭的意义早已超越了传统，不再只是由基因、法律和古老的习俗来决定。你可能来自一个混合的家庭，拥有继父、继母，或者同父异母的兄弟姐妹。或者，你知道有些家庭里的成员没有生物学上的联系（如收养），有些家庭里的成员没有法律上的关系（如同居伴侣或养父母）。在我们审视造就家庭沟通的独特属性时，会考虑所有这些因素。

家庭沟通的特性

不管家庭形式是怎么样的，它们的沟通具有相同的基本特征。

家庭沟通是形成性的 来自家人的信息是我们接收到的最早（也是最重要）的信息。例如，来自母亲的信息会塑造女儿看待感情关系的方式。不难想象，如果母亲传达出"婚姻是我人生中最美好的事情"或者"所有男人都是混蛋"分别会产生怎样的影响。除了对待感情的态度，家长的沟通还会塑造子女对待其他事物的态度。比如说，孩子在成长期间所听到的有关学业的信息，会影响他在中学坚持完成学业或者退学。

来自原生家庭的沟通对孩子有着终身的影响。**依附理论**认为孩子会和家人发展出密切的联系——无论是安全依附型还是不安全依附型。不安全依附型的儿童在成人后也会对建立新关系感到不安，对进一步的亲密感到不舒服，对失去既有的关系感到焦虑。这样的情侣时时害怕自己被拒绝或者被抛弃，结果

"为我们的家庭干杯……"

他们的行为方式反而更有可能让他们所恐惧的事情成为现实。换句话说,他们低落的心理预期造成了不良的自我应验预言。

不过,幸运的是不安全依附类型的反面也是真实存在的:如果孩子的依附类型是安全的,那他们长大后会更自信地沟通,发展出更大的亲密感,与老师、同伴和其他人都能维持有效的关系。如果一对情侣的双方都属于安全依附型,那他们会倾向于建设性的沟通,即使在冲突中也是如此。

这样的研究结果有助于你领会培养孩子安全感的重要性。不过,即使你没那么幸运能够在一个积极的环境下成长,作为一名成年人还是有可能通过学习沟通的方式培养出更幸福的关系。本书就充满了这样的技巧。

除了养育(和非养育)过程中的信息,出生顺序也在塑造我们的沟通方式上起到了重要作用。例如,第一个出生的哥哥(或姐姐)往往比他们年幼的弟弟(或妹妹)更外向。他们也更关心控制权的问题。中间出生的孩子往往与朋友的关系更亲密,反而与家人相处会有更多的困难。"老幺"是最后一个出生的孩子,他们往往比自己年长的兄弟姐妹更投入、更贴近他们的家人。

家庭沟通是由角色驱动的 担任某种角色就拥有了一套事关如何沟通的期待。有些角色是从亲属关系的立场上发展起来的。你可以在心中默举出爸爸、妈妈、儿子、女儿这些传统角色的规范清单(花点时间做一做)。当然,在这些规范中,有许多已经在现代社会发生了改变——因而还有待商榷。当家庭成员依据期待的角色沟通时,沟通就会顺利地进行;当角色面临挑战时,沟通就有可能出现问题。(想想如果一个家庭的规矩是"孩子应该安静地待着",那么那家人对一个健谈的、有主见的儿子〔或女儿〕会有怎样的反应。)

随着孩子的成长,他们会被其他家庭成员(或明显或微妙地)贴上各种标签。诸如"好孩子""害群之马""聪明的孩子""捣蛋鬼"等,这些词汇想必听起来并不陌生。一旦这些标签存在了,它们往往会造成第二章所描述的自我应验预言。如果角色是积极的,那么相匹配的那套期待就能塑造出良好的效果。如果预期是消极的("你还能做点好事吗?"),或者是更具破坏性的("为什么你就不能跟你哥哥学点儿好?"),那么这些言论不仅会减少关系的亲密感,还会增加家人之间的冲突。而这种标签的影响甚至会困扰一个家庭长达数十年。

尽管标签会产生持续的影响,但是随着父母和子女年龄的增长,他们的家庭角色都会发生改变。在刚刚成人的那几年(通常在18岁到25岁之间),曾经需要父母密切监督的孩子开始宣告自己的独立。沟通模式通常也在此期间发生变化,反映了关系中角色的转变。在许多家庭里,成年子女和父母对待彼此态度更加平等。如果孩子希望被当作成人来对待,而父母却坚持遵循早先的角色规范,冲突就会发生。当父母变老时,孩子就会担负起照顾自己生病的或者年迈的父母的角色——一个家庭因此完成了一个循环。

兄弟姐妹之间的关系和角色也会随着时间而改变。在童年时期,兄弟姐妹视彼此为友谊的重要来源——有时候也存在竞争。在成年时期,兄弟姐妹常常会发展出更牢固的感情纽带,此时他们会再次专注于彼此的沟通和陪伴,竞争则会明显地减少。

家庭沟通是自发的 你有选择朋友和约会对象的自由,但你不可能选择你的父母、兄弟姐妹或者其他亲属。

在电影《不可调和的差异》(*Irreconcilable Differences*)中,女儿凯西(德鲁·巴里摩尔饰)决定让她的父母"离婚",因为她不喜欢他们对待她和对待彼此的方式。尽管让难相处的父母离婚的点子可能很好玩(甚至吸引人),但在真实生活中,不论好坏,大多数的家人是彼此"绑"在一起的。

即使你采取极端的方式切断与亲人的沟通，他们对你的影响就像截肢病人的幻肢痛一样还是会持续存在。无论再怎么疏远，他们终究还是你的家人。

当我们成年后组建自发性家庭，关系网会变得更复杂。同样作为成年人，我们所选择的感情伴侣也有自己的一帮亲属。无论是否喜欢，一对彼此承诺的夫妇与三个家庭相联系：他们共同创造的家庭，以及伴侣双方各自的原生家庭。一旦孩子降临，在或多或少的程度上，他就与他的亲属永远地联结在一起了。

家庭作为系统

在阅读这部分的内容之前，想象某个家庭——也许就是你的家庭——以一个类似树状图的活动部件再现。每条线上悬挂着一个家庭成员的照片，用木条和悬挂其他家庭成员的照片连接在一起。这样一个活动部件也许过于简单，却是一个家庭系统——一群相互依赖的个体相互作用、相互适应构成一个整体——有用的模型。在你阅读有关家庭系统的特征时，想一想这个活动部件，将有助于你理解一些重要的概念。

家族系统是相互依赖的　　只要动一下这个家庭活动部件中的一部分，其他部分也会随之运动。同样的方式，一个家庭成员的行为也会影响到其他每一个人。如果你的家人感觉不开心，你的生活也会受到影响。反之，如果某个家庭成员很开心，整个家庭的氛围也会更积极。出于这种相互依赖性，家庭治疗师通常意识到仅仅给某一个家庭成员治疗是错误的方法；看看家人之间是如何相互影响的，同时试着治疗整个家庭会实际和有效得多。

家庭系统通过沟通显现　　正如线和木条连接起了活动部件的各个部分，沟通也将家庭系统中的各个成员联结起来了。语言和象征性的行为会影响家庭生活的平衡，有时变得更好，有时更糟。你继续读下去就会发现沟通会如何作为一种强大的力量，塑造家人的幸福。

家庭系统的结构是嵌套的　　在每一个家庭系统的内部，还有**次级系统**在运行。在传统的家庭中，父亲和母亲组成独特的关系，兄弟姐妹形成他们自己的系统，孩子和家长的互动也会形成次级系统（如母女关系、父女关系等）。家庭越庞大，次级系统的数目也越多。

同时一个家庭也是一个更大的**上级系统**中的成员。你可以通过扩大想象的活动部件来说明这一点，融入爷爷奶奶、叔叔阿姨、表兄弟姐妹、继兄弟姐妹、姻亲，等等。

除了亲属关系，家庭还是其所处社会的一部分。例如，在暴力环境中长大的孩子往往会比普通孩子表现得更加焦虑，在成年以后的社交技巧也较弱。他们自己的行为也会更具攻击性。学校的环境也会塑造孩子的沟通方式，无论是好是坏。

在热播剧《摩登家庭》(*Modern Family*)里，所有的角色都属于同一个上级系统，但是他们也形成了许多次级系统。(参见本章末尾的电视小结)

家庭的意义大于各个部分的简单叠加 正如活动部件不仅仅是一堆照片的简单集合，一个家庭也不仅仅是个体的集合。即使你知道每一个家庭成员是各自独立的，但是在你看到一家人之间所有的互动之前，你不会理解家庭的意义。当这些成员聚在一起的时候，新的沟通方式就会出现。举例来说，你可能知道当朋友结为夫妻后，他们会发生很大的变化。也许他们变成了更好的个体——更自信、更聪明，并且更快乐。也许他们变得更具有攻击性和防卫心。同样，当孩子降临后，夫妻关系的性质也会发生变化。不仅如此，随着以后每一个宝宝的到来，家人的互动都将再次改变。

与家人沟通的模式

家人之间谈论的**内容**通常都是相似的，没什么新奇的东西：报告一下日常的活动、家务事、共享的事件，等等。但是家人之间沟通的**方式**会有明显的不同，通常表现在两个方面：谈话的模式和遵从的程度。

谈话取向是指家人在讨论各种各样的话题时有多开放。有着高度谈话取向的家庭，他们的交流不仅更自由、频繁，而且是自发的。这和谈话取向较低的家庭有着很大的不同，在后者那里很多话题都是禁忌，除此之外的话题也只能用一种限制的方式被提出来。你可以回忆一下自己的原生家庭在谈论包括宗教、性、政治、个人历史，以及对其他家庭成员的感觉等话题时的规则（可能没有明确说出来），这样你就能对自己家庭的谈话取向有一定的了解了。

有着高度谈话取向的家庭把沟通视为一种表达喜爱和愉悦的方式，并借此获得放松。当发生冲突的时候，他们也试图找到适用于所有成员的解决方案。相比之下，谈话取向较低的家庭成员很少互动，交换私人想法的次数更少。因此，具有较高的谈话取向的家庭把沟通当作有益的，并且在这样的家庭里长大的孩子在他们以后的人际关系中具备更强的人际沟通能力，这种现象也就不奇怪了。

　　读到这里，你可能轻易地得出这样的结论：开放的家庭沟通就是好的，封闭的沟通则不好。这不够全面。我们必须认识到即使是在具有高度谈话取向的家庭里，为某些话题限定界限不仅有必要而且有用，这点很重要。没有人会对分享个人历史中的每一个细节、想法或者感觉，感到舒服和愿意——即使是与我们最爱的人。不仅如此，即便是最开放的家庭，也会为了保护私人信息不被外界所知而设置界限。例如，一项研究发现，知道父母不忠之事的成年子女会保守这个秘密，不让家人以外的人知道。他们以此保护家人，证明自己的忠诚，保持家庭的凝聚力。这种介于什么该分享什么该保密的张力，就是我们在第八章讨论的公开和隐私的辩证中的一部分。

　　遵从取向是指家人强迫彼此的态度、价值观和信仰保持一致的意愿有多强。高度遵从的家庭管理沟通的目的在于寻求和谐，避免冲突，促进相互依存，以及取得服从。在这样的家庭里，成员之间往往是等级分明的，他们对哪些成员拥有更多的权力有着清晰的认识。因此在这些家庭里，处理冲突的策略以避免和体贴为特征也就不足为奇了。相比之下，具有较低遵从取向的家庭，在沟通时以个性、独立和平等为特征。这样的家庭相信个人的成长应该得到鼓励，并且单个成员的利益要比整个家庭的利益更重要。

　　如图9-1所示，谈话取向和遵从取向能够以四种方式相结合。每一种模式反映了一种不同的家庭沟通模式：一致型、多元型、保护型和放任型。

　　为了理解这些组合，假设有四个沟通模式不同的家庭。每个家庭都有一个15岁的女儿想要刻一个非常显眼又不雅的文身，这让她的父母很担心。现在想象一下，依据谈话取向和遵从取向的不同组合方式，围绕着这个话题的沟通会有怎样的不同。

　　谈话取向和遵从取向都高的家庭是**一致型的**。这种沟通反映出的张力在于：既存在承认且保留权威等级的压力，又存在公开沟通和探究话题的利益。在一致型家庭里，女儿可以自在地提出她要刻文身的理由，父母也乐意倾听女儿的意见。不过，最终的决定还将取决于父母的意见。

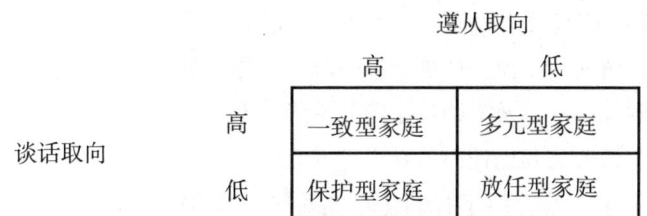

图9-1 谈话和遵从塑造了家庭沟通的模式

谈话取向高、遵从取向低的家庭是**多元型的**。在这种家庭里，沟通是开放、没有限制的，每一个家庭成员都会给出对于文身利弊的评估。我们很容易想到一场正在进行的家庭会议，每个人都在讨论纹文身是否是一个好主意。兄弟姐妹——甚至其他亲属——也会以他们的观点加入其中。在最理想的情况下，共识就来自于这些讨论。

谈话取向低、遵从取向高的家庭是**保护型的**。这种家庭里的沟通强调对于权威的服从，不愿分享想法和感受。在保护型家庭里，即便会对文身进行讨论，也会非常简单。父母决定一切，他们的话就是最终结果。

谈话取向和遵从取向都低的家庭是**放任型的**。"放任"大致译自法语的"放手"。这种沟通模式反映家庭成员很少参与彼此的事务中去，因而作决定是很个人化的一件事。在放任型家庭中，女儿在作出决定之前甚至不会把文身这件事提出来供父母讨论。即便她提了，父母也不会对女儿是否要在她自己的身体上做一个永久性的艺术装饰多说什么。不管是文身，还是其他大多数事情，父母的反应只会是一个冷漠的"随便你"。

越来越多的研究显示有些沟通模式比其他的更高效和更令人满意。例如，来自一致型和多元型家庭的年轻人比来自保护型和放任型背景的年轻人，在倾听上更自信，在智力上更灵活。多元型家庭的后代比在其他任何类型下长大的孩子更少用言语攻击他人。相比之下，如果家长采取保护途径，不仅会导致孩子隐藏更多的秘密，处理结果也会让父母和孩子双方都不满意。换句话说，开放沟通和共同决策要比高压强权和拒绝公开对话产生更好的结果。

9.3　友人间的沟通

你不能选择自己出生的家庭，对邻居和同事也没有什么好多说的。但友谊是自愿的：比起要逃离家庭关系轨道、婚姻关系纽带，甚至是与职业相关的关系联结，对我们来说，似乎结束一段友谊要简单得多。或许，正是因为切断与朋友的联系——以及为维持正向关系所作出的努力——如此简便，有助于解释为什么友谊要比其他任何关系更有可能终结。

第八章第一节介绍了我们建立关系的一些途径。不管理由是什么，友谊都是通过沟通建立并维持的。在接下来的内容中，我们将会审视友谊的性质，研究友谊中沟通是如何运作的。

友谊的类型

朋友这个词涵盖了很广的关系范围——从学龄前玩过家家游戏的儿童到顺应社会潮流的高中社团青年，再到一起参加社交活动的伴侣，以及你会为对方做任何事情的死党都属其中。你会发现不同类型的友谊会采取不同类型的沟通。

年轻的和成熟的 友谊的某些要素是适用于人生所有阶段的。举例来说，自我坦露在童年时期到老年时期的亲密关系中都很常见。不过从其他方面来看，友谊的性质会随着参与者的成长发生变化。

学龄前的孩子很少有持久的友谊。相反，他们很享受和临时玩伴在一起的时光。随着年龄的增长，孩子们通常会形成相对稳定的友谊。不过这一时期的友情主要是为了满足自我的需要，很少会发展出同理心。到了青春期，友谊就成为了青少年社会生活的核心部分——往往比家庭还重要。在这一段时间，朋友开始以他的个人品质受到重视，而不仅仅作为玩伴或者活动伙伴。

如果年轻人离开了自己熟悉的环境，他们常常需要扩展自己的交际圈。此时，他们的交友方式被证明是更令人满意的。他们所看重的朋友品质也在这一刻变得更加稳定和成熟：乐于助人、支持、信任、承诺和自我坦露。此后，他们对婚姻和家庭的责任心会逐步增加，即便如此，他们想要拥有深厚友谊的渴望并不会改变，只不过能够维持友谊的时间的确会减少。到了老年，作为社会支持的一种手段，友谊又有了特殊的价值。拥有牢固的友谊关系不仅有助于提升满意度，也有助于身体健康。

长期的和短期的 有些友谊会持续几十年甚至一辈子，而有些则会因为生活变化（如高中毕业，搬新家，或者换工作）逐渐淡去甚至终结。虽然现代技术降低了因长距离搬迁而结束一段友谊的可能，但缺少了面对面的接触，友谊还是面临着动摇和失败。短期友谊的另一个原因可能是某一方（或者双方）价值观的改变。也许你曾经很享受和一群朋友参加派对和夜生活，但是当你成熟到过了人生的那个阶段，彼此的吸引力也就衰弱了。

关系导向的和任务导向的　有时我们选择朋友是因为共享的活动：垒球联赛里的队友、同事，或者影迷协会的会员。这类友谊主要围绕某些特定的活动展开，因而被当作是以任务为导向的。另一方面，以关系为导向的友谊则建立在与共享活动无关的相互喜欢和社会支持的基础上。当然，这样的分类可能会发生重叠：有些友谊既建立在双方共同参与的活动上，也建立在情感支持上。

高度坦露的和低度坦露的　你会告诉朋友多少有关自己的事情？毫无疑问，面对不同的朋友，你所坦露的程度也会不同。有的朋友只了解你的一般信息，而有的朋友则知道你最私人的秘密。我们在第二章介绍的社会穿透模式，有助于你探究自己面对不同朋友时坦露的广度和深度。

高度义务感的和低度义务感的　为了某些朋友，我们似乎可以做任何事情——无论要求多大多小。而对另一些朋友，我们则没有这么强烈的义务感了，无论就做事的范围和做事的速度来说，都不能够相提并论。当最亲密的朋友向我们请求帮助时，只要打个电话，或者在Facebook上留条信息，通常就会得到我们的迅速回应。

频繁接触的和偶尔接触的　你可能与一些朋友保持密切的联系，你们一起锻炼、旅游、参加社交活动，还要每天打网络电话。在另一些友谊关系里则不会这么频繁地接触——只是偶尔才打个电话或者发封电子邮件。当然，接触不频繁并不必然意味着坦露和义务感的程度也低。许多亲密的朋友可能一年只看到对方一次，但他们会在分享信息的广度和深度上弥补回来。

读到这里，你会开始发现沟通的性质会随着友谊的不同而改变。不仅如此，两个朋友

之间的沟通也会随着时间发生变化。不亲密的朋友之间也有可能突然坦露很多信息，尽管此后沟通的次数却急剧减少。低度义务感的友谊也能发展出更强的承诺，反之亦然。在接下来的几页内容里，你可以读到在实际生活中常见的几乎所有类型的友谊。但现在认识到友谊的多样性是一件重要的事。

性、性别和友谊

不是所有的友谊都生来平等。除了前几页所描述的差异，性别也在我们与朋友的沟通方式上起到了重要的作用。

同性友谊 同性朋友之间的沟通在男人和女人那里是不同的。大多数女性很看重个人问题的讨论，把这视为衡量亲密感的标准，而男性更可能通过共享的活动来创造和表达亲密感——一位学者将此称为"过程中的亲密"。在一项研究中，超过75％的男性参与者说他们最有意义的经历来自与朋友参加的共享活动。他们指出通过和朋友一起做事，他们发现彼此越来越合拍，发展出相互依赖的感情，展现出对彼此的欣赏，并证实相互的喜欢。同样，男性认为实际的帮助才是关怀对方的方式。这样的发现表明对许多男人来说，亲密感并不依赖大量的坦露，而是从共同的活动中发展而来：朋友就是那个**为你做事**且**与你一起做事**的人。

相比男性，女性倾向于坦露更多的个人信息，无论是在面对面的关系，还是网络关系中。虽然男女双方都看重提供情感支持的朋友，但一般来说女性比男性更善于这么做，并且在她们需要情感支持的时候，更可能会去寻求女性朋友的帮助。当然，这些结论是概括性的，可能不适用于某些特定的友谊关系。

异性友谊 异性友谊提供了同性友谊所不具备的好处。相对于同性友人之间的交流，异性朋友可以从完全不同的角度看待问题、提供观点，这一点更吸引人。对男性来说，这通常意味着一次更大的可以分享情感和专注于人际关系的机会。对女性来说，这意味着一次没有任何感情包袱，可以轻松倾听和享受戏谑与活动的机会。

异性友谊——至少对异性恋来说——面临一些在同为男性或者同为女性友谊中不存在的挑战。最明显的就是异性之间实在的或潜在的性吸引力。正如比利·克里斯托在经典电影《当哈利遇到莎莉》(*When Harry Met Sally*)中对梅格·瑞恩说的那句话，"男人和女人不可能成为朋友，因为性总是从中捣鬼。"

研究表明哈利至少是部分正确的。在一项针对150个专业人士的调查中，超过60%的人承认在他们的异性友谊中存在"性紧张"反应。虽然异性友人有发展成情侣的自由和可能，但要定义这种类型的关系，需要很多工夫。一些证据显示通过网络沟通（而不是亲自见面）有助于保持一段柏拉图式的异性友谊关系。

当涉及潜在的恋爱关系时，从异性友谊发展到异性恋的途径可以归为四种类型。（这种归类

自从哈利遇到莎莉后，很多电影开始探讨异性朋友能否有身体上的亲密接触而不损害彼此的友谊这个问题。对此，电影《炮友》（Friends with Benefits）的回答是"不那么容易"。

同样适用于同性友谊发展成男同性恋和女同性恋的情况。）第一种是互有好感的承诺：双方都想把友谊转变为恋爱关系。这种情况通常有待一个关系转折点，我们会在本章后面的内容中进行讨论。第二种是严格的柏拉图式友谊：任何一方都不希望把友谊变成恋爱关系。在第三种类型里，有一方渴望爱情，同时他相信自己的朋友不希望进一步发展。在第四种类型里，有一方拒绝感情，同时他认为朋友有兴趣把友谊发展到更亲密的程度。后两个类型的关系是最复杂的，这并不奇怪。在这些情境中，不太感兴趣的搭档通常会设法传达出"不宜继续"的信息：减少日常的接触和活动，避免调情，更多地谈论与感情无关的话题。

炮　友　炮友是指一种不涉及感情却发生性行为的异性关系。根据一项针对大学生的研究，将近60%的大学生承认他们至少有过一段炮友关系。

男人和女人发展炮友关系的可能是相等的。一些调查证实了这个结论，无论男女都欣赏这种既能满足身体需求又不需要作出承诺的机会。尽管在概率上有相似之处，炮友关系的结果却存在着性别差异。大多数男性在描述自己的炮友关系时，主要用的词就是"性"，而女性在描述时更容易把感情卷入其中。根据这样的结果，一些观察家评论说，女性通常更侧重于成为"朋友"，而男性对"约炮"更感兴趣。

考虑到双方发生了性行为却不想给出恋爱承诺的可能，因而炮友会经常讨论他们关系的状态，也就变得顺理成章了。不过，研究人员发现，炮友通常会避免对这一重要问题进行明确的沟通。研究人员总结道："炮友关系往往是有问题的，其原因和它们为何具有吸引力一样。"

性别考虑 生理性征并不是我们在研究友谊类型时考虑的唯一因素，另一个重要的因素是性别角色（见第三章第二节"社会角色"下的内容）。例如，阳刚的男人和阴柔的女人建立起来的友谊，与阳刚的女人和阴柔的男人之间的友谊相比，肯定有非常不同的特点——尽管严格来说它们都属于异性关系。

性取向是塑造友谊的另一个因素。最明显地，对男同性恋和女同性恋来说，性吸引力的潜在来源从异性对象转到了同性对象身上。不过除了身体的吸引力之外，性取向仍然对友谊有重要的影响。例如，研究显示许多异性恋的女性说她们更看重与同性恋的男性之间的友谊，因为（1）他们经常分享兴趣；（2）发展成恋爱关系潜在可能很小，或者根本不存在；还有（3）维持这种友谊会让女性感觉自己更有吸引力。

友谊和社交媒介

在现实生活中，分清谁可以作朋友并不难，但互联网却使友谊变得更加复杂。想想在Facebook上，某个"朋友"可能是你在派对或者旅行中见过一次面的人，可能是你好几年没有见过的同学或者邻居，还有可能只是网上认识但从来没有亲眼见过的人，甚至可能是一个只为扩充朋友列表的"交际花"。

尽管存在上述可能，研究表明社交网站主要用于维持当前的友谊或者找回往日的熟人，而不是建立新关系。例如，Facebook里联系比例最高的是高中同学。即便是在网上认识的陌生人，如果他们想要变得更亲密，很可能会进行面对面的沟通。像这样的发现说明社交媒体很明显不是面对面沟通的**替代品**，而是一种支持或者恢复友谊的方法。

也许，关于友谊与社交媒体的最有趣的学术研究，就是关于一个人在社交网站上拥有的好友数量了。皮尤研究中心的一项调查发现，Facebook用户平均拥有245个好友。研究表明"好友越多越好"的原则不一定正确。此外，一个人Facebook上的好友数量与别人对他的这些友谊的看法之间有一个曲线关系。如果你的Facebook好友太少，别人会认为你不善社交或者不友好（或许不公平）；另一方面，如果你的好友太多，人们会认为这些关系并不真实。

一位进化人类学家认为人类大脑所能处理的最大关系数量是150个。虽然准确的数字在未来几年可能会改变，但问题的关键依然是：称一大堆人为"朋友"延展了本来只用于一段有意义的关系的定义。Facebook的用户可能也会承认他们网上所谓的"好友"标注为"相识"更为准确。

当然，社交网站不是友人间交流的唯一媒介。打电话，发短信、电子邮件，甚至写博客，都是保持友谊的方式。在本章后面，我们还会讨论社交媒体在维护和支持我们的亲密关系时所起到的重要作用。

9.4 爱人间的沟通

古希腊人知道爱有很多种形式。他们的术语有助于我们了解不同类型的爱。家庭之爱和友谊之爱是关于友好亲切的爱——一对夫妇在共享活动时，或者一个朋友说"我喜欢你，兄弟"时，所表达的那种感情。现实之爱是一种实用的、合乎逻辑的喜爱之情——长期生活在一起的夫妇，或者工作伙伴随着时间发展出来的那种感情。无私之爱以不考虑自己的、利他的悲悯之心为特征——驱使某人照顾生病的伴侣，父母爱抚在困境中的孩子的那种感情。涉及感情关系的希腊语，则往往与疯狂之爱（mania，类似追星族的那种狂热的体验）和情欲之爱（eros，英语"色情的"[erotic]一词就来源于此）相联系。很明显，爱有各种类型。

以下两节，我们将专注于感情关系中的沟通，即伙伴之间较长期的、爱的联结。通常（但不总是）情况下，感情关系既需要通过身体接触表达爱意，也需要一些承诺上的考量。就我们的讨论而言，他们包括那些已经固定交往的情侣、同居的伴侣，以及结婚多年的配偶。问题的关键是关系的卷入者是否认同彼此存在感情上的联系。我们将审视这些爱人之间的感情转折点，他们在冲突中使用的沟通方式，以及他们向对方表达感情的方式。在本章的最后，我们还将讨论如何维护和改进人际关系——不仅仅是恋爱关系，也包括我们所有亲密关系的方法。

感情的转折点

如果你问恋人们他们的感情关系是从什么时候开始的，这是让他们确认某个特定标志的好机会。也许答案是一个具体的日期，一个特别的拥抱，或者某一方第一次说出"我爱你"的时候。沟通学者将此称为关系转折点——以某种根本的方式改变了关系的转折性事件。

虽然在其他的亲密关系中也存在转折点，但它在感情关系中尤为重要。假设一对恋人正要从"普通朋友"进展到"不只是朋友"的情境。不难想象，当朋友关系变成恋爱关系时，一定存在某个过渡性的时刻（"然后我们就接吻了"）。

关系的转折点往往处于我们在第八章所讨论的关系发展的不同阶段之间。它们可能涉及许多方面，从在Facebook上发表声明，到身体上的亲密接触，再到"第一次大战"，直到分手，最后形同陌路。在这个列表里，很容易发现并不是所有的转折点都是正向的。因而，那些识别出更多负面转折点的恋人比识别出更多的积极转折点的恋人，在关系满意度上的等级更低，这一点也就不令人奇怪了。

转折点可以提供关于关系状态的许多线索，"自从我拜访了你的家人后，我觉得你一直在躲着我"或者"在上周认真谈过后，我觉得和

你更贴近了"。因此，转折点是沟通——以及后设沟通——关于一段感情关系的状态的有用工具。

伴侣的冲突类型

事实上，"第一次大战"是感情关系中常见的转折点，表明冲突是爱人间沟通的正常部分。并且对大多数恋人而言，第一次分歧很少会是最后一次。约翰·高特曼花了许多年研究感情关系，他发现恋人们往往会陷入以下三种冲突类型。

1. 波动型：这种恋人存在强烈、激动的争论——尽管有时只是小问题。他们通常提高自己的嗓门，尽量要占到上风，情绪激昂地谈论问题。对这些夫妇来说，冲突通常被视为需要取胜的比赛。
2. 回避型：这种类型的恋人更倾向于忽略问题，而不是面对。他们尽可能地减少分歧，避开敏感话题。这些伴侣承认他们之间存在冲突，但他们会迅速地、冷静地处理它们。
3. 效用型：这些伴侣公开地、合作地管理冲突。当他们有不同意见的时候，他们通过文明的途径来对话，而且不否认自己的情绪。他们仔细地倾听对方，然后寻求解决问题的合作方案。

效用类型符合本书提倡的做法，是沟通的理想方式。然而，高特曼也承认另外两种类型在某些情况下也是成功的。以下是他所了解的婚姻幸福的波动型夫妻：

> 事实证明，这些夫妇像火山一样爆烈的争论只不过是他们温暖又充满爱意的婚姻中的一小部分。争斗时的激情和兴趣似乎有益于他们之间积极的互动，比普通情况更有用。他们不仅比一般的效用型夫妻表达了更多的愤怒，也表达了更多的欢笑与恩爱。

还有，这是高特曼发现的使用回避方式却感到满意的恋人：

> 相对于化解矛盾，回避型恋人更坚持他们在婚姻理念上的基本共识。他们不过是再次确认了彼此在婚姻中所爱和所重视的东西，即强

调积极的部分，接受剩下的部分。通过这种方式，他们常常能以一个悬而未决的讨论来结束争论，且不破坏对彼此的好感。

因此，如果冲突类型不是感情关系取得成功的关键因素，那什么才是？高特曼认为答案是积极沟通行为和消极沟通行为之间的数量比。他把5:1称为"神奇比率"，只要恋人之间的积极互动——触摸、微笑、赞美、大笑、体贴的言语等——是消极言行的五倍，他们就能拥有快乐、成功的感情关系。对回避型恋人来说，很容易把消极行为的数量控制在较低水平，正如波动型恋人们也能把积极行为保持在较高的水平。关键是无论哪种类型，也包括效用型恋人，成功的秘诀在于保持适当的比例。

爱的语言

"如果你爱我，请听我讲。"
"如果你爱我，说出来。"
"如果你爱我，证明给我看。"

在这些句子中，潜在的信息是，"对我来说，爱就意味着……"作家盖瑞·查普曼（Gary Chapman）认为，我们每个人都有关于什么是爱的个人见解。他称这些见解为爱的语言，并且认为如果我们没有发现自己表达爱的方式与伴侣并不匹配，那我们就会有麻烦。

查普曼确定了感情关系中的五种爱的语言，研究也对这些分类提供了支持。

1. 肯定的语言：包括赞美、表扬、言语支持、书面说明和书信，以及其他可以表达一个人有价值、值得被欣赏的方式。使用这种爱的语言的人很容易因为侮辱和嘲笑，或者他们的努力没有被口头认可，而受到伤害。
2. 有品质的时间：指当伴侣需要你的时候，你都在场并能提供帮助，而且在这段重要的时间里，你能给予对方毫无保留的、全心全意的关注。精神不集中和分心都会损害你们在一起的时间的"品质"。
3. 礼物：那些根据礼物衡量爱情的人相信"送礼的心思代表了一切"。对他们来说，礼物的意义不在贵不贵上。能让收到的人欣赏就是最好的礼物。此外，对以礼物为导向的伴侣来说，如果对方忽略了纪念某个重要的事件，就是一种关系越界行为。
4. 服务行为：帮忙丢垃圾，给车加汽油，做家务等——可以列入清单的服务行为是无止境的。和礼物类似，服务的关键也是知道哪些行为能够得到你的伴侣的赞赏。（提示：主动做你伴侣最讨厌的那种家务活。）
5. 身体接触：虽然这种情况包括性行为，但有意义的接触范围要广得多：用手臂围住肩膀，紧握对方的手，轻摸脸颊，或是摩擦颈部等。

恋人之间可以理解但又常常发生误解的事是他们以为自己偏爱的爱的语言就是伴侣所欣赏的。比如说，如果你主要的爱的语言是"礼物"，那么你很可能期望在特殊的场合从爱人那里收到礼物——可能只要一个普通的礼物。而你也可能会定期送礼物，并且认为对方会同样欣喜地接受。

正如你所想的，因为你假设伴侣的爱的语言和你一样，这很可能为失望埋下了伏笔。查普曼说这种情况经常在婚姻里发生：

> 我们倾向于说自己的爱的语言，然后当配偶不明白我们所传达的信息时，我们又变得困惑。我们只是在表达自己的爱，消息不能被很好地理解是因为我们所说的东西对他们来说就是一门外语。

大多数人从自己的原生家庭里学到了爱的语言。然后，从很小开始，我们就在一定程度上印下了如何给予和接受情感的方式。好消息是我们可以学会用不同的方式表达爱——特别是来自爱人的帮助。看一看上述爱的语言的类型，试着找出你的主要类型。然后你可以让你的伴侣做同样的事，再比较你们的记录。

9.5 改善亲密关系

良好的关系不会自己发生，它们需要有效的沟通技巧来保持活力和重要性。在本节中，我们会检查让你保持与重要关系之间亲密感的方法——甚至还能让你与重要关系变得更亲密。

表9-1 一段承诺的感情关系的主要指标

提供喜爱
提供支持
保持诚实
分享彼此的陪伴
尽力做到定期沟通
表示尊重
创造一个共同的未来
创造一个积极的关系氛围
一起处理关系中的问题
重申彼此的承诺让对方安心

关系需要承诺

有关承诺在我们和他人互动时起到的核心作用,一些常见的说法是:"我正在寻找一段有承诺的关系","因为我的伴侣没有作出承诺,所以我们的关系不算数","我只是还没有做好承诺的准备"。

关系承诺包含一个保证——有时是隐含的,有时是明确的——自己会保持处于这段关系,并让关系取得成功。无论在哪种类型的人际关系中,承诺都很重要:友谊关系("永远的朋友")、家庭关系("我们会一直在这里")、工作关系("我支持你"),或者感情关系("至死不渝")。

这些例子说明,通过沟通既形成了承诺也加强了承诺。表9-1列出了承诺在感情关系里的标志。研究表明频繁使用这些指标不仅可以增强关系,还能降低关系中的不确定性。你可以假设在其他类型的亲密关系里,类似的承诺指标会如何运行。

如表9-1所示,言语本身并不是承诺的万全保障,行动也很重要。简单地说一句"你可以依靠我"并不能确保忠诚。不过,如果没有语言,承诺也未必清楚。出于这个原因,我们在第八章第二节"结合阶段"中描述的结合仪式,是一种确认和巩固忠诚的重要途径。

在关系的承诺和关系的维持之间,有一种牢固和清楚的联系。如果你投入到一段关系中,那你肯定希望通过沟通让它成长、繁荣,我们接下来就会对此讨论。

关系需要维系与支持

就像花园需要照料,汽车需要检修,身体需要锻炼,亲密关系也需要持续的维护以保持它们的成功和满足。并且当情况很糟糕的时候，我们希望依靠朋友、恋人和家人来提供支持。

关系维持 正如第八章所写，关系维持可以被广义地定义为：为了保持关系平稳地、令人满意地运行而进行的沟通。也就是说，为了保持一个家庭的正常运转，一段友谊充满活力，一段感情充满激情，人们需要采取一定的维护措施。那么，什么样的沟通有助于维持关系呢？研究人员指出了恋人们用来保持沟通满意度的五个策略。

1. 积极性：保持关系的氛围是有礼貌的和积极向上的，同时避免批评。（第十章详细地讲述这个主题。）
2. 开放性：直接讨论关系的性质，并且坦露你的个人需求和关注。（第二章描述了找出最理想的自我坦露程度所要面对的挑战。）
3. 保证：从语言和非语言的层面上，让对方知道他对你来说是重要的，而且你已经对这段关系作出了承诺。
4. 社交网络：关注彼此的朋友、家人和亲人。
5. 共享任务：帮助彼此打理和承担生活中的琐事和义务。

你也许可以看出共享任务和提供保证，是与上一节所说的"服务行为"和"肯定的语言"这两种爱的语言联系在一起的。事实上，一项研究已经发现了爱的语言与关系维持之间存在很强的关联性。无论如何，这些维持策略不仅适用于感情关系。一项分析大学生电子邮件的研究，试图找

由于被迫生活在不同的国家，安娜（菲丽希缇·琼斯饰）和雅各布（安东·尤金饰）尽力维持一段远距离的恋爱关系。然而他们发现，即便有爱情和通信技术，但是距离造成的情感隔阂就像他们之间的地理鸿沟一样难以跨越。（参见本章末尾有关电影《爱疯了》[Like Crazy] 的小结）

出他们所用的维持方法有哪些。结果显示在与家人和朋友沟通时，以下两个策略是最常用的：开放性（"最近我遇到了一些疯狂的事情"）和社交网络（"你和山姆怎么样了？希望一切都好"）。而对恋人来说，保证（"这是一封简单的电子邮件，只是为了说我爱你"）是最常用的维持手段。

前面的例子表明社交媒体能够在亲密关系的维持上发挥重要的作用。举例来说，类似Facebook这样的工具，能够让心爱的人有机会通过更新状态和在彼此的留言板上发表评论来维持关系。此外，打电话和发电子邮件也能有所助益，特别是电话沟通，在谈论更亲密的话题上别有价值。研究发现相比男性，女性会更频繁地使用社交媒体来维持关系，无论其维护的关系类型是哪一种。这与另一个研究结果一致，即比起男人和他们的男性朋友，女人和她们的女性朋友彼此期待和接收到了更多的维持性沟通信息。

社交媒体对于那些面临挑战的远距离关系来说，特别有用。异地关系已经日趋普遍，而且和人们的推测相反，它们可以和在地理空间上相近的关系同样地稳定，甚至更稳定。这不仅针对的是感情关系和家庭关系，对友谊关系来说也是如此。事实上，距离不是问题，真正关键的是对关系维持的承诺。在一项研究中，女性大学生说开放性和共同解决问题是维持远距离恋爱关系的决定性策略。在另一项研究中，无论男性还是女性都说开放性（自我坦露）在维持远距离友谊的亲密感上，是最重要的因素。（他们承认共享任务和实际帮助在远距离关系中是不太可行的选择。）

社会支持　关系维持关涉的是如何保持一段关系的茁壮成长，而社会支持关涉的是如何在心爱的人面临各种挑战的时刻，提供情感上的、信息上的，或者工具上的资源与支援。沟通在向我们所爱的人提供上述援助时扮演着核心角色。下面让我们仔细审视这三种支持性资源：

1. 情感支持：当一个人感到压力大、受伤害，或者悲伤的时候，没有什么比心爱的人带着同理心倾听且用关爱的方式作出回应更有助益了。第七章第四节的"支持"描述了我们在回应别人的情感需求时，能做和不能做什么。保持你所传达的信息以人为中心，这件事是很重要的。也就说要集中在说话者的情绪上（"这件事一定让你很难过"），而不是忽视那些感受（"这不是世界末日"），或者分散注意（"明天太阳还会照常升起"）。
2. 信息支持：我们生活中最亲近的人往往是我们获取信息的最佳来源。他们可以为我们提供关于购物的建议、对人际关系的看法，以及对于我们盲点的观察。你很有可能回忆起这样的时刻，你带着感激对心爱的人说："谢谢你让我知道。"当然，记住第七章第四节关于"忠告"的技巧是很重要的。如果是对方想要的甚至请求的信息，它就最有可能被当作是支持性的。

3. 工具支持：有时候最好的支持就是卷起你的袖子，为你所爱的人完成一项任务或者提供一个帮助。这不需要有多复杂，像是送对方到机场，或者在对方生病期间给予照顾都算在内。我们常常指望伴侣和家人能在我们需要的时候提供帮助，工具性支持是一段亲密友谊的主要指标（"患难见真情"）。

值得一提的是，社会支持也可以来自我们从未谋面的人。现在网络上的各种后援团和博客相对来说都是匿名的，并且参与者在某些方面也是类似的，因而他们彼此提供帮助的方式在陌生人看起来就像是亲密的朋友。举例来说，接近20%的互联网用户上网寻找过与他们有着类似健康问题的其他患者。当被问到原因的时候，被调查者的常见回应是，与这些有着相同想法却不存在正式联系的人说话，会让他们感觉更自在——特别是如果自己的健康问题是令人尴尬的或让人难以启齿时，这种感觉就更明显了。例如，一项研究就调查了博客是如何为那些病态肥胖患者提供社会支持的。这些网站成为了人们交流的社区，有着相似情况的人可以分享他们的努力，互相提供肯定性的反馈。在研究中，一个博主这样写道："当我度过了糟糕的一周，或者遇到了我不知道如何处理的问题时，我所要做的就是写一个新帖子，并发布在博客上。然后，我的读者总能提供很好的建议、意见和支持。"

修复损坏的关系

即使最稳固的关系也迟早都会遭遇严峻的考验。有些问题来自外在的压力：工作、财务、第三者，等等；有时候问题来自两人之间的差异和不同意见。第十一章为处理这些挑战提供了指导原则。

关系的第三种问题来自**关系越界**行为，即当两人的其中一方或外显或内隐地违反关系默契时，会让另一方在某方面屈居下位。

关系越界的类型　表9–2列出了关系越界的类型，这些违反行为分属不同类别。

轻微的或严重的：有些列在表9-2的项目并不一定会造成越界，有时候少做一点甚至有助于改善关系。例如：小别胜新婚——有点距离关系反而更加紧密；一点点猜忌也可以增加情趣；以小口角起头或许可以化解继之而来的盛怒。但是如果大量且经常为之，这些严重的越界行为必然会损坏两人的关系。

社会的或关系的：有些越界行为违反了大多数人的社会规则。例如，几乎所有人都同意在公共场合羞辱或嘲讽朋友、家人是很明显的违反基本社会规则的行为。而有些规则本质上是属于关系的，即由关系中的双方共同建构出来的独特规则。例如，有些家庭规定"假如我要晚一点到家，我会让你知道，你不必担心"。一旦这个规则存在，不去遵守就会被视为越界，虽然局外人不会持这种看法。

故意的或无心的：有些越界行为是无心的，你可能说出你朋友过去的某件事，没想到这个爆料会造成朋友的尴尬。但是有些越界行为却是故意的，你在气头上时可能明知会伤害对方的感受，却仍然故意厉声痛斥、作出冷酷的回应。

偶发的或续增的：最明显的越界行为发生在单一事件中：一次背叛行为、一次口头上的骚扰或脱口骂人。但是更微妙的越界行为随着时间的流逝才会发生。思考一下情绪退缩的情况——每个人都有需要独处的时候，我们通常会配合着给出对方空间。如果这种退缩慢慢变成一种惯性，就会违反大多数关系的基本规则——伴侣应该随时愿意彼此陪伴，这样就会造成越界行为。

关系修复的策略　研究证实了我们的常理：修复关系的第一步是去谈论违

表9-2　关系越界的类型

缺乏承诺	没能履行重要的义务（在财务、情绪、家务等方面） 不忠实 自利的诓骗
距离	身体分离（超出了客观的必要） 心理分离（逃避、忽视、默然等）
引发问题的情绪	猜忌 不加求证地怀疑 暴怒
攻击	言语伤害 身体暴力

规行为。当你认为自己被亏待的时候,第十章为你提供了如何传达清楚、肯定的信息的技巧——"昨天晚上,你当着大家面对我怒吼,我真的觉得很尴尬。"在另一种情况下,你可能会为越界行为负责而想要主动讨论,"我做了什么让你觉得这么受伤?"或"我的做法为什么在你看来是个困扰?"不

关系越界是电视剧《绝望主妇》(*Desperate Housewives*)中的一个常规桥段。有些越界行为是容易挽回的,有些则不是。

过,像这样提问,而且不带防卫地倾听对方的答案,可能要面对很大的挑战。第七章提供了倾听的指南,第十章提供了如何处理批评的方法。

改正错误的最好的机会是为你的越界行为负责。道歉并不是一件容易的事,特别是在西方文化中,每个人都很在意保留自己的脸面。但是,将后悔藏于心中不是比说一句"我很抱歉"还要糟糕吗?根据一项研究报告,参与者说他们道过歉后,就不会感觉那么悔恨了。寻求原谅还能带来另一个益处:研究显示获得原谅的越界者比没有得到原谅的人较少重复自己的错误。

爱的语言的作者盖瑞·查普曼认为道歉的语言也是重要的,并且道歉中的某几个成分显然更要紧。他列举了其中五个成分,见下文,思考如果某人想向你道歉,你最看重的是哪一点。

1. 表达后悔:"我很抱歉。""我对自己的所作所为感到难过。"
2. 承担责任:"我错了。""这是我的错。"
3. 作出弥补:"我能做些什么才能让这一切恢复原状?"
4. 真诚地忏悔:"我尽量不会重蹈覆辙。"
5. 请求原谅:"你愿意原谅我吗?"

只有在道歉者的语言和非语言行为配合一致时,道歉行为才会具有诚意。即便如此,道歉之后想要立即获得原谅也是不切实际的期待。有时候,尤其是严重的越界行为,表达悔意并承诺改善后必须经得起时间的考验,才能让对方感受到真诚而愿意接受道歉。

谅解越界 很多人认为原谅是理论家或哲学家论述的主题，然而社会科学家发现原谅别人对自己和关系都很有助益。在个人层面上，原谅已经被证实可以减轻情绪沮丧，减少攻击行为，还能促进心血管功能。在人际层面上，愿意去原谅爱人、朋友、家人能够修复损坏的关系。

研究显示最有效的原谅包含来自"受害者"的两个要素：

1. 一个明确的陈述："我不能忘掉已经发生的事，但我相信你的道歉，也接受它。"
2. 对越界行为的影响和这段关系的未来进行讨论："我必须坦承，在我能够重新信任你之前，还需要一些时间，但我愿意试一试。"

并不让人讶异的是，有些越界行为比较难以被原谅。一个关于约会中情侣的研究发现，背叛的性行为和第三者是最不能被原谅的越界行为。

即使对方已经提出真诚的道歉，要原谅对方还是很困难。研究显示一种增加原谅能力的方法，是去回想你也曾亏待过别人或伤害过别人的时刻。换句话说，就是记得你也曾错待别人而需要别人的原谅。认识到原谅别人才是对自己最有利的，沟通学者道格拉斯·凯利（Douglas Kelley）鼓励我们牢记瓦尔特

"我说过我很抱歉了。"

斯（R. P. Walters）所说的，"被伤害时我们有两条路可走：被仇恨摧毁，或是原谅。仇恨带来死亡，原谅带来疗愈与重生。"

小　结

　　人际关系的亲密感有四个向度：身体的、智力的、情绪的和活动的共享。性别和文化两者都会影响亲密的表达。亲密感可以同时出现在电子媒介沟通与面对面互动中。并不是所有的关系都与亲密有关，沟通者有必要对什么时候、在哪里、跟谁会产生亲密关系作出决定。

　　家庭关系是形成性的，由角色驱动，一般是自然而发的。家庭运作就像一个系统，发展出的沟通模式要合并谈话取向和遵从取向。

　　友人间的沟通常常会有很大的不同，影响的因素包括参与者的年龄、关系的历史、接触的频率、义务的程度、任务或关系的基础、坦露的程度，还有朋友们的性别。社交媒体在当代的人际关系里也起到了重要作用。

　　感情关系的开始、持续和结束经常都是基于关系转折点的。伴侣通常的三种冲突方式有：波动型、回避型和效用型。身处感情关系中的伴侣各自都有偏爱的五种爱的语言中的一种，这有助于彼此更加理解对方的语言。

　　亲密关系不仅需要承诺和维护，也需要情感的、信息的和工具上的支持。当关系被越界行为损害的时候，修复策略和原谅对双方来说都是重要的沟通技巧。

电影与电视

　　你可以在以下电影和电视节目中印证我们在本章总结的沟通准则：

亲密和性别

《寻找伴郎》（I Love You, Man，2009）
R级

　　诸如"兄弟情"或者"男人间的欣赏"，这类词汇说明人们正寻找新的方式来描述同为异性恋的男人之间的亲密友谊。电影《寻找伴郎》就探究了这个主题。

　　彼得·克莱文（保罗·路德饰）在他即将到来的婚礼之前，竟然找不到一个亲密的朋友来当他的伴郎。为此，他只能通过一系列的"男人约会"来寻找一个死党。在一次房展上，彼得无意中撞见了希德尼·法夫（杰森·席格尔饰），他们很快发展出了一段强烈的情谊。

彼得和希德尼的亲密感跨越了各种层面。通过大量的谈心和自我坦露，他们拥有情绪上和智力上的交流；他们还喜欢共享活动，尤其是摇滚爵士音乐的即兴演奏会；甚至在身体层面上，他们也有许多搂肩膀和熊抱的动作。

彼得和希德尼新建立的友谊渐渐侵害到了彼得和他未婚妻的关系，如何在老婆和哥们之间选择成为了电影一个有趣的次要情节。这种演变其实强调了管理多元的亲密关系需要面临很多挑战。

承诺和支持

《勒戒》(Intervention, 2005—) TV-14 级

这部获奖的真人秀节目深入地审视了那些关系亲密的人，当他们向自己的爱人坦白长期以来存在的问题后，关系会如何发展。这个干预治疗定位在了诸如药物滥用、饮食紊乱、赌博成瘾以及心理和生理健康等问题上。尽管与爱人对质有时需要干预者表现出"严厉的爱"，但他们也清楚地证明和体现了关系的承诺、支持和原谅。

家庭系统

《摩登家庭》(Modern Family, 2009—) TV-PG级

这部广受好评的电视情景喜剧记录了一个大家族下的三个家庭的各种霉运。

正如片名所显示的，《摩登家庭》里的多元化关系在过去的时代是不太可能存在的。其中最传统的家庭包括乐天开朗又土里土气的爸爸菲尔（泰·布利尔饰）、总是过度紧张的妈妈克莱尔（朱丽·鲍温饰）和他们三个非常不一样的孩子。克莱尔的父亲杰（艾德·奥尼尔饰）新娶了年龄比他小一半的哥伦比亚裔妻子格劳丽亚（索菲娅·维加拉饰）。他们和曼尼（里克·罗德里格兹饰）——也就是格劳丽亚和前夫的儿子——一起生活。克莱尔的弟弟米切尔（杰西·泰勒·弗格森饰）和他的同性伴侣卡梅隆（艾瑞克·斯通斯崔特饰）有着忠诚的关系，他们还领养了一个越南裔的女儿。

《摩登家庭》里的每一集都阐明了本章所描述的家庭系统的准则。本剧在描述伴侣、父母、孩子、祖父母、兄弟姊妹、姻亲、继兄弟等关系中，紧扣住了关系丰富、复杂和相互依赖的本质。

远距离关系

《爱疯了》(Love Crazy, 2011) PG-13 级

正如许多恋人的经历一样，安娜（菲丽希缇·琼斯饰）和雅各布（安东·尤金饰）在大学相遇后便坠入了爱河。但

是由于学生签证到期,迫使安娜返回了她的祖国英国,他们的生活也变得复杂起来。虽然通过电子邮件、短信和电话,足以让两人轻松地保持联络。但是这对年轻的恋人发现通过媒介沟通,至多也只能让关系保持原样。

这部电影对于远距离恋爱所要面对的挑战,提供了一幅非常现实的图景。它帮助我们探索了这样一个问题,即在没有身体接触的情况下,爱和技术能否足以维系一段恋情。同现实生活一样,雅各布和安娜的答案也是不明确的。

修复被损坏的关系

《赎罪》(*Atonement*,2007)R级

在英国的一所庄园里,13岁的布里奥妮·泰利斯(西尔莎·罗南饰)暗中看到自己的姐姐塞西莉亚(凯拉·奈特莉饰)和管家的儿子罗比·特纳(詹姆斯·麦卡沃伊饰)的秘密约会。由于过分活跃的想象以及对罗比浓烈醋意的驱使,布里奥妮得出错误的推断,指证罗比犯有一项实际非他所为的罪行。

布里奥妮的控告摧毁了包括她自己在内他们三个人的生活。她用她的余生来为自己鲁莽的指控赎罪。通过说明沟通的不可逆原则,这个故事讲述了试图修复被严重损坏的关系所要面对的巨大挑战。

Focus Features/The Kobal Collection

第十章

增进沟通气氛

阅读完本章后，你应该能够：

* 指出在你重要的关系中，肯定的、有异议的和不肯定的信息及其模式，描述它们的后果。
* 描述你在上一个目标中所指出来的信息，是如何威胁或强化了所涉及的沟通者的自我（面子）的。
* 运用吉布的分类法和"清晰信息"的处方来创建信息，这种信息有助于建立支持性的而非防卫性的沟通氛围。
* 对真实的或者假设的批评，能予以合适的、不防卫的回应。

人际关系就像天气一样，时而晴朗温暖，时而风雨交加充满寒冷。有时乌烟瘴气，有时却又健康宜人。有些关系像是稳定的气候，然而，另一些却发生着急剧的变化——时而平静，时而狂暴。我们可以利用温度计和观测天象来评估气候，却测量不出人际关系的温暖程度，因为相对于大自然的气候，人与人的互动关系更深受无处不在的情感和情绪的影响。

虽然我们不能改变外在的天气，但是我们可以改变内在人际关系的气氛。本章将告诉我们为什么有些关系是美好的，而有些关系却令人如鲠在喉。你将在这里学习到哪些行为会引起别人的防卫，哪些行为会引起别人的敌意，又有哪些行为会引起更多的正面情感。读完本章之后，你将对重要的人际关系氛围拥有更好的理解，也会学到如何去改善你的人际关系。

除了一些古怪的人物和反常的人格，电视剧《公园与游憩》（Parks and Recreation）里职员的工作氛围大体上是阳光而又温暖的。

10.1　沟通气氛和肯定信息

沟通气氛指的是关系当中的情绪氛围。气氛与活动的种类有关，但牵涉更多的是人们在完成活动的过程中如何感觉和对待彼此。不难想象两个拥有相同教学时间和教学大纲的班级，一个班级在学习上给人一种友善和舒服的感受，而另一个班级给人冷漠和紧张的感觉——甚至相互怀着敌意。

同样的原则也适用于其他的情境。例如，父母为孩子创造的沟通气氛会影响他们的互动方式。缺乏父母肯定的孩子会遭受各种情绪和行为上的问题，而那些感受到肯定的孩子会与他们的父母进行更加开放的沟通，拥有更高的自尊心和较低的压力水平。当不肯定的信息增加的时候，兄弟姐妹对彼此的满意度也会大幅下降，甚至视觉得对方咄咄逼人。

如同大自然生态互动形成了气候，沟通气氛也是在人与人的互动之间形成的。大家共享气氛，所以很少会出现同一段关系一方形容为积极开放、正向光明的，另一方却形容为冷漠且充满敌意的。也如同气候一样，沟通气氛随时随地可能改变，一段阴暗的关系可能在下一刻又变得充满阳光。以此类推，我们必须认识到：沟通气氛的预测也不是一个十分精准的科学方法。不过，和天气不一样的是，人们可以在他们的关系当中，改变沟通气氛。

信息的肯定程度

是什么导引着正向或负向的沟通气氛呢？这个答案出人意料地简单：大致上来说，一段关系中的气氛，取决于人们相信自己在其他人心中受重视的程度。

社会科学家用**肯定的沟通**来形容那些传达重视的信息，而用**不肯定的沟通**来形容那些不受重视的信息。以某个形式来说，肯定信息说着"你很重要""你算数""真有你的"，而不肯定信息说着"我才不管你""我不喜欢你""你算老几啊"。

就像评价一个人美不美，一条信息属于肯定还是不肯定的沟通也取决于旁观者。举例来说，在你的某段人际关系里，你说了一句（"你真可笑"）来表达喜爱之情，在外人听来可能全然相反。同样，信息发送者自认为有助益的评

表10-1 信息的肯定与不肯定程度

不肯定	异议	肯定
视若无睹	攻击	
插嘴	抱怨	
各说各话	争辩	
岔题		重视
无人情味		承认
含糊其辞		赞同
表里不一		
最不重视		最重视

论("我把这个告诉你也是为你着想……"),可能轻易被视为不肯定的人身攻击。

是什么让信息更为肯定?表10–1列出了信息的肯定程度。

不肯定信息

不肯定的信息多通过反驳或漠视别人所传送的重要信息,表达对他人的不尊重以及不欣赏。沟通学研究者已经确认了七种不肯定信息的类型。

视若无睹 视若无睹的回应表现为不承认他人的信息。无论是无意还是有意的,没有几件事情能比得不到你正在与之试图沟通的人的回应,更令人不安的了。

正如你在第一章的开头读到的,被人忽视会比被解雇或者受到攻击更具否定性。研究表明在工作中,员工有时会通过避免与讨厌的同事互动,制造出令人心寒的沟通氛围,来迫使对方辞去工作。在婚姻中,忽视伴侣已经被认定为预示离婚的强有力的信号。即便是在一个不那么刻意的层面上,人们在发短信的时候拒接别人碰巧打入的电话,也会传达给对方不为所动的感觉。

插　嘴 在别人尚未说完话之前就随意插话会给人不关心对方谈话内容的感觉。偶尔插嘴未必会被认为是负面的,但经常插嘴会让说话的人失去谈话的兴致且感到愤怒。

各说各话 谈论与他人说话内容无关的事情是一种各说各话的表现,例如以下的对话:

> A:今天真是的,先是车子过热害我得叫拖车,然后又是电脑死机,到底有完没完!
>
> B:哦,我们来说说安的生日礼物,她后天就要开庆生会了,我们只有明天可以去买。
>
> A:我现在真的很累,可不可以过几分钟后再说这件事?我从来没有像今天这么倒霉过。
>
> B:我只是想不出到底要送安什么,她好像什么都有了……

岔　题 在会话当中,我们用"夺走"来表现出岔题的现象。与完全忽视说话者的谈话内容不同,有些人会用这种方式来转移话题,例如以下的对话:

A：我想知道你要不要在假期去滑雪。如果不快点决定的话，可能会订不到旅馆的。

B：嗯……如果我的功课没完成，我去哪里心情都不会好，你要不要帮我做作业？

无人情味　无人情味的表现总是充满着各种陈腔滥调，从未对说话者真正作出回应，例如以下的对话：

A：我待会有点私事，下午要早点下班去处理。

B：喔！是啊！我们每个人都有私事，就像时钟总是一定会有指针一样。

含糊其辞　含糊其辞指的是言语中不只包含一种意思，给对方留下的印象，例如以下的对话：

A：我想尽快见到你，星期二如何？

B：可能可以？

A：怎么样？星期二到底能不能和我见面？

B：也许吧。到时再说吧！

表里不一　表里不一的回应包含了两个矛盾冲突的信息，通常至少有一个信息是非语言的，例如以下的对话：

A：亲爱的，我爱你！

B：我也爱你。（看电视的时候单调地说）

异议信息

在不肯定的沟通和肯定的沟通之间，还存在着异议信息。正如其名称所暗示的，异议信息就是以某种或其他的方式说"你错了"。有些异议是相当有敌意的，另一些则没有像它们听上去那样的不肯定。即便是不同意对方，

纪录片《欺凌》(Bully)展现了孩子对孩子(child-to-child)攻击的毁灭性后果。它用一种令人不安的视角审视了因恶意的言行而造成的损害。

也分更好的和更坏的方式，所以异议信息也需要从反面到正面来评判。在这一部分，我们将讨论三种类型的异议：攻击、抱怨和争辩。

攻 击 反对另一个人最具破坏性的方式就是攻击。研究人员将言语攻击定义为诋毁他人的自我概念使之遭受心理痛苦的倾向。和争辩（稍后说明）不一样，攻击贬低了别人的价值。辱骂、奚落、挖苦、嘲弄、吼叫、纠缠——都是以损人利己的方式"取胜"。

攻击不限于面对面的接触。网络欺凌现象有着令人不安的普遍性：根据研究报告，约15%的学生说自己在网上辱骂过别人，而被辱骂的比率则达到30%。网络欺凌的后果可能是毁灭性的。在线的辱骂让受害者感到愤怒、沮丧、悲伤、害怕和尴尬，结果他们在学校变得冷漠和欺骗，只能以滥用药物、暴力和自我毁灭的行为——在最严重的情况下甚至是自杀来回应。

攻击会带来如此严重的后果并不让人吃惊。第十一章描述了为何应对冲突的双赢模式比进攻性的输赢战术更加健康、富有成效。

抱 怨 当沟通者不准备争论但还是想要表达不满的时候，他们经常都会抱怨。不过，抱怨也分好坏，显然有一些方式要更好一些。比如，彼此满意的夫妻往往会倾向于对行为进行抱怨（"你总是把袜子扔到地板上"），而不满意的夫妇则更多地抱怨个人的性格（"你是个大懒虫"）。这种针对个人性格的抱怨更有可能导致冲突的升级，原因很明显：抱怨他人的性格攻击到了对方自我展现中一个更基本的部分。谈论袜子，话题涉及的是改变习惯的问题；称呼对方大懒虫是人格上的攻击，即便是在冲突结束后，也很难被遗忘。婚姻研究者约翰·高特曼发现抱怨并不是关系出问题的必然信号。事实上对夫妻来说，在通常情况下只要他们抱怨的内容是针对行为的描述，而不是针对个人的批评，那么坦露他们所介意的事是有益于关系健康的。

争　辩　通常情况下如果我们称一个人是好争辩的，我们是在作出一个不利于对方的评价。但是，拥有创造和发表合理论点的能力，也是我们向往律师、脱口秀节目主持人、读者来信和政治辩论的原因。因此在一个积极的层面上，沟通学家把争辩定义为呈现并捍卫自己对于某一事物的立场，同时攻击他人持有的立场的行为。特别是在工作场合中，与其说争辩是一种消极的特质，它与一些积极的属性更有关联，比如增强自我观念、提升沟通能力、增进积极氛围等。

如何在争论的同时保持一个积极的氛围，关键在于你表达自己观点的方式。攻击观点，而不是攻击人，这一点很重要。此外，如果你以一种肯定的态度来表达一个合理的论点，它被采纳的可能性更高。本章后面所述的支持性信息展示了以一种尊重的、建设性的方式进行争辩如何成为可能。

肯定信息

肯定信息的类型研究显示有三种增加正面信息的方法：重视、承认和赞同，它们有助于让你所传达的信息受到别人的肯定。

重　视　表达肯定信息最基本的动作就是重视另一个人。重视看起来似乎是一个简单又平淡无奇的举动，但是很多时候我们却忽略了。比如忘记回复邮件或电话短信都是常见的例子，或者某个售货员没有意识到你正在等待服务。当然，这种欠缺重视的行为可能只是一时的疏忽。但倘若有人把这些举动误认为是你在刻意和他保持距离，那就可能会成为不肯定的沟通，且对你们的关系造成影响。

承　认　承认别人的观点与感受，是肯定沟通的一种比较有力的形式。倾听大概是一种最普遍的"承认"途径。当然，虚伪地倾听以及选择性倾听、自恋地倾听、隔绝性倾听都会对承认有相当负面的影响。比较积极的"承认"则包括问问题、释义问题、反映问题，等等。毋庸置疑，如果公司里的高级主管时常去询问员工的意见，员工会对他们有较高的评价，即使意见最后不被采用，这些寻求"承认"的行为也将有助于上司与下属之间肯定信息的增加。正如你在第七章所看到的，当某人有问题的时候，对他的想法和感受给出反应是提供支持的一种强有力的方法。

赞　同　承认表示你对别人的意见有兴趣，赞同则表示你同意他们的意见，且觉得这些意见是重要的。不难看出赞同是肯定信息中最有力的一种类型，因为它传达了最高层次的重视。而最明显的赞同形式就是同意。值得庆幸的是，你不一定要借由完全的同意来表现你对他人信息的赞同，你可以在信息当中找出你所认同的部分加以回应。即便你无法对朋友的情绪爆发产生认同，你仍可以试着用"我能理解你为什么这么生气"来和他沟通。毫无保留的赞美也是表现赞同的一种很有力的形式，当你找到机会赞美他人的时候，你不妨试着使用它。

沟通气氛如何发展

只要两个人开始沟通，周围的气氛就会跟着有所变化。如果他们所发出的信息是肯定的，正向的气氛就会渐渐形成。相反地，如果他们所发出的信息是不肯定的，这段关系就会开始变得不友善、冷酷且充满防卫。

言语的信息确实是关系中形成气氛的因素之一，但也有许多制造气氛的信息来自非语言线索。接近他人的举动在正向的气氛中是值得肯定的，而躲避的行为可能会造成负面的影响。微笑或皱眉、有无眼神接触、声音和语调、人际空间的运用等信号，都能传达一个人在团体中对其他成员的感受。

当气氛形成之后，它就开始有了自己的生命，并且以一种永久存在的方式**螺旋**发展——由于每个人的信息受到彼此话语的强化，就形成一种循环往复的沟通模式。在正向的螺旋当中，成员的肯定信息可以引发他人类似的回应，并引导整个团体的气氛不断走向正面，形成一个正向的循环。不过，负向螺旋的力量也一样强大，它会让成员对整个团体的感觉——包括自己和他人——变得越来越糟。

有研究展示螺旋在关系中如何运作，这一运作强化了"种豆得豆，种瓜得瓜"的原则。例如，在一个针对已婚夫妇的调查中，研究发现每个配偶在冲突情境中的反应是与另一方的表现相类似的：安抚的话语（如提供支持、承担责任、表示认同等）通常会得到安抚的回应，对抗的行为（如恶意批评、充满敌意地质问、挑错误等）也常会引起对抗的反应。其他种类的信息也会导致同

被称为无限的游戏

	1	2	3	4	5	6	7	8	9	10	11	12	13	14	15	16	17	18	19	20	21	22	23	24	25	26	27	28	29	30	31	R	H
TAT	3	0	0	1	0	0	0	0	0	0	6	0	0	0	1	0	0	0	0	0	8	0	0	3	9	7	1	1	2	6	48	63
TIT	3	0	0	1	0	0	0	0	0	0	6	0	0	0	1	0	0	0	0	0	8	0	0	3	9	7	1	1	2	6	48	63

© 2006 Michael Crawford from cartoonbank.com. All rights reserved.

表10-2 负向与正向的互动沟通模式

负向互动模式	
模式	例子
抱怨—招致抱怨	A:我希望你不要这么自我中心! B:好啊,我也希望你不要这么吹毛求疵!
各执己见	A:你为什么对玛尔塔这么苛刻?她是一个好老板。 B:你在开玩笑吗?她是我所见过最虚伪的人了。 A:你去看看别人的情况,就会知道自己遇到的是一个好老板。 B:你也一样。
互不关心	A:我不管你要不要留下来,我已经筋疲力尽了,我现在就要走了。 B:要走就走吧,记得找到你自己回家的路。
涉及断句的争论	A:你不想听,我怎么谈? B:你不想谈,我怎么听?

正向互动模式	
模式	例子
确认对方的观点	A:这次的任务真的很令人困惑,恐怕没有人能明白我们应该做什么。 B:我能理解它为什么不清楚,让我再解释一下……
承认相似点	A:我不敢相信你想要度过一个这么昂贵的假期!我们应该省一点钱,而不是花得更多。 B:我同意我们应该节省一点,但我认为我们既可以去享受这趟旅行,又可以省下一些钱,让我算给你听听……
支持	A:我快要被这个工作逼疯了!我当初以为这只是个暂时性的工作。我需要去做一些不同的事情,马上! B:我可以了解你有多讨厌它,让我们算算如何能更快地完成这个项目,这样你就能回到常规的工作中去了。

摘自 W. Cupach & D. Canary. *Competence and Interpersonal Conflict.*

样的模式,如逃避导致逃避、分析招致分析,等等。表10-2说明了某些应对沟通的模式具有创造正向或负向螺旋的可能性。

升级的冲突螺旋是最常见的增强彼此不肯定信息的状况。一个攻击导致另外一个攻击,使得小冲突不断升级,最后成为不可收拾的斗争。让我们来看看下面的例子:

A:（有点恼怒）你去哪里了？我以为我们约好半个小时前在这边见。

B:（防卫地）我很抱歉，我在图书馆耽搁了。你知道我不像你一样有那么多自由的时间。

A: 我没有责怪你，你不用这么敏感，但我确实讨厌你刚刚的说话方式。我非常忙碌，也有很多比在这里等你更重要的事情要做。

B: 是谁敏感？我只是随便讲一句话，你就变得这么防卫，你到底怎么了？

尽管没有那么明显，**降级的冲突螺旋**也是破坏性的。在这种情况下，虽然关系双方不会相互斗争，但他们会逐渐削弱对彼此的依赖，逐渐撤退，越来越少地投入这段关系中。好消息是螺旋不都是负向的，也可以是正向的。给出一句赞美能够收到一句恭维，这样的互动被视为一种善意的举动，能够改善双方关系的氛围。

不管是正向还是负向的螺旋，都很少会保持在一个明确的状态，大多数的关系都在"进"或"退"两种状况中循环。倘若螺旋是负向的，双方可能发现当中的气氛越来越令人不舒服，他们就会试着从负向的信息转为正向的信息去改善它，却忽略了去讨论问题本身。在其他的情况下，人们可能去做后设沟通，他们会说："等一下！这么做对我们一点帮助也没有。"也有些情况会有人开始自暴自弃而导致关系的瓦解。及时从负向螺旋中"弹回来"，回到正向螺旋中是关系成功的标志，然而，如果两人错过了"临界点"，就像弹簧一样，继续往负面螺旋方向发展，将使他们的关系走向终结。

即使是正向的螺旋也有它的限制：一段最好的关系也可能会经历冲突和退缩的过程，如果能够善用时间和沟通技巧，最后也能让伙伴们回到原有的和谐当中。

10.2 防卫：原因与对策

防卫这个词让人联想到受攻击时对自己的保护，然而，这里所说的是哪一种攻击呢？无疑地，当你竖起防卫的时候，所应对的攻击很少针对你的身体。

但是，倘若你没有受到身体上的侵害，为什么还要守护自己呢？关于这个问题的答案，我们必须重新谈到第二章所介绍的"展现的自我"和"脸面"两个概念。

威胁面子的行为

回想一下，一个人的"脸面"包含身体特征、人格特质、态度、能力，以及其他想要向世界展现的自我的部分。实际上，只从单一面去看人是不对的，我们应该试着从不同的方面去看待一个人。你可能希望在老板面前塑造出严肃的形象，却又希望在朋友的眼中是一个爱开玩笑的人。

当别人乐意接受和承认我们所展现出的形象的重要部分时，就没有防卫的必要了。反之，当其他人用威胁面子的行为——这样的信息似乎已经挑战到我们试图投射出来的形象——来面对我们的时候，我们便会抗拒这样的信息。此时，防卫就成了我们保护展现的自我、顾全自己面子的一个过程了。

当你努力展现的一面受到了他人的否定时，你就可以理解防卫心是如何借着想象接下来发生的事情而产生的了。比如说，假设你的老板批评你犯了一个十分愚蠢的错误；或者想象一下，朋友说你是个自我中心的人；或是心上人管你叫懒人的时候，你会有什么样的感觉？倘若这些攻击并不正确，你很可能感觉受到威胁，但是，请注意即使你心里很清楚这些攻击是合理的，你还是会作出防卫的反应。当你确实犯了个错误，真的非常自私，或者老是用粗糙的方式去对待你的工作时，那些实际的批评会让你如同刺猬一般竖起全身的防卫。事实上，批评越是命中要害，我们感到的防卫也越深刻。保护自己所表现出来的形象是一种本能的反应，即使这些形象是不真实的，仍然会导致人们采取一些破坏性的方式，例如讽刺的语言和口头上的辱骂，来驳斥对方。

到目前为止，我们讨论防卫时，

就像它只是那些感受到威胁的人的责任。如果是这样的话，那么解决办法会很简单：变成一个厚脸皮，承认自己的缺点，并停止管理印象就行。可这个解决方法不仅不现实，也忽略了那些威胁别人面子的人应该承担的责任。事实上，有能力的沟通者除了会照顾自己对面子的需求，也会照顾他人的。举例来说，训练有素的老师尽力支持自己的学生，让他们保留面子，特别是在提出建设性批评的时候。这种面子上的功夫可以让学生较少使用防卫性反应。同样，有效的上级也会使用保留面子的话语，如"你的方向是正确的和你的工作很有潜力"，作为纠正下属行为之前的缓冲。我们将在本章后面详细讨论表达出保留面子的信息的重要性。

避免对他人防卫

一位具有影响力的研究工作者杰克·吉布（Jack Gibb）提出了一些有效控制防卫的工具。经过几年的团体观察之后，吉布归纳出了六种唤起防卫和六种减少防卫的行为类型，表10–3的吉布分类表会在接下来的篇幅里详述。

评价和描述 吉布指出，第一种唤起防卫的行为是评价式沟通。大部分的人会在争吵中感到生气，他将这解释为缺乏尊重的结果。有一种评价的形式是"你"的语言，之前我们在第五章已经提过。

相对于"你"的语言形式，描述式沟通将焦点放在说话者的想法和感受上，而非着重在价值的判断。描述式语言通常使用"我"的语言，这要比"你"的陈述所显现的防卫强度弱得多了。接下来，让我们对照一下"评价式"的"你"的断言和"描述式"的"我"的回应：

评价："你不知道你自己在说些什么！"
描述："我不明白你怎么会有这样的想法。"

评价："你这地方真乱！"
描述："如果你不打扫，我要么只能自己做，要么只能忍受你的脏乱，这让我有点生气。"

评价："你的笑话真令人作呕！"
描述："当你讲那些下流笑话的时候，我真的很尴尬。"

表10-3　吉布的防卫性和支持性行为分类表

防卫性行为	支持性行为
1. 评价	1. 描述
2. 支配导向	2. 问题导向
3. 策略性	3. 自发性
4. 中立	4. 同理
5. 优越	5. 平等
6. 确定	6. 协商

资料来源：Jack Gibb, 1961。

在描述式语言的情况下，焦点被放在说话者的想法和感受上，尽管它并非成功沟通的唯一要素，因为有些人无论你说什么、做什么都会表现出防卫式的反击。无论如何描述别人的行为对你产生的影响，会比直接判定别人对你的攻击来得适当。

支配和问题导向　第二种唤起防卫的信息是企图支配一切。支配式沟通发生在信息发送者在不顾接收者需要和兴趣的情况下自顾自地去解释、决定一些事情。这样的情形几乎随处可见：在哪吃晚餐？要看哪一个频道？要保持哪段人际关系？要如何花这笔钱……不论哪一种状况，这种人总是展现出支配的态度，以至于制造出一股防卫性的气氛。这些支配的意念会通过文字、姿势、语调，或者其他种种渠道表现出来，这种控制者不管走到哪里都容易引起别人对他的敌意。他们的行为仿佛在说："我知道什么对你最好，如果你照着我的话去做，事情就会成功。"

相反地，问题导向的沟通者会将焦点放在满足自己和他人需求的办法上。这里的目的并不是"赢"你的对手，让他付出代价，而是让每个人都有良好的工作结果，觉得自己是赢家。在第十一章里，我们将提供如何制造"双赢"的方法。

下面是一些说明支配和问题导向不同措辞方式的例子：

支配："你接下来两小时最好离电话远一点。"

问题导向："我在等一通重要的电话，想麻烦你一下，让电话暂时保持不占线。"

> **支配**："只有一个办法来解决这个问题了，那就是……"
> **问题导向**："看起来我们有点麻烦了，看看我们能不能共同找出两全其美的办法。"

策略和自发　吉布使用策略这个词所描述的唤起防卫信息的情境是说话者把他们真正的动机隐藏起来。"策略"的本质是"不诚实"以及"操纵"。即使策略性沟通的动机是正确的，当身处诡计中的受害者发现自己被人蒙蔽的时候，仍会觉得被冒犯并且认为自己是幼稚且容易受骗的。

自发性是与策略性形成对比的一种行为。自发是指单纯地对别人诚实而不是操纵他们。自发性沟通不一定要在想到什么事情的时候马上表达出来，而是在细心地思考后真实地表达内心的想法。正如第二章所言，自我坦露也有合适的（和不合适的）时机，如果你自发地说出心中的每一个想法无疑也会威胁到别人展现的自我。吉布关于自发的概念包含说出别人能感觉到又会拒绝的日程。下面这些例子可说明两者间的差异：

> **策略**："你星期五下班后要做什么？"
> **自发**："我星期五下班之后要搬钢琴，你可以帮我的忙吗？"

> **策略**："汤姆和朱迪每周都会外出晚餐。"
> **自发**："我希望我们可以偶尔外出晚餐。"

关于吉布的模式还需要进行更深入的探讨。第一，吉布所强调的直接沟通比较适合美国这类低语境文化，因为这种文化比高语境文化更看重直言不讳；第二，吉布所谓的"支持性"沟通行为，都有可能被人拿来利用别人，而违反了正向气氛的建立精神，如自发性。这听起来似乎有点自相矛盾，但是有时你会看到人们很有心机地去表现自己的真诚，目的是为了获得别人的信任与同情。这可能是最容易唤起防卫的一种方式，因为当我们知道别人把坦白当作一种手段之后，我们就再也不会相信这个人了。

中立和同理　吉布使用中立这个词来形容第四种唤起防卫心的行为，但是有另一个更适合描述它的形容词是"冷淡"。中立的态度是不肯定的，表达了对别人的幸福与否漠不关心，而且暗示着别人对你而言是不重要的。当人们意识到这种不关心时，防卫心自然就会兴起，因为没有人希望自己的存在是没有重要性的。在他们的自我概念当中，总会希望自己是有价值的。

注意中立与同理在措辞上的差异：

中立："你不好好计划就会发生这种事。"
同理："唔，事情的发展好像跟你预计的不一样。"

中立："有时候事情就是会出错，没办法。"
同理："我知道你花了好多时间和心血在这个计划上，但有时候事情确实不能顺着我们的意。"

当人们经常要去面对许多没有人情味的机构时，中立的负面影响和敌意会变得愈加明显。"他们只是把我当作一个号码，而不是一个人。""好像是电脑在处理我的事情，而不是人在帮我办事。"这些常见的情况反映出被冷漠对待的人可能出现的反应。吉布发现"同理"可以让人摆脱冷淡的沟通方式，当人们表现出对其他人的关心时，就有机会引发他们的自我概念。同理的意思是体会别人的感受，试着把自己置身于他们所经历的情境当中，但这不表示你就必须完全认同他们。简单来说，你的用意是要让他们感受到你的关心和尊重，为此可以多用一些支持性的方法。吉布注意到在"同理"的沟通方式上，非语言信息具有相当重要的地位。表情和肢体上的关心，会比语言的直接表达来得更真诚。

优越和平等　第五种引起防卫心的行为是优越感。任何表达出"我比你优秀"含义的信息都会引起接收者的防卫态度。有丰富的研究证实，至少在西方文化中，自以为是的信息会使接收者恼怒，从学生到一般市民都是如此。幽默作家戴夫·巴里（Dave Barry）在《如何有效争论》这篇文章里提到，我们常用一种独占鳌头的姿态来传达自己的优越感。例如，想一想如何利用强调语法和字词、高声而缓慢地说话、故意不听以及改变说话声调来传递优越感的态度。

> **优越**："你根本不知道自己在说什么。"
> **平等**："我从不同角度看这件事情。"

> **优越**："不，这不是这件事的正确做法。"
> **平等**："如果你愿意的话，我可以告诉你我曾经用过的有效方法。"

在许多情况下，我们必须和那些能力以及知识储备都比我们优秀的人沟通，但是他们并不需要在这当中抱持着一种优越的态度。吉布发现，许多证据证明了具有优秀技巧和才能的人比较重视平等的感受而非优越感。这些人传达着这样的信息：虽然他们在某些部分拥有过人的天分，但是其他人也具有身为人类的价值。

确定和协商　你曾经遇过那些相信自己是完全正确的人吗？你曾经遇过那些认为自己的方法是唯一或是最恰当的解决问题的办法的人吗？你曾经遇过那些坚持认为自己知道所有的事实而不需要其他额外信息的人吗？如果你曾经遇到过，那么，你就是遇到了那些使用了吉布所提出的"确定"这种行为的人了。这些沟通者会将注意力放在自己所坚持的观点上，可能会因此而漠视他人的观点，不重视别人所提出观点的重要性。接收到确定信息的人，很可能会把这些信息当成一种对个人的冒犯，而用防卫的行为来加以回应。

和"确定"相对的一个概念是"协商"。也许一个人会有强烈的意见，但是他们不全然认为自己一定没有错，倘若其他的观点看起来更合理的话，他们也会改变自己的立场。

> **确定**："那绝对行不通的！"
> **协商**："我认为如果你用那个方法可能会有麻烦。"

> **确定**："你不知道自己在说什么！"

第十章　增进沟通气氛　323

"我算是彻底明白了。我喜欢好电影，而你喜欢坏电影。"

协商："我以前没听过这个想法，你是从哪里听来的？"

依照吉布的理论控制自己的言行并不一定就会建立正向的沟通气氛，对方可能并不接受你这一套。但是，当沟通包含了上述的支持性方法时，就有最大的机会可以创造积极的关系。除了有助于增加他人传达给你的正向的回应外，支持性的沟通可以让你在很多情况下感觉更舒服：你越能控制你的人际关系，它给你的感觉就越自在，也让你能越乐观地去面对其他的事物。

10.3　保留面子

吉布的支持性沟通分类为减少防卫性回应提供了有效的指导。下面你将学到，当你面对挑战性信息的时候，如何运用这些特定的方法。

使用清晰信息处方

不难发现，建立支持性氛围的一个必备要素就是避免攻击别人，或者说要保留对方的面子。同时，你还要对关系中的问题表达出合理的关切。

接下来我们将会讨论如何用清晰、直接但又不具威胁性的方式来说出你的心意，用肯定的方法陈述你的需要、想法和感受，清楚直接又不至于让别人感到被评断和命令。这个"清晰信息"的处方建立在第三章知觉检核技巧和第五章"我"的语言基础上。这个新技巧适用于传达下列几种信息：你的希望、问题、抱怨和欣赏。我们将会逐一检验每一个部分，然后讨论如何将它们跟你的日常沟通结合在一起。

行　为　正如第五章所述，行为描述是记录你反应的原始资料。行为描述应该是客观的，描述一个事件而不带解释。下面是两个行为描述的例子：

例1："一个星期前约翰向我承诺，当他和我共处同一个房间时，他在抽烟之前会先征求我的同意。然而刚刚他没有经过我的允许，就点了一根烟。"

例2："克里斯上星期的行为很反常，从上周末起我就没见过她的笑容。她也不像以前那样顺道来我的住处，没有提议一起去打网球，也没有回我的电话。"

注意，这两个句子只是描述了事实。观察者没有添加任何附带的意义。

解　释　解释的陈述是把意义连接到行为的过程。我们需要先了解有关解释的一个重要观点：解释是主观的。就像你在第三章知觉检核中所读到的那样，任何行为我们都可以有不只一种解释。例如，看看先前出现过的这两个例子，都可以有两个不同的解释：

例1：

　　解释A："约翰一定是忘记了我们的约定，就是关于他在询问我之前是不能抽烟的事。我确定在他知道我特别在乎的那些事情上，他是不会食言的。"

　　解释B："约翰是不礼貌、不考虑别人的人。他和我约定在问过我之前不能在我身边抽烟。现在他故意在我面前抽烟，这说明他只关心他自己——事实上，我敢打赌他是故意在做这件事的，目的就是要把我逼疯。"

例2：

　　解释A："一定是有些事在困扰着克里斯，可能是她的家庭吧。假如我持续打扰她，她可能会感觉更糟糕。"

> **技巧构建** **行为和解释**
>
> 1.告诉另外两个小组的成员,你最近对你生活中的某个人作出的一些解释。针对每一个解释,分别描述你作出这些解释所基于的具体行为。
>
> 2.在同伴们的帮助下,考虑一下这些行为的替代解释,并且尽可能让它们和你原初的解释一样合理。
>
> 3.在想出了替代的解释之后,请决定:
> a.其中哪一个解释是最合理的。
> b.你会如何用一种试验性的、临时性的方式,与被卷入的那个人分享你的解释(包括你对行为的描述)。

解释B:"克里斯可能在生我的气,可能是因为我取笑她打网球时总是输球。我想我最好让她一个人冷静一下。"

当你能察觉到观察到的行为和解释的不同之后,一些沟通失败的理由就变得清晰可见了。当信息发送者没有在他所解释的事实基础上先作行为描述时,就会造成许多问题。例如,想象一下,你听到某个朋友的两种说法之间的不同:

"你是个吝啬鬼"(**没有行为描述**)

"我经常替你付咖啡和点心的费用,而你从来没有替我付过,我觉得你是个吝啬鬼。"(**行为描述加上解释**)

感 觉 报告行为和分享你的诠释是很重要的事情,但感觉的陈述在信息上增加了一个新层次。例如,思考一下这些说法的不同吧:

"当你嘲笑我(**行为**)时,我想你可能觉得我的评语很愚蠢(**解释**),我**感到很尴尬**。"

"当你嘲笑我时,我想你可能觉得我的评语很愚蠢,我对此**感到很生气**。"

技巧构建　说出感觉

在下列每一条信息中，填写你最可能会有的感觉：

1. 当我发现你没有邀请我参加露营旅行的时候，我感到_____。虽然你说你以为我不会想去，但我还是觉得很难过。

2. 当你主动提供帮助为我搬家的时候，我感到_____。我知道你有多忙。

3. 当你告诉我你仍想和我做朋友，但是想要"放松一些"的时候，我觉得你对我厌倦了，对此我感到_____。

4. 你告诉我你希望我对你的画提出诚实的意见，然而当我告诉你我怎么想的时候，你又说我不懂它们。我感到_____。

如果每一条信息都不包括感觉的陈述，那它带来的影响和现在有多不同？

有一些沟通看起来似乎是在表达情绪，但其实是在解释或是陈述意图。分辨这之间的差别十分重要。例如"我**觉得**很想离去"（实际是意图）或"我**觉得**你是错的"（实际是解释），这些说法是不准确的，会让人误以为是情绪表达。

结　果　结果的陈述说明了沟通发生了什么结果，包括你所描述的行为、解释的内容或随之而来的情绪，或者同时包含三者。有三个形式的结果：

- **说话者身上发生了什么事**

　　"因为我昨天没有收到电话留言（**行为**），我不知道我和医生的约会被延后了，于是我在办公室苦等了一个小时（**结果**）。这段时间我本来可以用来念书或工作的。对我来说，我认为你好像一点都不在乎我有多么忙碌，即使在帮我写个留言条这样的举手之劳上也是如此（**解释**），这就是为什么我如此愤怒（**感觉**）。"

- **接收者身上发生了什么事**

　　"你在宴会上喝了四到五杯酒之后，我劝你喝慢一点（**行为**），而你开始出现怪异的行为：你说了一些粗鲁的玩笑，得罪在场的所有人。在回家的路上，你开车开得很糟糕（**结果**），当你倒车时你几乎撞到电话亭（**更多的行为**）。我认为你不了解你的行为是多么异样（**解释**），我觉得很担心（**感觉**）。我很怕想到如果你再多喝一点酒将会发生什么事情。"

- 其他人发生了什么事

"你可能不知道，因为你可能没听到她的哭泣（**解释**），但是当你为了演出在排练却又不关门时（**行为**），婴儿不能睡觉（**结果**）。我特别担心（**感觉**），因为她最近感冒了。"

两个理由让结果陈述在沟通上具有价值：第一，它们帮助你更清楚地了解为何别人的行为会使你觉得困扰或高兴。同样重要的是，这可以告诉别人他们行为的结果，有助于替他们弄清楚行为的后果。就像"解释"，我们经常认为别人应该不用说就能察觉事情的来龙去脉，但是事实是他们经常无法如此。借由明确陈述结果，你可以更确定你或你的信息，不要留下让人想象的多余空间。

意　图　意图的陈述是清晰信息处方的最后要素，它们能够传达三种信息：

- 你所秉持的立场

"当你叫我们'小妹'之后，我曾和你说我们想要被称为'女士'（**行为**）。我觉得你对此并不觉得这个差别对我们来说是多么地重要（**解释**）及它对我们是多么有意义（**感觉**）。现在我的处境很棘手：到底是应该撕破脸皮继续坚持我的立场，还是假装没关系但是心里感觉糟糕透了（**结果**）。我希望你能了解这多么困扰我（**意图**）。"

- 对他人有所诉求

"当我昨晚没听到你对我说的话时（**行为**），我想你生我的气了（**解释**）。从那时起我就一直在想着这件事（**结果**），我很担心（**感觉**），我想要知道你是否还在生气（**意图**）。"

- 描述未来你计划如何行动

"我曾三次叫你偿还我借你的25美元（**行为**），我觉得你似乎一直躲着我（**解释**），我对此非常生气（**感觉**）。我想要你了解，除非我们现在弄清楚，否则你别期待我会再借你任何东西（**意图**）。"

在之前的例子中，我们经常只产生一个单一的意图。然而有时候，我们的行动受到多个意图影响，甚至这几个意图还存在冲突。当这种情况发生时，冲突的意图经常使我们的决定变得更加困难。

"我想要对你真实，但我不想揭露我朋友的隐私。"
"我想继续享受和你之间的友谊，但我现在还不想接触的那么频繁。"
"我想有时间念书，拿到好成绩，但我也想要有一份工作，赚点钱有收入。"

使用清晰信息处方　在你使用清晰信息处方传送信息之前，有几个要点要记得：

1. 相关要素的顺序可能会被打乱。就像前几页所举的例子，有时最好从你的感觉开始，有些时候你可以从分享你的意图、你的解释或描述结果开始。
2. 信息的字词要符合你的个人风格。通常我们不会说："我解释你的行为意指……"你可以选择说："我想……"或"这对我来说……"或是"我有个想法……"同样地，你可以这样表达你的意图："我希望你会了解（或

技巧构建　把你们的信息放到一起

1. 和其他两位同学一起，组成一个小组。每个人轮流分享一条信息，而且是他（或她）想要传达给某人（不在小组内）的信息。确保这条信息包括了行为、解释、感觉、结果和意图的陈述。

2. 当一个人说话的时候，另外两个人都应该帮助他（或她）。也就是说，如果说话者传达的信息造成了任何意思上的疑问，两名听者应该提供如何让信息变清晰的反馈。

3. 在说话者组织好一条令人满意的信息后，他（或她）应该练习如何实际地传达它。此时可以让小组的另一个成员扮演信息接收者的角色。持续练习，直到说话者有信心能有效地传达这条信息为止。

4. 重复上述流程，直到小组的每一个成员都有机会练习传达一条清晰的信息。

做）……"或是"我希望你会……"为了增强你陈述的真诚性,你选择的字词应该听起来是可靠的。

3. 适时地将两个要素联结在一个句子里。"……从那之后我一直想要告诉你"这样的陈述就同时表达了结果和意图。相应地,当你说"……在你那样说了之后,我觉得很困惑"时,你表达了结果和感觉。不论你是联结两个要素还是将它们分开表达,重点是去确定每一个要素都在你的陈述中有所呈现。

4. 从容地传达信息。并不是每一个人都能在同一个时间内恰如其分地传达信息。在你所要说的被完全了解之前,同一个部分经常需要重复陈述许多次。在本书前几章中你已经了解到,会有各种不同的心理和生理噪音,使人与人之间的互相了解变得十分困难。沟通就和其他活动一样,耐心和持续是基本要件。

对批评以不防卫回应

如果每个人都能够做到支持性地沟通,这个世界会成为一个人间乐园。但是,当有人以吉布所认定的唤起防卫行为——如评价、支配、优越感等——来对待你时,你要如何以不防卫的态度来回应?除非你意志非常坚定,否则当你被别人攻击时很难保持理性。尤其是那些明显不公正的批评,会令人十分难受,倘若自己成为批评中心,痛苦的感觉会更强烈。即使批评你的言论是正确的,你也可能会丧失理性,要么用语言反击回去,要么消极地从这段关系撤离。

正因为不管哪一种形式的反击都不可能解决争执,我们需要做的是找出另外一种替代的方法,来阻止这些行为的发生。接下来将提供两种沟通的技巧,虽然它们表面上看起来很简单,却有实用的价值。

寻找更多信息　当你了解别人的攻击背后其实是有话要说时,一味反击别人的批判是一件愚蠢的事,寻找更多的信息才是明智的举动。如果从一开始就反击,更被视为不正当或是愚蠢的,因为对方的话中常常包含了少许甚至许多的事实。

许多读者反对当他们遭受批评的时候还要去问更琐碎的细节。他们这样坚持,是因为他们把"开放倾听"说话者的评论和"接受"说话者的评论混淆在一起了。当你明白你可以倾听、理解甚至承认最具敌意的评论,而不必然要

接受它们时,你会变得更容易听取他人的意见。如果你不同意别人对你的批评,先理解那些批评再作出解释,有助于你处于一种更好的立场上。从另一方面来说,如果你愿意仔细地聆听批评者的意见,也许你会发觉在批评者的意见之中有些令人信服的地方,你可以从中获得对你有利的信息。不管是上述的哪一种状况,当你愿意花点注意力在别人的批评上时,你不会失去任何东西,反而会得到很多。

询问详情　事实上,在批评当中,那些模糊不清的攻击是没有价值的,即使你由衷地想要改变它也是徒劳无功。诸如"你不公平"或是"你从来不伸手帮忙"之类的抽象攻击很难被理解。在这样的例子中,向信息发送者询问更详细的信息会是一个好的方法。"我在什么地方不公平了?"是个不错的回应,帮助你判断哪个攻击是正确的。你也可以在决定是否要同意这样的攻击时,先用这样的问句加以确定:"我哪些时候不帮你了?"

如果你已经发出询问详情的信息,却仍然导致防卫的反应,也许你该想想问题是否出在你问问题的方式上。你的声音和语调,你的脸部表情、姿势,以及其他种种非语言线索,这些信息将为同样的一句话带来截然不同的含义。想一想,你该怎么用"你到底在说些什么"这样的问句来和别人沟通?你是发自真心地想要了解,还是心里暗自觉得对方是个古怪的人?只有当你真诚地想要从说话者那边获得更多的信息时,询问详情才会有效,这一点非常重要,倘若你抱持其他的心态,恐怕会引发更多的麻烦,并把事情弄得更糟。

推测详情　在有些情况之下,即使你用真诚、得体的言词去表达进一步获取信息的渴望,仍然不见得会有成功的结果。有些时候,批评你的人无法准确地界定你的行为,此时,你将会听到诸如此类的建议,"我不能准确地说出你的幽默感出了什么问题,我只能说我不喜欢你这样。"在其他时候,批评你的人即便准确地知道他们不喜欢你的行为,但顾虑到你可能会抗拒这样的批评,他们可能会用一种反常的、愉快的方式来表达心中的想法,在这个时候你会听到一些这样的回应,"好吧,既然你不知道你为什么伤了我的心,那我更不能告诉你了。"

当你真心想要从别人的批评中发觉更深一层信息却遭受挫败时,你的心里一定感到十分沮丧。在这样的状况下,你可以借由推测那些批评背后的含义来进一步了解什么是困扰那些批评你的人的根源。你可能会变得容易臆测且容易怀疑,执意要寻找出自己的"罪行"。就像那些请求详情的技巧一样,如果你是为了要创造出一个令人满意的结果的话,那些猜测就必须是充满善意的。你必须让那些批评者知道,你的目的以及你是真心想要知道究竟发生了什么事情。在表达出自己的目的之后,周围的情绪氛围通常会变得更加舒适,因为你和批评者之间已经朝相同的目标走去。

以下提供一些典型的问题,也许你曾经听过有人用这样的方式来推测他人的批评:

"所以你反对我在文章中使用的表达方式,是因为我使用的方式太呆板了吗?"

"好吧,我知道你觉得这些装备看起来很可笑。不过它是哪里不好呢,颜色还是结构,又或者是其他方面不合适?"

"当你说我没有尽到我在这房子里的那份责任的时候,你是指我对清洁打扫的帮忙不够吗?"

对说话者的想法予以释义　在第七章中,我们曾经提过如何利用解释说话者的想法、感受,以及积极倾听的技巧来排除那些言谈所造成的混乱和阻挠。"释义"更是帮助人们解决问题的好方法。人们会批评你,通常是因为你的行为给他们造成了问题,此时,这个策略就极为适当。

"释义"的好处就是你不用对自己是否具有攻击性的行为做猜想,只要借由澄清或详述那些批评当中你懂得的观点,你就可以更了解他们的反对意见。下面一段对话正是一位聪明的管理者是如何利用"释义"来应对一位不高兴的客人的:

顾客: 你管理商店的方法真差!我只想告诉你,我以后再也不会来这里消费了！

老板：（反映出顾客的感觉）你看起来似乎心情很不好，告诉我你的问题，好吗？

顾客：不是我的问题，是你的店员有问题。他们似乎觉得要帮顾客在这里找个东西是件很麻烦的事。

老板：所以你在找你要的东西时得不到足够的帮助，对吗？

顾客：帮助？在我终于能够和店员说上话之前，我已经在这里绕了将近二十分钟了。我只能说你经营的方法真是烂透了！

老板：所以你的意思是，店员忽略了客人？

顾客：对！他们都忙着招呼其他的客人。我认为你应该有足够的人手来应对这个时段拥挤的人潮。

老板：现在我明白了，你不满意的地方就是我没有足够的人手来迅速为你服务。

顾客：是的。我对于服务没有抱怨，我比较恼怒的是要一直等在那里。我总是告诉自己我可以在这里找到想要的东西，但我太忙了，没有时间等很久。

老板：谢谢你让我注意到这个缺点。我也不希望让老顾客等太久，我会尽力不再让同样的事情发生。

"他什么时候才能起来继续挨训？"

这段对话说明了"释义"的两个好处：首先，通常持批评态度的人在领悟到他们的抱怨有人倾听的时候，会收敛自己强硬的态度；此外，批评者通常会在他们的需要没有得到满足时，加重内心的挫败感——在上述的对话中，顾客就是个需要被注意却没有得到满足的例子。当管理者真诚地表达对顾客不满意的关注时，顾客就会感到舒服些，整个店里的气氛也会因此而较为和谐。当然，这种积极的倾听不一定总是会减少那些批评你的声音，然而，即使它没有这样的效

在电视真人秀，如《美国偶像》（*American Idol*）中，表演者有机会接受和得益于评委的批评。其中有一些人做得比其他人更好。（参见本章末尾电视小结）

果，仍然有其他的益处值得我们去施行。在这个简单的对话里，管理者在花费时间听取顾客的需要后，学习到另外一些有价值的信息，他发现在某些特定的时段里员工无法胜任服务众多的购物者，这会耽误某些客人的时间，甚至引起他们的恼怒，因此属于业务上的疏失。这个了解是十分重要的，倘若管理者用防卫的反应来面对顾客的抱怨，那么他永远不会从这当中学习到什么。

询问批评者要的是什么　在某些时候，批评你的声音很明显地传达出了批评者的需要。

"把音乐声关小一点！"
"我希望你会记得告诉我电话留言。"
"你现在就去把你的脏衣服洗一洗！"

然而，还有些时候，你需要做些探查来找出批评者希望你做些什么。以下有两个这样的例子：

阿雷克斯：我不敢相信你居然没有先跟我讲就请来了所有的人！

巴伯：你的意思是希望我取消这个派对咯？
阿雷克斯：不，我只是希望你在计划之前先问过我的意见。

西西亚：你真是吹毛求疵！看起来你似乎不喜欢这个计划。
唐娜：是你要问我意见的，你希望我回答些什么？
西西亚：我要知道的是哪里不对，而不是单纯的批评。如果你觉得我哪里做得还不错，我也希望你能告诉我。

最后一个例子说明了你的问题是否伴随正确的非语言行为的重要性。在唐娜的反应"你希望我回答些什么"中，可以推测出两种情况，一个是真心地表达出想要知道西西亚需求的渴望，另一种则是明确地表现出不友善的态度以及防卫。在这个段落的类型中，你针对批评的回应都必须是真诚的态度。

询问行为的后果　通常人们会在他们的需求没有受到注意的时候批评你的行为，回应这个批评的方法就是找出在你的行为中哪些是引起令人烦恼的后果的关键。你将会发现，看起来合理的行为也会招致一些批评。在你了解这点之后，之前那些看起来愚蠢的批评就会呈现出不同的含义。

邻居甲：你说我应该让我的猫做节育手术，为什么这对你那么重要？
邻居乙：因为它一到晚上就勾引我的猫，而我已经不想再支出任何诊疗的费用了。

工人甲：为什么你这么关心我上班迟到？
工人乙：因为当老板问起我时，我总觉得应该替你编个理由才不会让你有什么麻烦，可是我真的不喜欢说谎。

丈夫：为什么当我输钱的时候总会让你感到十分困扰？你知道我从来不会把我全部的财产拿去赌的。
妻子：这不是钱的问题，而是当你输的时候你的心情总会低落个两三天，那对我来说也很难过。

询问还有哪里出错　多请求一些批评似乎是件疯狂的事，但是有时问问其他的抱怨可以让你发现真正的问题。

> 甲：你在生我的气吗？
> 乙：没有啊！你为什么这么问？
> 甲：因为在整个野餐的时间里你几乎都不和我说话。事实上，只要我走到你身边去的时候，你就会跑到别的地方。
> 乙：还有其他不对的地方吗？
> 甲：我最近觉得怪怪的，你是不是对我感到厌倦了？

这个例子指出这种询问并不只是受虐狂式的习惯，而是可以帮助你了解你是否冒犯了批评你的人。如果你可以一直检核自己的防卫反应，进一步的探索可以引导出批评者真正的不满之处。

有时候从批评者那边询问更多的信息是不够的。例如，当你完全了解别人对你的批评，却仍在语言上感受到自己防卫的反应时，应该怎么办？你知道倘若你试着防卫，必然会招来一顿争吵，然而你似乎又无法接受别人对你所说的话。这种进退两难的情况简直是令人无法忍受的。我们接下来将谈到这个部分。

同意批评者的看法　也许你会反对这样的标题。你要怎么真心同意你不相信的批评者呢？在下面的篇幅里，我们将试着为这个问题找出答案，让你知道没有什么状况是真的令你无法诚心接受他人的观点，而一定要固守自己的立场。要知道怎么能够做到，你必须了解同意有两种不同的类型，你几乎可以在任何状况中都使用它们。

同意事实　这是最容易同意的类型，但是它不常被使用。研究者认为这对恢复批评中被损害的声誉有很好的效果。当被指责的事情正确时，你比较会认同那些批评的话：

> "你是对的，我很生气。"
> "我想我的防卫心确实太强了。"
> "现在你说得没错，我确实有些尖刻。"

当你注意到某些事实没有争论的余地时，同意这些事实似乎是很合理的一件事。如果你和别人约了四点在某个地方见，但是到了五点你仍然没有出现，无论你对你的迟到作什么解释，你还是迟到了。如果你打破了借来的东西，把煤气用完了，或者没有完成你的工作，你就必须同意别人对你这些行为所作的解释，即使这些解释并不讨喜。你可能会因为自己的形象被破坏而很生气，做一些蠢事，听不进别人说的话，甚至做一些不经考虑的举动。在你摆脱那些对完美主义的迷思时，你会比较容易承认这些事实。

如果批评者针对你所发出的言论都是正确的，那为什么用不防卫的态度来接受它是一件很困难的事情呢？这个问题的答案，通常是因为当事人经常同时在"同意事实"和"接受指责"两者间夹杂不清而产生了困惑。大部分的批评者不仅描述了冒犯他们的那些行为，他们也连带着给予了评价，以下就是一些我们常常会抗拒的评价：

"生气真是愚蠢。"
"你没有任何防卫的理由。"
"你这么尖酸刻薄是不对的。"

这样的评价似乎都会让我们不太高兴。然而，了解到你能同意——甚至从中学习——批评中的行为描述内容而不是附加的评价部分，你将经常产生真诚而不防卫的反应。

同意批评者的观感　　如果你承认对你的批评是合乎情理的，那么是否同意批评你的人可能无关紧要。但是，如果这些批评完全没有任何理由，那你应该如何去同意他们呢？你已经仔细地倾听并且询问过问题了，你确定自己已经理解了那些批评的意思。但是你越听下去，越确信这些批评是完全脱离常规的。不过，即使在这种情境下也有表示同意的方法。这种时候并非去认同批评者的结论，而是试着站在他们的角度，以他们的眼光去看待事情。

A：我不相信你去过你刚刚描述的所有地方，你可能只是想要让我们印象深刻而已。

B：好吧，我可以了解你为什么会这么想。我知道很多人都借由说谎来获得别人的赞同。

C：我想让你知道，我从一开始就反对雇用你。我认为只是因为你是女人，才得到了这份工作。

D：在反歧视法的明文规定下，你会这么想，我能够理解。但我希望在我工作一段时间后，你能改变对我的想法。

E：我不完全相信你要待在家的理由，你说是因为头痛，但我认为你是想避开玛丽。

F：我可以理解你为什么这么想，因为上次我和玛丽在一起的时候吵架了。但我现在真的是头痛。

认同批评者的言论，却能让自己心里感到舒服的关键是：你必须了解到同意那些批评，并不意味着迫使你要向他们道歉，有时你不一定要使批评者认为你要为那些令人不愉快的行为负责任。以下这个例子将说明，解释有时可能比道歉来得恰当：

"我知道我迟到了。这是因为城里出了个车祸，把整个街道都堵住了。"（说话者是用一种解释而非防卫的语调）

在另一个例子中，即使你的行为不适当仍然有可能是被理解的。当这种情形发生的时候，你可以不带任何歉意地承认批评者所说的话：

"你是对的，我的确没有控制好我的脾气。我已经提醒过你三四次，最后我想我是用尽我的耐心了。"（再一次，传达出解释而非防卫或反击的信息）

在其他的例子中，你可以用不同的观点来看待批评当中正确的地方，而不一定要失去自己的立场。

"我可以了解为什么你会认为我反应过度，我知道这对你来说并没有像对我一样重要，但是我希望你可以明白，我为什么这么重视它。"

> **技巧构建　　应付批评**
>
> 和搭档轮流练习不防卫的回应。
>
> 1. 从以下批评中选择一个，然后向你的搭档简述它如何会针对你：
>   a. 有时候，你那么自私。你只想到了你自己。
>   b. 不要这么敏感！
>   c. 你说你理解我，但事实上一点也没有。
>   d. 我希望你真的在这里做好你分内的工作。
>   e. 你太挑剔了！
>
> 2. 当你的搭档批评你的时候，从本节内容中找出合适的回应方式，再回答。当你这样做的时候，试着采取一种真诚的态度去理解这个批评，并且找出批评中你能由衷同意的部分。
>
> 3. 让你的搭档评估你的回应。看看它是否遵循了本节描述的回应方式，听起来是否真诚。
>
> 4. 重复同样的步骤，完成其他情境，尽力改善你的回应方式。

有诚意的道歉是十分健康的，然而，倘若你能了解到做这样的事情并不需要卑躬屈膝，也许你会更容易去同意批评者的言论。

小　结

每一段人际关系都会形成一股沟通气氛。正向气氛的特征是肯定的信息；反之，负向气氛通常使用不肯定的信息。沟通气氛是由人际关系发展而来的，特别是从言语和非言语的信息。在沟通气氛形成之后，相互作用的信息会创造出正向或者负向的螺旋，在这样的螺旋当中，正向以及负向信息出现的频率和强度会不断增长。

防卫是一种最具毁灭性的沟通类型。当具有潜在威胁的信息出现时，使用杰克·吉布所提出的支持性行为有助于降低触发他人防卫心的可能。此外，我们可以运用清晰信息和保留面子的方法来和别人分享我们的想法和感受。完整而清晰的信息描述包括：以提问来描述行为，至少提出一个解释，表达说话者的感受，描述情境的结果和说话者的意图。

当你面对他人的批评时，试着借由同意评论中的事实以及批评者的观感来了解批评当中的含义，这对你用不防卫的方式来回应这些指责是有帮助的。

电影与电视

你可以在以下电影和电视节目中印证我们在本章总结的沟通准则：

肯定和不肯定的沟通

《人人都爱雷蒙德》（Everybody Loves Raymond，1996—2005）TV-G级

虽然这部情景喜剧的剧名角色是体育记者雷蒙德·巴龙（雷·罗曼诺饰），但是粉丝们知道处于家庭沟通模式核心的角色是他的母亲玛丽（多莉丝·罗伯茨饰）。由她发出的信息——无论是语言的还是非语言的——都清楚地表达了她对每一个家庭成员的感觉。

在玛丽的眼中，儿子雷蒙德是不可能有错的，所以她极度承认和赞同他。另一方面，丈夫弗兰克（彼得·伯耶尔饰）和儿媳黛博拉（帕翠西亚·希顿饰）在她的眼中通常就没有做对的时候，所以她传达给他们的信息充满了争论、抱怨甚至是攻击。而她另一个儿子罗伯特（布拉德·加瑞特饰），一直生活在雷蒙德的阴影里，得到的沟通大多是他母亲视若无睹的、各说各话的、无人情味的回应——几乎当他不存在。

《欺凌》（Bully，2011）PG-13级

被欺凌的孩子的生活是悲惨的，可他们的故事却经常不为人所知。纪录片《欺凌》近距离地观察了五个家庭中的青少年，他们的世界遭受着来自同龄人的攻击和谩骂。令人难过的是片中的两位主人公已经自杀了，他们那令人心碎的故事是由他们的亲人回顾讲述的。这些亲人非常后悔自己没有采取更多的措施来保护受害者。

片中记录了一部分成年人，他们用相当幼稚的方式看待欺凌，相信那些攻击性行为不过是"孩子就是孩子"所做的事情。但也有一些成年人清楚地认识到恶毒的语言、嘲弄和威胁要比"棍棒和石头"造成的伤害深多了。而且欺凌伤害的不仅仅是受害的孩子，它会伤害到参与其中的所有人。

支持性和防卫性氛围

《国王的演讲》（The King's Speech，2010）R级

在第二次世界大战的前夜，艾伯特·弗雷德里克·亚瑟·乔治王子（科林·费尔斯饰）很不情愿地继承了英国王位。然而新国王"乔治六世"却因为

See-Saw Films/The Kobal Collection

丢脸的口吃而感到气馁,这削弱了他号召大英帝国抵抗纳粹统治的能力。

经历了一系列有名望却无效的医生的失败帮助后,国王匿名来到了澳大利亚的语言治疗师莱纳尔·罗格(杰弗里·拉什饰)的地下室公寓。罗格的方法不同寻常,他坚持使用家庭昵称,称呼他的王室委托人为"伯蒂",声称在治疗中"我们平等会更好"。

一开始,国王——一个害羞、冷漠,但是骄傲的男人——看不起罗格的方法。但是,当这两个男人一起工作的时候,两个奇迹发生了:国王的演讲变得越来越流利;一段终身友谊在平民和君主之间发展起来了。

电影《国王的演讲》用一种动人的方式提醒我们,在亲密关系中,互相的喜爱和尊重比社会角色更重要。

给出和接受批评

电视选秀比赛

在电视选秀节目,如《美国偶像》(American Idol)、《美国之声》(The Voice)和《X音素》(The X Factor)中,参赛者不仅需要在上百万的电视观众和现场观众面前表演,还要公开接受评委对他们表演和天赋(或者缺少天赋)的批评。接受批评始终是一个威胁面子的过程,尤其还有大量的观众在一起听。

观看比赛评委如何给出批评以及演唱者如何作出回应,是一件趣事。如果最后的裁定是否定的,一些评断要么是草率、评估性的("这太糟糕了!"),要么宽泛、模糊("这样不行")。最有助益的批评关注的是特定的行为和改变的建议("我认为你需要选一首音域较低的歌曲——你的高音听起来有些声嘶力竭")。

当然,面对这些建议,表演者并不总会友好地回应。许多人会很快地进行防卫("我觉得我唱得刚刚好"),或者转移责备("这首歌不是我选的")。其他人则会遵循本章描述的准则,寻找更多的信息、同意批评者的看法,以期在下一次的表演中取得改善和进步。

虽然这些节目的原意是娱乐,而非教育——但是从沟通的角度来看,它们为我们提供了有关给出和接受批评的宝贵经验。

第十一章
处理人际冲突

阅读完本章后，你应该能够：

* 辨认你重要关系中的冲突状况，指出你对自己处理冲突的方式的满意度。
* 描述你个人的冲突类型，评估它们的有效性并提出合适的替代方案。
* 辨认人际关系的冲突类型和行为模式，界定某段给定关系的冲突惯例。
* 在某个给定的冲突情境中，展示你如何使用双赢方式解决冲突。

对大多数人来说，冲突就像去看了一趟牙医。词典上对于"冲突"这个词令人厌恶的本质，提供了一条可供快速浏览的线索。其同义词包括征战、争吵、抵触、竞争、争论、不和谐、相斗、斗殴、纠纷、挣扎、麻烦和暴力，等等。

即便是我们用来描述冲突的隐喻，也显示出我们把冲突视为应该避免的一件事。我们常把冲突视为战争的一种："他攻击我的论点。""好！停火了。""不要总是先发制人！"另一种隐喻主张冲突是爆发性的："不要爆发！""我需要降温！""你得装个保险丝！"有时冲突似乎像一种审讯，像是一个人指责另一个人："承认吧，是你错了。""不要再指责我！""你先听我说！"语言本身也指出冲突经常是一片混乱："不要哪壶不开提哪壶了！""这是棘手的情况！""不要再惹人讨厌了！"甚至某些隐喻会具有游戏化的特征，暗示了冲突双方是竞争的关系："那是犯规的。""你这样做不公平。""我放弃,你赢了！"

尽管想到冲突就会出现这些画面，事实上冲突也可以是建设性的。通过正确的沟通技巧，冲突可以比较不像争斗而更像是一种舞蹈——舞蹈必须通过舞伴的相互合作才能实现，你必须说服其他人成为你的同伴。刚开始你可能是笨拙的，但是足够的练习和良好的意愿可以让你们一起工作而不是各持己见。

你对待冲突时所持有的态度，事关解决冲突的成败。根据一项针对恋爱中的大学生的研究，结果显示那些认为冲突具有破坏性的情侣比态度不那么消极的情侣，更有可能忽视和解除彼此的关系，较少可能去寻求一个解决方法。当然，只有态度并不能确保冲突得到令人满意的解决，但是你在本章所学的技巧，可以帮助有善意的伴侣们建设性地处理他们之间的分歧。

11.1 冲突的本质

在聚焦于如何有建设性地解决人际问题之前，我们需要简短地回顾冲突的本质。冲突是什么？为什么冲突会成为生活中不可避免的一部分？如何使冲突更为有益？

冲突的定义

在进一步阅读之前，请列出你生活中人际冲突的清单。他们可能包括许多不同的人，周旋于不同的主题，采取各种不同的形式。有一些是喧闹的、生气的争辩，有一些是冷静的、理性的讨论，还有一些则是长时间压抑之后短暂激烈的爆发。

无论是什么形式，所有人际冲突都共有某种特征。乔伊斯·霍克尔（Joyce Hocker）和威廉·威尔莫特（William Wilmot）为冲突提供了透彻的定义："至少两个相互依赖的个体在实现他们目标的过程中，其中一方察觉到了彼此目标的互不相容、资源的不足和来自另一方的阻挠，并通过斗争的形式表达出来。"仔细看看这个定义的关键部分将会帮助你认识到冲突是如何操控你的生活的。

表达出来的斗争　　当两个个体察觉意见不合时冲突便成立了。例如，你持续好几个月都感到烦躁，因为邻居的立体声音响使你整晚都睡不着，但是直到邻居了解你的问题之前，你们之间是没有冲突存在的。当然，表达出来的斗争并非必须要用语言口头说出来，你可以不用说任何话就对某人展现出你的不愉快。厌恶的注视、沉默以对，以及逃避对方都是表达自己的方式。无论如何，在双方陷入冲突前，他们都必须知道问题的存在。

感觉到互不相容的目标　　所有的冲突看起来似乎都是其中一个个体有所获得，而另一个个体有所失去。例如，想一想之前因为音乐音量而引发分歧的例子，不正是会有某人失去吗？假如邻居关掉这些音乐，她就会失去以大音量听音乐的快乐；假如她继续让声音高扬，你就会睡不着并且不高兴。

在这个情境中的目标并不是完全不相容的——使得两人都如愿以偿的解决方法是存在的。例如，你可以关紧你的窗户，或去亲近你的邻居以让她明白你的苦衷，而得到平和与安静。你可以使用耳塞，或许邻居可以使用耳机，这样即便把音量调到最大也不会吵到任何人。如果上述所提供的任意一个解决方法能够奏效，冲突就会消弭不见。不幸的是，人们常常不能看到对他们双方都有利的解决方法。只要他们只能看到自己的目标，冲突就会存在。

知觉到不足的资源　　冲突也因人们认为没有足够的资源而存在，最明显的例子就是金钱不足。金钱是许多冲突的来源。假如一个工人要求加薪，而

在电影《饥饿游戏》(*The Hunger Games*)里,凯妮丝·伊夫狄恩(詹妮弗·劳伦斯饰)所要面对的冲突,其结果要么生要么死。尽管奖励不足,目标似乎也是不相容的,但她还是认识到相互依赖和合作才是生存的关键。(参见本章末尾的电影小结)

老板宁愿维持现状,或将资金用于扩展个人事业,那么这两个人就会产生冲突。

另一个经常不足的资源是时间。我们要不断地面对如何使用有限时间的困境。我们是应该加班工作,还是跟我们的妻子聊聊天,陪我们的小孩玩耍,或者享受一个人的休闲时光?一天只有24小时,我们的家人、同事和朋友所需要的时间远超过我们所能给予的时间量,所以大家都被捆绑在冲突的紧张之中。

互相依赖　虽然处于冲突中的人会感受到对立,但又通常是互相依赖的,一个人的福祉和满足依赖于另一个人的行动。假如不是这样,那么即使面对资源缺乏和互不相容的目标,两个人也不会发生冲突。互相依赖存在于有冲突的国家、社会团体、组织、朋友和爱人之间。实际上,许多冲突无法解决是因为个体不能了解他们是互相依赖的。解决冲突的第一个步骤就是要有"我们都得同舟共济地在一起"的态度。

另一方的阻挠　不论一个人的立场和另一个人有多不同,冲突都不会随随便便就发生,除非这个人阻挠了另一个人的目标。例如,朋友也许知道你反对酒后驾车,但只有在你真的阻止他们酒后驾车时冲突才会产生。同样地,也许父母看不惯孩子的穿着品位,但只有当父母要将自己的衣着理念强加于孩子时冲突才会爆发。

冲突是自然的

每一个深层的关系都有冲突,不管多么亲近、多么了解、多么相容,当彼此的想法、行动、需求或目标不相配时,都有可能发生冲突。你喜欢饶舌音乐而你的同伴喜欢古典乐,你想和别人约会而你的伴侣想要保持关系的独占性,你认为你所写的论文已经很好了而你的指导教授还是要你修改，你喜欢星期天睡个懒觉而你的室友喜欢一早起来玩乐器……人际冲突的数量和种类可能是无止无尽的。

有项调查，对象是那些对自己的人际关系有记录习惯的大学生，结果显示他们平均每个星期大约发生七次争论。而且大多数是和之前发生过争论的人，继续争论同一个话题。在另一项调查中，81%的回答者承认他们和朋友有冲突。即使是宣称他们的友谊没有冲突的那19%的人，也会使用像"推拉"或"小摩擦"之类的词语来描述关系中不可避免的紧张。在家庭中冲突更常发生，研究报告指出：在对52个家庭的晚餐对话的调查中发现，每一餐平均会产生3.3个冲突事件。

这样的结果初看起来难免会让人沮丧。如果冲突即便是在最好、最亲密的关系中也无法避免，是不是就意味着你注定要再三回味相同的争论、相同的伤心，一遍又一遍？所幸，这个问题的答案是"不"。无论如何，冲突是有意义的关系中的一个部分，而且你是可以改变处理它的方法的。

冲突可以是有益的

因为避免冲突是不可能的，所以处理好它们的挑战也就是当它们出现的时候。事实上，在冲突的过程中，有效的沟通能让原先的好关系变得更加强韧。本章所描述的使用建设性技巧处理冲突的人对他们的关系和他们冲突的结果都比以前更满意了。

也许证明建设性地处理冲突的技巧能有益于关系的最好证据就在夫妻之间的沟通上。超过二十年的研究显示：不论快乐和不快乐的婚姻都会存在冲突，但他们处理冲突的方式却截然不同。一个持续九年的研究发现，不快乐的伴侣的争论方式是破坏性的。他们更关注自我防卫而不是以问题为导向；他们不能仔细地倾听彼此；对伴侣只有一点点或者完全没有同理心；使用评价性的"你"的语言；忽视对方的非语言信息等。

那些对婚姻满意的伴侣在争论时，则用不同的方式思考和沟通。他们认为有不同的意见是关系健康正常的标志，并且他们认为需要直面冲突。尽管他们也会发生激烈的争论，但是他们会使用一些技巧，比如知觉检核去找出对方在想什么，与此同时他们也会让对方知道他们是从争论的另外一面去理解的。此外，他们愿意承认自己的错误，这不仅有助于关系的和谐，也有助于解决手边的问题。

在接下来的内容中，我们将回顾能让冲突变得有建设性的沟通技巧，同时也会介绍更多当你面对不可避免的冲突时用来解决问题的技巧。不过，在此之前我们需要检查一下，当个体面对争论时，一般会如何表现。

11.2 冲突的处理方式

很多人在面对冲突时都会采取"缺席"的方式，也就是说当他们有需要时就会出现，对别人的需要却视若无睹。（参见图11-1）我们习惯的这些方式有时候行得通，但不是处处通行无阻。你习惯用什么方式来面对冲突？通过思考两个假设人物——保罗和露西亚——如何处理问题，找出你的答案。

保罗和露西亚两人一起跑步已经一年多了，每周三次，每次花一个小时以上。这两个跑者颇为相配，他们互相挑战用更快的速度跑更远一点的距离。他们在跑步时的距离变得越来越近，慢慢地他们开始谈论一些从来不曾跟别人说过的个人事情。

最近露西亚开始邀请一些她的朋友加入跑步。保罗喜欢露西亚的朋友们，但是他们不是体力充沛的运动员，所以跑步的过程变得有点不过瘾，而且保罗担心会减少像之前一样和露西亚一对一的谈心时间。保罗跟露西亚谈到自己这个想法，但是露西亚不以为然，她回答说："我看不出有什么问题，我们还是有许多时间一起在路上跑，而且你自己说过你喜欢我的朋友。"保罗于是回答说："但是这不一样啊！"

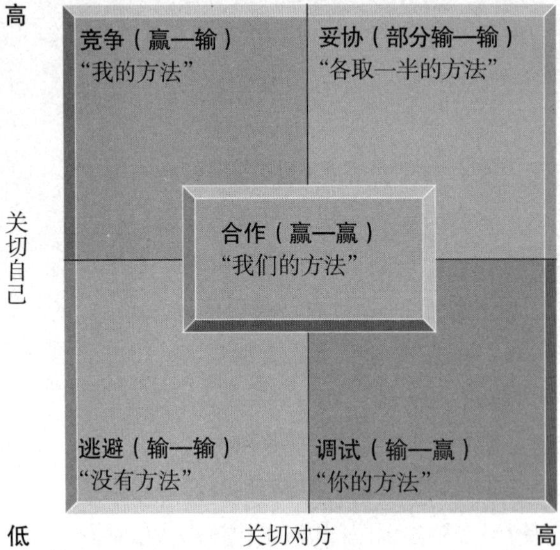

这个情境出现了所有冲突元素：表达出来的斗争（他们的差异已经显现，两人各持有歧见）、两个相互依赖的个体（他们享受

图 11-1 冲突的处理方式

摘自 Wilmot & Hocker（2010）. *Interpersonal conflict.*

彼此做伴的感觉而且一起跑比单独跑效果更好)、感觉到不相容的目标(露西亚想邀朋友一起跑步,而保罗只想和露西亚独处)、不足的资源(他们只有这些时间可以用来跑步)。

这里有五种方法来处理保罗和露西亚的事情,每一种都呈现出某种处理冲突的取向:

- 他们可以说"那就算了吧",然后不再一起跑步。
- 保罗让步,牺牲他想要跟露西亚独处的时间和有默契的速度。或是露西亚让步,牺牲她其他的朋友,只维持跟保罗的友谊。
- 其中之一发出最后通牒:"照我的意思,否则就不要再一起跑步。"
- 他们可以互相妥协,有些时候邀露西亚的朋友一起跑,有些时候不邀那些朋友。
- 保罗和露西亚一起头脑风暴所有可能的方法,想出一个既跟她的朋友一起跑,又同时保有彼此一对一的时间和互相激励的效果的办法。

图11–1表示了这五个形态代表的取向,接下来的篇幅将一一说明。

逃避(双输)

逃避发生在人们不知所措地忽视或跟冲突保持距离时。逃避可能是身体上的(在发生争执之后故意绕开他身边),或者语言上的(改变话题、开玩笑或否认问题的存在)。逃避冲突有它的诱惑性,但是研究认为这种方式也有代价:研究结果显示在处理逃避的问题上,那些自我沉默的伴侣比有建设性地面对冲突的伴侣,感到更沮丧、更不舒服。

逃避反映出对冲突的悲观态度,抱持着没有好方法可以解决这个问题的信念。有些逃避者认为把事情暂时搁置会比直接面对并解决更容易些,也有些逃避者认为放弃比较好(无论是问题或关系),免得一直要面对无解的困境。两种状况都使逃避导致输—输(双输)的结果,其中没有人会获得满足。

在保罗和露西亚的例子中,逃避的意思是,与其在两人的不一致之间挣扎,不如干脆停止一起跑步。虽然这样两人不至于吵架,但是这也意味着两人都会失去跑步伙伴和双方的友谊。这个"解决之道"显示出逃避带来的输—输结果。

虽然逃避可以暂时保持和平,但是却最容易导致不满意的关系。长期的误解、怨恨和失望堆积会破坏情绪的氛围,出于这些理由,我们可以说逃避者

《哈利·波特》(Harry Potter) 的故事中充满了冲突：有一些是学院之间的比赛，这是具有良好精神的竞争；其他的则是善与恶之间的大战。面对冲突时，每一个角色使用的解决方法是什么，这些选择的结果又是什么？

既不关心自己的需要，也不关心同样被各种问题困扰的对方的利益。

除了这些明显的缺点外，逃避也不是一无是处。假如说出来的风险太大——比如会引发一场尴尬的公开争执，甚至让人遭受身体的伤害，再或者你认为这段关系不值得付出努力以避免冲突，那么逃避某些特定的议题或情境也许也是合理的。即使在亲密关系中，逃避也不是毫无逻辑的。假如发生的议题是暂时的或微不足道的，你可能会让事情过去。这个理由可以解释为什么有些沟通顺利的幸福配偶会"选择性地忽视"对方微小的瑕疵。当然这并不是说成功关系的关键就是要忽视所有的冲突，相反地，是要将精力集中在解决重大的冲突议题中。

调适（一输一赢）

调适发生在当你允许别人用其方法甚过坚持自己的方法时，图11–1描绘出调适者较少关切自己却对别人比较关切，导致输—赢的结果，和"按照你的方法做"的让步。以我们假设的例子，保罗会调整自己配合露西亚，让她的朋友加入他们的跑步活动，但这样会使保罗减少身体训练，失去与露西亚默契相处的机会，或是露西亚调整自己配合保罗，只跟保罗一个人跑步。

调适者的动机在这种沟通方式中扮演着重要的影响角色。假如调适是仁慈、慷慨或爱的真诚行动，就很可能有机会增进关系。大多数人都会感激有人"牺牲小我完成大我""以别人想要的方式对待他们"或是"失之东隅收之桑榆"，而大多数人都不喜欢习惯性地扮演"烈士、怀恨的抱怨者、哀鸣者、破坏者"这些角色的人。

在这里，我们不得不提一下影响人们如何感知冲突的重要角色——文化。

来自高语境文化、集体主义背景的人（诸如许多亚洲文化），倾向于认为逃避和调适是一种保留面子和处理冲突的高尚方法；而拥有低语境文化、个人主义背景的人（如美国人），倾向于视逃避和调适为负面反应。比如，当美国人描述在冲突中选择放弃或者屈服的人时，常用"不堪一击、好好先生、忍气吞声、没脊梁骨"这些不利的词语。然而集体主义文化在描述相同的特质时，用的却是善意的词汇和短语，这一点你会在后文中读到。

竞争（一输一赢，有时会转成双输）

调适的反面是竞争。这种对冲突的赢—输取向只在乎自己而忽略别人，像图11-1所示的那样，竞争者以"我的方法"来寻求解决冲突之道。假如保罗和露西亚两人都强迫对方让步的话，可能其中之一会获胜，另一方会成为输家。

人们用这种竞争的一输一赢的方法来解决冲突，通常是因为他们感觉到一种"不是……就是"的情况：不是我拿到我想要的，就是你拿到你想要的。一输一赢最明显的例子是某些游戏，例如网球或扑克牌这些需要胜利者或失败者的游戏规则。一些人际议题似乎很符合这个一输一赢的框架：两个同事都想晋升到同一个职位，或一对伴侣在如何使用有限的金钱上产生了不一致的意见。

有些情况下竞争会强化关系。一项研究发现：有一些男女在令其满意的约会关系中运用竞争来丰富他们的互动。例如，有些人在游戏中竞争可以获得满足（谁是比较厉害的板球高手），有些人以竞争来激励自己获得成就（谁应征到了更好的工作）。这些满意的伴侣发展出了共享的叙事（参见第三章），把竞争定义为正向关注而不是将竞争视为缺乏欣赏和尊重的信号。当然，如果赢的得意忘形而输的恼羞成怒，可以想见将很有可能擦枪走火。如果你在竞争中一直处于劣势，则可能不惜形成一个负面竞争的螺旋，而使关系降级成双输的局面。

用一输一赢解决问题的明显特征是权利，因为一方必须打败另一方才能获得自己想要的。最明显的一种权力是身体威胁。一些父母用警告威胁他们的小孩，例如："不要再那样做，否则我会把你关进房间。"大人之间使用身体的权力来处理彼此冲突时通常不会这么直接，但法律系统却是暗示着身体威胁的："你最好遵守规则，否则我会把你关起来。"

真实或暗示的威胁不是运用在冲突上的唯一一种权力。依赖权威的人会热衷于使用各式各样的你输我赢的方法，而不必动用身体的威胁。在多数工作中，上级有权力去分配工作时间、工作升迁和调配职务，当然还有开除不能胜任的员工的权力。老师也可以使用打分的权力来要求学生达到老师所期望的行为标准。即使是令人羡慕的民主体系，通常也以一输一赢作为解决冲突问题的方法。无论自由竞争看上去有多公平，这种体系意味着一个团体得到满足的同时另一个团体失败了。

竞争的黑暗面是它通常会引起攻击。这种攻击有时候是显而易见的，有时候则是隐藏着的。为什么会这样？继续读下去你便会知道。

直接攻击 当沟通者传达的批评或者命令直接威胁到对方时，就产生了直接攻击。沟通研究者多米尼克·因方蒂（Dominic Infante）定义了几种直接攻击的形式：特征攻击、能力攻击、外貌攻击、诅咒（希望别人走霉运）、嘲弄、讥笑、威胁、咒骂和非语言行为的表征。

直接攻击可以使对方受到严重冲击，受害者可能感觉窘困、不舒服、丢脸、绝望或忧郁。这些攻击会降低个人在人际关系、工作和家庭上的成效。言语攻击和身体攻击之间有着显著的关联，不过，即便攻击没有变得白热化，也会在被攻击者的心理造成极大的影响。例如，研究显示被兄弟姐妹取笑过的人比没有受到类似攻击的人要缺乏满足感和信任感。再如，好胜心强的教练所在的高中球队比教练不那么好强的队伍，输掉了更多比赛。

被动攻击 当沟通者用一种含糊的方式表达敌意时就可能产生被动攻击。心理学家乔治·巴赫（George Bach）使用"疯狂制造者"来描述一个人作出被动攻击的行为。它发生在当人们有愤恨、生气或愤怒的感觉，却不能或不愿去直接表达时。疯狂制造者不是将这些感觉保留在自己身上，而是用精细狡猾的间接方式发送攻击信息。这种做法虽然维持了表面上的友善关系，但是这友善的表象注定要瓦解。疯狂制造者的受害者在被愚弄之后的混乱和愤怒中，不是用自己的攻击行为回应对方，就是以其人之道还治其身，来治疗他们受伤的感觉。在被动攻击的事例中，我们看到的往往只是对双方关系的伤害，很少有任何好处。在我们的场景中，露西亚可以对保罗的期待作出被动攻击反应，表面上顺从保罗可是却经常迟到以激怒保罗；保罗也可以对露西亚作出被动攻击反应，表面上接纳露西亚的朋友，然后故意拉开距离把他们甩在后面。

妥协（部分双输）

妥协至少给予双方少数他们想要的东西，虽然双方也都牺牲了一部分目标。当事情看起来只能达到部分满足、而且似乎最好也不过是部分满足两人时，人们通常会选择妥协。在保罗和露西亚的案例中他们就可以直接用"各取一半，轮流满足"的方式，有时只有两人一起跑，有时跟露西亚的朋友们一起跑，就不会像逃避方式那样两人都有所损失，都不去碰问题。妥协其实是协调出一个解决方法，满足了某些他们想要的，但是也失去一些两人重视的东西。

虽然妥协比输掉一切要好，但对某些人而言这个方法似乎很难获得应有的正面想象。阿尔伯特·菲利（Albert Filley）写了一本有关冲突解决的极有价值的书籍，关于我们对待冲突解决的态度，他提出了一个有趣的现象。他问，为什么当一个人说"我会在我的价值观上作出妥协"时，我们认为这个行为不可取，但如果是冲突的双方为了解决问题而妥协，我们就视为可取的呢？也许妥协就是某些冲突的最佳出路，但是我们必须知道如果冲突双方能够一起合作，他们通常就能找出更好的解决之道——与此相比，妥协就是一个负面的词语了。

我们大多数的人会纠结于让步的坏结果。考虑一个很有普遍性的例子吧：冲突源于一个人想要抽烟而另一个人需要干净的空气。在这件事情上，一输一赢的情况是：不是抽烟者戒烟，就是非抽烟者的肺遭受污染——不可能双方都满意。但是妥协的方法使得抽烟者只能享受较少的烟，而非抽烟者仍然必须吸入一些二手烟，看起来更糟糕。

某些妥协的确使得双方都满意。你可能在销售员出的价钱和你所谈的价钱之间谈妥一辆二手车的价钱，虽然两个人都没有得到最想要的结果，但是结局仍然使得双方满意。类似的情况，你和你的同伴也许会同意一起去看一部第二优先选择的电影，以便两人可以共度一晚。要得到让每个人都满意的结果，让步并非唯一的最后选择，还有一个有效解决冲突的方法：合作。

合作（双赢）

合作是为冲突寻找双赢的解决之道。合作表示同时高度关心自己和别人，而不是用"我的方法"或"你的方法"来解决问题，他们重视的是"我们的方法"。最佳合作状况会带来双赢的结果，大家都从中得到自己想要的。

假如露西亚和保罗合作，商量同时能满足双方的最佳之道，如他们可以决定继续一对一相互提携的跑步计划，然后邀请露西亚的朋友们在每次路段的最后几里才加入一起跑；或者他们可以制订其他挑战性较小的计划，以便露西亚的朋友们也能参与进来；再或者他们还可以找出其他方法既能和露西亚的朋友们呆在一起,又能让两人感受到乐趣。

合作的目标是找到让冲突各方都满意的解决之道。这意味着他们不仅要避免以对方利益为代价取得胜利,而且相信经由共同的努力,他们能够找出一条超越妥协、使每一个人都达到自己目标的解决之道。思考下面的例子:

- 一对新婚的夫妇发现他们经常为了怎么花钱而争吵。丈夫很喜欢为自己或家里买一些不实际却很有趣的东西做摆设,太太却担心这些支出会破坏好不容易建立起来的预算计划。他们的解决之道是每个月都列出一小笔钱作为"娱乐支出",这笔金额不至于超出他们的负担,又可以给丈夫一点机会逃出紧缩的生活,稍微透一口气;太太也满意这样的安排,因为将娱乐开销单独列为一项预算,这样即便她的丈夫购买预期之外的东西,她也不必为"超出预算"而感到不安。这个计划成功实行了很多年,当两夫妻收入增加时,"娱乐支出"类的预算也随之增加。
- 马塔是一位商店经理,她的员工因为社交和家庭需要常常换班,随之而来的一次次重新排班的任务令她感到厌烦。于是她和她的员工们商量,由他们自行安排交换工作的时间,只要他们决定后通知她写在排班表上即可。
- 温迪和凯西是室友,有不同的读书习惯。温迪喜欢在晚上做作业,用白天的时间来做其他事,而凯西却觉得晚上应该是好友聚会的时间。她们的解决之道是:从星期一到星期三晚上温迪在她男朋友的家中念书,以便凯西可以做她想做的一切;而从星期四到星期日凯西则同意在家中安静地做事。

这里并不是说,对每个有着类似问题的人而言,上述解决方法都是最正确的,双赢并不意味着如此。不同的人会发现其他更适合他们的解决方法。合作给你提供了一条路,让你可以依靠创意找出只适用于你个人独特问题的正确答案,而这答案是合作以前的任何一方都想不出或想不到的。通过思考双赢策略,你可以亲手打造一条解决冲突之道,让每个人都觉得舒服自在。本章后面将介绍运用合作解决问题的具体过程。

哪一种方式最好

就本节的内容来看,合作似乎是解决问题的理想方式,但如果你认为面对

表11-1 选择最适合的冲突处理方式所要考虑的因素

逃避（双输）	调适（一输一赢）	竞争（一输一赢）	妥协（部分双输）	合作（双赢）
当议题不重要时	当你发现自己错了时	没有时间寻求双赢结果时	面对复杂的议题，想要获得快速、暂时的解决之道时	议题太重要以至于不能妥协时
当直面冲突的代价大于其益处时	当议题对对方的重要性大过自己时	当议题不值得花太多时间协商时	当双方都强烈地主张自己的目标，且目标互相排斥时	当你和对方之间的长期关系十分重要时
想要冷静下来获得新观点时	当获胜的长期代价太大还不如短期收益时	当对方不愿意合作时	当议题还没有重要到要双方鱼死网破时	当对方对问题有不同的见解，而你想要合并双方的看法时
	为未来的冲突预留筹码时	当你坚信自己的立场正确且必要时	作为合作不起作用时的备用方案	为了进一步发展双方的关系，对彼此关切的问题给出承诺时
	想让对方从他自己的错误中学到东西时	对方是一个得寸进尺的人，而你有必要保护自己时		为了想出创造性的或者独特的解决问题之道

冲突只有这一种"最佳"方式，未免想得过于简单了。一般来说，双赢取向的确比一输一赢或双输来得好些，但是我们也已经看见有些时候逃避、调适、竞争和妥协也有可取之处。表11–1中列出一些面对冲突时选择最合适的冲突形态所要考虑的因素，当你决定使用哪一种适合的沟通方式时，要考虑下列几点：

1. 关系：当某人比你拥有更多的权力时，调适的沟通也许是最好的方式。假如老板告诉你"立刻"去填订单，也许没有任何异议地去完成它是比较聪明的回应。试图用"肯定的反应"进行交涉（昨天你交办的事情，我还来不及做完……）可能有一定道理，但也可能使你在工作上有所损失。
2. 情境：不同的情境对应不同的冲突处理方式。为了一部车而历经数小时的讨价还价之后，最好的方式可能是在双方的开价中折中妥协。可是在另一种情况下，你可能会碰上原则性问题，而必须"坚持己见"来证明自己是对的。

3. 对象：双赢是个不错的方式，但是有时候对方不见得愿意合作。你可能遇到过一些充满火药味的人，完全无视关系的重要性，即使是微不足道的小事都要争得面红耳赤。遇到这种人，合作性沟通的成功机会将非常低。

4. 你的目标：有时候你首要关心的是让愤怒或不安的人冷静下来。例如，面对你生病的、脾气暴躁的邻居，一时忍耐很可能比据理力争或引发一场口角更好些。而在另一种情况下，你的道德原则可能迫使你作出攻击性的回应，即使这么说也不会让你得到什么。"我真的受够了你开的种族歧视的玩笑。我已经尽力跟你解释过为什么这些玩笑非常具有攻击性，但是很明显，你根本当作耳边风，我走了！"

11.3 关系系统中的冲突

迄今为止，我们都聚焦于个人的冲突方式。虽然在冲突中你的沟通方式很重要，但这并不是造成冲突发生的唯一因素。实际上，冲突是发生在关系中的，通常由个体和他人的互动所决定。举例来说，你也许想要和你的邻居以肯定的方式处理冲突，但是邻居不合作的态度驱使你用攻击的方式来处理。而当邻居出现肢体威吓时，你又会避免处理。同样地，你可能想要暗示某位明显偏心并使你深受困扰的教授，但是教授却以开放、肯定的态度作出了建设性的回应，让你打消了原先的计划。

由这些例子我们可以看出，冲突并不只取决于个体的选择，更确切地说，它取决于个体之间的互动方式。处在长期关系中的两个人或多人，会发展出他们自己的**关系的冲突形态**——一种管理异议的模式。假如某一个个体对另一个个体的影响力足够强，其中一方则有可能会克服自己的特质，用对自己或对对方最简单的形式来处理冲突。接着我们就会读到，有一些关系中的冲突形态是具有建设性的，另一些则会造成生活不舒适并且对自己的关系产生威胁。

互补、对称和平行的形态

人际关系中的伙伴可以使用三种方式中的一种来管理冲突。在一段有着**互补的冲突形态**的关系中，伙伴之间使用不同的、互相增强的行为。在**对称的冲突形态**中，伙伴之间都使用相同的行为。在**平行的冲突形态**中，伙伴双方随

表11-2　互补和对称的冲突形态

情境	互补形态	对称形态
例1：妻子因为丈夫很少在家而心烦。	妻子抱怨；丈夫退缩，待在家的时间甚至比以前更少了。（破坏性的）	妻子抱怨；丈夫生气地、防卫地回应。（破坏性的）
例2：当男老板叫她"甜心"时，女职员感觉被冒犯了。	职员向老板抗议，解释她生气的理由；老板为他并非故意的冒犯道歉。（建设性的）	职员在公司聚会上恶意地拿这件事开老板的"玩笑"。（破坏性的）
例3：父母对子女结交的新朋友感到不安。	父母表达担心；子女对此不屑一顾，说道："这没有什么好担心的。"（破坏性的）	子女表达了对父母过度保护的不快；父母和子女一起，商讨一个双方都认可的解决方案。（建设性的）

着话题的转变在互补和对称两种模式之间转换。表11-2阐明了相同的冲突可能以非常不同的方式展开，全看伙伴的沟通是对称的还是互补的。平行方式将视情况在这两种方式中轮流出现。

研究指出"攻击—逃避"的互补方式普遍存于大多数不快乐的婚姻之中。当其中一方——多半是妻子——直接传递冲突时，另一方——通常是丈夫——会退缩。显而易见的是，两人应对冲突的方式不同，导致双方敌意的增加和隔绝，进而演变成为一种循环。彼此责备使事情变得更糟，丈夫可能会说："我退缩是因为她批评我。"而妻子则以不同的方式组织她知觉的信息："我批评是因为他退缩了。"

互补形态不是会导致问题的唯一方式，一些不幸的婚姻遭受破坏性的对称式沟通的痛苦。假如伴侣双方以类似的敌意对待彼此，一个威胁或侮辱导致另一个威胁或侮辱，最终会形成一种升级的冲突螺旋；假如伴侣双方都用退缩的方式回避直面问题，降级的冲突螺旋也会让关系的满意度和活力日渐衰落，徒留一个婚姻的外壳。

就像表11-2显示的那样，互补和对称的两种行为，可以产生好的结果也可以产生坏的结果。假如互补行为是正面的，那么将形成一个正向的螺旋结果，就会有较高的概率解决冲突。表11-2中例子2的情境里，当员工对老板倾吐自己的内心时，老板表现出了良好的倾听意愿，这样，互补式的说—听模式会产生良好的效果。

同样，对称方式也可以是有效的。建设性的对称形态出现的前提是双方进行肯定的沟通，互相倾听彼此所关切的问题，并且共同寻求问题的解决之道。解决这类问题的潜力在例子3中有所表现。足够的相互尊重和仔细倾听，使得父母和子女都能够理解对方的顾虑，这样，很有可能找到一个双方都满意的解决方式。

破坏性的冲突模式：四骑士

有些冲突类型是破坏性的，它们几乎必然会对人际关系造成严重的损害。这种有害的沟通形式包括了约翰·高特曼所说的"末日四骑士"。

高特曼收集了长达数十年有关新婚夫妻和他们之间的沟通模式的数据。通过观察这些夫妻的交流情况，现在他已经能够以超过90%的准确率预测一对新婚夫妇是否会以离婚收场。以下就是他所寻找的四种破坏性迹象：

1. **批评**：这是针对一个人人格的攻击。正如你在第五章和第十章中读到的，使用描述性的"我"的语言（"我希望你能准时——我们看电影要迟到了"）表达出对对方行为的合理抱怨，和使用评价性的"你"的语言（"你太轻率了——除了你自己，你永远不为别人考虑。"）攻击批评对方的人格，两者之间有着显著的差异。

2. **防卫**：正如第十章所解释的，防卫是指一个人为了保护展现的自我，通过否认自己的责任（"你疯了——我从来不那样做"），或者反击他人（"你比我还要糟糕"）的方式来回应。尽管某种程度的自我保护是可以理解的，但是如果一个人拒绝倾听别人的意见，甚至拒绝接受别人的关心，就会出现问题。

3. **蔑视**：一个轻蔑的评论包含着轻视和贬低。它可能表现为人身攻击式的贬损（"你是一个大混蛋"），或者冷嘲热讽式的刻薄讽刺（"哦，你真是聪明绝顶"）；当然蔑视也可以通过引人注目的翻眼珠，或者令人厌恶的叹息这种非语言方式来传达。（试着同时做出这两种形式，即语言的和非语言的，想象它们会变得有多轻蔑。）

4. **回避**：回避发生在关系中的一方撤出交流，关闭对话，拒绝任何以双方都满意的方式解决问题的可能。它传达了一个不肯定的"你无关紧要"的信息给对方。

一个简短的交流就可以阐明"四骑士"如何造成了破坏性的进攻螺旋:

"你又透支了我们的账户——你能干点好事吗?"(批评)
"嘿,不要怪我——大部分的钱都是你花的。"(防卫)
"至少我的数学技巧比某个一年级生更好。加油吧,爱因斯坦。"(蔑视)
"随便你。"(边走边说离开房间)(回避)

不难看出这种沟通模式不仅对婚姻关系,而且对任何关系都是破坏性的。不仅如此,我们也很容易看到这些评论模式会彼此滋长,发展成为破坏性的冲突惯例。现在我们来进一步讨论。

冲突惯例

当人们在一段关系中处了一些时间后,他们的沟通经常发展成冲突惯例——通常不会被承认,但却是一系列连锁行为的真实模式。思考一下以下这些常见的惯例:

- 一个小孩插嘴,要求加入父母的谈话中。刚开始父母告诉孩子等一下,但她一直哀求和哭泣,才让父母发现倾听比忽视纷扰更容易一些。
- 一对伴侣起了冲突。一方先行离开了;另一个人承认过失并请求原谅;离开的那个人回来,双方快乐地和解了。不久他们又起了冲突。
- 当工作面临压力时,老板愤怒了。员工于是尽可能地远离老板。当危机结束后,老板对员工的请求尤为通情达理,为了对自己的暴怒作出补偿。
- 室友甲因乙不做家务而勃然大怒。乙先是接连数天都"沉默以对",然后只字不提,在家中收拾起来。

在许多惯例中,双方的交流在本质上并没有什么不对,尤其是大多数人都接受以这种方式来管理冲突。考虑以上的例子:首先,小女孩的抱怨是唯一可以吸引父母注意力的方式。第二,伴侣双方都将吵架当作发泄的渠道,也都发现和解的乐趣要超过分手带来的哀伤。第三,惯例对老板(舒解压力的方式)和对员工(实现请求的方式)都有效。第四,至少最后房子变干净了。

如果惯例变成伴侣处理他们冲突的唯一方式,也可能引起问题。像你在

"我不是在冲你吼,我是在跟你一起吼。"

第一章学习到的那样,沟通高手都有一个庞大的行为资料库,他们可以在不同的状况下选择最有效的反应。只依赖一种惯例模式处理所有的冲突,就像只用一把螺丝刀完成所有的修理工作,或者用一种调味品烹调所有的食物一样,都是不切实际又无效的。冲突惯例可能是非常熟悉又让你觉得很舒适的,但它们并不是解决关系中各种不同冲突的最好方法。

11.4 冲突类型的变项

现在你可以发现,每一个关系系统都是独特的。沟通类型在一个家庭、公司或班级中有着非常不同的表现。在个人关系中有两个重要的因素,会影响人们管理冲突的方式:性别和文化。现在让我们审视这两个因素会如何影响冲突,我们又应该如何管理冲突。

性 别

男性和女性经常用不同的方式处理冲突。在儿童时期,男性是比较攻击性的、命令的和竞争的,而女性是比较合作的。研究显示:儿童在从入学前到成年早期的这一段时间里,男孩试着用他们的方式要求别人:"躺下""不要挡我的路""把你的手伸过来"。相反,女孩倾向于为行动给出建议:"让我们去找一些""让我们问问她是否有瓶子""让我们先把这个拿出去"。男孩在玩过家家的时候会告诉彼此要扮演的角色:"过来,当医生。"而女孩通常询问对方想要扮演什么:"你是否可以当几分钟病人?"或提出一起做的建议:"我们可以一起当医生。"更进一步,男孩通常提出要求,而没有提供任何的解释:"你看,我现在要一把电线剪子。"相反,女孩经常会说明她们提议的理由:"我们必须先清洗它们,因为它们有细菌。"

青春期的女孩会以攻击的方式来处理冲突,但是比青春期的男孩更容易使用间接攻击。青少年男性经常出现口头示威甚至直接诉诸身体暴力,青少年女性则比较会用耳语、背后说坏话、排斥分化等方式。这并不是说女性的攻击方式相比男性具有较少的破坏性,由小说《女王蜂与跟屁虫》(Queen Bees and Wannabes)改编的电影《贱女孩》(Mean Girls)就对间接攻击对自我概念和青少年女性的人际关系所造成的伤害提供了写实的描述。

这样的不同会持续到成人阶段。一项大学生的调查显示:男性和女性会用相反的观点来看待冲突。不管他们的文化背景如何,女性描述的男性往往比较关心权力,并且对谈话内容的兴趣高于关系议题。通常被用来描述男性冲突的句子包括:"对男性而言,他们在冲突中认为最重要的是自我""男性不在乎感觉""男性比较直接"。相反地,女性被描述为在冲突时更关心如何维持关系,通常用来描述女性冲突的句子包括:"女性是较好的倾听者""女性试着在解决问题时不去控制别人""女性更关心别人的感觉"。在实际的冲突行为中,当双方的性别可被观察到时,女性比起男性在表达自己的想法和感觉时更加肯定,而男性则倾向于从讨论议题中退缩。

蒂娜·菲在电视剧《我为喜剧狂》(30 Rock)中饰演首席编剧利兹·莱蒙。当她试图让那些非常自我的人一起工作时,她管理冲突的方式通常包括安抚、调解、哄骗和协调。(参见本章末尾的电视小结)

这些不同并不意味着男性不能形成良好的关系。正确的说法是，他们对于形成良好关系的见解是不同的。对于某些男性，友谊和攻击并不是互相排斥的。事实上，许多坚定的男性关系正是建立在竞争——例如工作或运动——上面的。女性也会竞争，但她们更常使用讲道理和谈判，而不是攻击。当涉及逃避的时候，相较于男性，女性认为从冲突中撤退的行为更具伤害性。这也就是为什么女人更喜欢说"我们必须就这个问题谈一谈"的原因。

如果审视有关性别与冲突的全部研究，就会发现两性之间处理冲突的差异其实不大，而且有时和传统认为男性攻击和女性顺从的刻板印象并不一致。我们**认为**男性和女性在处理冲突上的差异，其实比**实际情况**要更大。人们一方面会先假设男性是攻击的而女性是顺从的，然后注意那些符合这种刻板印象的行为（"看他如何指使与差遣女人，一个典型的男性！"）。另一方面，不符合这些刻板印象的行为（随和的男人，强势的女人）会被认为是特例而不作考虑。

那么关于性别对冲突的影响，我们能得出什么结论呢？研究证明，两性之间确实存在一些细小的、可以测量的差异。不过，虽然男性和女性可能有不同的冲突解决方式，但是每一个沟通者的个人风格（不管性别）和一段关系的本质，对他（或她）处理冲突的影响，要比性别更加重要。

文 化

人们管理冲突的方式会根据他们所处的文化背景存在很大的变化。直截了当地、自信地处理是北美地区大多数居民的特征，但不是人类的普遍规范。

塑造人们面对冲突时态度的最重要的文化因素，在于集体主义与个人主义的区别。在美国这样的个人主义文化里，目标、权利和个人需求被认为是重要的，人们同意为自己据理力争是属于每个人的合理权利。相反地，集体主义文化（在拉丁美洲和亚洲很普遍）认为群体比起个人重要得多。因而在北美完全适当的行为，到了集体主义文化中也许会被视为鲁莽和不得体的。

另一个重要的区别因素在于高语境和低语境文化的差异。回忆第六章中我们所讨论的内容，在美国一类的低语境文化里，直接和无修饰的言行是被欣赏的。相反，在日本一类的高语境文化里，则更强调自我约束和避免当面对抗。沟通者在不同的文化中会使用不同的说话规则衍生对话的意义，例如沟通的语境、社交会话和暗示。如果给对方保护和保留面子是主要目标，沟通者会煞费苦心地避免任何招致谈话对象陷入尴尬的话题。因此，在亚洲人面前，"旁敲侧击"的沟通方式更有礼貌。在日本,即使是一句"把门关上"的简单要求都会显得太过直接,更合适的说法应该是"今天有点冷"。再比如说,日本人很难直接用"不"来拒绝别人的请求,而是会说"让我想一下"。属于类似文化的人就会知道这代表了拒绝。

如果间接沟通是一个文化的常态,寄希望直来直往能够取得成功就是不合理的期待。当人们从不同的文化视角面对同一个冲突时,他们习惯的沟通类型就不会那么顺畅了。美国丈夫和他的中国妻子便可能会碰上这类问题:丈夫试着通过语言直接面对妻子(一如在美国的典型),这让妻子要么防卫回应,要么就从讨论中完全撤出来。另一方面,妻子会试着通过心情的变化和眼神的接触(典型的中国文化)来暗示她的不愉快,可却不会被丈夫注意到(或者无法理解)。这样,"他的方式"和"她的方式"都无法起到作用,他们也无法看到任何"和解"的可行方式。

文化造成的冲突差异不仅体现在美国(西方)和亚洲(东方)文化的比较上。当美国人去希腊的时候,经常就把无意间听到的友好对话误以为自己目击了一场争吵。一个比较美国和意大利幼儿园儿童的研究显示:意大利儿童最喜欢的消遣之一是反驳对方,他们称之为"讨论",而美国儿童称之为"争执"。与之类似,其他研究显示,东欧地区的蓝领阶层犹太人会把争论作为与人交际的一种手段。

即便在美国境内,沟通者的种族背景在他们对冲突的见解中也扮演了一个重要角色。当一个由墨西哥裔美国人和盎格鲁裔美国人组成的大学生团体被问及有关冲突的观点时,差异便显现了出来。例如,盎格鲁裔美国人似乎更愿意接受冲突是关系本质的一部分,而墨西哥裔美国人则会强调冲突的短期和长期危险。

尽管存在这些差异,我们必须认识到文化不是影响人们处理冲突、拥有不同行为模式的唯一因素。一些研究认为我们面对冲突的方式在一定程度上是由生理因素所决定的。不过,学界认为一个人的自我概念比他(或她)的文化背景对冲突方式有更大的影响。例如,一个在不重视冲突的环境中长大的自信者,比起冲突多发环境下的不自信者会有更多的攻击反应。最后,我们每一个人处理冲突的方式其实都是一种个人选择,我们可以选择沿用无效的方法,也可以改用更有建设性的方式。

11.5 建设性处理冲突的技巧

本章前述双赢的冲突解决模式，比一输一赢或双输模式更为有利。然而，为什么大多数人很少用这个模式？可能有三个理由：第一个理由是缺乏洞察力。有些人太习惯于竞争，他们一直误认为他们要赢就必须打败对手。

另一个让人们不去寻找双赢模式的理由是，冲突经常涉及情绪性事件，人在情绪中经常像打仗一样剑拔弩张，而忘了可以暂停下来思索其他更好的策略。因为这种情绪反应使得建设性的意见很难被提出，所以有必要在冲突情境和不断升级的防卫性螺旋中把自己从攻击性的言语中抽离出来。从一数到十在此时是个不错的建议，在你仔细思索一下之后，就可以采取建设性**行动**而不是被动作出导致双输结果的**反应**。

第三个少用双赢模式的理由是他们的竞争意识超过了合作意识，你很难跟一个一直想要把你打败的人进行建设性的协商，在这种情况下你最好发挥三寸不烂之舌来让对方了解，一起合作才是同时满足双方的最佳之道。

合作解决问题

接下来的篇幅里我们将描述一种方法，可以增加你使用合作模式来解决冲突的机会。当你阅读下列步骤时，请同时想象将这些步骤运用到一个目前正在困扰你的问题上。

确认你的问题和未满足的需要 在你大吵大嚷之前，重要的是你必须了解问题所引起的冲突是属于你个人的。不论你想要退换一个不满意的商品，抱怨邻居发出噪音使得你的睡眠被打断，或请求你的雇主改变你的工作条件，都是"你的问题"。为什么？因为在每一个例子当中，"你"是这些问题的"所有权人"，你才是那个不满意的人。你是那个已经付钱给不满意商品的人，卖出商品给你的商人乐得可以好好使用你所付的钱；你是那个被邻居的噪音吵到无法睡眠的人，他们可是日复一日，一如往常；你是那个为了工作条件而心生不快的人，而不是你的上司。

确实了解到这是"我的"问题，在你要面对冲突对象进行磋商的时候，可以带来很大的不同。你将会以描述的方式来说明你的问题，而不是用情绪性或评价性的方式行动。这样不只能更精确地处理问题，而且可以减少对方采取防卫反应的可能。

了解到问题是"我的"之后，下一个步骤是去界定你未满足的需求。例如，在狗叫声的例子中，你的需求也许是获得没有中断的睡眠或阅读。

有时界定你的需求并不像它表面上看起来那么简单。因为一个问题也不像它表面内容传达得那样直观，其背后通常还牵涉到这段关系的需要。看看下面这个例子：朋友很久之前跟你借的钱，却一直没有还给你。你在这个状况中的表面需求可能是把钱要回来，但仔细一想就会发现钱不是你想要的唯一的甚至主要的东西。即便你非常富有，你也想要回这些钱，出于一种更深的需求——避免成为被朋友利用的受害者。

等一下我们就会看到，界定自己真实需求的能力在解决人际问题上扮演了一个关键的角色。现在要记住的重点是：在你对你的伙伴说明问题之前，你必须要非常清楚你没被满足的需求。

订立约会　破坏性的争吵会开始，通常是因为起始者面对一个没有准备好的同伴。有许多时候，人们的心理状态并没有准备好要去面对冲突，也许是太疲劳，在必须花时间的事情上太过匆忙，为了另一件事情焦躁不安或身体不适。在这些状况下，没有事先通知，而要一个人"跳"进来全神贯注于你的问题上是不公平的。假如你坚持如此，你将会面临非常难堪的争执场面。

在你对问题有了清楚的想法时，试着要求你的伙伴和你一起解决它。例如："有些事情困扰着我，我们可以谈谈吗？"假如这答案是"好"，你就可以更进一步；假如当下不是切入问题的适当时机，就再找一个你们双方都合意的时间。

描述你的问题和需求　当你的伙伴不知道你为什么沮丧及你需要什么时，

"你觉得现在是不是大干一架的好时候？"

他不可能满足你的需求。因此，把你的问题尽可能说清楚，传达完整又正确的信息是十分重要的。最好的方式还是使用第十章所说的肯定式的清晰信息的方法。仔细注意一下这个方法在下面例子中的良好效果：

例1

"我有一个问题，就是有关你留在房子中的那些肮脏的衣物。我曾经告诉你这件事有多困扰我（**行为**）。每当客人来访时，我都必须像疯了似的绕着房子收拾你的脏衣服，这真的一点都不好玩（**结果**）。我不得不开始认为，你要不是根本没有注意到我的要求，就是你确实想要逼我发疯（**想法**），不管是哪一种，都使我越来越不满（**感觉**）。我不想成为一个女仆，也不想不停地抱怨，只想找到一些解决办法来维持屋子的整洁。"

例2

"我有一个问题，在你没有事先打电话就顺道来访时，我正在念书（**行为**）。我不知道是要邀请你进来还是请你离开（**想法**），无论哪种方式都让我觉得不妥当（**感觉**）。感觉好像不管我怎么做，我都是输家：我不是要把你赶出去，就是要抛下我的功课（**结果**）。我希望找到一个方法，使我可以读完我的书，但是仍然能够招待你（**意图**）。"

例3

"有一些事正困扰着我。因为你告诉我你爱我，但同时你又把你几乎所有的空闲时间都花在你的朋友身上（**行为**），这让我怀疑你是否真心对我（**想法**）。我开始变得没有安全感（**感觉**），态度也随之喜怒无常（**结果**）。我需要找到一些方法来确定你对我的感觉（**意图**）。"

在开始讨论你的问题和描述你的需求之后，很重要的一件事是确定你的伴侣的确理解你所说的内容。正如你回顾第七章有关倾听的讨论就会发现，在有压力的冲突之下你的遣词用字特别容易被误解。

硬要对方重复你的陈述是不切实际的要求，幸运的是，还有其他更微妙而得体的方式来确定你是否被理解。例如，你可以试着说："我不确定刚才我是否把我的意思表达得足够清楚，或许你可以告诉我你听到我说了什么，这样的话，我就比较有把握了。"不管怎样，在进一步沟通之前，都要绝对确定你的伙伴理解你的全部意思。不必为了冲突而沮丧，能够理性地和解是得之不易的。

思考对方的观点　在你的立场清楚后，接下来要厘清，什么是你的伙伴在这个议题上会觉得满意的需求。为什么找出你伙伴的需求是重要的？有两点理由：第一，这样做比较公平，你的伙伴跟你一样有权利获得满意的结果。如果你寄希望于对方能为满足你的需求给予帮助，那么同等地对待对方才是合理的。除了公平之外，还有一个让你关心伙伴需求更实际的理由，那就是一个不快乐的伙伴将会使你很难得到你想要的东西，而一个快乐的伙伴比较愿意通过合作达成你想要的目标。因此，去发现并满足你伙伴的需求其实是为了你的个人利益着想。

你可以直接询问你的伙伴以便了解他们的需求，"现在我要告诉你，我想要什么以及为什么要这样，你听完我说的话之后，告诉我，你觉得要如何做才会使之可行？"在你的伙伴开口之后，你的工作就是去使用倾听的技巧（本书前面已经讨论过的），以便确定你确实了解他所说的意思。

商议解决之道　现在你和你的伙伴都了解了彼此的需求，目标变成了找到一个能实现它们的方式。达成这一点的方法是：首先尽可能地挖掘更多潜藏的解决方式，然后一一评估它们，最后决定哪一个方式最能满足每一个人的需求。托马斯·戈登（Thomas Gordon）所写《父母效能训练》（*Parent Effectiveness Training*）可能是对双赢方法的最好的描述。下面是根据这个方法而来的步骤：

1. 确认和界定冲突：在本章前几页中，我们曾经讨论过如何确认和定义冲突，这包括发现每个人的问题和需求，并设定问题解决的步骤以满足这些需求。
2. 提出可能的解决方案：在这个步骤中，与伙伴一起思考讨论出所有可能达到双方目标的方法。此处的关键概念是数量：尽可能地激发出各式各样的想法是很重要的，先不要去顾虑这些想法的是非好坏，写下每一个出现在脑袋里的灵感，不管它有多么不可行。有时天方夜谭的奇想会引导出更可行的方法。
3. 评估各种解决方案：现在才是讨论哪一个解决方法可行或不可行的时间。最重要的是，每一个个体都必须诚实地表达出他们对所列出的各个解决方案的接受意愿。如果说某个方案会奏效，那么每一个参与其中的人都必须支持这个方案。

4. **决定一个最好的解决方案**：现在你们已经考虑了所有方案的可行性，就可以选择一个看起来对每个人来说都是最好的方案。此处的重点是确保每个人都了解这一方案，而且愿意共同努力实现它。记住，你的决定不必是盖棺定论的最后方案，但它必须看来有成功的潜力。

追踪解决方案的后效　在尝试过之前，你不可能确定某个解决方案是否有效。在你试过一段时间之后，留出一些时间去讨论方案的实施进展是个不错的想法。你会发现你需要做点改变，甚至重新思考整个问题，最好是持续站在问题的高处鸟瞰，并继续利用创意来寻找解决之道。

当你思考应用双赢的方法时，有两个意见值得铭记于心。第一，要了解到，必须紧跟这个方法的每一个步骤，每一个步骤都是导向你成功的必备要素，跳过任何一个或数个步骤都会导致误解，也可能导致沟通形成负面的螺旋。当你有过数次实际操作的经历，变得更加熟悉之后，这些解决问题的方法几乎会变成你的第二个天性。你将不必一个步骤紧接着一个步骤就能从容处理你的冲突，但是在到达那种状况之前，试着忍耐并且信任此模式的价值。

第二，你要了解在真实的生活中，上述方法是不会从一个步骤到另一个步骤一路顺畅进行的。你要预计到对方可能产生某种程度的抗拒，并做好心理准备。当一个阶段不成功时，必要的话，退回去重复前一个阶段。

建设性处理冲突的技巧：提问与释疑

在学习双赢磋商之后，人们通常会对它的运作效果感到怀疑。"它听起来是个好主意，"他们说，"但……"最常出现的四个问题，它们确实需要释疑。

双赢方法太好以至于不真实吗？　研究显示：找寻一致的利益不只是一种渴望，其实是有法可循的。事实上，双赢方式比起一输一赢能产生更令人满意的结果。

在一系列的实验中，研究者让参与者面临一种讨价还价的情境，称之为"囚徒困境"。在这个情境中，参与者可以选择合作或者背叛联盟者。在"囚徒困境"的实验中可能出现三种结果：伙伴借由背叛联盟者而成为大赢家；两人经由合作而获得双赢；或是彼此背叛而使得两人皆输。玩世不恭的人可能会推测背叛伙伴是最有效的策略（一输一赢的方式），但研究者们发现事实上合作才是最实用的策略。那些证明自己愿意支援他人,而且还不心怀怨恨的玩家,要比那些采取竞争方法的人表现得更为出色。

双赢方法太复杂吗? 双赢方法注重细节和结构的完整。在每天的生活中,你可能很少有机会使用到每一个步骤:有时是手边的问题不值得花费这么大的力气,有时候是这个问题不需要你和你的伙伴大费周章。虽然如此,但当你试着使用双赢方法时,还是要仔细遵守每一个步骤,直到你能熟练运用它们。这样无论身处哪种情境,需要哪个步骤,你都能够运用自如。特别是遇到重要的议题,你会发现双赢方法的每一个步骤都很重要。如果这个过程看起来非常耗时的话,请你想一下,如果不能及时解决这个议题,那将会耗费你多少的时间和精力。

在那些以找房子和家居设计为特色的真人秀里,伴侣们试图通过改变创造一种更理想的生活方式——然而,他们对什么是"理想的"经常有冲突意见。这时候,专家常常帮助伴侣针对他们的分歧,找出双赢的解决方案。

双赢磋商太理性吗? 受挫折的人们常抱怨双赢方式太过面面俱到,只有圣人才能成功使用它。"有时我是如此生气,我不能考虑支持或同理其他任何事,"他们说,"我只是想讨回公道。"

当你处于这种感觉的状态中,你几乎不可能是理性的。在这种时候,你需要短暂地从情境中先撤离出来,以免你会说或做一些日后让你后悔的事。如果有第三方在场,你可能会好受些;或者通过体育运动排解一下;甚至,如果有一个能理解你的同伴,能允许你在他面前像"维苏威火山"一样爆发一下。不过,在你爆发以前,必须确保你的伙伴

了解你在做什么，并且明白不论你说了什么都不是为了要求他作出回应。你的伙伴最好让你尽情地畅所欲言或大放厥词，而不会筑起防卫或卷入其中。这样，等你"清仓"完毕后，你就可以采取必要的步骤，去解决仍然困扰着你的问题。

有可能改变别人吗？ 读到这里，大家基本会认同双赢的解决方式是极好的——前提是每个人都读过本书，也了解这个方法。那么，问题就变成："我要怎样与对方合作？"虽然你不可能总是取得对方的合作，但是如果你出色地"营销"这个方式，大多数时候是会成功的。关键就在于你必须向你的伙伴展示，与你合作符合他自己的利益："看！假如我们无法把这件事情搞定，我们俩都会变得一塌糊涂，但如果我们能找到解决方法的话，想想我们会有多爽。"注意这种表述是同时包含合作的有利结果与竞争的不利结果的。

你也可以借由示范本书所描述的沟通技巧来提高你的伙伴的合作意愿。你已经了解到防卫的行为是相互引发的，支持性的沟通也是如此。假如你可以真诚地倾听，避免评价式的攻击，同理你的伙伴所关切的重点，你将非常有机会得到相同行为的回报。就算你的合作态度无法奏效，你至少也会得到自我尊重，因为你知道无论如何你的所作所为是光明正大且主动积极的。

小　结

冲突是每天人际关系生活的事实。处理冲突的方式对关系的品质有重要的影响。当建设性地管理时，冲突可以导向更强和更满意的互动，但若处理很差，关系会变得很糟。

沟通者应对冲突的反应方式很多：逃避、调适、竞争、妥协、合作等，每一种方式都可能用在不同的情境中，每个人都不会只用一种方式来处理所有的冲突情境，因为双方在发展出理性的冲突解决之道时会彼此影响，，发展处关系的冲突形态。这形态可能是互补的、对称的或平行的；它可能包含建设性的或者破坏性的惯例。在冲突的过程中，"末日四骑士"——批评、防卫、蔑视和回避是适得其反的沟通方法。

除了关系的塑造，冲突方式也会受到个人的性别和文化背景影响。在大多数情况下双赢是最为理想的结果，依照本书前述的步骤去沟通可以达到双赢沟通的目标。

电影与电视

你可以在以下电影和电视节目中印证我们在本章总结的沟通准则：

冲突的本质

《饥饿游戏》（*The Hunger Games*，2012）PG-13级

故事设定在一个反乌托邦的未来，少男少女被抽中在一个巨大的森林竞技场里互相对抗，并且被告知要战斗至死。这些由邪恶政府主办的"游戏"，具有本章提到的冲突的所有特征：一场表达出来的斗争、互不相容的目标（一个人的胜利意味着其他人的死亡）、不足的资源（尤其是食物和水），以及互相依赖（参赛者命运相连）。

凯妮丝·伊夫狄恩（詹妮弗·劳伦斯饰）不喜欢这场游戏的输—赢本质，更让人难以容忍的是默认的赢家——当权的政府——举办竞赛的目的是为了娱乐和控制民众。她和其他参赛者一起组成联盟，并最终带着某些人称为妥协——但大部分人认为是唯一可能的双赢策略出现了。

冲突的类型

《双赢》（*Win Win*，2011）R级

在电影开始的时候，每个人似乎都是失败者。迈克（保罗·吉亚玛提饰）是一个不走运的律师，兼任一支从未赢过比赛的高中摔跤队的教练；凯尔（亚历克斯·夏夫尔饰）是一个离家出走的少年，感觉被自己的母亲辛迪（梅兰妮·林斯基饰）遗弃了；而辛迪不仅是一个处于恢复期的戒毒者，又刚刚失去了男友；她年迈的父亲里奥（波特·杨饰），因患有老年痴呆症而被安置在违背自己意愿的援助照料中。

但是他们每一个人都拥有其他人需要的资源，比如金钱、运动天赋、一座房子或一个家。一开始，这些角色试图通过攻击和妥协的手段，从彼此身上获得自己想要的资源。不过最终，他们认识到他们应该互相依赖，争取让彼此满意的解决方案。正如片名所示，这部电影向我们证明了合作解决问题能够帮助把失败转变为胜利。

《我为喜剧狂》（*30 Rock*，2006—）TV-PG级

喜剧编剧利兹·莱蒙（蒂娜·菲饰）和她的老板杰克·多纳希（亚历克·鲍德温饰）两人"亦敌亦友"。他们当然看重他们之间的关系，但也一直在与工作相关的事务和个人问题上斗个不停。杰克明显享受着激怒利兹带来的乐趣——

倒不是恶意为之,而是因为他喜欢冲突。相比之下,利兹是一个调解人:保持身边的每一个人开心是她的目标,而且为了维持和平她不惜惩罚自己。

在这部受欢迎的情景剧中,许多剧集的纷争都是围绕着杰克的对抗性沟通风格与利兹的和谐强迫症之间的冲突展开的。结果是有趣的,但如果是在现实生活中,每个人物都会从采取他人的一些方法中获益。

文化和冲突

《波拉特》(Borat,2008)R级

这部过度夸张的伪纪录片,记录了为学习西方文化而来到美国的哈萨克斯坦电视名人波拉特·萨格耶夫(萨莎·拜伦·科恩饰)在旅行期间的种种不幸遭遇。一位评论家形象地描述波拉特为"地球村的乡巴佬"。他为接触美国人所做的努力如此无能又无礼,简直令人震惊。能够领会这部电影讽刺手法的观众,会发现影片所描绘的有关波拉特那令人震惊的、虚构的偏见,其离谱程度比不上他的那些态度竟然没有在遇到美国人之后发生任何改变。

出版后记

"在当今世界，变化似乎成了唯一不变的东西，但是一些关于教育的真理经受住了这种考验。比如，富有才华和懂得启发的教授能够改变学生的人生。对学生来说，如果能把抽象的思想和他们自己的生活联系起来，学习效果往往是最好的。"本书的作者阿德勒和普罗科特推出这本在美国四十年来最畅销的、超过一百万名大学生使用过的人际沟通教材——《沟通的艺术：看入人里，看出人外》的最新版（第14版）时，总结其成功的要素并说道："我们以方便读者的方式，把学术内容和日常生活联系了起来。事实上，几乎每一页都包含了各种吸引人的、服务文本的材料：引自书刊或者网络资源的文章、诗歌、漫画、照片、热门电影与电视节目的简介等。"

2010年，本书的第12版中文简明版一经推出后，便以其丰富的材料、完整的结构、新颖的观点和精心的编排在众多沟通类书籍中脱颖而出，受到了读者的广泛欢迎。2015年2月，我们又出版了本书第14版中文完整版，在保持原有优点的基础上，新增大量版块资料，更新新近研究成果，选择更加生动有趣的漫画图片，使全书的内容更充实，更便于读者理解。

但也有不少读者反映第14版中文完整版太大、太厚了。为了满足不同读者群的需要，且考虑到第12版中文简明版的研究资料不是最新的，于是我们决定推出本书的第14版中文简明版。这一版本不对正文内容作任何实质性改动——除了对个别句子的翻译再作推敲，在此基础上，删去完整版中篇幅较大的阅读材料和对于非专业读者而言稍显多余的注释，保留实用的"技巧构建"版块，与所有诗歌、漫画、图片及第14版的最大特色——作者对超过50部热门美剧与电影的分析、评论。

多次再版和加印都说明这是一本难能可贵的优秀著作，在此也希望能有更多的读者从《沟通的艺术：看入人里，看出人外》（插图修订第14版·简明版）中获益，通过改善自己的沟通，进而改变自己的生活。

服务热线：133-6631-2326　188-1142-1266
读者服务：reader@hinabook.com

后浪出版公司
2018年2月

图书在版编目（CIP）数据

沟通的艺术：看入人里，看出人外：插图修订第14版：简明版/（美）罗纳德·B·阿德勒，（美）拉塞尔·F·普罗科特著；黄素菲，李恩译. -- 北京：北京联合出版公司，2018.3（2025.9重印）

ISBN 978-7-5596-1565-7

Ⅰ.①沟… Ⅱ.①罗…②拉…③黄…④李… Ⅲ.①人际关系学 Ⅳ.①C912.11

中国版本图书馆CIP数据核字(2018)第006704号

Looking Out/Looking In, 14ed
Ronald B. Adler, Russell F. Proctor II [黄素菲、李恩译]
Copyright © 2014 Cengage Learning
Original edition published by Cengage Learning. All Rights reserved. 本书原版由圣智学习出版公司出版。版权所有，盗印必究。
Post Wave Publishing Consulting (Beijing) Co., Ltd. is authorized by Cengage Learning to publish and distribute exclusively this simplified Chinese edition. This edition is authorized for sale in the People's Republic of China only (excluding Hong Kong, Macao SAR and Taiwan). Unauthorized export of this edition is a violation of the Copyright Act. No part of this publication may be reproduced or distributed by any means, or stored in a database or retrieval system, without the prior written permission of the publisher.
本书中文简体字翻译版由圣智学习出版公司授权后浪出版咨询（北京）有限责任公司独家出版发行。此版本仅限在中华人民共和国境内（不包括中国香港、澳门特别行政区及中国台湾）销售。未经授权的本书出口将被视为违反版权法的行为。未经出版者预先书面许可，不得以任何方式复制或发行本书的任何部分。
978-7-5596-1565-7
Cengage Learning Asia Pte. Ltd.
151 Lorong Chuan, #02-08 New Tech Park, Singapore 556741
本书封面贴有Cengage Learning防伪标签，无标签者不得销售。

沟通的艺术：看入人里，看出人外（插图修订第14版·简明版）

著　　者：[美]罗纳德·B·阿德勒　拉塞尔·F·普罗科特
译　　者：黄素菲　李恩
出　品　人：赵红仕
选题策划：后浪出版公司
出版统筹：吴兴元
责任编辑：夏应鹏
特约编辑：周　茜　吴　琼
封面设计：墨白空间·曾艺豪
营销推广：ONEBOOK

北京联合出版公司出版
（北京市西城区德外大街83号楼9层　100088）
天津中印联印务有限公司印刷　新华书店经销
字数405千字　690毫米×960毫米　1/16　24印张　插页4
2018年3月第1版　2025年9月第17次印刷
ISBN 978-7-5596-1565-7
定价：58.00元

后浪出版咨询（北京）有限责任公司　版权所有，侵权必究
投诉信箱：editor@hinabook.com　　fawu@hinabook.com
未经书面许可，不得以任何方式转载、复制、翻印本书部分或全部内容
本书若有印、装质量问题，请与本公司联系调换，电话010-64072833